普通高等院校经济管理类"十四五"应用型精品教材

【市场营销系列】

品牌管理
BRAND MANAGEMENT

第4版

主　编　刘常宝
副主编　李光明　殷洁静　张雪同
参　编　王敬斋　屠春飞　张金娟　任志勇

机械工业出版社
CHINA MACHINE PRESS

图书在版编目（CIP）数据

品牌管理 / 刘常宝主编 . --4 版 . -- 北京：机械工业出版社，2022.6（2025.1 重印）
普通高等院校经济管理类"十四五"应用型精品教材·市场营销系列
ISBN 978-7-111-71226-8

I. ①品… II. ①刘… III. ①品牌 - 企业管理 - 高等学校 - 教材 IV. ①F273.2

中国版本图书馆 CIP 数据核字（2022）第 123598 号

  本书是在借鉴现代国内外卓越企业品牌实践以及国内外最新的品牌管理理论体系的基础上谋划成章的，以知识性、趣味性、实战性、系统性、前瞻性为体系构建原则，系统地介绍了品牌管理的基本概念、论证模型和实用工具。

  全书分 12 章，第 1 章为品牌概述，介绍了品牌及品牌管理的相关基础知识；第 2～10 章为全书主体部分，形成"品牌战略—品牌市场管理—品牌延伸—品牌价值评估"四大主要部分，是全书编写的脉络和主线；第 11 章为品牌特许经营、品牌生态管理、品牌整体塑造与盈利流模型，介绍了品牌管理的一些最新应用领域和创新成果；第 12 章为网络品牌管理，介绍了网络品牌的概念、特点以及管理方法。

  本书不仅着力反映品牌管理理论与实践的最新研究成果和发展趋势，而且在结构安排上，还以如何打造民族强势品牌为主线，通过模块化的结构设计，使逻辑线索更加清晰，既便于读者从宏观上把握整个品牌管理全过程，也能满足企业管理者个性化学习的需要。同时，通过科学整合品牌管理理论与现代企业实务，并在书中配有大量丰富的国际与国内、经典与最新、成功与失败的案例，为读者设计身临其境地体验品牌实战的过程。品牌分析模型能帮助读者完成品牌诊断和品牌策划的思维训练，实现专业性与实战性整合的目标。

  本书既可作为高等院校营销、管理专业本科生的教材，也可作为企业营销人员、管理者、经理人、研究人员、咨询培训师的培训教材和工具书。

出版发行：机械工业出版社（北京市西城区百万庄大街 22 号　邮政编码：100037）
责任编辑：李晓敏　　　　　　　　　　　　责任校对：付方敏
印　　刷：北京建宏印刷有限公司　　　　　版　　次：2025 年 1 月第 4 版第 6 次印刷
开　　本：185mm×260mm　1/16　　　　　印　　张：20.75
书　　号：ISBN 978-7-111-71226-8　　　　定　　价：49.00 元

客服电话：(010) 88361066　68326294

版权所有·侵权必究
封底无防伪标均为盗版

PREFACE 前言

我国已经进入互联网时代。数字技术在我国产业转型、商业模式创新中扮演着越来越重要的角色，也日益成为驱动新经济模式运行的重要引擎。而突如其来的新冠疫情，则成为商业模式全面升级的外在驱动力。同时，疫情暴发以来，全球经济发展的不确定性因素不断积聚，我国采取的国内国际"双循环"战略，促使整个国民经济在百年未有之大变局中处变不惊，顺势而为。不同性质的经济体一方面沉着接受各种机遇与挑战，另一方面加快了提升自身品牌影响力和品牌价值的步伐。宏观环境的巨变也成为各种前瞻性思想衍生的触发器，同时助推了新思想、新理念、新模式的落地与转化，大数据、智能化、物流网、区块链技术的快速推广与深度融合，也为包括品牌理念与思维在内的商业模式创新提供了基础和条件。

目前，应用型高校已经在我国高校序列中占据重要位置，数量与质量都在不断提升。应用型高校的人才培养目标就是要满足地方经济发展的客观需要，而行业与专业、学业与职业之间的关系，从来没有像今天这样引起人们的高度重视，引发业内外的深度思考。作为新文科中的新锐课程，品牌管理已经成为串联商科各专业的红线，学习者通过课程内容研习，会为行业转型升级、提质增效找到新的支点和题材。本次再版在尊重当下网络营销与数字经济发展的客观实际的基础上，充实了网络品牌管理与线上品牌塑造新手段、企业自有品牌培育以及个人私域品牌培育等内容，以适应数字经济发展的现实需要。同时，为适应疫情暴发以来对商业模式创新以及线上品牌管理的需要，将数字思维渗透其中，更新了全部的实战案例和部分参考模型，通过对品牌理论体系再梳理及全要素的更新，使品牌底层逻辑方法与实证分析方法相统一，线上品牌与线下品牌相统一，以及产品品牌与服务品牌相互赋能，重新构建数字化时代品牌理论的新体系。

党的二十大报告提出"讲好中国故事"，为贯彻落实党的二十大精神和习近平新时代中国特色社会主义思想，本次再版以本土案例为主，所遴选的新案例和创新理论基本上反映了目前国内外品牌管理研究的最新内容和网络品牌运营的最新成果。本书内容包括品牌基本理论、品牌战略管理、品牌关系管理、品牌市场管理、品牌特许经营、品牌文化管理、品牌整合管理、品牌危机管理、品牌延伸、网络品牌培育与管理等，全面揭示了品牌的概念、历史、战略、延伸、创新、资产、文化、模型、衍生等品牌创造、发展、革新的内在规律。再版教材充实了最新网络品牌管理单元的内容，将社区、微博、抖音、直播等现代品牌塑造手段引入教材，使得内容更新颖、前卫，体例更清晰、充实，体系更趋科学、柔性。既注重品牌理论的创新性、拓展性、前瞻性，又关注品牌管理的操作性、务实性、场景性。再版教材更加适合本专科师生以及从事品牌网络传播和企业品牌管理方面的人士参考学习，也可以作为品牌经理培训的辅助教材。

本教材由广州科技职业技术大学刘常宝担任主编，第1~5章由刘常宝编写，第6章和第8章由郑州升达经贸管理学院张雪同编写，第7章由张雪同与广西民族师范学院王敬斋编写，第9~10章由黄河交通学院李光明编写，第11章由中国通信建设第四工程局有限公司殷洁静编写，第12章由黄河交通学院任志勇、宁波大学屠春飞、天津体育学院张金娟编写。刘常宝负责全书统稿。再版教材借鉴与引用了网络、期刊等信息资源，在此对相关作者一并感谢。

刘常宝

SUGGESTION 教学建议

本书在教学中应立足于品牌战略管理思想在企业发展过程中的实际运用，把握从一般概念、基本原理到实战训练三个环节上的逻辑衔接，在建立总分总式的体系模式基础上，对品牌战略进行全面的分析。本书的教学内容主要包括品牌概述、品牌战略、品牌市场管理、品牌文化、品牌创新、品牌延伸与扩张、品牌危机管理、品牌资产理论、品牌整合管理、品牌关系管理、当代品牌管理实战、网络品牌管理等。本书在教学中应力求案例解释角度新颖、板书体例条理清晰、分析模型具有很强的创新性和实用性，使学生通过学习，能够理解实施品牌战略的实际意义，并能够在借鉴优秀实战案例的基础上掌握企业品牌管理的基本流程和技法。

学时分配表（供参考）

章　号	内　容	建议课时
第1章	品牌概述	2
第2章	品牌战略	4
第3章	品牌市场管理	4
第4章	品牌文化	4
第5章	品牌创新	4
第6章	品牌延伸与扩张	4
第7章	品牌危机管理	2
第8章	品牌资产理论	4
第9章	品牌整合管理	2
第10章	品牌关系管理	4
第11章	当代品牌管理实战	2
第12章	网络品牌管理	2
合　计		38

目 录 CONTENTS

前言
教学建议

第1章 品牌概述 /1
    教学目标 /1
    学习任务 /1
    案例导入 博创联动促使品牌战略升级，乡村振兴打造科技农业新未来 /1
    1.1 品牌的概念 /2
    1.2 品牌的分类及层次 /7
    1.3 品牌管理 /10
    1.4 品牌效应 /14
    本章小结 /18
    自测题 /19
    案例分析 平台与品牌矩阵中的蜜芽的"妈妈生态" /21
    抖音内容生态年度品牌榜单出炉，巨量数据细说潮向 /22

第2章 品牌战略 /25
    教学目标 /25
    学习任务 /25
    案例导入 Prophet 铂慧任命黄郁娟为合伙人，深化品牌战略和数字化营销能力 /25
    2.1 品牌战略概述 /26
    2.2 品牌战略管理 /27
    2.3 品牌战略规划 /32
    2.4 品牌建设 /36
    2.5 服务业品牌建设 /44
    本章小结 /46
    自测题 /47
    案例分析 "中电金信"的品牌和战略 /49
    以体验链接用户，用服务感动用户 /50

第3章 品牌市场管理 /52
    教学目标 /52
    学习任务 /52
    案例导入 清仓关店，知名洋品牌在中国市场跑路 /52
    3.1 品牌市场管理的基本概念 /54
    3.2 品牌的市场运作 /67
    本章小结 /69
    自测题 /70

案例分析　新冠疫情与国产品牌
　　　　　双重压力，资生堂98亿
　　　　　转让十个品牌　/72
　　　　　拼多多的深谋远虑：深耕
　　　　　农业最初一公里　/73

第4章　品牌文化　/77

教学目标　/77
学习任务　/77
案例导入　德技品牌文化在解锁
　　　　　新时代的变革　/77
4.1　品牌文化概述　/78
4.2　品牌文化与企业文化　/85
4.3　品牌文化的内涵及功能　/88
4.4　品牌文化的表现　/93
4.5　品牌人才建设　/96
本章小结　/98
自测题　/99
案例分析　植物医生国际化的关键就
　　　　　是品牌文化认同　/100
　　　　　新春新国货集五福，传统
　　　　　与新潮文化碰撞焕发品牌
　　　　　生机　/101

第5章　品牌创新　/104

教学目标　/104
学习任务　/104
案例导入　"中国潮"成全球品牌
　　　　　标配，背后是文化自
　　　　　信的回归　/104
5.1　创新理论　/105
5.2　品牌创新概述　/109
5.3　自主品牌创新　/117
5.4　我国的品牌创新　/124
本章小结　/129

自测题　/129
案例分析　餐饮品牌升级迫在眉
　　　　　睫，品牌创新将呈井
　　　　　喷式爆发　/131
　　　　　青岛金王聚焦品牌创新，
　　　　　加速产业发展　/133

第6章　品牌延伸与扩张　/135

教学目标　/135
学习任务　/135
案例导入　品牌实力不容忽视的
　　　　　茶颜光年　/135
6.1　品牌延伸的概念和背景　/136
6.2　品牌延伸的战略与策略　/138
6.3　品牌延伸的风险及防御　/142
6.4　品牌延伸的时机选择、规律
　　　和竞争优势　/145
6.5　品牌的扩张　/149
本章小结　/157
自测题　/158
案例分析　低温奶"大玩家"如何
　　　　　玩转品牌延伸　/160
　　　　　快递跨行拍电影，德邦
　　　　　快递春节TVC如何实现
　　　　　品牌破圈　/162

第7章　品牌危机管理　/164

教学目标　/164
学习任务　/164
案例导入　小鹏汽车遇成长危机，
　　　　　特斯拉、理想召回后，
　　　　　新能源汽车会跌破
　　　　　冰点　/164
7.1　品牌危机的概念　/165
7.2　品牌危机的来源　/167

7.3 品牌危机管理概述 /172
本章小结 /181
自测题 /181
案例分析 餐饮巨头发展受挫，是行业危机还是商机错位 /183

第 8 章 品牌资产理论 /185

教学目标 /185
学习任务 /185
案例导入 希岸酒店开业五年全球规模破 800，品牌资产溢价已经到来 /185
8.1 品牌资产 /186
8.2 品牌价值理论 /191
8.3 品牌价值的评估 /196
本章小结 /208
自测题 /208
案例分析 休闲食品品牌策划的三大战略性品牌资产打造 /210
南下资金抱团核心资产的当下，京东品牌被严重低估 /211

第 9 章 品牌整合管理 /214

教学目标 /214
学习任务 /214
案例导入 爱奇艺整合教育业务，与萌状元成立遍知教育 /214
9.1 资源整合概述 /215
9.2 品牌整合策略 /217
9.3 品牌整合形式 /221
9.4 品牌整合管理实务 /229
本章小结 /230

自测题 /231
案例分析 国资强势入场，白酒行业大整合提速 /232
品牌将完成整合，满记甜品发力多场景和全时段 /233

第 10 章 品牌关系管理 /236

教学目标 /236
学习任务 /236
案例导入 围绕产品、聚焦品牌、搭建合作关系，金种子酒交出 2020 年最优成绩单 /236
10.1 品牌关系管理概述 /237
10.2 关系品牌 /244
10.3 品牌渠道营销 /249
10.4 品牌渠道管理策略 /254
本章小结 /258
自测题 /259
案例分析 品牌矩阵背后的渠道生态 /260
万家乐推动家电服务数字化，让品牌与消费者更贴近 /261

第 11 章 当代品牌管理实战 /263

教学目标 /263
学习任务 /263
案例导入 2020 年的连锁加盟市场回顾 /263
11.1 品牌特许经营概述 /264
11.2 战略性品牌管理 /269
11.3 品牌生态管理 /272
11.4 品牌整体塑造 /277

11.5 品牌盈利流模型 /283

本章小结 /287

自测题 /287

案例分析 从暴龙投放电梯广告看
品牌塑造的新逻辑 /289
卡萨帝在成为行业第二
后换道场景生态 /291

第12章 网络品牌管理 /293

教学目标 /293

学习任务 /293

案例导入 "黔网帮"网络扶贫
公益品牌示范项目 /293

12.1 网络品牌概述 /294

12.2 网络品牌价值的提升
方法 /298

12.3 网络品牌实施策略 /303

12.4 网络品牌的发展趋势 /305

本章小结 /308

自测题 /308

案例分析 企业如何利用自媒体做
品牌的推广和宣传 /310
网红品牌即将上市，企
业重视"互联网营销"
正当时 /311

附录 /314

附录A：品牌自由联想技术模板 /314

附录B：角色扮演与品牌和人体
器官的形象转换 /315

附录C：课后选择题答案 /318

参考文献 /322

CHAPTER 1　第 1 章

品 牌 概 述

◎ 教学目标

品牌代表着企业的社会形象和市场地位,是企业联系市场的桥梁和纽带。本章把品牌定位为市场中的多元化现象,其分析的目的是为探索中的企业提供品牌进一步研究的理论框架和运作方法。通过本章的学习,学生需要掌握品牌的基本概念和理论,为今后实施品牌管理做好铺垫。

◎ 学习任务

通过本章的学习,学生主要掌握和理解:
1. 品牌和品牌管理的含义;
2. 品牌内涵的构成因素及特征;
3. 品牌管理的任务及意义;
4. 品牌效应的来源及其发展;
5. 品牌管理面临的挑战。

◎ 案例导入

博创联动促使品牌战略升级,乡村振兴打造科技农业新未来

自改革开放以来,我国工业改革成为急先锋,全面进入改革快车道,经过近几十年发展,工业成为我国经济的主导产业。与此同时,我国农业农村发展也取得了巨大的成就,粮食、畜产品、水产品、水果等农产品的产量与品质大幅提高,农村基础设施建设、生态文明建设、社会事业取得全面长足进步,农民可支配收入也不断增加,脱贫攻坚取得决定性的胜利,我国已经全面建成小康社会并取得伟大的历史性成就,这为稳定经济社会发展大局、应对国内外风险挑战争取了战略主动。

1. 借助农业破局之际,博创联动迎来战略转型升级

完善现代化的农业体系,是我国社会发展的必然要求。2020 年,我国农业进入高质量发展的新阶段,"十四五"目标明确指出,实现农业数字化、智能化的重要目标,将农业数字经济占农业增加值的比重由2018年的7.3%提到2025年的15%。我国进入推进农业农村数字化的重要战略机遇期。

2020年是农业破局最重要的一年，目前国家政策及工业技术对农业的支持力度逐渐加大，农业发展将迎来关键的转折点。以往许多进入农业的投资者眼中往往只有"农业"，尚未从"三农"的角度去看待中国农业，在没有对新型农民培训之前，在他们还没有完全掌握新型农业科技之前，新型农业科技要素的贸然植入，对他们的生活和生存条件来说只会是一种竞争，甚至是挤压。作为全球农业科技领导企业，博创联动将此次战略转型升级的核心确定为以科技塑造农业未来，顺应时代趋势、响应国家号召，以"创新科技"和"整合服务"赋能农业，并从"三农"视角看待中国农业，注重农民利益诉求，改善农村生活环境，真正做到科技兴农，促进乡村全面振兴。

2. 促进品牌主视觉全面升级，助农振乡村初心未改

科技创新已经成为农业未来的发展重点。博创联动自2014年创立以来，从农业机械智能控制、数字农业基础设施设备到农业物联技术，为农户、农场与农企提供全面的智慧农业解决方案，为农民改变了面朝黄土背朝天的传统农耕模式，帮助他们解决在恶劣环境中使用生产工具等问题，从实现农业的智能化与数字化，到从根本上提高生产力，增加农民实际产出效益，构建面向全球的数字化、智能化智慧农业业态，由此推动农业向高质量方向发展和实现乡村全面振兴。

在此次农业战略转型升级的过程中，博创联动的品牌主视觉同样在原有基础上进行了全面升级，主要强化农业和科技的概念，针对我国农业正在经历的重大技术变革，基于信息采集、作物数字模拟、农业专家系统、农业遥感、地理信息系统、产品信息追溯技术等高新技术的应用，在项目中不断融入大数据、精准定位、智能互联、农业未来等大概念元素，以充分诠释博创联动对于发展智慧农业、助力乡村振兴的期望与决心。

"三农"问题是关系国计民生的根本性问题，农业强不强、农村美不美、农民富不富，直接决定着亿万农民的获得感和幸福感。科技作为第一生产力，其高速发展将对农业工业化、信息化发展能力和水平，对农业的生产、管理、经营都将产生重大的影响。在农业有了科技作为推动力之后，相信我国的农业发展水平也将更上一层楼，这对于城镇化建设、生态文明建设、社会事业全面进步都将大有裨益。这一切也正是博创联动的农业项目的美好愿景，用科技助力智慧农业，同时保证粮食安全、乡村振兴、可持续化、绿色环保等现代科技成果落地，让农业成为农民幸福生活的来源，真正成为国家富强的根基。

资料来源：http://cn.chinadaily.com.cn/a/202102/03/WS601a45c5a3101e7ce973e419.html?ivk_sa=1023197a。

1.1 品牌的概念

品牌这一名词最初来源于牛屁股上用烙铁打上的标记性印记，起源于西班牙的游牧民族。当时，为了在交换时与他人的牲畜相区别，通过这一印记，人们可以很快认出自己的牛，所以，品牌原本就是标识、烙印的意思。

直到1960年，营销学词典中才给品牌一个比较确切的定义：用以识别另一个或另一群产品的名称、术语、记号或设计其组合，以与其他竞争者的产品和劳务相区别。

现代品牌是在工业革命以后出现的。因为品牌最初就是指产品品牌，所以，品牌首先代表着商品的质量。品牌能起到开辟市场、维护和提高商品竞争能力的作用。与大众化、通俗化的"名牌"不同，品牌不仅局限于产品品牌，而且成为一个专业化、科学化的术语，具有丰富的外延。

品牌是通过外在形象即标识来传递品牌内在信息的。品牌标识，也称为 logo，是指抽象标识事物特征的记号，它以单纯、显著、易识别的物象、图形或文字符号为直观语言，起到标示、代替、表达意义和情感的作用。logo 是品牌标识的英文说法，由希腊语 logos 演化而来，设计和传播品牌的 logo 能够起到对品牌进行简化识别的作用，通过形象的品牌标识，可以让消费者更易于理解和记忆品牌符号。

1.1.1 品牌内涵

有关品牌的内涵有很多种说法，在《兰登书屋英语词典》(*Random House English Dictionary*) 中是如此定义品牌的：一个词、名称或符号等，尤其指制造商或经销商为了在同类产品中区别出自己产品的特色而合法注册的商标，通常十分明显地展示于商品包装或广告设计中；品牌名称，广为人知的一种产品或产品生产线；（非正式）在某一领域的名人或重要任务。这个定义强调品牌是一种有形物，即是一种产品、服务或商标。很明显，这个定义仅仅停留在对品牌的认知上，而实际上品牌的内涵不限于此。从现实意义上讲，品牌是具有一组能满足顾客理性和情感需要的价值，这些价值的实现主要基于消费者的需要。

品牌在产生之初，更多的是运用在销售上。自 20 世纪 30 年代起，品牌开始被应用到学术界、营销界和传播界。尤其在 20 世纪 50 年代美国传播学者首先明确界定品牌的概念后，品牌一词就成了营销界中最热门的术语之一，也成为企业竞相追逐的目标之一。除此之外，关于品牌内涵的理论还有以下几种说法。

（1）最权威的品牌定义者是美国的传播学者大卫·奥格威（David Ogilvy）。他认为："品牌是一种错综复杂的象征，是品牌属性、名称、包装、价格、历史、声誉、广告方式的无形组合。品牌同时也因消费者对其使用的印象以及自身的经验而有所界定。"

（2）美国著名营销专家菲利普·科特勒（Philip Kotler）在其《营销管理——分析、计划与控制》一书中写道："品牌是一种名称、名词、标记、符号、设计或是它们的组合运用，其目的是借以辨认某个销售者或某群销售者的产品或服务，并使之同竞争对手的产品或服务区别开来。"

（3）英国营销专家迈克·梅尔德伦（Mike Meldrum）和马尔科姆·麦克唐纳（Malcolm McDonald）称品牌是感官、理性和感性这三种诉求要素混杂而成的结果。感官诉求是产品或服务外在的展现方式，是可直接感觉到的方式；理性诉求是产品或服务的内在表现。

（4）美国市场营销协会（AMA）则将品牌定义为：用以识别一个或一群产品或劳务的名称。

从以上各种关于品牌定义的论述中我们可以看出，这些品牌概念从不同的角度和层面对品牌的内涵在深度和广度上进行了挖掘。但由于品牌含义的多面性和事物的发展变化性，任何简单的定义都难以概括其全部内涵。

其实，品牌是一个具有涵盖意义的总名词，它由品牌名称、品牌标志和商标组织而成。

品牌不同于名称，品牌名称指品牌中可用语言表达，即有可读性的部分，如格力、牡丹、康佳、海尔等。品牌标志指品牌中可识别、辨认但不能用语言称谓的部分，包括符号、图案、色彩或字体，如腾讯 QQ 的卡通图案和宝马的标志图案。因名称只具有使人将事物辨别开来的功能，不能体现事物的个性，所以，品牌本身应附有商品或服务的个性以及消费者的认同感，而不是纯物态的物品。因此，我们认为品牌是体现商品或服务个性和消费者认同感，象征生产经营者的信誉，被用来与其他商品或服务区别开来的名称、标志、包装符号的组合。

总之，品牌是企业的形象，只有拥有自己的品牌，一个企业才拥有进入世界市场的通行证。企业在制定品牌战略时，必须从理论上认识品牌的含义，并且在实践中投入相应的资源，采用适当的策略精心培育品牌，不断提升品牌的影响力和知名度。

为了更好地理解品牌的内涵，我们可以从以下几个方面来分析。

第一，属性。一个品牌代表着特定的商品属性。如吉利子品牌帝豪作为中高端汽车品牌打造的品牌属性为豪华、稳健、力量。

第二，利益。一个品牌不仅仅局限于一组属性。顾客购买的不是产品的属性，而是产品的利益。比如同样是家用电器，为什么格力、TCL 等名牌家用电器比一般品牌的家用电器的价格高？因为当你购买格力、TCL 时，你不仅仅是在购买一种家用电器设备，更重要的是购买一种身份和自豪的心境。

第三，价值。品牌还体现了企业的某些价值感。比如海尔代表着高质量、安全、人性化等。

第四，文化。品牌可能附加着企业特定的文化。比如格力长期以来积极致力于树立民族品牌形象，不断提高企业及其产品的知名度、美誉度、追随度，这同时也给自己的品牌赋予了民族文化的内涵，给产品增加了附加值。

第五，个性。品牌代表着一定的个性。比如华为手机可以使人联想到一位事业有成、对民族品牌充满自信的人士；有时候，它可以表示一位实际名人的个性。

第六，使用者。品牌还体现了购买或使用这种产品的是哪一类消费者。事实上，产品所标示的价值、文化和个性，都可以通过使用者反映出来。

第七，关系。它包括物理型品牌关系和生态型品牌关系，其中也包含：品牌与产品/市场之间的关系、品牌与相关品牌之间的关系、品牌与顾客（利益相关者）之间的关系、品牌与资源之间的关系、品牌与环境之间的生态关系等。

以上七个方面从不同角度分析了品牌内涵。每个品牌都有其内涵，不同的是有的品牌内涵是由企业主动去倡导且被公众接受的，有的则是完全由公众感受而得的；有的具有个性，有的则权威性差、认可度低；等等。由此我们可以看出品牌内涵具有以下四个特点。

（1）品牌内涵的形式是由消费者决定的。很多企业在推出品牌时会倡导某种理念，但不管理念有多好，最终能否占据公众的心智才是品牌成败的关键。如元气森林的品牌特点就是年轻、有创新、有活力。在目前消费升级的大背景下，元气森林在产品包装、营销方式、销售渠道方面三管齐下，整合发力，终于走出了一条属于自己的爆款品牌产品之路。可见品牌的生命力长久与否需依靠三个要素：消费者的信任、信赖与信仰，并且逐级上升。元气森林的成功就在于没有忽视消费者需求，而是始终在寻找品牌与消费者契合的精神内涵。

（2）塑造或改变品牌内涵有一定难度。消费者会根据其有限的经验及知识对某一品牌形成自己的认知,尽管那可能会跟客观情况不一致,但"心智认知就是品牌"。例如,中国吉利汽车为了抢占豪华车市场,收购了沃尔沃品牌豪华轿车。沃尔沃车在品质上具有良好的口碑,虽然国内沃尔沃车在品质问题上有过负面报道,但在消费者心中,其豪华车的地位可能难以撼动。

(3)品牌内涵代表品牌的核心价值。品牌的核心价值是品牌资产的主体部分,也是品牌保持持久竞争力的根本。企业应该通过品牌内涵去表达品牌的核心价值,即针对行业产品的不同特点,结合合适的市场定位,赋予品牌独特的内涵。

(4)品牌内涵包含市场各要素之间的逻辑关系。现代品牌内涵在品牌关系中得到最完整的呈现,尤其是品牌生态关系,囊括了所有对品牌生成与生长最有意义的元素,从而推动了品牌内涵的提炼与外延的扩展。

1.1.2 品牌的特征与属性

不同的品牌具有不同的固有属性,而这些属性会给顾客带来不同的利益。由于对不同的产品或服务而言,其品牌表现的属性和提供给顾客的利益不同,所以品牌的属性及其所形成的对顾客的利益就构成了品牌表现的基础,也形成了品牌的基本特征。

1. 品牌是多种元素与信息的结合体

品牌以自身内涵的丰富性和元素的多样性向受众传达多种信息。企业把品牌作为区别于其他企业产品的标识,以引起消费者和潜在消费者对自己产品的注意。从消费者的角度看,品牌作为综合元素与信息的载体一同存储于大脑中,成为他们搜寻的线索和记忆的对象。

2. 品牌是一种无形资产

品牌虽是一种客观存在,但它本身并不是物质载体,而是通过一系列的物质载体表现自己。直接载体主要是图形、文字、声音等,间接载体主要是产品的价格、质量、服务、市场占有率、知名度、亲和度、美誉度等。

品牌的文化、个性、品质和特征能产生品牌价值。这种价值虽看不见、摸不着,却能为品牌拥有者带来大量的超额回报。例如,京东的品牌价值是其有形资产的若干倍。

3. 品牌具有专有性

不同的企业和产品有不同的品牌,不同的品牌代表不同的产品,属于不同的企业,因而,品牌具有专有性,不能互相通用。品牌属于知识产权范畴,企业可以通过法律、申请专利、在有关国家或有关部门登记注册等手段保护自己的品牌权益,并以良好的产品质量和在长期经营活动中形成的信誉取得社会的公认。这些都说明,品牌是企业独特劳动的结晶,具有一定的专有性。

4. 品牌具有心理影响力

品牌作为多种元素与信息的载体,以及产品质量与企业信誉的象征,从心理上时刻影响受众,引起受众注意,激发消费欲望,引导消费潮流,传播消费文化,因而它具有影响力。国外学者在研究中发现,使用止痛药治疗头痛时,止痛药的品牌本身影响着患者头脑对治愈过程的反应,好的品牌能缓解患者痛苦的 $1/4 \sim 1/3$。患者认为,品牌是药物中除了化学物质之外的一种额外成分，有品牌的药品比没有品牌的药品更有疗效。

5. 品牌是企业参与市场竞争的武器

品牌代表企业的形象和地位，是企业联系市场的桥梁和纽带。强势品牌能够在竞争中占据有利位置，留住老顾客，吸引新顾客，为企业树立良好形象，提高市场的覆盖率和占有率，为企业赢得最大限度的利润。因此，从某种意义上说，品牌是企业参与市场竞争的资本、武器和法宝。在品牌对市场份额的切割中，帕累托定律也适用，即 20% 的强势品牌占有 80% 的市场份额，20% 的品牌企业为社会提供 80% 的经济贡献。

6. 品牌是一种承诺和保证

品牌的承诺和保证是在品牌经营中建立起来的。对消费者来说，在购买或使用某种品牌产品的同时，品牌就已经向他们提供了质量承诺和信誉保证。消费者的选择显示了对品牌的信赖。品牌也必须提供足够的价值利益以满足消费者的需求与欲望，从而赢得他们的忠诚与好感。

7. 品牌价值具有波动性

品牌价值的波动性是指品牌的强弱、竞争力、影响力等体现价值的因素。它不是一成不变的，在各种条件的作用和影响下可以发生变化。2020 年以来的新冠肺炎疫情对全球经济造成了巨大的负面影响，很多国际知名品牌风光不再，但是 2021 年 1 月 26 日，国际品牌价值评估权威机构 Brand Finance 公布的"2021 年全球最具价值品牌 500 强（Brand Finance's Global 500 2021）"榜单中，中国工商银行、微信、华为、平安、安踏等 77 个中国品牌进入榜单，入榜中国品牌的总价值已经占到了榜单整体品牌价值的 20%。如安踏连续两年登榜，标志着其在品牌前景、公众认知度及品牌影响力等维度上均有所提升。

8. 品牌功能的多元化

品牌具有一组能满足顾客理性和情感需要的价值。这些价值的实现主要基于消费者需要：第一是功能性需要，即品牌设计师为了解决消费者机能性需要而设计的，这是与经济学意义相互联系的；第二是象征性需要，即满足人们心灵内部产生的自尊、角色的地位、个人归属感、自我实现等需要，这是带有社会意义的现实表象；第三是体验性需要，即消费者希望产品能够满足感官上的愉悦感、体验的多样化、认知的新奇与刺激等，这是人类心理意义上的实际反应。

9. 品牌关系的生态性

品牌关系是品牌与品牌化事物及市场、相关品牌、顾客及利益相关者、资源、环境之间的生态关系体系。如腾讯在美妆品牌生态系统构建中，利用聚集了数十亿活跃人群的社交平台，打造品牌社交生态圈，这对于助力美妆品牌的可持续经营，有着不可低估的力量。可见，数字化一方面赋能美妆品牌迅速拓展市场空间，另一方面则通过持续创新、公私域联动等形式来加持品牌生态管理系统，这也是美妆品牌可持续发展的根本动力。

1.1.3 企业角度的品牌表现

1. 品牌表现的特征

（1）产品的基本特征和附加的特色。产品的基本特征是满足顾客需要与欲望的基本前提，也是形成顾客对产品表现水平的期望基础，如宾馆应当有床可以睡觉、饭店应当有食物可吃、汽车应当可以驾驶等。同时，顾客也希望产品除了具有最基本的特征外，还能够具备一些附加的特色。

（2）产品的可靠性、耐用性和方便性。可靠性是指产品的性能在一定时期内的一致性；耐用性是指产品的预期经济寿命；方便性是指产品维修的便利性。企业提供给顾客的产品要具有可靠性、耐用性和方便性。

（3）服务的效果、效率和人性化。服务是产品的延伸，是实现产品功能、满足顾客需要与欲望的重要组成部分，因而品牌产品与其服务密不可分，服务影响顾客对品牌的联想。

（4）风格和样式。顾客对产品的联想，不仅基于产品的功能，还有对产品审美角度的考虑，比如产品的大小、形状、使用材料和颜色等。由于不同的产品针对不同的顾客群，满足顾客的不同需要，所以应有不同的风格和样式。品牌的风格和样式取决于顾客的感知，特别是购买过程中的感知，因而，企业可以通过观察法来了解与掌握顾客对产品的风格和样式的偏好，并通过相应的媒体进行沟通，以便激发顾客的联想。

（5）价格。价格是顾客衡量其购买的产品或服务是否物有所值的一个比较标准，也是顾客在购买后是否能够形成顾客满意以及最后形成品牌忠诚的关键。同时，价格也能够创造顾客的品牌联想，如高价格便具有高价值，同时高价格也具有高品位、高等级等一些联想。

2. 品牌表现的形式

（1）知名度。知名度是指某种品牌被社会公众认识和了解的程度，或者说是这个品牌在市场上有多少人知道及知道些什么。它是一个"量"的衡量指标。

（2）美誉度。美誉度是指某种品牌被社会公众信任和赞许的程度，或者说是社会公众对这个品牌是如何评价的。它是一个"质"的衡量指标。高美誉度是赢得顾客的重要条件，好的品牌都有特定的方面让消费者津津乐道而乐于投资。

（3）市场表现。一个品牌在市场上的表现通常有两个指标来衡量：一是市场覆盖率；二是市场占有率。前者是品牌所辐射市场范围的大小，后者是品牌在全部同类商品销量中所占的比重。

（4）信誉价值。品牌的信誉价值是指某一品牌在某一时点（年度）上的市场竞争力。它反映了该品牌所处的地位。虽然品牌的信誉价值并不等同于交易价值，但它可以为交易价值的实现提供一个供社会认识和接受的基础，从而有助于交易价值的实现。

1.2 品牌的分类及层次

品牌是产品或服务品质优异的核心体现，其分类正是通过反映不同的类型来体现品牌内在价值的。

1.2.1 品牌种类

（1）按品牌的所有者不同进行划分，可分为：①制造商品牌；②经销商品牌；③零售商品牌；④服务业品牌。

（2）按品牌提供价值的主要特点划分，可分为：①功能性品牌；②象征性品牌；③体验性品牌；④道义性品牌。

（3）按品牌传播的地域广度划分，可分为：①国际性品牌；②国家品牌；③区域品牌。

（4）按品牌的市场地位划分，可分为：①领导品牌；②挑战品牌；③跟随品牌；④填补空缺品牌。

1.2.2 品牌层次

品牌层次也称品牌序列，是指在公司总品牌之下的产品系列品牌。品牌层次是构成品牌的若干要素的有序组合。对于同一个企业的同一类产品，其品牌要素有共同性，也有差异性。品牌层次反映了企业对品牌包的管理。透过品牌层次，我们可以了解企业内不同品牌与产品、产品与产品之间的关系。

目前，因为主流的品牌分类方式主要是针对实体性产品品牌的，所以，产品品牌的层次成为品牌层次的典型代表。产品品牌是对产品而言的，包含两个层次的含义：一是指产品名称、术语、标记、符号、设计等方面的组合体；二是代表有关产品的一系列附加值，包含功能和心理两方面的利益点，如产品所能代表的效用、功能、品位、形式、价格、便利性、服务等。

品牌层次说包括以下几个。

1. 卡菲勒品牌层次说

品牌层次往往自上而下进行命名：上面的名称外延宽，覆盖的产品类别广；下面的名称外延窄，往往只用于特定的一种产品。让－诺尔·卡菲勒将品牌分为6个层次。

（1）产品品牌：根据每个产品的独特市场定位赋予一个只用于该产品的品牌，如格力公司的电器品牌有格力空调、晶弘冰箱、大松家电等。

（2）产品线品牌：把产品线内的不同产品用同一个品牌来标识，但不用于其他产品线（如果还有的话），如法国的雷诺汽车。

（3）范围品牌：具有相同或组合功能的一组产品用同一个名称标识，这些产品具有相同的顾客承诺，如欧莱雅化妆品。

（4）伞品牌：支持不同市场上的不同产品，这些产品在各自的市场上有不同的承诺和沟通方式，如娃哈哈果奶、AD钙奶、纯净水、八宝粥等。

（5）源品牌：和伞品牌相似，但直接命名产品，不借助于其他中间品牌，如海尔洗衣机、冰箱、空调、热水器等。

（6）赞助品牌：作为各种不同类型的品牌（如产品品牌、线品牌或类品牌）的支持出现，不做主打品牌，如通用汽车的"GM"及宝洁公司的"P&G"。

这种分类方法的科学性有待进一步证实，因为品牌各层次之间有些可以兼容，如第3层和第4层；有些不能兼容，如第5层和第6层。

2. 凯文·莱茵·凯勒品牌层次说

凯文·莱茵·凯勒在分析研究后提出了更为简单的划分方法，其将品牌要素分为公司品牌、家族品牌、单一品牌和子品牌4个层次，分别介绍如下。

（1）公司品牌。公司品牌是指以企业名称为品牌名称的品牌。公司品牌传达的是企业的经营理念、企业文化、企业价值观念及对消费者的态度等，能有效突破地域之间的壁垒，进行跨地区的经营活动。公司品牌的内涵至少应包含商品品牌和服务品牌，并在两者的基础上衍生出公司品牌。这个品牌层的权益主要来自企业形象，是消费者对企业进行认知、理解与联想的综合体。

（2）家族品牌。家族品牌与公司品牌一样，均作为品牌应用于多类产品。两者的主要区别在于家族品牌不是公司名称，基本没有公司这一层的联想。一些家族品牌的产生是因为公司经过发展，开发出新品牌，之后又在该品牌名下进行延伸，这样就诞生了家族品牌。家族品牌的另一个重要来源是公司兼并和收购。例如吉利汽车就是通过收购和重组获得了沃尔沃、宝腾、领克、路特斯等家族品牌。家族品牌在食品行业中最为常见，如康师傅、亨氏（Heinz）、乐百氏系列。此外，在服装、化妆品行业也被广泛应用，如李宁、玉兰油、雅倩、欧莱雅等。零售商自有品牌也往往采用家族品牌。

（3）单一品牌。单一品牌是指只限于用作某一特定产品的品牌，该产品可以有不同的种类和规格，如珠海格力电器拥有格力、TOSOT、晶弘三大品牌。单一品牌的最大优势是可以针对特定的目标市场，制订一套独立的营销支持计划，对于品牌标识、产品构想、营销沟通、定价及分销等可以专门进行设计，而不受其他品牌的影响和约束。而且一旦这个品牌遇到困难或遭受失败，对其他品牌的影响不大。其实，很多知名品牌都是由单一品牌–全球品牌网起家，由于品牌获得巨大成功，单一品牌推出新产品，进而转化成家族品牌。因此，家族品牌几乎是单一品牌发展的必然归宿。

（4）子品牌。子品牌又叫副品牌，是指企业在生产多种产品的情况下，给其所有产品冠以统一品牌的同时，再根据每种产品的不同特征给其取一个恰如其分的名称。比如"华为——荣耀""长虹——红双喜""康佳——七彩星""厦华——福满堂"等都属于这种情况。

子品牌有时被称为品牌修饰。由于不同的公司选择不同的品牌层级及组合模式，因此品牌修饰可以附加在公司品牌后，也可以附加在家族品牌后，还可以附加在产品品牌后。品牌修饰可以标识产品质量水平，也可以标识产品特性，还可以标识产品功能。在一个品牌推出多种型号的产品时，品牌修饰起着组合和传播的作用，可以使单一品牌覆盖更多的市场面，也能够帮助和指导顾客做出明智选择，不至于因产品种类过多而产生混淆。

1.2.3　产品品牌与个人品牌的区别

个人品牌的提出，脱胎于产品品牌的说法，因此两者之间有很多相似之处。但是由于个人品牌的最终指向是具有思想、性格、行动等鲜明特征的个人，因此又与产品品牌所指向的作为静止产品的物质实体有相当多的不同之处。

（1）从品牌的指向性来看：个人品牌的体现者是人；产品品牌的体现者是物。个人品牌是为打造更具魅力、知名度以及行业影响力的个人而出现的，因此毫无疑问，其背后的指向是某个具体的人。比如，2020年的一场突如其来的新冠肺炎疫情，促使我国零售行业迎来一轮洗牌，以直播电商为代表的社交营销异军突起。电商直播成为连接"暂停营业"的商家与"足不出户"的消费者的优选模式，相关的社交电商平台和应用得到了一次涉及人群极广的渠道下沉，字节跳动及快手在春节期间获得了极大的市场追捧，直播和短视频的收视与消费习惯将进一步深入人心。网红经济已经成为极具个体品牌意味的商业模式，网红也成为消费者追逐、关注的焦点。

（2）从品牌个性的基础来看：个人品牌的个性是建立在天生、自然基础上的，如白岩松的主持风格就是从他自身的个性特点中表现出来的，他的语言、他的手势都是"白岩松式"的；产品品牌的个性是根据目标市场的需要包装出来的，如邀请专家和知名歌星现场点评、由观众投票，制造了最大限度的宣传效应，也形成了《梦想中国》的独特栏目风格。

（3）从品牌的发展来看：个人品牌的发展是依据人的具体条件而设计的，比如，一个主持人只能在电台和电视台之间跳跃和转换，而很少能够去做具有市场前景但自己却无法胜任的工作，如地产、软件研发等方面的个人品牌塑造；产品品牌的发展是根据市场的变化做出的调整，如阿里巴巴这个品牌，最初是靠电子商务起家的，但是随着市场需求的变化，又推出了支付宝、菜鸟驿站、芝麻信用、网商银行等品牌，这些品牌都有着不俗的市场表现。

（4）从品牌的代言来看：个人品牌具有直接代言自身的特点，如周星驰的出现，他的做派、他的言谈举止、他的表达方式，就是在展示他自身的个人品牌；产品品牌则需要人或者其他事物来代言，用产品自身做宣传虽然也时有所见，但是不如以人代言（尤其是演艺界人士）来得更有效果，如某铂金首饰请影星张曼玉代言，其出众、高贵的气质完美演绎了产品的内涵，广告效果非同凡响。

（5）从品牌的商业化来看：个人品牌的建立未必以盈利为目的。比如，鲁迅的初衷不是为了自己赚多少钱，而是希望救国，因此，他一开始选择医学救国，后来因为观念的改变而进行文学救国，最终成为一个具有"民族魂"的伟大人物，但是严格来说，他并未进行商业化运作，其在文坛的名声也是随之而来的。然而产品品牌的建立却一定是以盈利为目的的，通过扩大产品的知名度，让更多的目标群体来使用、消费它，所以商业化是必需的。

（6）从品牌的生命周期来看：个人品牌的建立是为了彰显个人魅力、扩大知名度和树立行业威望，一旦形成，尤其是自然而然地在人们心中扎根的个人品牌，其生命力可以说是永恒的。比如中国的孔子，虽然经历过历史的转折变换、起伏跌宕，最终所展现的文化品牌生命力是丝毫不减的，始终是中国传统文化血脉很重要的、具有代表性的人物之一。

1.3　品牌管理

1.3.1　品牌管理的基本概念

品牌管理是指企业对品牌设计、延伸、维护、推广等与某一个品牌发展过程相关的各种活动进行有效的计划、组织、协调、控制。品牌管理形式的演进是伴随着企业生产经营方式的变革而产生的。很多企业在做经营失误的总结时都将问题归结为竞争空前加剧、渠道环境恶化、经营成本上升、传统营销手法失灵等方面，但很少有企业从品牌管理层面上找问题。目前企业大多引进"品牌经理制"，但是，很多设置了品牌经理的企业，并不能很好地理解品牌经理这一职位的具体职能，更不用说开展真正意义上的品牌管理。可见，加强品牌管理对于企业的品牌发展是十分重要的。

1.3.2 品牌管理的具体内容

1. 品牌权利管理

这是品牌管理的起始工作，也是最重要的工作，就是通过注册获得权利。品牌权利管理的内容包括：

（1）商标权和包装外观设计专利的注册申请；
（2）商标权证、专利权证的保管和使用；
（3）商标权与专利权异议和答辩；
（4）商标复审申请和答辩；
（5）商标专用权续展、专利费的缴纳；
（6）商标权、专利诉讼；
（7）其他影响品牌权利的事项。

2. 品牌使用管理

品牌使用管理就是科学合理地安排品牌与产品之间的关系，以及品牌对外传播涉及的管理事项，具体可包括：

（1）品牌与产品关系管理；
（2）品牌使用规范的制定与执行；
（3）授权许可；
（4）侵权索赔；
（5）其他涉及品牌使用的事项。

3. 品牌价值管理

品牌价值管理是涉及上述两方面的综合性管理工作，目的是通过动态的、日常的管理，来提升品牌的价值，具体可包括：

（1）制定品牌培育和发展规划；
（2）建立品牌评价体系；
（3）建立品牌保护体系；
（4）进行品牌估价；
（5）其他涉及影响品牌价值的事项。

4. 品牌生态管理

品牌生态管理就是从影响品牌的宏观、中观、微观生态要素出发，着力建立一种系统、深层次、全方位、互动的品牌关系管理模式。品牌生态管理为企业经营其品牌提供了一个系统的工作框架。

（1）品牌生态系统的宏观管理：使品牌与整个社会的商业生态系统、社会生态系统和企业品牌系统实现协同性和适应性。

（2）品牌生态系统的中观管理：对商业生态系统和社会生态系统的核心要素实施管理。

（3）品牌生态系统的微观管理：对物流开发、产品生产、服务开发、研究开发，以及延伸出的资金流、商流、信息流、物流进行管理。

1.3.3 品牌管理的组织形式

品牌管理工作的首要任务是建立科学的管理组织形式或制度,从历史上看,曾经先后产生过三种主要的品牌管理的组织形式,即业主或公司经理负责制、职能经理制和品牌经理制。

(1)业主或公司经理负责制,是指品牌的决策活动乃至很多的组织实施活动,全由业主或公司经理以及公司的高层领导承担,而只有那些较低层次的具体活动,才授权下属去执行的一种高度集权的品牌管理体制。在这种体制下,有关产品促销、渠道管理、品牌开发等涉及产品或品牌发展的问题,均需经过公司高层参与和拍板才能执行。这一体制最大的优点是决策迅速、协调能力强、企业战略思路明确,同时,企业家个人的精神元素成为品牌竞争力的核心构成,可以为品牌发展提供强大的策动力。它一般适合产品和品牌种类比较少且规模不大的企业。

(2)职能经理制,是指在公司的统一领导和协调下,品牌管理职能主要由公司各职能部门分担,各职能部门在责权范围内行使权利、承担义务的商标管理制度。这一制度在20世纪20~50年代的西方比较流行,至今也有一些西方企业仍在使用。我国相当一部分企业也采用这种管理方式。

(3)品牌经理制,是在企业管理层级中增加一个层次,为每个品牌的产品或生产线配备一名具有高度组织能力的经理,使其对企业的品牌开发、产品推广、销售市场拓展、利润控制等全面负责,并由他来负责产品开发研制、生产控制、包装设计、市场研究、业务拓展、广告制作、促销支援等活动,以及协调与其他相关的品牌职能之间的关系,然而这些部门不是品牌经理的直接下级。虽然品牌经理没有权利对它们提出任何强制性要求,但是他必须运用一切手段完成任务。因此,品牌经理制运作起来比较复杂,品牌经理为完成任务需要处理的关系相当复杂,有时可能产生角色冲突。由此,对品牌经理的能力素质提出了更高的要求,其中应具有的关键能力是沟通和决策,只有进行有效的沟通才能协调各部门及其相关人员,形成支持合力,在整个团队的共同努力下顺利完成任务。

1.3.4 品牌管理面对的挑战及创新

当前,市场环境在金融危机的背景下,变得更加扑朔迷离,消费者需求变换也更加频繁。昨天消费者可能还在津津乐道可乐饮料,今天可能马上流行喝预防上火的王老吉饮料;一秒之前还想着支付宝,一秒之后可能就会使用微信支付。这就是真正的消费者需求时代,如果品牌管理者想去满足消费者需求的话,那么,就必须发现瓶颈,即必须知道下一刻消费者需求究竟是什么。

1. 改革制造商品牌管理模式

随着技术创新与新产品推出的速度不断加快,传统的品牌技术竞争优势难以长期维持,技术创新将带动品牌创新,在原有的买方市场背景下,制造商品牌管理模式面临着前所未有的困局。

（1）渠道下沉，"零供"关系发生变化。随着零售商规模的扩大与力量的增强，零售商品牌已经崛起，制造商品牌正在面临危机，"零供"关系会在双方强调品牌的自主性问题上产生微妙的变化。同时，优秀制造商的品牌在扩大广告宣传的同时，也开始通过降价来促销甚至直销。价格在优秀品牌中的刚性发生松动。

（2）融合思想进一步渗透，跨部门管理成为现实。品牌管理机构的金字塔模式正受到现实的挑战，由品牌类别经理组成的跨部门团队负责品牌的管理成为一种现实选择。

（3）品牌宣传内容多元化，注重提升整体影响力。在宣传方面，企业从单一地注重产品宣传，逐步过渡到注重公司名称及其形象的宣传，通过这种方式，可以增强品牌的整体影响力。同时，在众多的竞争对手品牌中，如何选择竞争的标杆也成为品牌战略管理者面对的新问题。

总之，在新进入品牌的数量急剧增加的背景下，企业需要重新考虑对手的竞争策略，需要对传统的制造商品牌管理模式进行有效的变革，以适应互联网时代品牌管理的新变化。

2. 新的品牌管理模式的特点

在新的竞争环境下，企业逐渐认识到只有不断提高产品的附加值，全方位满足顾客的需要，才能追求产品合理的溢价。

在渠道下沉的趋势下，制造商需要考虑如何应对零售商的品牌，把自身的研究与开发能力和零售商的分销与品类管理能力有机结合起来，使双方建立密切的合作伙伴关系。

当代品牌管理模式除了将古典品牌管理理论、现代品牌管理理论进一步创新、完善和相互渗透之外，还包括强化品牌体验、整合营销功能、着力自创品牌几个方面的内容。

（1）强化品牌体验。注意适当引进新的品牌以及品牌体验。引进新品牌可以防止过度对现有品牌的延伸，增强顾客对品牌的速记功能。创新广告的诉求模式，同时，注意利用信息技术来开发网络互动式广告。增加消费者对产品的体验式购买活动，让消费者在体验中感受商品的价值。

（2）整合营销功能。拓展功能，明确责任。品牌首席执行官在品牌管理上，应该在公司范围内为创建品牌承担应有责任。并充分利用内外部资源，对品牌管理的责权利进行有效整合。

（3）着力自创品牌。也称为自有品牌商品或经销（网络）商品牌商品，即商业企业通过搜集、整理、分析消费者对某类商品的需求特性的信息，开发出新产品功能，在价格、造型等方面满足客户要求，在自设生产基地或选择合适的生产企业进行加工生产。最终由商业企业使用自己的商标，对该新产品注册并在本企业销售的商品，其中包括直播带货、抖音推货等模式形成的个人品牌等。

3. 战略性品牌管理

目前，一些大型的集团控股公司，特别是多元化品牌企业，尽管有很多通晓做品牌市场或广告的专家，但是缺乏在宏观上把握品牌优化组合的策略，缺少规划未来的战略性品牌管理人员。我国一些具有前瞻性的企业因永续经营的发展需要，往往寻求能完整规划、统一品牌发展的专业人士。

战略性品牌管理部门或人员的主要职责是解决企业品牌体系的规划、品牌视觉形象的设计、新品牌推出的原则等战略性问题，具体包括如下内容。

（1）通过制定品牌管理的战略性文件、规定品牌管理与识别运用的一致性策略方面的最高原则，从而建立母品牌的核心价值观及市场定位，并使之适应于公司的企业文化以及未来发展的需要。

（2）确立品牌架构与沟通组织之间的整体合作关系，并规划整个品牌系统，使公司的每个品牌都有明确的角色，同时研究与决策品牌延伸、品牌提升等方面的战略性问题。

（3）完成品牌体验、品牌资产评估、品牌传播战略监控等工作。品牌战略问题并不是仅仅依靠企业战略性品牌管理人员就能够解决的，应采取外包形式，借用"外脑"，即专业的品牌咨询公司来获取科学的解决方案。

4. 重视品牌关系管理

20世纪90年代中期以来，随着人们对现代营销理念的认识逐渐由职能论、交易营销向过程论、关系营销转变，对品牌权益形成机理进行深层反思，逐步接受了新兴战略管理理论的交叉渗透，业界及学术界开始出现以"品牌关系管理"为研究中心的热潮。纵观品牌关系管理理论的研究范式和发展历程可知，品牌关系管理分为物理型品牌关系管理和生态型品牌关系管理两种类型，传统品牌关系管理阶段、深层品牌关系管理阶段和生态型品牌关系管理阶段等三个阶段，涉及品牌与产品/市场之间的关系层面、品牌与相关品牌之间的关系层面、品牌与顾客及利益相关者之间的关系层面、品牌与资源之间的关系层面、品牌与环境之间的关系层面等五个层面。

1.4 品牌效应

品牌效应，顾名思义是指由品牌为企业带来的效应，它是商业社会中企业价值的延续，在当前品牌先导的商业模式中，品牌意味着商品定位、经营模式、消费族群和利润回报。树立企业品牌，需要企业拥有很强的资源整合能力，将企业的本质通过品牌展示给公众，广告、公关、日常营销、售前售后服务都对品牌效应有直接影响。

品牌是商品经济发展到一定阶级的产物。品牌也是在近代和现代商品经济高度发达的条件下产生的，由此品牌使用给商品的生产者带来了巨大的经济效益和社会效益。而品牌效应则是品牌在产品上的使用所产生的结果，可以为品牌的使用者带来的效益和影响。

1.4.1 品牌效应的解析

品牌效应是指由品牌为企业带来的效应。它是商业社会中企业价值的延续，在当前品牌先导商业模式中，意味着商品定位、经营模式、消费族群和利润回报。凡是有竞争力的企业都有自己的知名品牌，知名品牌既是企业的无形资产，又是企业形象的代表。品牌就是要送给客户称心如意的产品，提供热情周到的服务，企业的名字就是信誉的代名词，这是很多成功企业的管理者多年来达成的共识。塑造企业理念要求全体员工"真心为用户着想，至臻至美，给用户以信赖"，这一思想集中体现了企业品牌战略管理的核心内容，而建立完善的企业管理制度是实现品牌战略的基本保证。品牌战略管理就是为适应市场要求而采取的一套行之有效的方法，品牌效应就是对品牌进行有效管理的结果。

（1）从品牌的物质效应上看，优秀品牌有助于产品的推销。品牌在产品宣传中能够使企业有重点地进行宣传，简单而集中，效果明显，令人印象深刻，有利于消费者熟悉产品，激发购买欲望。品牌效应是产品经营者因使用品牌而享有的利益。一个企业要取得良好的品牌效应，既要加大品牌的宣传广度、深度，又要以提高产品质量、加强产品服务为根本实现手段。

（2）从品牌的精神效应上看，品牌既是无形资产，也是巨大的精神财富。它包含知识产权、企业文化以及由此形成的商品品质和企业信誉。一般来说，有了品牌也就容易塑造企业的形象；反过来说，如果在品牌的基础上进一步推行企业的整体形象战略，则更有利于品牌的扩展和延伸。品牌效应是企业树立形象的有效途径。

总之，品牌是对企业产品质量、特征、性能、用途等级的概括，凝聚了企业的风格、精神和信誉。消费者一旦接触品牌，这些内容便可以迅速在头脑中反映出来。

1.4.2 品牌效应的表现

经国家工商管理部门注册之后的品牌，将成为企业的一种特有资源，受到法律保护，其他企业不得仿冒和使用，若发现冒牌商品可依法追究并索赔。如果产品不注册，就不受法律保护，会给企业带来损失，这是品牌效应实现的前提。

品牌可以帮助消费者识别和选择商品，而品牌效应是在产品宣传中产生的。消费者每次购买商品时不可能都经过尝试后再购买，主要依品牌效应而购买。一个品牌如果知名度高，即便消费者未经使用，也会因品牌效应而购买，所以，品牌效应的产生既可能是因为经营者自身的宣传，也可能是因为其他消费者对品牌的认可。

1. 工业品市场中的品牌效应

在工业品市场中，"品牌"这一术语拥有特定含义。现在，很多公司都发现了这种品牌蕴含的商机，纷纷选取有代表性的不同标识使目标受众能立即识别出它们的产品，于是，徽标就诞生了。

对工业品牌而言，品牌的意义要远远大于徽标。当某一标识持久地代表一家公司形象的时候，就产生了品牌。品牌不仅仅是一个概念，还代表一种持久的价值体系，它是公司的价值观，也是公司发展业务的有效方式。在品牌阶梯上，难题在于如何才能超越品牌图形符号和象征的范畴，切实满足客户和潜在客户认可与重视的文化一致性。

大多数工业公司面向的市场具有小型化和专业化的特点，这使得它们无法承担大量子品牌的费用，也很难将精力集中在品牌的延伸拓展上，因为公司推广的每一个品牌都需要强有力的促销支持和高额费用。众多品牌之所以在一段时间的强力推广后黯然退出，就是因为这些品牌没有效益，或者严重削弱了公司其他品牌的效益（此种情况较少见，因为这些品牌只是昙花一现，随后就销声匿迹了）。在大多数情况下，公司品牌是唯一有意义的因素。在大多数 B2B 市场中，有价值的品牌通常就是公司的名称，而打算当作品牌推向市场的产品标签则可能只是数字或代码。很多工业公司都有合作多年的老客户，这些忠诚的客户实际上是在花钱购买信任，他们与某些工业公司建立了良好的合作伙伴关系，而这种关系受到多种其他具有价值的无形因素以及产品功能属性的影响。即使有人为工业产品购买者提供低于同类产品价格10%的产品，也很少有客户愿意更换他们的供应商。

2. 消费品市场中的品牌效应

品牌对于消费产品的购买决策产生的影响是相当明显的，毫无疑问，营销的本质是在适当的地点以适当的价格出售适当的产品。良好的营销策略能够保证客户和潜在客户对产品感兴趣，并最终购买你的产品而不是其他厂家的产品。但是，应该怎么做才能使他们购买你的产品或服务而不是其他公司的呢？如果你认为人们喝汇源是为了解渴，开比亚迪是为了快捷，那就太简单了。汇源是可以解渴，可是水也可以啊；比亚迪轿车确实快捷，但是二手福特车也许更快捷。

就消费品市场上反映的品牌效应而言，消费者在购买商品时的确会受品牌的影响。在一次典型的市场调查研究中，当顾客被问到为什么购买某一款商品时，消费者会理性地认为是通常的"硬性"或有形因素决定的。他们会说是商品的性能、价格、可用性、担保等因素促使他们决定购买。如果确实是这样的，为什么大多数商品购买者会一如既往地忠诚于他们多年来使用的品牌呢？这可能是由于惯性，因为没有必要更换，也可能是出于对商品的信任，他们认为当前使用的产品很有效，而其他产品可能会差一些。如果与其他同类产品的价格相差不大，就没有必要进行更换。也就是说，如果我们透过现象深究本质就会发现，人们购买某个品牌的商品的首要原因并非商品的价格和可用性因素，这暗示着品牌的影响力要远远超出其最初得到认可时的效应。

1.4.3 公司的市场定位对品牌竞争优势的影响

市场定位是指公司设计出自己的产品和形象，在目标顾客心中确定与众不同的有价值的品牌地位。市场定位要求公司能确定向目标顾客推销的具体差别及差别数目。在选择公司品牌的市场定位策略时应该注意以下几点。

（1）先入为主。顾客容易记住领先产品的信息，尤其是在信息爆炸的社会。那么，哪些"第一位"的品牌属性值得宣传呢？主要有"最好的质量""最佳的服务""最低的价格""最先进的技术"等。如果公司能在其中一个品牌属性上击败其他对手，并能令人信服地宣传这一优势，公司就会非常出名。

（2）避实就虚。定位是以产品为出发点的，但定位的对象不仅仅是产品，更重要的是潜在顾客的心理，也就是说，要为产品在潜在顾客的脑海中确定一个合适的位置。

（3）寻机出击，退出竞争或重新定位。由于现有产品在顾客心目中都有一定的位置，而且这些品牌产品拥有自己的地位，竞争对手很难取代它们，所以需要寻找机会，或者对自身品牌进行重新定位。

品牌效应不可能永恒存在，它不是企业永久的保护神。企业的成功与否并不由品牌效应主宰，品牌效应只是市场营销的一方面。但是，如果一家公司拥有一定的品牌效应，那么所有其他营销因素都会恰当地发挥作用。品牌效应是公司哲学体系的核心，从本质上说，一家公司的品牌就是该公司的整体形象。

1.4.4 品牌效应与集体商标的关系

集体商标是指以团体、协会或者其他组织名义注册，专供该组织成员在商业活动中使用，以表明使用者在该组织中的成员资格的标志。集体品牌（商标）通过品牌资源整合形成区域品牌竞争合力，由此产生了更大、更广泛的社会经济效应。例如，中国产品从产量、品质、规模来看，在世界上逐渐名列前茅。由世界品牌实验室（World Brand Lab）独家编制的2020年度（第十七届）"世界品牌500强"排行榜于2020年12月16日揭晓，中国品牌入选数于2020年首次超越英国，在所有国家中位列第四，中国南方电网、腾讯、海尔、华为、阿里巴巴、台积电、联想、百度、长虹等纷纷上榜。这些上榜的集体品牌对于保证产品质量、方便识别、创造广告效益、树立集体信誉、扩大企业和商品影响力、取得规模经济效益等方面具有主要推动作用。

1. 集体商标的概念

集体商标是指由工商业团体、协会或其他集体组织的成员所使用的商品商标或服务商标，用以表明商品的经营者或者服务的提供者属于同一组织。

集体商标与普通商标的区别有以下几个。

（1）虽然集体商标与普通商标均表明商品或服务的经营者，但集体商标表明商品或服务来自某一组织，普通商标则表明其来自某一经营者。

（2）集体商标只能由某一组织申请注册，普通商标则可以由某一组织或某一个体经营者申请注册。

（3）申请集体商标注册必须提交使用管理规则，申请普通商标则不必提交。

（4）集体商标不能准许本组织以外的成员使用，普通商标可以准许本组织以外的成员使用。

（5）集体商标准许其组织成员使用时不必签订许可合同，普通商标准许他人使用时必须签订许可合同。

（6）集体商标不能转让，普通商标可以转让给他人。

（7）集体商标失效后两年内，商标局不得核准与之相同或近似的商标注册，普通商标的相应期限仅为一年。

2. 集体商标的特征

（1）集体商标不属于单个自然人、法人或者其他组织，而属于由多个自然人、法人或者其他组织组成的社团组织，即表明商品或服务源自某一集体组织，这一集体组织通常是某一特定的行会、商会等工商业团体或其他集体组织，具体的商品或服务提供者以集体成员的身份隐藏在集体组织的背后，体现了其"共有""共用"的特点。

（2）集体商标是以各成员组成的集体名义申请注册和所有，由各成员共同使用的一项集体性权利，反映在集体商标的申请注册上，即要求只有具有法人资格的集体组织才可以提出申请，因为只有具有法人资格的集体组织，才能以其集体的独立名义拥有商标权。

（3）集体商标反映在商标的使用上，表现为：集体组织通常不使用集体商标，而由该组织的成员共同使用；不是该组织的成员不能使用；每个成员都有平等使用的权力，成员间不存在隶属关系；集体组织必须对其成员的使用进行监督，并对违反使用规则的成员进行处理。

（4）集体商标的注册、使用及管理均应制定统一的规则，详细说明成员的权利、义务和责任以及管理费用的数额和用途，并将之公之于众，集体成员应遵守规则并接受公众的监督。

（5）当集体商标因受到侵害而请求赔偿损失时，应包括集体组织成员所受的损失在内。

（6）当某成员退出该集体组织时，他就不能再使用该集体商标了。当某一新成员加入时，他就可以因获得成员的身份而使用该集体商标了。这种成员身份是不可以转让的，以这种身份关系为基础的商标使用权也不得转让。

（7）地理标志可以作为集体商标注册。将地理标志作为集体商标注册的，其商品符合使用该地理标志条件的自然人、法人或者其他组织。

3. 集体商标的作用

有了商标才有品牌，有了品牌才有名牌，有了名牌才能提高区域特色产业的竞争力。集体商标注册对于带动产业化经营、提高竞争力大有裨益，甚至是必由之路。因为集体商标是"由众多的自然人和企业组成一个行业协会或行业组织共同申请并共同使用的一件商标"，所以其使用的特殊性能够达到为产品节约成本、保护产业、推出品牌和形成规模效益的目的。申请注册集体商标的最大好处是：在不改变单个成员身份的条件下，可以通过共同使用统一的商标把所有单个成员的生产经营能力有效地组合起来，形成数量优势，显示规模效应。

凡是享有这一品牌使用权的会员企业，理应遵守相关法律法规，不得采取恶性压价等不良竞争手段，否则就要追究相应的法律责任。注册了集体商标，就对那些只顾自己利益而不顾集体利益的部分企业有了法律约束，今后还可以以集体展团的名义租展位，参加精彩的国内展、国际展，争取更好的生存和发展空间，甚至在反倾销应诉中，也可以以较低的成本争取最后的胜利。

1.4.5 品牌效应与名牌效应

品牌效应是商业社会中企业价值的延续。在当前品牌先导的商业模式中，品牌意味着商品定位、经营模式、消费族群和利润回报。品牌效应虽然可以带来商机，但仍需要运用现在的宣传手段进行品牌打造，使其在显示出消费者自身身价的同时，也在无形中提高了商家的品位，让更多的高层次消费者购买商品。如上海著名本土原创品牌林清轩自2003年创立至今，一直致力于以中国传统草本为原材料，制作出安全的天然化妆品。但2020年年初的一场突如其来的疫情，让很多步履维艰的企业变得愈发艰难，林清轩虽然是名牌，但也同样面临着经营困境。当时林清轩的创始人孙来春发现产品的品牌影响力还在，用户对名牌依旧青睐有加，于是在分众传媒上投了四个亿的刊例广告，并通过直播卖掉一两万瓶的林清轩山茶花润肤油。这说明林清轩品牌是深入人心的，品牌效应与名牌效应经过倾力打造依旧凸显。

📍 本章小结

1. 品牌是企业取得或保持持续竞争优势的利器。企业在变化的环境中不断丰富品牌的内涵、拓展品牌的外延。品牌内涵主要包括属性、利益、价值、文化、个性和使用者等。

2. 品牌管理是指企业确定其使命，根据组织外部环境和内部条件设定企业的品牌战略目标，依靠企业内部能力将这种谋划和决策付诸实施，以及在实施过程中对品牌进行控制的动态管理过程。品牌管理的组织形式包括业主或公司经理负责制、职能经理制和品牌经理制。
3. 品牌效应包含工业品市场的品牌效应、消费品市场的品牌效应、公司的市场定位对品牌竞争优势的影响。

自测题

一、单项选择题

1. 现代品牌是在工业革命以后出现的。因为品牌最初就是指（ ），所以，品牌首先代表着商品的质量。
   A. 产品品牌　　　　B. 服务品牌　　　　C. 个人品牌　　　　D. 企业品牌
2. 品牌内涵的形式是由（ ）决定的。
   A. 设计者　　　　　B. 审计者　　　　　C. 消费者　　　　　D. 生产者
3. 品牌的核心价值是（ ）的主体部分，也是品牌保持持久竞争力的根本。
   A. 品牌声望　　　　B. 品牌资产　　　　C. 品牌价值　　　　D. 品牌溢价
4. 品牌虽是客观存在的，但它本身并不是物质载体，而是通过一系列的物质载体表现自己的，这说明品牌是（ ）的。
   A. 有形　　　　　　B. 完形　　　　　　C. 实体　　　　　　D. 无形
5. 品牌具有一组能满足顾客理性和情感需要的价值。这些价值的实现主要基于消费者需要。第一是（ ）需要。
   A. 功能性　　　　　B. 特征性　　　　　C. 体验性　　　　　D. 感知性
6. （ ）是指某种品牌被社会公众信任和赞许的程度。
   A. 满意度　　　　　B. 知名度　　　　　C. 美誉度　　　　　D. 接受度
7. 品牌（brand）是产品或服务品质优异的核心体现。其分类正是通过反映不同的类型来体现品牌的（ ）。
   A. 外在价值　　　　B. 内在价值　　　　C. 核心价值　　　　D. 独特价值
8. 公司品牌的内涵至少应包含商品品牌和（ ），并在两者的基础上衍生出公司品牌。
   A. 产品品牌　　　　B. 服务品牌　　　　C. 城市品牌　　　　D. 个人品牌
9. （ ）是指企业在生产多种产品的情况下，给其所有产品冠以统一品牌的同时，再根据每种产品的不同特征给其取一个恰如其分的名称。
   A. 主品牌　　　　　B. 预品牌　　　　　C. 副品牌　　　　　D. 分品牌
10. 品牌管理工作的首要任务是建立科学的（ ）或制度。
    A. 财务管理形式　　B. 战略决策体系　　C. 市场监控体系　　D. 管理组织形式

二、多项选择题

1. 为了更好地理解品牌的内涵，我们可以从以下哪几个方面来分析（ ）。
   A. 属性　　　　　　B. 利益　　　　　　C. 价值
   D. 文化　　　　　　E. 个性
2. 品牌功能的多元化主要基于消费者（ ）需要。

A. 功能性 B. 象征性 C. 经济性
D. 创新性 E. 体验性

3. 品牌表现的特征包括（　　）。
   A. 产品的基本特征和附加的特色　　B. 产品的可靠性
   C. 产品的耐用性和方便性　　D. 服务的效果、效率和人性化
   E. 风格和样式

4. 品牌表现的形式包括（　　）。
   A. 知名度 B. 美誉度 C. 市场表现
   D. 信誉价值 E. 企业战略

5. 按品牌的市场地位划分，可分为（　　）。
   A. 领导品牌 B. 挑战品牌 C. 跟随品牌
   D. 附属品牌 E. 填补空缺品牌

6. 凯文·莱茵·凯勒在进行品牌分析研究后提出了更为简单的划分方法。他将品牌要素分为（　　）。
   A. 公司品牌 B. 产品品牌 C. 家族品牌
   D. 单一品牌 E. 品牌修饰

7. 品牌管理的具体内容包括（　　）。
   A. 品牌权利管理 B. 品牌市场管理 C. 品牌使用管理
   D. 品牌资产管理 E. 品牌价值管理

8. 从历史上看，曾经先后产生过三种主要的品牌管理的组织形式，即（　　）。
   A. 业主或公司经理负责制　　B. 职能经理制
   C. 品牌经理制　　D. 品牌董事制
   E. 品牌股东制

9. 公司品牌的市场定位应该注意以下哪几点策略（　　）。
   A. 先入为主 B. 声东击西 C. 先扬后抑
   D. 避实就虚 E. 寻机出击

10. 按品牌传播的地域广度划分，可分为（　　）。
    A. 国际性品牌 B. 国家品牌 C. 企业品牌
    D. 行业品牌 E. 区域品牌

三、简答题

1. 品牌的含义是什么？它包括哪些最基本的要素？
2. 什么是品牌？它具有哪些特征？
3. 品牌效应的构成要素及相互之间的关系是怎样的？
4. 品牌管理的组织形式是什么？
5. 产品品牌与企业品牌的关系是什么？为什么说品牌产品上的成功不等于品牌市场上的成功？

四、实训题

请针对某一知名品牌进行品牌自由联想分析，并列出属性表格。

案例分析

平台与品牌矩阵中的蜜芽的"妈妈生态"

2020年，疫情的突袭导致线下门店销售一度萎靡，而电商再迎第二春，各大电商平台之间的争夺大战加剧，各种补贴手段层出不穷，物流配送不断提速，销售服务不断向售后和售前扩张，安装、定制、保养等深度服务也越来越普及。

在各大综合电商平台争抢用户的同时，垂直电商也在不断扩容，其中，母婴市场一直备受关注。《中国互联网母婴市场年度综合分析2020》报告指出，随着养育观念的不断迭代以及消费升级，在居民家庭消费中，婴童的相关支出在逐渐增加。2019年，中国母婴产业规模达2.86万亿，同比上涨3.4%，且产业规模继续扩大。

此外，随着"全面二孩"政策的驱动，近几年我国二胎比例不断增长，2019年达到59.5%，预计二胎家庭的增加将为母婴市场带来新的需求动力。

不容忽视的一点是，随着移动互联网的普及，电商将在未来扮演更为重要的角色。《2020巨量引擎母婴行业白皮书》中指出："自2016年以来，母婴市场的线上销售额增幅整体呈上升态势，而这在一定程度上得益于线上销售场景的不断丰富。除了综合电商以外，垂直电商、内容电商以及品牌自建电商等各类新场景逐步得到用户认可，不断推动线上销售高歌猛进。"

在众多线上化的销售场景中，短视频和直播已经成为母婴行业的营销标准模式。母婴研究院的调研数据显示，62.26%的广告主表示短视频/直播将是公司营销投入的重点。

作为母婴电商领域的重要玩家，创立于2011年的蜜芽也紧跟时代的潮流，玩起了直播的生意。2020年9月19日，蜜芽CEO刘楠在抖音"楠得好物"直播带货首秀的成交量超28万单，零售额高达4 200万元，在抖音当晚带货排名第一。截至2020年2月，总销售额达到近2亿元。值得注意的是，蜜芽旗下的多个品牌成为刘楠直播间中的宠儿。有数据显示，截至2020年11月，在"楠得好物"直播销售成绩中，蜜芽品牌业务销售量占40%，供应链合作品牌占30%，招商品牌占30%。其中，蜜芽母婴旗舰品牌"兔头妈妈甄选"mompick纸尿裤，在三场直播中的销售额超过3 000万元，在抖音位居这个类目平台的Top1。

蜜芽品牌业务有这样突出成绩的原因何在？

这得益于自有品牌在中国市场发展迅猛，也得益于互联网巨头的入场。《2021年中国自有品牌行业发展白皮书》中披露的数据显示，2020年中国自有品牌市场总体增长22.7%，超出快速消费品12倍以上。

作为母婴行业勇于尝试的先行者，蜜芽就是那个"早起"找虫吃的鸟儿。根据母婴产品的详细分类，蜜芽共设立四大品牌，分别是专注于新国货的母婴品牌"兔头妈妈甄选"、营养辅食品牌"沛多力"、健康食品品牌"优培农场"以及为亚洲肤质定制的护肤品牌"法蔓蘭"。加上独代品牌优势，蜜芽在母婴、美妆、服饰、食品等领域已经展开布局。

可以说时至今日，蜜芽的品牌战略已经形成了完整的矩阵，蜜芽从一个单纯的电商平台扩展为"产销合一，双线并行"的创新型玩家，其品牌已经成为蜜芽的新战场。

蜜芽品牌的突围带给我们的启示是做好品牌需要下大力气，需要处理调性、产品、性价比、供应链、渠道等问题。发展品牌业务，包括提高对电商平台的研发、采购、仓储等综合能力，因此，未来的要求会更高，这意味着品牌知性需要更高的门槛，更深的护城河。

以跨境电商起家的蜜芽，自从创立之初至今，其品牌运营已有10年的历程，在企业发展初期就已经熟知国内外母婴产品的优势和劣势。在掌控 5 000 万用户多年的购买数据后，蜜芽对热门产品的特点、型号以及不同类型人群的偏好选择也有着深刻的认知。

此外，根据多年的经验，以及对用户需求的不断摸索，蜜芽对用户需求以及产品的匹配也有着独到的见解，可以尽快了解用户在育儿过程中的痛点。

根据蜜芽的研究结果，目前妈妈群体的追求正在发生变化，从"全心奉献"到"自我觉醒"，妈妈们的育儿观念已在转变，爱美逐渐成了妈妈们在育儿过程中的新需求。

针对这一环境变化，蜜芽"兔头妈妈甄选"大师系列纸尿裤创新地融入"美育育儿"理念，从产品内核到包装设计上，均满足当下新生代父母多元化育儿新时尚，打造产品品牌的安全感、品质感、艺术感，形成"三感"交互的全新美育感官世界。尤其是灵感源自法国橘园美术馆的彩印线条涂鸦设计的大师纸尿裤，被众多潮妈称赞为"穿搭神器"。

据蜜芽品牌推广人员介绍，在所有商品正式销售前，必须通过 100 名用户参与的封闭测试，只有达到 95% 推荐率的商品才能上架销售。

由此可见，蜜芽旗下品牌能够在"楠得好物"直播间中取得如此突出的成绩并非偶然，这背后是蜜芽对于品牌的全面调研和严格的品质控制。根据蜜芽披露的相关数据，自 2019 年开始，蜜芽自有品牌销售额已经连续两年超过 10 亿元。

在产品方面：品牌让蜜芽拥有了更多贴合用户需求的好产品，而完善且层次分明的销售网络又让这些产品有了更广的出路。

在品牌方面：从平台到品牌矩阵，"妈妈"的蜜芽正在用丰富的经验和严格的品控创造更多贴合市场中"妈妈"们需求的产品，而这些创新的产品正在通过直播、短视频等更加多样的方式触达更多用户，实现产品与品牌推广的双丰收。

资料来源：https://baijiahao.baidu.com/s?id=1690665947785039547&wfr=spider&for=pc.

问　题：
1. 案例中列举的电商模式有几种？蜜芽重点投资的领域是什么？对其他产品网络品牌构建会产生何种影响？
2. 蜜芽旗下的多个品牌是如何打造的？为什么说品牌业务是蜜芽的新战场？在用户需求方面，蜜芽的做法是什么？
3. 品牌建立为蜜芽带来了哪些收益？从产品到品牌矩阵，蜜芽采取的何种产品策略赢得了稳定的客户？

抖音内容生态年度品牌榜单出炉，巨量数据细说潮向

巨量引擎旗下的巨量算数在平台发布"2020 年度品牌榜"。榜单排名是根据 2020 年各大品牌在抖音内容生态中的内容声量与用户互动的数据来确定的。这是利用巨量引擎领先的数据处理能力及技术推广能力，综合衡量品牌在内容平台的影响力而得出的结果。作为抖音内容生态下的首个年度品牌榜单，其对品牌 2020 年全年在巨量引擎平台的数字营销实践进行了全面总结与回顾，试图从各种微观趋势中得出大动向，为企业主的数字营销提供科学决策参考依据。

1. "内容+商业"双重兼顾

上榜品牌覆盖汽车、手机、美妆等九大行业，榜单排名表明，科学有效的数据洞察要建立在足够的数据量的基础上，包括数据的宽度和厚度，也包括数据的公正和客观。在巨量引擎平台上，每天有超过 7 000 万条视频、200 万字内容、100 万条广告诞生，这些大体量且高质量的用户兴趣行为和营销数据，可以为榜单排名提供重要的依据。

据了解，本次榜单综合品牌在抖音平台包括自然内容与商业内容两个方面，以声量广度与认知深度两大维度为主要排名规则。声量广度指品牌内容受关注程度，主要体现为品牌在平台的声量，具体表现为品牌的曝光度，如视频播放量等；认知深度则指品牌获取到的用户深度行为过程，如视频的完播、转发、评论等。这两方面的综合表现兼顾了内容与商业之间的平衡，不仅能体现品牌声量所带来的用户影响力，还能体现品牌通过持续运营而收获的用户互动效果。

此外，2020年榜单在行业上做了新的扩充，涵盖了九大行业，直观地反映品牌在行业中的声量及变化趋势。其中，宝马、华为、海尔、伊利、耐克、KONO、兰蔻、启赋以及路易威登分别获得各自所在行业的品牌指数最高分数，荣登榜首。

在汽车行业，宝马以其强大的品牌号召力和年轻与运动的个性，有效地引发用户共鸣，累计播放量达382亿次，播放完成量（134亿次）和互动量（点赞量5.6亿次/评论量0.7亿次）均稳居行业头部，因此，宝马成为最受用户关注品牌。

在手机行业，抖音热度指数最高品牌是华为，一方面，国际新闻事件为华为品牌带来了广告效应；另一方面，华为在芯片研发上的投入以及出色的产品能力，也为自身吸引了大量的粉丝。

在美妆行业，兰蔻巧借明星影响力获得了美妆行业最大的内容声量。其推出的小黑瓶视频，获得了数十万点赞量，并累计收获了近200万的粉丝。

通过品牌榜单，我们发现了各个领域内表现不俗的品牌，它们是各行业在抖音的经营中的风向标。

2. 品牌长效增长，科学营销是关键

当前，中国经济进入发展新常态，电商流量红利日渐见顶，对企业主而言，业务增长的需求比以往任何时候都来得迫切，如何利用新营销理论驱动生意长效增长，成了当务之急。巨量算数发布的品牌榜，依托抖音热抖榜计算逻辑，在运算上做了全新升级，从多元的应用场景和分析维度出发，客观地反映了品牌趋势及运作动向，为品牌经营提供了参考依据。

通过自身的实践，榜单中的数字营销先行者为广大企业主提供了品牌数字营销的宝贵经验。企业主可以在他们的实践中，发现数字营销的真谛。他们的每一步动作，不仅基于精准营销，还基于价值增长。从他们身上，我们可以看到中国数字营销的走向。

2020年度的品牌榜，不仅是对品牌数字营销与用户连接做了一次年度总结，而且是对2021年品牌数字营销趋势的前瞻性预测，有利于企业主在变化的数字世界中快速找准方向，提前洞悉品牌数字营销新趋势，做出科学有效的市场营销决策，最终驱动品牌价值的可持续增长。

2020年，巨量引擎正式提出营销科学的理念，基于真实理性的数据决策，与企业主合作，追求更长期的价值增长。巨量引擎平台汇聚的海量用户兴趣行为和营销数据，可以帮助企业主在各种趋势与风向中找到正确的方向。

巨量引擎作为官方开放的数据洞察平台，以营销科学为数字处理准则，依托大量的数据及技术能力，可以不断地输出有关内容趋势、产业研究、广告策略等前沿的观点，并将算数报告、算数指数、算数榜单、数据分析工具等资源开放给企业主，帮助他们扩大品牌价值的边界，激发商业运营的无限可能。

此次品牌榜的发布，是巨量算数展示核心能力的一次有益尝试。目前，巨量算数已推出品牌和"影视综"两大榜单。借助品牌榜单数据，企业主可以洞察品牌在抖音内容生态上的位置与变化趋势；通过现在的品牌榜单，可以洞悉新的内容潮流。

未来，巨量算数还将开通达人榜单和品牌直播榜单，这些内容将覆盖20多个领域的100多个榜单，以便更加全面、立体地展示品牌内容营销的风向变化，为企业主的营销决策提供科学参考。

资料来源：https://finance.ifeng.com/c/83Wyuw7wRpK.

问　题： 1. 综合品牌的"内容+商业"双重兼顾是如何实现的？榜单品牌在行业中是如何扩充的？采取何种方式扩充？

2. 在数字经济背景下，品牌经营的主要参考依据是什么？2021年数字营销趋势的前瞻性预测是什么？

3. 巨量引擎正式提出的营销科学理念的基本内容是什么？巨量算数已推出的品牌和"影视综"两大榜单的作用是什么？巨量算数榜单的覆盖面有多大？效应如何？

CHAPTER 2 第 2 章

品 牌 战 略

教学目标

在品牌管理中，战略性思维对企业品牌的健康发展意义重大。目前，在互联网经济时代，经济增长方式的变化迫使企业走内涵式生态型数字化的发展道路，从产品技术竞争走向品牌竞争是竞争方式战略转移的必然选择。通过本章的学习，学生应该掌握品牌战略的基本概念和理论，为今后实施品牌战略管理打好基础。

学习任务

通过本章的学习，学生主要掌握和理解：
1. 企业战略与品牌战略的含义；
2. 品牌战略的构成因素及特征；
3. 品牌战略管理的任务及意义；
4. 品牌战略的层次及其基本模式；
5. 品牌战略性建设的主要内容。

案例导入

Prophet 铂慧任命黄郁娟为合伙人，深化品牌战略和数字化营销能力

2021 年 2 月 1 日，全球领先的品牌战略及数字化转型咨询公司 Prophet 铂慧宣布，公司任命安索帕中国前高级副总裁黄郁娟（Cecilia Huang）担任上海办公室合伙人，她将助力铂慧在中国深化客户的品牌建设和客户的数字化营销。

拥有超过 20 年资深经验的黄郁娟，主要在品牌咨询、数字营销、新零售、大数据等领域业绩卓然，尤其擅长帮助传统企业和互联网公司聚焦品牌建设，挖掘品牌数据，从而推动品牌数字化转型。

"我们非常高兴地欢迎黄郁娟女士加入我们的亚洲团队，"铂慧合伙人及亚洲区总监 Alan Casey 说道，"黄郁娟女士拥有出色的品牌营销洞见力，能够敏锐地挖掘企业商业问题的核心所在。她可以凭借在品牌、营销和数字体验等方面的丰富经验，成为我们客户所信任的盟友。"

在加入铂慧之前，黄郁娟女士曾在电通集团旗下的安索帕中国品牌商务咨询部担任高级副总裁，最主要的工作是帮助客户开发品牌，做好定位、品牌识别，进行产品和数字创新，制定电子商务战略和实施大数据分析。她还曾在 Interbrand 中国及某领先家居零售商担任管理职位。在她服务过的众多领先企业中，包括腾讯、康师傅、喜力、安利、立邦涂料和达能早期营养等，她总是能够帮助这些企业把握发展机遇，推动数字化转型。

"我非常荣幸能够加入铂慧，这个在品牌营销和数字化转型领域都负有盛名的咨询团队，"黄郁娟女士说道，"中国企业正以前所未有的速度不断实施创新与发展，它们中的许多人都认识到了以战略性的方法进行品牌建设和数字化营销的重要性。铂慧在这方面独具优势，在未来致力于提供以消费者为中心，创新且务实的全面解决方案，以帮助客户应对增长中所面临的挑战。"

2020 年，铂慧斩获 2020 年 Transform Awards 亚太地区七项大奖，其中包括四项金奖和两项银奖。此外，铂慧还被《福布斯》评选为美国最佳管理咨询公司之一，获选《咨询》杂志"最佳雇主"称号，并被《金融时报》评选为英国最佳管理咨询公司之一。

资料来源：https://new.qq.com/omn/20210201/20210201A020KM00.html。

2.1 品牌战略概述

2.1.1 企业战略的含义

"战略"一词原是军事术语，其含义是在广泛搜集整理敌我双方情报的基础上，通过分析研究，对整个战争全局的进展趋势做出准确的判断，从而达到"运筹于帷幄之中，决胜于千里之外"的效果。欧美企业明确引入战略概念始于 20 世纪中期。企业战略及战略管理的发展过程可以概括为：20 世纪 50 年代的战略概念、60 年代的战略规划、70 年代的战略热潮、80 年代定位学派的形成、90 年代资源学派的涌现、21 世纪的生态学派出现。

2.1.2 品牌战略的含义

品牌战略是企业战略的重要组成部分。所谓品牌战略，是指通过品牌形象的塑造，提高企业产品竞争力，扩大企业在市场上的份额，促使企业可持续发展的战略，也就是通过创立市场知名品牌，提高产品和企业的知名度，靠品牌来开拓市场，增加市场份额，提高产品的市场占有率。企业往往将品牌作为核心竞争力，以获取差别利润与价值。

品牌战略是一个复杂的战略体系，包括品牌的统一与拆分战略、品牌的多元化经营战略、品牌的一般竞争战略、品牌扩张战略、品牌定位战略、品牌国际化战略，以及产品质量战略、技术开发战略、经营战略、品牌设计与广告策划战略、市场营销战略、产品服务战略、人才战略等诸多方面。所以，一个成功品牌战略的实施绝不是品牌自身的事情，实际涉及企业经营管理中的所有重大战略决策，只是这些战略决策都要围绕着品牌展开。公司品牌战略如图 2-1 所示。

品牌战略是市场经济激烈竞争的产物。近年来，一些意识超前的企业纷纷运用品牌战略的利器，取得了竞争优势并逐渐发展壮大。品牌战略的本质是塑造企业的核心能力，从而确保企业的长远发展。在科技高度发达、信息快速传播的今天，产品、技术及管理诀窍等容易遭到对手模仿，难以成为核心能力，而品牌一旦树立，则具有价值并且不可模仿，因为品牌是一种消费者认知，是一种心理感觉，这种认知和感觉不能被轻易模仿。了解了品牌的内涵和特点，我们在塑造品牌时就应该从这些方面着手，实施品牌战略。

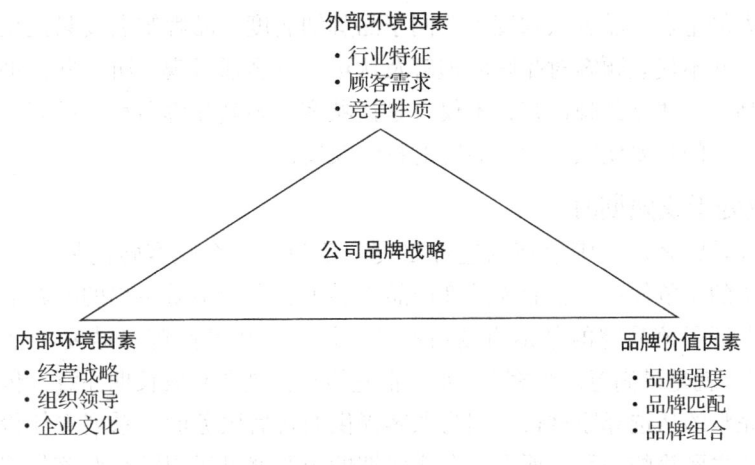

图 2-1　公司品牌战略

2.2　品牌战略管理

在明确企业行业地位的前提下积极推行品牌战略是企业的明智之举。充分利用互联网平台资源，推动平台扩张是企业品牌战略创新举措。企业品牌战略管理部门的职责首先是品牌战略的制定，然后是执行检查，即对品牌的营销策略、广告公关促销等传播活动的每一个环节进行检查，以确保其有效地体现品牌规则。

2.2.1　品牌战略管理实施过程

品牌战略在本质上就是为了塑造企业的核心专长，从而确保企业的长远发展，所以，企业在品牌战略实施过程中，应该在企业生命周期的不同阶段采取有针对性的品牌战略。

1. 当企业处于初创期时

在初创期建立品牌的一个基本要求是企业自身实力较强，品牌有发展前途，自身产品的可替代性很高，即与竞争产品之间的差异性非常小，理性的利益驱动不足以改变顾客的购买行为。如果企业选择建立自己的品牌，那就要在创业一开始就树立极强的品牌意识，对品牌进行全面的规划。企业在经营、管理、销售、服务、维护等多方面都应当以创立品牌为目标，不仅要依赖传统的策略性方法，如标志设计和传播、媒体广告、促销等，而且要侧重于形成品牌的战略思维。许多国内企业总想一蹴而就，把如何实施品牌战略简化成如何尽快打响品牌知名度的问题，利用知名的商业媒体，在短时间内造就数个知名度很高的品牌，但大多数却是昙花一现。究其原因，在于企业在建立品牌的过程中，没有对品牌进行全面的规划，逐步确立品牌的核心价值。因此，企业在初创期创立品牌时，除了要尽快提高品牌的知名度以外，关键的问题是要确立品牌的核心价值，给顾客提供一个独特的购买理由，并力争通过有效的传播与沟通让顾客知晓。

2. 当企业进入成长期时

当企业步入成长期时，提高品牌认知度、强化顾客对品牌核心价值和品牌个性的理解，是企业营销努力的重点。品牌认知度不等同于品牌知名度。品牌知名度只是反映了顾客对品牌的知晓程度，并不代表顾客对品牌的理解及认可。顾客通过观、听，并借助对产品的感觉和思维来认识品牌。建立品牌认知，不仅仅是让顾客熟悉其品牌名称、品牌术语、标记符号或设计，更进一步的是要使顾客理解品牌的特性及属性。

3. 当企业处于成熟期时

品牌忠诚度是顾客对品牌感情的定性量度，反映出一个顾客转向另一个品牌的可能程度，是企业重要的竞争优势。企业为品牌产品提供了稳定的不易转移的顾客群，即提高顾客的黏性，从而保证了该品牌的基本市场占有率。因此，培育品牌忠诚度对企业来说至关重要，"最好的广告就是最满意的顾客"。如果企业能在初创期和成长期注意宣传该品牌，并提供给顾客一个完整的从选择原材料，到为顾客提供的售后服务的一系列责任价值体系，在企业和顾客之间建立融洽的关系，那么，在成熟期的企业就可运用顾客对该品牌的忠诚度，来影响顾客的行为。

4. 当企业处于衰退期时

顾客的品牌忠诚度一旦形成，就很难受到竞争产品销量与品类的影响。品牌忠诚度是品牌资产中的最重要部分，品牌资产最终体现在品牌忠诚度上，这是企业实施品牌战略的根本目标。然而，当企业处于衰退期时，消费者的品牌忠诚度绝不是无条件的，它根源于企业对该品牌严格的技术与质量要求，即该品牌有卓越的品质保证。因此，即使产品处于衰退期，企业仍然要做好顾客品牌推广活动，着力于品牌衍生与替代工作。

2.2.2 品牌战略的基本模式

在掌握各种品牌战略模式的规律，并深入研究企业的财力、规模、发展阶段、产品的特点以及消费者心理、竞争格局与品牌推广能力等实际情况的基础上，按照成本低又有利于企业获得较好的销售业绩、利润与实现培育强势大品牌的战略目标，优选出科学高效的品牌战略模式。

企业可以选出下列品牌战略模式的一种或者几种：
（1）综合品牌战略（一牌多品战略）；
（2）产品品牌战略（一品一牌或一品多牌战略）；
（3）产品线品牌战略；
（4）分类品牌战略；
（5）联合品牌战略；
（6）担保品牌战略；
（7）主副品牌战略；
（8）网络品牌战略。

在选择品牌战略模式的同时，企业还要处理好企业品牌与各产品品牌的关系，以及各产品品牌之间的关系，从而建立科学的品牌架构。

这里所说的品牌战略，在其他场合有时称为品牌的形态和层次，有时也称为品牌名称决策等。无论如何称谓，从总体上看，有七种基本模式可供选择。它们具体是产品品牌战略、产品线品牌战略、分类品牌战略、伞状品牌战略、来源品牌战略、担保品牌战略以及品牌特许经营战略。一个企业往往使用多种品牌战略，从而使企业拥有的众多品牌处于复杂的结构之中。从影响消费者购买决策的角度来看，由于这七种品牌战略各自扮演了不同的角色，因此它们适用于不同的情况和条件，并具有各自的优缺点。下面分别加以阐述。

1. 产品品牌战略

（1）基本内容。产品品牌战略有时也叫个别品牌名称决策。它的做法是给每种产品一个独有的名字，并给予它定位，占领特定的细分市场。也就是说，即使同属于一个产品种类，但由于定位不同，产品也有各自的品牌。例如，浙江吉利控股集团与马来西亚 DRB-HICOM 集团签署协议，吉利控股集团将收购该公司旗下宝腾（Proton）汽车的股份。完成收购后，届时吉利控股集团将拥有吉利、领克、沃尔沃、伦敦出租车、宝腾和路特斯六个汽车品牌。

（2）适用场合与优势。产品品牌战略适用于以下情况。

1）厂商对一个特定的市场具有战略上的需要。比如，宝洁的洗发水有四个重要品牌，这样就能保证它在洗发水市场上获得极高的份额。

2）这些细分市场差异不显著。每个产品选择不同的品牌名称，保证消费者看到的是不同的产品——产品从外表上看上去是相同的，这是必需的。比如，消费者很难看出洗发水有何不同（尽管它们在成分、功能等方面有所不同），而特别的名称强调了产品间物理性质的差异。

3）产品品牌战略能凸显产品个性，锁定目标消费者。如欧米茄代表成功人士或名人的尊贵豪华的选择，雷达是高科技的象征，而斯沃琪则是前卫、时髦和潮流人士的首选。

4）公司对创新具有强烈的欲望。产品品牌战略能够为公司抢先获得有利的定位，使其创新变成专利，从而有效地抵御同行的仿制行为。

5）产品品牌战略允许公司在新市场上冒险。如果一个细分市场的前景不明朗，那么可以采用产品品牌战略，即使失败也不会影响到原有成功产品的品牌形象。

6）产品品牌战略意味着公司的名称独立于公众，这样就给公司进入新的市场提供了自由的空间。

7）产品品牌战略有助于获得有利的货架空间，因为零售商分配给公司货架空间的多少是与其品牌数量成正比的。

8）产品品牌战略适用于处于成长中的市场。虽然采用这种战略时，在研究开发、设备和商业费用上投入很大（这也是这种战略的缺点），但因市场在成长，所以它取得投资回报的机会也是很大的。

9）产品品牌战略能给低品牌忠诚者提供更多的选择。

10）产品品牌战略相对于电器类行业，更多地适用于生活用品、食品、服饰等行业。

2. 产品线品牌战略

所谓产品线，是指同一产品种类中密切相关的一组产品。它们以类似的方式起作用，质量和价格水平定位相同，能满足同类型顾客的需要，通过同类型的销售网点分销，或在一定的幅度内做价格变动。比如，在化妆品门类中，各条产品线有洗发水、香皂、沐浴露、定型摩丝等。产品线品牌战略就是给同一产品线上的产品赋予同样的品牌。这种战略一般得益于最初产品的成功，产品线扩展的成本不低于折扣和包装的边际成本。在一般情况下，产品线采取整体的战略推出，不需要额外的广告。产品线品牌战略有以下几项优势：首先，它提高了品牌的销售力，有利于创造鲜明持久的品牌形象；其次，它便于更进一步地进行产品线延伸；最后，它减少了推广的费用。这一战略的不利之处在于，产品线的扩展总是有限的，企业只能生产与现有产品密切相关的新产品，这一点常常被人忽视。如果产品线中有一个非常强势的创新产品，那将导致产品线的发展速度减慢。

3. 分类品牌战略

分类品牌战略是企业对生产经营的并类产品分别命名的一种品牌战略。这种战略考虑到对于不同用途的产品来说，不宜采取统一品牌战略，否则容易混淆，也难以区分其品牌所代表的产品特色。如果企业所经营的各类产品之间的差别非常大，那么企业就必须根据产品的不同分类归属来采取多品牌战略，即为各类产品分别命名、一类产品使用一个品牌。分类品牌战略就是对产品使用不同类别的家族品牌名称，给予一个具有相同能力水平的产品群以一个单独的名称和承诺。所以它被广泛地应用于食品、化妆品、服饰、厨房用具、零配件和工业品上。不同类别系指一个范围较宽的组别，包含数条产品线。这种战略也可理解为不同类别的家族品牌名称决策。如2021年，长城汽车旗下的SUV和皮卡在不断完善的产品矩阵下，保持市场领先地位，通过广泛的智能化应用，为用户提供更多驾乘安全新体验。智能汽车新品的推出，使赋能品牌持续发展。

4. 伞状品牌战略

伞状品牌战略是在不同产品门类上冠以一个相同的品牌名称。它也可以理解为统一家族品牌名称决策。国际上许多大公司都采用这种做法，例如，佳能用于照相机、复印机和办公设备上，雅马哈用于摩托车、钢琴和吉他上，京东用于电商、无人汽车和物流服务上。这种战略最突出的优势在于把资产集中在一个单独的名称上，它的产品、传播和其他所有行动都对品牌声望贡献良多。伞状品牌战略适用于新产品与原有产品有较高的关联度、新产品的市场竞争不太激烈、新产品的主要竞争品牌并非专业品牌等情况。另外，该战略尤其适合跨国公司在进行世界性营销时采用。伞状品牌战略具有许多优点：节省广告费用，有利于消除顾客对新产品的不信任感，壮大企业的声势等。但企业要从伞状品牌战略中获益，需要具备如下条件：品牌在市场上已获得一定的信誉，各类产品应具有相同的质量水平，否则会影响整个品牌声誉。例如，飞利浦公司对它所有的产品使用飞利浦这一名称，由于这些产品在质量上存在极大的差别，所以大多数消费者仅期望飞利浦产品有平均质量。因此，飞利浦公司的这种做法损害了其优质产品的销路。

在伞状品牌战略的运用上还会产生如下负面影响：若一个品牌下聚集了太多的产品，则会导致品牌定位的稀释，同时也不可避免地带来某些限制。

5. 来源品牌战略

来源品牌战略（有时被称为附属品牌战略）与伞状品牌战略相比，只存在一个关键的差别点：前者先对产品进行直接命名（子品牌），再拥有一个共同的母品牌，因而每个产品具有两个品牌，形成双重品牌结构，所以它也被称为双重品牌化战略。在来源品牌概念下，虽然子品牌有它们自己的信仰，但它们仍牢牢地受到家族精神的支配。来源品牌战略的益处在于，它有能力把一种差别化感觉和深度强加于子品牌身上，同时，通过子品牌名称的修饰和丰富，使母品牌可以加强其价值和识别度。例如，完美日记母公司逸仙电商，虽然在一开始就确立了多品牌发展战略，但并不满足于打造一个国货彩妆头部品牌，而是要造就一个具有国际影响力的互联网美妆集团。从长期来看，逸仙电商收购 Eve Lom 只是个开始，最终将吸引一个特定的细分市场。来源品牌战略的一个危险因素是超越母品牌核心识别的限制。这意味着要保持对品牌延伸的严格界限，只有经过鉴别的、可靠的名称，才可以在母品牌的活动范围内使用。

在来源品牌战略中，雷吉斯·麦肯纳提出了"银色子弹"的说法。所谓银色子弹，指的是子品牌被当作一种改变或支持母品牌形象的工具。在高科技领域，这种现象较多。比如，华为公司的三模 4G 上网卡移动随身听为华为提供了创新迷你化的核心识别。

6. 担保品牌战略

担保品牌战略与来源品牌战略比较相似，区别在于前者的母品牌和子品牌是比较松散的关系，对市场来说，主要是子品牌（产品品牌）在起作用，而母品牌并不突出，只是起到担保的作用（担保品牌往往是公司品牌）。除产品品牌、产品线品牌或分类品牌之外，担保品牌战略支持产品分类的广泛变化。例如，公司母品牌雀巢为全部产品提供信任、质量保证、信誉和竞争力，产品品牌则提供口味、感觉等特殊的价值和个体经验。由于每个产品可以自由地表现其创新性，因此在产品品牌的名称和符号使用上会呈现出广泛的变化。例如，拼多多的"妈妈的透明工厂"系列纸尿裤品牌，为全部产品提供信任、质量保证、信誉和竞争力，产品品牌则提供质量、安全性等特殊的价值和个体经验。由于每个产品可以自由地表现其创新性，因此在产品品牌的名称和符号使用上会呈现出多样化特点。

担保品牌战略的主要优点是能够获得很大的调遣自由。以娃哈哈为例，如果采用来源品牌战略，则一些与婴儿食品和儿童饮料相关的特殊形象必然影响到产品品牌的发展，而担保品牌战略却为娃哈哈带来了无限的发展空间，使它的产品涵盖饼干市场、汤料市场等领域。在担保品牌下，产品品牌共享它承担的认可作用，包括标准化的质量、科学技术和对公众的责任，以及对生态环保的关注等。

以上六种品牌战略都是公司品牌战略的典型形式。事实上，很多公司都采用了分类品牌、伞状品牌、来源品牌或担保品牌的混合结构。毋庸置疑，许多混合情形的产生是因为在新产品的不断开发过程中，很少对品牌决策做出严格的选择。如果缺乏对一个品牌整体运作和与产品关系的预想计划，将导致品牌化政策的总体混乱，这无疑对品牌战略的有效实施造成损害。

7. 品牌特许经营战略

品牌特许经营是以契约方式构筑的，特许人与受许人共同借助同一品牌在同一管理制度的约束下实现品牌扩展的一种形式。它是促使品牌在市场上扩张，进而实现双赢或多赢的营销模式，例如，遍及我国各个城市车站、机场的真功夫和李先生牛肉面，以其优质服务、整洁明快的用餐环境、适宜的快餐口味而享有盛名，它们的成功有许多相似之处，其中最重要的一点就是它们都是特许专卖权的所有者，都很成功地运用了特许经营方式。可以说没有特许经营就没有真功夫和李先生牛肉面的品牌扩张，也就不可能成就其驰名的强势品牌。

品牌战略的基本模式如图 2-2 所示。

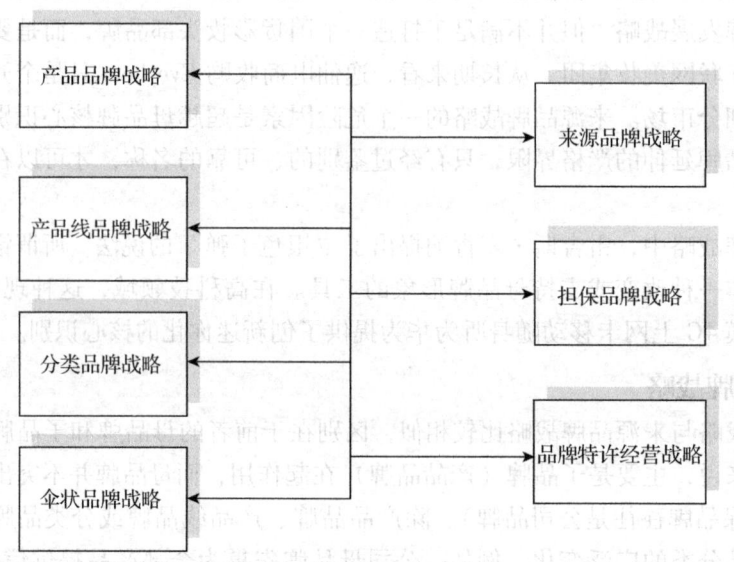

图 2-2　品牌战略的基本模式

所以，品牌战略管理不单纯是营销策划、广告创意、广告发布、公关活动与终端促销，更不是仅做好日常的营销广告工作就能自然地打造出一个高价值的品牌。只有围绕上述主线进行战略规划与严格的日常管理，使企业的价值活动紧扣品牌建设的目标，才有可能创建强势大品牌。

2.3　品牌战略规划

品牌战略规划很重要的一项工作是规划科学合理的品牌化战略与品牌架构。在单一产品的格局下，营销传播活动都是围绕提升同一个品牌的资产而进行的，而产品种类增加后，就面临着很多难题。品牌化战略与品牌架构优选战略就是要解决这些问题。

现在，国内不少企业就是因为没有科学地把握品牌化战略与品牌架构，在实施品牌发展规划时，在这一问题上因决策失误而错失良机，不仅未能成功地开拓新产品市场，而且连累了传统产品的销售。

2.3.1　品牌战略分析

企业的品牌战略必须建立在一定的客观环境基础上，不能仅靠主观臆断，所以，准确地把握与分析环境要求是成功进行品牌战略策划的前提。

1. 品牌市场需求分析

品牌市场需求分析是指对消费者需求的分析。消费者对品牌的需求表现为两种需求。其一是功能性需求，即要求品牌具有作为标志帮助消费者或用户识别企业的特定产品的功能；其二是情感性需求，即要求品牌能够寄托消费者或用户的某种感情，如愉悦、信任、崇拜、敬仰、联想、自豪、舒适等。

分析市场需求一般从市场调查开始。大多数企业的市场调查仅限于产品的调查，如了解用户喜欢什么样的产品，能够接受何种价格，可以通过什么渠道购买等，很少有品牌方面的调查研究。其实，消费者对品牌也有自己的看法，比如许多消费者要求品牌的名称朗朗上口、好读易懂；品牌的外部标志特征明显，容易识别，可以与其他商品相互区别；品牌的文字、图案、颜色要与自身的文化相趋同。

2. 竞争者品牌战略分析

竞争者品牌战略分析对于企业有针对性地确定自己的品牌战略十分重要。竞争者品牌战略分析包括以下几点：①分析竞争者品牌设计的科学合理性，即能否充分满足消费者各方面的功能和情感需求；②分析竞争者的品牌定位，即竞争者的品牌是针对哪一类消费者的，要给消费者留下何种印象；③分析竞争者品牌设计的现实基础，即商品的质量、技术水平、服务能力等；④分析竞争者的品牌延伸空间，即是否将该品牌应用到竞争者的其他商品当中去。

对竞争者品牌战略的分析，可以帮助企业找到竞争者在品牌管理方面的弱点，从而确定企业更有竞争力的品牌战略。

3. 品牌政策环境分析

品牌政策环境是指国家对企业品牌的法律保护和知名品牌的产业支持政策。品牌政策对企业品牌战略的制定和实施有着重要的指导意义。以农业品牌政策环境分析为例，发达国家和地区的经验表明：树立国际知名农产品品牌需从五个方面着手：第一是挖掘区域资源优势，树立区域品牌；第二是严格进行质量管理，赢得市场信誉；第三是加大科技投入，提升品牌质量；第四是做好品牌市场营销，推介知名品牌；第五是强化政府扶持，供给配套措施。借鉴国外经验，结合我国实际，发展品牌农业，需要从政策上做好以下四方面工作。

（1）立足资源优势，搞好品牌农业规划。企业应围绕区域优势主导品种和产业，制定品牌农业发展规划，挖掘和整合农业优势资源，大力培育区域集体品牌，集中力量打造一批优势农产品知名品牌。

（2）完善标准体系建设，不断强化全程质量监管。质量是品牌的生命，标准化是品牌化的基础。各地农业主管部门应围绕主导产业的发展，完善标准体系建设，做到有标可依、有标必依；围绕打造名牌，组织标准化生产技术和管理措施进行示范推广，强化全程质量控制。

（3）扶持龙头企业，加大品牌培育力度。培育一批精通农产品品牌和品牌经营的企业家，以及专注于技术、会经营的农民；扶持或引进一批具有开发、加工及市场开拓能力的龙头企业，对当地特色农业进行深度开发，并与农民专业合作社或农户建立紧密的利益联结机制,形成打造品牌农业的利益共同体。

(4) 加大政府支持力度,完善品牌发展政策。建立区域公共品牌建设与保护机制,加强地理标志等知识产权保护;建立有特色的区域品牌产地市场,为农产品品牌构建完善的信息网络和物流体系及产品推广和销售服务平台;制定税收优惠政策,加大政府公共财政投入,扶持优质农产品基地建设,放宽金融信贷政策。

4. 企业品牌资源条件分析

企业品牌资源条件分析是指企业所具有的可用于进行品牌战略规划、实施和控制的各种资源。虽然大多数企业在其生产活动中已经形成和积累了一些品牌管理资源,但是很少有企业从战略高度认识这些品牌资源的实际作用,更没有充分开发与利用已有的品牌资源。因此,企业应对现有的品牌资源进行品牌定位分析,从企业未来发展的战略目标角度考虑取舍,对于有发展前景的品牌进行有效保护和拓展,这样既节约人力、物力、财力,又可以使企业在较短时间内见到效果。对企业两个现有资源可以使用表2-1进行比较与分析。

表2-1 品牌资源评价表

品牌资源	品牌评价				
	企业战略目标	消费者需求	与竞争者比较	品牌政策	综合评价
品牌A	一致	满足	有优势	支持	使用
品牌B	不一致	不满足	没有优势	不支持	不使用

2.3.2 品牌战略规划的制定步骤

在品牌战略环境和企业资源条件分析的基础上,可以制定品牌战略规划。一般来说,品牌战略规划的制定包括以下三个步骤。

1. 确定品牌战略目标

品牌战略目标也称为企业品牌的愿景,企业品牌战略目标应与企业总体战略目标一致,并且服务于企业的整体战略。例如,当企业把争取国内市场最大份额作为发展目标时,品牌战略也应当把争取提升国内客户的忠诚度作为自己的战略方向。

品牌战略目标包括以下几种。

(1) 品牌的竞争实力。它主要通过品牌的知名度、美誉度、认可度和顾客的忠诚度来体现,这些方面能够多侧面地展示品牌的综合竞争实力。

(2) 品牌的拓展能力。它主要通过品牌的联想度和延伸空间来实现品牌的扩张,从而形成品牌族群。

(3) 品牌资产的增值能力。品牌资产的增值对企业来说是战略的终极目标,主要通过品牌在市场上的不断推广来获得企业销售收入、股东与企业利润。

2. 理性选择品牌战略类型

企业要根据经营环境和资源条件的分析,确定选择何种类型的品牌战略。在选择品牌战略类型时必须实事求是、高瞻远瞩,为企业品牌的延伸和品牌资产扩张留下足够的发展空间。企业要结合现有资源状况,包括实施品牌战略的目标、品牌市场定位、企业自身条件

（如企业规模与实力、企业信誉、产品种类）等因素，综合考虑各种品牌战略类型和品牌组合方式的优劣势、适用性，然后进行比较与选择。

首先，要考虑企业实施品牌战略的目标，包括提高品牌竞争力和品牌市场占有率、提升企业形象、凸显经营特色、提高顾客的品牌忠诚度、增加销售额等。

其次，除了要考虑产品线本身的长短以外，特别要考虑到不同产品或者不同产品类别之间存在的相互影响。和单一品牌战略以及多品牌战略中的独立产品品牌方式不同，多品牌中的分类品牌方式把按照商品类别或者细分市场划分的产品置于统一的品牌之下，能够在营销当中充分考虑特定目标顾客群的诉求和愿望。

最后，考虑企业的规模、实力与信誉等优势因素。例如，在疫情之下，新的消费环境出现，同时也催生出新的市场消费习惯及与之相适应的消费场景。网店销售、短视频宣传推广、直播带货成为越来越多茶商的选择。茶叶新零售花样百出，很多茶企尤其是小茶企，开始考虑小成本的、更为灵活的营销方式，如社交电商、社群卖货、众筹、竞拍、直播等，在大品牌集中化的市场中，逐渐开辟出一条增量道路，并吸引了不少跨界新生消费者。

总之，无论企业选择何种品牌经营战略，其本质都是对企业经营理念的贯彻，都必须要以符合社会公众情感期盼的企业理念为指导。只有在正确的企业经营理念的指导下，企业的品牌经营战略才能形神合一。

企业还必须设计品牌战略的空间结构与时间结构。品牌战略的空间结构是指对于实施品牌战略的各职能部门的分解。这种分解可以将品牌战略转化成具体的战略任务，以便落实于每一个职能部门和每一个员工。

品牌战略的时间结构是指对于品牌战略实施的不同阶段，把品牌战略的各个阶段有机地联系起来，形成完整的时间周期变化结构图。

表 2-2 表示了品牌战略空间组织与时间的结合。

表 2-2 品牌战略空间组织与时间的结合

阶段	任务		
	品牌战略规划	品牌战略实施	品牌战略控制
第一阶段	战略选择与分解	BIS 计划	控制标准
第二阶段	制定品牌战略方针	BIS 组织实施	问题诊断
第三阶段	战略调整	BIS 强化	控制评价

3. 制定企业品牌战略方针

企业品牌战略方针是实施品牌战略时所要遵守的基本原则，违反这些原则可能会影响企业品牌战略的有效实施，阻碍品牌战略目标的实现。企业品牌战略方针可以通过制定相应的规章制度加以实施。

企业品牌战略方针主要有以下几个。

（1）围绕品牌战略任务整合资源。企业要在明确品牌战略任务的基础上把有限的人力、物力、财力资源进行有效整合及优化性配置，使企业全部经营活动的焦点都集中到品牌的战略目标上，切不可把有限的资源分散使用甚至错误配置。

（2）坚持品牌的核心价值观。品牌是一个企业、一个城市乃至一个国家竞争力的综合体现，代表着供给结构和需求结构的升级方向。品牌的核心价值是品牌的生命之魂，必须要持之以恒，不断强化核心价值在消费者心目中的印象，不可随意变化。品牌价值逻辑如图2-3所示。在当今世界建筑领域，中国建筑、中国铁建、中国中铁、中国交建等国有企业在公路、铁路、桥梁、港口等建设方面成为世界公认的领先企业。这些企业是中国的，在开拓市场中不可能放弃国家标签。每个品牌就像每个人一样，必来自某个地方，具有不同的特色。无论品牌在哪个方面构思、设计或产生，它的名称和内涵都决定了它的地理自然认知。对于已经成熟的国有企业品牌或产品品牌，企业应该有国家自信、品牌自信，只要保证打造出高质量的产品，就能对企业、国家的品牌打造发挥积极的作用。例如，光明食品集团以乡村振兴战略为宗旨，不断做出努力和贡献，成就了光明的企业使命。正因为有这样的核心价值观，光明品牌与中国广阔的农村，特别是贫困地区结合在一起。随着乡村的振兴，光明把集成的畜牧技术、农业高科技技术、种业技术、沃土技术带到这些地区，把农产品的价值进一步扩大，让农民得到真正的实惠。

图2-3　品牌价值逻辑

（3）用品牌价值的增减变化衡量企业业绩。企业各部门经营活动的绩效要用对品牌的贡献来衡量。凡是有利于增加品牌价值的行为应该给予精神或物质奖励，这样不仅可以形成人人关注企业品牌的良好氛围，还会使企业在更高的层面实现品牌价值。

总之，品牌战略规划的职责与内容就是以品牌核心价值为中心，不断整合企业的一切价值活动，同时优选高效的品牌化战略与品牌架构，不断使品牌资产增值并且要最大限度地合理利用品牌资产。企业的品牌营销传播活动就像组织或个人日常的政治、经济与社会活动，企业应把营销策略、广告创意、终端陈列与促销作为品牌战略管理的日常工作。

2.4　品牌建设

2.4.1　品牌建设概述

品牌建设是实现品牌价值的关键所在，需要全员发力才能实现建设目标，所以应该注重内部员工和外部公众的持续不懈的努力。这应该成为企业内部从上到下都关注和参与的问题。

1. 品牌建设的概念

品牌建设是指品牌拥有者对品牌进行设计、宣传、维护的努力和行为。品牌建设的利益表达者和主要组织者是品牌拥有者，而参与者包括品牌的所有接触方，如用户、渠道、合作伙伴、媒体甚至竞争品牌。品牌建设的内容包括品牌资产建设、信息化建设、渠道建设、客户拓展、市场活动管理、口碑管理等。

2. 品牌建设的必要性

（1）适应企业生存发展的需要。企业进行品牌建设，能够增强企业的凝聚力，使企业成员产生自豪感，增强员工对企业的认同感和归属感，使之愿意留在这个企业，进而能够提高企业知名度并强化竞争力。这是一种无形且巨大的企业发展推动力。品牌建设并非大企业的专利，它是企业自身发展的需要。在品牌生命周期方面，中国的企业数量远远落后于发达国家。有抽样调查显示，中国民营企业的平均寿命仅为3.7年，中小企业的平均寿命更是只有2.5年；而在美国与日本，中小企业的平均寿命分别为8.2年与12.5年。中国大公司的平均寿命是7~9年，欧美大企业的平均寿命长达40年，日本大企业的平均寿命有58年。在百年老店方面，中国的企业数量更是落后于发达国家。

因此，企业不能以生存为由而忽视品牌建设，不能在日后的发展道路上遇到品牌发展瓶颈时才考虑品牌问题。其实，任何大企业都是从小企业开始做起的，事实证明，在企业发展初期就制定了长期的品牌战略目标、有品牌意识和长远的品牌经营理念的企业，会有更多、更快的成长机会。

（2）满足消费者需求。当今时代是品牌力时代，越来越多的具有一定经济承受能力的消费者开始深化品牌认识，将自己相信的品牌作为消费时的首选。品牌之于消费者有许多意义，品牌能够降低消费者的消费风险，节省消费者的购物精力。当面对琳琅满目的商品时，消费者不可能逐一去了解，只能凭借自己的经验或是他人的经验加以选择，由此而言，品牌是一种经验的积淀。如果企业放弃品牌建设，尽管可以获得眼前的微利，但从长远来讲，无疑等于放弃满足消费者需求，会丧失许多潜在客户，这对于企业的长远发展是致命打击。

3. 我国品牌建设现状

从"十二五"到"十三五"，中国企业致力于奠定产品与规模的竞争力，品牌并非建设的重点；而"十四五"规划已明确指向了"世界一流"，品牌建设已成为不可或缺的内容。

（1）进一步认清企业品牌建设现状。我国企业品牌建设取得了长足进步，自主品牌经历了从无到有、从小到大、从少到多的历史发展阶段。"十四五"时期，在历史进程的阶段转换（内部拉力）以及全球竞争格局的改变（外部推力）的共同作用下，发展的主题将从"做大"进阶为"做强"。同时，"成为世界一流强国"目标的提出，宣告进入了品牌发力的关键阶段。中国企业在"十四五"期间，如何从规模化制造走向行业或产业的头部，其核心议题就是如何做好品牌定位升级。要解除企业面临的产业链向前走与往消费端走的业务布局困境，就要运用品牌阵列，如主品牌、新品牌、多品牌等，依靠品牌阵列去引领业务；运用品牌组合，如母子品牌、兄弟品牌、背书品牌等，集成或分布，如公司品牌与业务产品品牌，要运用品牌去实现客户与用户指向，进而真正达到价值升级的目的。企业品牌声望归根结底是建立在业务价值之上的，其根本目的是驱动整体业务发展，因此，如何将品牌战略植入企业发展战略中，中国企业能否实现高质量发展的核心议题就是：建立与业务发展协同的品牌战略发展观，中国企业的品牌建设不能再缺席了。

（2）品牌塑造存在概念性炒作与形式主义。尽管我国政府非常重视品牌建设与管理，但尚缺乏科学、系统的品牌战略意识与规划措施，还没有完全走出计划经济的思维方式与管理模式。如各地不同的行业协会、消费者协会等组织的年度地方名牌产品评比活动，在形式上热闹，但实际作用和效果并不理想。目前而言，我国还没有形成统一的自主品牌培育、评价和保护的联动机制和运作体制，从总体上看还没有呈现出协调、公平、有序的良好局面。企业的品牌塑造往往过度依赖概念营销、事件营销等营销手段。很多企业无心也无力开展扎实有效的品牌经营活动，只是把品牌建设简化为品牌营销策划活动，只关注品牌营销策划活动带给企业的短期经济效益，致使许多品牌如昙花般快速凋零，辉煌之后很快成为市场上的明日黄花。

（3）缺乏系统化的、全局性的品牌意识。多年来，我们关注企业品牌建设有余，而重视其他社会主体组织（如各级政府、各职能部门、学校、医院、图书馆、博物馆以及各种社会中介组织）的品牌意识不足。虽然经过多年的市场培育与竞争，企业品牌建设取得了历史性突破：品牌观念深入人心，品牌建设的基础性工作不断加强；国家品牌扶持的政策和工作机制初步建立，知名品牌的影响力逐步扩大，自主品牌创新能力不断提高，如华为、海尔、联想等一批自主品牌启动了走向世界的品牌工程，然而，一些政府职能部门或其他事业型、服务型、公益型社会组织品牌意识缺乏。在这些组织或机构中，无论是管理者还是普通员工尚未形成强烈的市场意识、竞争意识，更谈不上品牌意识了。

2.4.2　品牌建设的对策与建议

品牌意识与品牌建设都具有关联性、社会性和时代象征性。关联性表现在品牌意识铸造品牌质量，引导品牌塑造，创造品牌价值；社会性表现为品牌意识已延伸到社会生活的各个层面和领域，建设品牌、塑造品牌已经成为社会生活的核心内容。时代象征性体现在品牌是社会组织及个体物质与精神需求的折射与反映，也是一个时代不同社会组织与个体诉求的浓缩与提炼。因此，在全社会范围内树立品牌意识，拓宽品牌建设的领域，是今后一段时期内品牌建设应该关注的问题。品牌建设涉及的领域与层面很宽泛，如果从政府、企业的角度出发，品牌建设的具体内容如下。

1. 塑造企业品牌独特的核心价值，提升品牌文化内涵

在品牌管理实践中，人们常常把品牌核心价值归结为相互联结的三个组成部分，即品牌的理性价值（品牌利益）、感性价值（品牌关系）和象征性价值（品牌个性）。强势品牌常常兼具这三层价值主题，并在长期的品牌培育中实现了三者的完美融合。

（1）拓展理性的品牌核心价值。理性的品牌核心价值如同理性经济人观点一样，着眼于功能性利益或者相关的产品属性，如功效、性能、质量、便利等。品牌利益是绝大多数企业在品牌塑造初期的立身之本，是企业品牌核心价值的基础和载体。从这个意义上说，提升品牌的文化内涵就是要加强企业的质量文化建设，通过不断提高产品的质量水平和企业的服务水平，使消费者觉得选择该品牌是安全的、放心的、最大化效用的，从而不断强化消费者对品牌的信赖和忠诚度。

（2）提升感性的品牌核心价值。感性的品牌核心价值则着眼于顾客在产品购买、使用和接受服务的过程中产生的某种感觉和体验。这种感觉为消费者拥有和使用品牌赋予了更丰富的情感体验和更密切的关系，因此，很多强势品牌的识别往往建立在理性价值之外。在此，理性的消费行为已经转换为"我喜欢我购买""我依恋我购买""我熟悉我购买"等情感消费心理与行为。为适应、满足这种消费心理与行为，强势品牌的营销秘籍就是牢牢抓住顾客的心，开展"情感营销""体验营销""口碑营销"等。

（3）开拓象征性的品牌核心价值。象征性的品牌核心价值的主旨则是品牌成为顾客宣泄自我、延伸自我和表达自我的最佳方式。从心理学的角度看，每一个个体都有多重的、丰富的、复杂的自我意识，既有私人的自我意识和社会的自我意识，也有实际的自我意识与理想的自我意识。

2. 增强品牌影响力，加强品牌扩张力

企业要根据市场的变化和企业自身发展，不断地对品牌进行维护和提升，使之达到新的高度，从而产生品牌影响力。在这个过程中，企业应该对品牌实施知识管理、产权化运作，直到能够进行品牌授权，使其真正形成一种资产。很显然，在这一过程中，需要企业做扎实细致的工作，并且始终将品牌层次的提升、品牌知识产权的保护作为工作重点，绝不可靠投机和侥幸来获得品牌影响力和扩张力。具体实施主要靠提升"三度"来实现。

（1）打造品牌知名度。一个产品要形成品牌效益需要时间的积累，当然也需要传播的元素和传播的平台，就好比很多常用的事件营销和众多产品请演艺界人士代言的名人营销。这其中也应多借助媒体的平台进行有效的传播。

（2）提升品牌美誉度。美誉度体现在消费者使用产品后的认知和印象上，这与产品的质量及售后服务有最直接的关系，所以一个好的品牌知名度一定要有好的产品品质。如果将产品投入市场后再对品质的成分进行调整，那样就很容易在消费者心中留下负面印象，因为消费者不会给企业第二次机会解释第一次的失误。

（3）培育品牌忠诚度。忠诚度指顾客使用产品的满意程度以及持续使用过程中的信任度与认可度。如果消费者对某个品牌产生忠诚度，就很容易接受它后续的产品。有数据显示，80%的利润来源于忠诚顾客，就好比美容院开发新顾客的成本是维护老顾客成本的5倍。

3. 强化品牌的个性塑造与品牌定位

"个性"这个词原本用于对人的描述，比如沉默、高傲、自卑等，总之每个人都有不同的个性。这里的品牌个性也要联想到高贵、自信、活泼等。比如奔驰，人们联想到的就是高贵、沉稳、成熟，而对保时捷联想到的是时尚、热情、活力、富贵。对于任何商品都应该研究品牌的个性，看是否能吻合品牌理念及目标消费者的个性。

品牌定位决定了品牌的市场地位，定位越准确就越具有竞争力。品牌定位主要包括三方面：①产品功效定位，比如霸王洗发水定位防脱，海飞丝定位去屑；②核心卖点定位，比如湘菜馆、同湘会等酒店突出的就是湖南的特色风味；③渠道定位，没有百分之百适合所有市场顾客的产品，定位越是不清晰，市场占有率就会越小。大多数企业都认为自己产品的顾客是所有市场的顾客，高中低档通吃，其实这是一个不清晰的概念。

有个性的品牌应该具有拟人化与文化的象征性,能够在某些方面极大地满足或延伸消费者的"多重自我"。近年来品牌个性在品牌核心识别中的地位越来越重要,以至于不少人认为品牌个性就是品牌的核心价值。因此,品牌个性的塑造应成为品牌建设的重要内容。

2.4.3 努力塑造服务型政府的品牌形象

政府要以建设服务型政府为目标,积极倡导品牌意识并身体力行地进行自身品牌建设。服务型政府是以全新的服务理念为支撑,不断追求发展和进步的政府。它突出以民为本,以提高政府工作的整体效能和服务水平为中心,以"三个文明"协调发展为目标,构建以市场为导向、以公共服务为特征的政府管理体系。创建服务型政府应做好以下几个方面的工作。

(1) 转变管理理念,创新政务模式。一是政府要改革具有计划经济体制特点的行政管理弊端,由以往依靠权力管制转向以市场化为导向的服务型管理,切实履行加强公共管理、完善公共服务的职能;二是各级政府公务员要树立"管理就是服务""服务就是高效"的服务意识。

(2) 依靠制度约束,提高行政管理效能。"勤政廉洁、务实高效"是建设服务型政府的准则,要实现这一要求,必须依靠一定的制度设计。政府要从政府工作基本职能和具体事务出发,建立岗位责任制、一次性告知制、否定报告制、服务承诺制、绩效考评制、失职追究制,逐步形成比较完善的制度体系,做到以制度管人管事。

(3) 建立评估体系,实行目标管理,强化督察评议,确保整体效果。对以下行为都要严肃追究责任:对超越职权、滥用职权的;对办事敷衍搪塞、不负责任的;对不按规定程序或者办事不公的;对群众提出的正当要求和意见置之不理的;无正当理由擅自脱岗、离岗的;对部门利益至上,对行政审批改革不积极的;对不文明、影响政府形象的。

2.4.4 品牌建设的作用

品牌的核心价值观在品牌建设中的地位显得尤为重要。只有每个品牌建设参与者都能准确地理解品牌所要传递给消费者的产品与服务承诺和价值信息,才能将品牌的价值理念转变为统一的行动和服务。

(1) 增加企业的凝聚力。这种凝聚力不仅能使团队成员产生自豪感,增强员工对企业的认同感和归属感,使之愿意留在企业里,还有利于提高员工素质,适应企业发展的需要,使全体员工以主人翁的态度工作,产生同舟共济、荣辱与共的思想,使员工关注企业发展,为提升企业竞争力而奋斗。

(2) 增强企业的吸引力与辐射力,有利于企业美誉度与知名度的提高。好的企业品牌令外界人士羡慕、向往,不仅使投资环境价值提升,还能吸引人才,从而使资源得到有效集聚和合理配置。企业品牌的吸引力是一种向心力,辐射力则是一种扩散力。

(3) 提高企业知名度和强化竞争力,是一种文化力。这种文化力是一种无形的、巨大的推动企业发展的力量。而企业的实力、活力、潜力以及可持续发展的能力,都集中体现在竞争力上,提高企业竞争力和提高企业知名度密不可分。一个好的企业品牌将大大有利于企业知名度和竞争力的提高。这种提高不是来自人力、物力、财力的投入,而是靠"品牌"这种无形的文化力。

（4）推动企业发展和社会进步。企业品牌不能仅仅停留在美化企业形象的层面，而应成为吸引投资、促进企业发展的巨大动力，进而促进企业将自己像商品一样包装后拿到国内甚至国际市场上"推销"。在经济全球化的背景下，市场经济的全方位社会渗透，能够逐步清除企业的体制障碍，催化中国企业品牌的定位与形成。

2.4.5 品牌建设的阶段

为了实现在消费者心智中建立起个性鲜明的、清晰的品牌联想的战略目标，品牌建设的职责与工作内容主要为：先制定以品牌核心价值为中心的品牌识别系统，然后以品牌识别系统指导和整合企业的一切价值活动（展现在消费者面前的是营销传播活动），同时优选高效的品牌化战略与品牌架构，不断地推进品牌资产的增值并且最大限度地合理利用品牌资产。品牌建设是一个持续不断的过程，要建设一个成功的品牌，必须经过以下三个阶段。

1. 品牌规划阶段

一个好的品牌规划，等于完成一半品牌建设，而品牌规划的失误，可能毁掉一个企业。做规划时要根据品牌的要素提出明确的目标，然后制定实现目标的措施。对于一个已经发展多年的企业，还要先对这个企业的品牌进行诊断，找出品牌建设中的问题，总结出优势和缺陷。这是品牌建设的前期阶段，也是品牌建设的第一个阶段。

2. 品牌全面建设阶段

这个阶段很重要。这一阶段中最重要的一点就是确立品牌的价值观。确立什么样的价值观决定企业的发展前途。有些企业根本没有明确、清晰而又积极的品牌价值观取向；更有一些企业，在品牌价值观取向上急功近利、唯利是图，抛弃企业对人类的关怀和对社会的责任。这些都是十分危险的。我们制定的品牌价值观取向应该非常明晰：首先是为消费者创造价值，其次才是为股东创造利益。

3. 形成品牌影响力的阶段

企业要根据市场和企业自身发展的变化，不断地对品牌进行维护和提升，使之达到新的高度，从而产生品牌影响力，直到能够进行品牌授权，使其真正形成一种资产。

这三个阶段都遵循品牌发展的内在规律，具有很强的客观性，不能够一蹴而就。

2.4.6 品牌建设的步骤

在品牌建设的实施过程中，重要的环节是设计好流程和步骤，并灵活地实施和执行。

（1）明确产品和服务的理念以及准确的市场定位。企业应明确产品的设计风格，要树立的企业形象，制定 CIS，着力生产或提供设定好的产品。

（2）制订详细可行的营销计划、阶段性的目标。企业在实行营销策略的同时，要配合确立广告宣传策略，制订详细的企业形象和产品宣传计划，通过配合营销工作来扩大企业的影响力。

（3）要时刻留意并考虑品牌的延伸，为品牌的未来发展铺好道路。企业可以考虑扩大品牌涉及的行业领域，延伸、扩展品牌的文化内涵，最重要的是产品一定要与时俱进，要不断地革新、创新，不断地推出新产品。如果一个企业不具备自主研发的能力，那么这个企业就不具备竞争力。

（4）注重有关品牌管理、品牌维度的工作。在产品不断推陈出新的过程中，一定要保持产品的理念和风格的一致性，不能偏离轨道。在售后服务、销售现场、服务态度、企业公关等企业运作的过程中，任何一个环节都要传递出一致性，以保持和维护品牌的完整性。这就是品牌管理工作的重要使命和意义所在。

（5）一个好的品牌既要为企业创造经济效益，同时还要为社会创造价值，具有一定公益性，进而成为振兴民族经济的栋梁。

总之，品牌建设是一个长期努力、不断发力和创新的过程，在每一个阶段和时期，品牌建设都会表现出不同的特点，在此也需要精准建设，有针对性地解决问题，实现品牌建设的效能提升。

2.4.7 品牌建设的关键环节

在品牌建设过程中，伴随着主客观条件的不断变化，品牌建设的实施者和作用对象也有相应的变化，只要抓住关键性环节，就会事半功倍，实现品牌建设的终极目标。

1. 品牌建设融汇于品牌战略之中

品牌建设与品牌战略应当相辅相成，从 3 年规划到 5 年展望中，既要有市场占有率及利润分析等品牌战略内容，又要丰富品牌文化构建与品牌内涵，这样才能在战略规划构思的同时强化企业的品牌效应。品牌不是一个独立的部分，它与企业的利润、企业的市场环境、企业的内外资源紧密结合、不可分开。在做战略规划时，企业就应该将企业的品牌塑造与企业的经营宗旨有效地结合起来。比如，在企业达到何种阶段时，应该让用户对品牌有何种认知，品牌的宣传范围应该有多广；当企业达到下一阶段时，又应该如何树立品牌与企业发展相结合的战略思想。

2. 让企业员工认同品牌

目前，企业一方面在大力向消费者宣传自己的品牌概念，另一方面是企业自身的员工都无法解释企业的品牌究竟是什么，对企业品牌的认同感也比较低。

对于企业外界的大众而言，他们对企业品牌的理解仅仅是一个标志或者一种感觉，更进一步的是，他们能够说出品牌的理念和标志的含义。如吉利汽车品牌概念中的"让吉利轿车走遍全世界"，就会让人感觉吉利是民族自强自立的象征。但是能够说出吉利更深层的含义，以及它的来历和公司的发展计划与品牌概念的人则寥寥无几。假如企业的员工和同行的人在谈到自身品牌的时候，无法做到详尽地表达自己企业的品牌和宗旨，则企业就不可能期望它的品牌被大众接受。

3. 品牌建设需要循序渐进的过程

品牌不是短时间内能够累积起来的，它是一个循序渐进的过程。但是目前国内一些企业家在做品牌建设时，盲目地认为通过事件的炒作，就可以创造出品牌效应。在搜索引擎里输入关键词"营销＋事件"，我们可以查看到很多关于短时间内品牌从成功创造到迅速衰退的案例，这些案例对企业进行品牌建设有一定的启示意义。

4. 诚信是品牌建设的关键

品牌代表企业的信用和形象，是企业最重要的无形资产。在市场经济下，环境每天都在不断变化，谁拥有了诚信品牌，谁就掌握了竞争的主动权，就能处于市场的领导地位。某些企业管理者认为，只要让消费者满意，就能提升自身的品牌价值。的确，这是衡量企业品牌的一个重要因素，但是要让消费者满意，让消费者做品牌的忠诚客户只有靠诚信。有一些企业为了保护品牌，当危机发生时，缺乏站出来承担责任的勇气和担当。同时也有一些企业，由于技术问题，召回生产出来的产品，这种行为非但没有造成自身品牌的知名度下降，反而提升了社会对该企业品牌的认可。作为企业，要敢于坚持原则，讲诚信。妥协和沉默留给人们的印象可能是没有原则，而缺少原则的企业最终会缺乏诚信品牌。

5. 注重运用多品牌战略

每个企业都拥有擅长和不擅长的东西，在品牌打造方面，企业只有认准自己的长处和短处，才可以依据自身的特点，形成自己的核心竞争力。虽然品牌是由企业家创造出来再灌输给市场，让市场接受的，但最终还是要消费者认可。消费者的口味在变、风格在变，因此，企业单纯地依靠一个品牌很难获得长期的发展。从腾讯到华为，都可以看出多品牌战略的重要性。企业要充分了解消费者的心理需要，把握他们的消费动机、购买需求、行为分析等，建立起多品牌的战略规划。

2.4.8 我国品牌战略实施现状

改革开放以来，我国的经济建设取得了巨大进展。从计划经济走向市场经济，从传统规模扩张走向集约式发展的中国企业，其品牌经营也从无到有、从弱到强。随着中国融入国内国际大循环，实施国际多元化发展战略，以及叠加新冠肺炎疫情影响，国内市场的竞争将更为激烈，多数企业越来越清醒地认识到，面对世界贸易多极化和不确定性的挑战，品牌战略将成为国内企业发展的必由之路，着力于品牌建设的品牌战略是应对挑战的上上策略。如何适应国际化潮流，建立强势品牌，提高竞争能力，成为国内企业面临的迫切问题。但是品牌建设任重道远，其本身是在不断解决现实问题中前行的。

1. 品牌价值被高估

国内诸如长虹、海尔、春兰等大而全的品牌虽貌似强大，但皆因为过度稀释而变得虚弱，逐渐丧失了初步建立起来的品类主导力。这些品牌长期占据国内品牌价值榜前列，不仅麻痹了企业自身，而且对其他企业也起到了错位的示范作用。

2. 混淆企业和品牌的区别

这种情况容易导致两种误区产生。其一，因无法准确地把握市场竞争的基本单位是品类（品牌作为表现）这一实质，而步入打造"企业品牌"的误区，例如打造"大中粮""仁和"等企业品牌莫不如此。其二，盲目延伸品牌，采用所谓的"大品牌战略"，例如 TCL 集团、海尔集团等企业将品牌价值稀释，使竞争力丧失。

3. 国有品牌依旧被国际知名品牌围剿

国际上一些大公司纷纷以其品牌产品为开路先锋抢占中国市场，有计划、有目标地围剿中国品牌。在短时间内，中国市场上充斥着索尼、可口可乐、飘柔、奔驰等种种洋货，这些名目众多的洋名牌猛烈冲击着中国的民族品牌。在家电行业，以海尔品牌为首，康佳、长虹、TCL 等国产名牌已崭露头角，但在同松下、BOSCH（博世）等名牌的博弈中，仍然存在竞争劣势。在 IT（信息技术）行业，联想、方正、四通、长城等品牌的竞争力都有明显的提高，但与欧美、日本等产品相比，品牌的市场认可度仍有提升空间。

4. 品牌战略选择失误

科龙集团的品牌布局是灌木状品牌发展战略的一个典型例子。科龙集团旗下一度有科龙、容声、康拜恩、华宝四个品牌。企业在咨询公司的协助下做出了规划：科龙代表高端冰箱和空调，容声代表中端冰箱和空调，康拜恩代表低端冰箱和空调，华宝是策略性品牌。这是典型的由内而外的品牌规划思路，丝毫没有考虑各个品牌所处品类的竞争情况，也没有考虑盲目建立多品牌对企业资源的疏离程度。美的电器先后控股和参股了华凌、小天鹅、荣事达等品牌，遗憾的是在对这些品牌的整合上，美的品牌做得缺乏底层逻辑，几乎每个品牌都生产冰箱、空调或者洗衣机，甚至放弃了多年来相对专注于小家电和空调的战略，进入医疗、房地产、汽车等领域。这是一个值得商榷的战略。

5. 品牌经营管理失误

一些企业因管理失误或经营不善而不同程度地面临品牌危机：企业形象受损，经营举步维艰，甚至面临倒闭、破产，造成市场上一度出现"辉煌的败局"。其由盛到衰的过程引人深思。这些企业在自身形象、产品或服务品牌上是否能走出困境，进行"二次创业"，关键在于革新及进行有力的品牌管理。企业必须用先进的品牌营销策略与品牌管理技术夺取市场的制高点。

但是，我们已经看到，中国企业在不进则退的激烈竞争中，创造了一批批在国内和国际上有一定影响力的产品品牌，联想、方正、海尔、长虹、腾讯等成为其中的佼佼者。

2.5 服务业品牌建设

现代服务业是指依托先进技术和现代管理方式发展起来的、以生产性服务业为核心的信息与知识相对密集的服务行业，主要包括金融、物流、服务外包、信息、商务会展、文化创意、科技服务业、总部经济等。我国"十四五"规划建议指出，要加快发展现代服务业。推动生产性服务业向专业化和价值链高端延伸，推动各类市场主体参与服务供给，加快发展研发设计、现代物流、法律服务等服务业，推动现代服务业同先进制造业、现代农业深度融合，加快推进服务业数字化。推动生活性服务业继续向高品质和多样化升级，加快发展健康、养老、育幼、文化、旅游、体育、家政、物业等服务业，加强公益性、基础性服务业供给。推进服务业标准化、品牌化建设。

毫无疑问，品牌是国家、地区、企业最重要的竞争筹码，由于服务本身具有无形性和异质性，因此，品牌对于服务而言十分重要。世界百强品牌中有近半数为服务品牌。世界 500 强中国上榜企业也存在严重的结构失衡问题，中国上榜企业来自第三产业服务业的较少，主体是国有企业，民营企业较少，中国服务企业与国际一流服务企业相比，在很多方面都存在很大差距。

2.5.1 现代服务业中的品牌建设

现代服务业构成服务业的核心部分，发挥着本产业的引领作用，对于整个国家的产业结构升级和经济可持续发展都有重要意义。

从现代服务业的发展趋势中可以看出，品牌化已成为现代服务业发展的重要趋势，而服务业标准化、全球化的趋势，也要求在现代服务业发展过程中加强品牌建设，提升现代服务业的国际竞争优势。加强现代服务业中的品牌建设，对于塑造全新服务业形象，提升国家服务业影响力将产生重要的推动作用。

品牌化建设是现代服务业的发展重点，有研究指出塑造品牌对服务的重要性远远大于产品。现代服务业的品牌化建设既要遵从服务业品牌化建设的一般规律，同时也要考虑现代服务业自身趋势，结合中国经济发展实际进行。

服务业品牌化建设一般要经过以下三个阶段。

（1）培育服务品牌化意识。这是品牌培育的前提。一是要建立名牌价值的基本意识。名牌是一种无形资产，具有重要的经济价值，需要权利人长期精心的培育。二是要建立名牌商标保护意识，服务企业要重视商标的及时注册和延展。现代服务业服务过程的管理应该成为品牌建设的核心，服务企业应主动向员工解释和促销品牌，与员工分享品牌的理念与主张，培训和强化与品牌承诺一致的意识与行为。

（2）形成服务品牌特色。强势服务品牌都是有特色的品牌。要实现顾客满意和获得差异化竞争优势，必须注意顾客体验的开发和设计，通过为顾客提供与众不同的、有价值的服务内容和服务方式，在顾客心中树立独特的品牌形象。服务是由员工提供的，员工是向顾客传递品牌价值的媒介，员工是品牌的一部分，员工的行为对于能否形成良好的顾客体验以及优质的品牌形象具有决定性的作用。

（3）构建服务品牌互动关系。服务业有着明显不同于制造业的特点，尤其是服务的过程性和不可分离性使得顾客、服务企业、一线员工发生密切而直接的互动行为，各品牌主体通过互动交换各自所解读的品牌信息，以影响对方对品牌的内部态度和外部行为的反应，导致品牌关系不断变化。这一过程具有复杂、渐进和可逆的特征。互动行为对品牌关系特别是服务品牌关系尤为重要。

2.5.2 现代服务业品牌现状及建设前景

根据中国消费者协会的统计，2020年服务类投诉为499 491件，占总投诉量的比重达到50.85%，上升0.28个百分点，根据2020年服务大类投诉数据的统计，生活社会服务类、互联网服务、销售服务、教育培训服务与文化娱乐体育服务居于服务类投诉量前五位。解决服务业质量问题日益成为品牌管理与建设的重要内容。

（1）现代服务业品牌现状。中国消费者协会统计表明，过去一年，涉及合同、售后服务、虚假宣传、人格尊严的投诉比重有所上升，反映出随着新的商业模式、新的营销方法不断涌现，少数新兴高科技企业在合同、售后服务、宣传等领域存在短板。在具体的服务投诉中，投诉量居前五位的分别为经营性互联网服务、餐饮服务、远程购物、培训服务及交通运输。与 2019 年相比，交通运输、保养和修理服务进入服务类投诉量前十位，其中交通运输类投诉量增长较大。以经营性互联网服务为主体的投诉量，在服务投诉总量中依然占比较大，在电商平台、以微商为代表的个人网络商家和电视购物中，商品服务、质量不合格问题严重。与 2019 年相比，公共设施服务、生活社会服务类的投诉量比重分别上涨 1.92 个、1.17 个百分点，互联网服务类的投诉量比重下降 2.76 个百分点。

目前，互联网等新兴行业在快速发展的同时，也暴露出缺乏质量标准规范体系的问题，凸显出市场监管同步创新与质量提升跟进的必要性，以及有关服务业质量的法律法规及制度体系进一步完善的必要性。新兴服务业质量如果不能有效改善和提高，将对互联网+、电商等新经济、新动能的持续发展产生制约作用。

这次新冠肺炎疫情对消费服务型行业产生的影响要大于其他行业，特别是对零售、餐饮、文化、旅游、教育、休闲等消费服务领域造成了较大影响。从目前看，这些行业依然在缓慢恢复中。

（2）现代服务业品牌建设前景。当前全球产业结构由"工业型经济"向"服务型经济"加速转型，现代服务业的面貌发展日新月异。以云计算、大数据、移动互联网、物联网、务联网和新型终端技术等为代表的新一代信息技术，正带动服务计算、知识图谱等技术的深入研究和应用，为现代服务业发展提供了更好的技术基础和更大的发展空间和领域。新材料、装备、能源及生物技术等领域也不断取得新突破，信息技术与各个领域交叉融合的速度正在加快，并促使第一、第二产业与现代服务业更加深度融合，从而催生出云制造、数字医疗等新业态，使现代服务业呈现出"跨界融合"的新态势与新特征。商业模式创新成为现代服务业竞争的核心要素，行业融合、垂直整合、平台经济、特种定制、一站式集成服务等服务形式，将成为未来发挥主导作用的商业模式。

同时，在我国国民经济和社会发展第十四个五年规划和 2035 年远景目标纲要中提到，要加快发展现代服务业。推动生产性服务业向专业化和价值链高端延伸，推动各类市场主体参与服务供给，加快发展研发设计、现代物流、法律服务等服务业，推动现代服务业同先进制造业、现代农业深度融合，加快推进服务业数字化。推动生活性服务业向高品质和多样化升级，加快发展健康、养老、育幼、文化、旅游、体育、家政、物业等服务业，加强公益性、基础性服务业供给。推进服务业标准化、品牌化建设。

现代服务业是衡量一个国家综合竞争力和现代化水平的重要标志，已成为发展中新的经济增长极和新的发展动力。在国际上，现代服务业是 21 世纪以来发展最快的产业，在全球 GDP 中的比重迅速上升，一些发展中国家依靠现代服务业的快速发展，使竞争力迅速增强。我国应抓住国际服务业转移和国内产业结构升级的有利时机，加快发展现代服务业，不断扩大产业规模、改善产业结构和提升产业层次，注重品牌建设在现代服务业发展过程中的作用，塑造全新的服务业形象，提升国家服务业的影响力。

本章小结

1. 企业战略是企业为取得或保持持续的竞争优势，通过在不断变化的环境中对经营范围、核心资源与经营网络等方面的界定，以及通过配置、构造、调整与协调其在市场上的活动来确立创造价值的方式。

2. 品牌战略是指通过品牌形象的塑造，提高企业产品竞争力的战略，即通过创立市场品牌，提高产品和企业的知名度，依靠品牌开拓市场，增大市场份额，提高产品的市场占有率，并且将品牌作为核心竞争力来获取差别利润与价值的企业经营战略。
3. 品牌战略的七个基本模式是产品品牌战略、产品线品牌战略、分类品牌战略、伞状品牌战略、来源品牌战略、担保品牌战略、品牌特许经营战略。
4. 服务行业品牌化建设阶段包括培育服务品牌化意识、形成服务品牌特色、构建服务品牌互动关系。

自测题

一、单项选择题

1. 企业往往将品牌作为核心竞争力，以获取差别（　　）。
   A. 利润与价值　　　B. 收入与成本　　　C. 利润与成本　　　D. 支出与收益
2. 即使同属于一个产品种类，但由于定位不同，产品有各自的品牌。这属于（　　）品牌战略。
   A. 服务　　　　　　B. 产品　　　　　　C. 市场　　　　　　D. 企业
3. （　　）品牌战略是企业对生产经营的分类产品分别命名的一种品牌战略。
   A. 服务　　　　　　B. 产品　　　　　　C. 分类　　　　　　D. 企业
4. （　　）的益处在于，它有能力把一种差别化感觉和深度强加于子品牌上。
   A. 服务　　　　　　B. 产品　　　　　　C. 分类　　　　　　D. 来源
5. （　　）的职责与内容就是以品牌核心价值为中心，不断整合企业的一切价值活动。
   A. 品牌战略设计　　　　　　　　　　　B. 品牌战略规划
   C. 品牌战略部署　　　　　　　　　　　D. 品牌战略导向
6. （　　）是指品牌拥有者对品牌进行设计、宣传、维护的努力和行为。
   A. 品牌构想　　　　B. 品牌营销　　　　C. 品牌建设　　　　D. 品牌推广
7. （　　）是绝大多数企业在品牌塑造初期的立身之本，是企业品牌核心价值的基础和载体。
   A. 品牌构想　　　　B. 品牌营销　　　　C. 品牌建设　　　　D. 品牌利益
8. （　　）是品牌建设的前期阶段，也是品牌建设的第一步。
   A. 筹备阶段　　　　B. 实施阶段　　　　C. 验收阶段　　　　D. 规划阶段
9. 服务行业品牌化建设的第一阶段是培育（　　）。
   A. 服务品牌化策略　　　　　　　　　　B. 服务品牌化计划
   C. 服务品牌化意识　　　　　　　　　　D. 服务品牌化构想
10. 服务品牌的各品牌主体通过互动交换各自所解读的品牌信息，以影响对方对品牌的内部态度和外部行为的反应。（　　）对品牌关系特别是服务品牌关系尤为重要。
    A. 互助行为　　　　B. 互动行为　　　　C. 互通行为　　　　D. 互利行为

二、多项选择题

1. 品牌战略的基本模式包括（　　）品牌战略。
   A. 综合　　　　　　B. 产品　　　　　　C. 产品线
   D. 分类　　　　　　E. 联合
2. 品牌战略分析包括（　　）分析。
   A. 品牌市场需求　　B. 竞争者品牌战略　　C. 品牌政策环境

D. 企业品牌资源条件　E. 国际形势分析
3. 品牌战略规划包括以下哪些步骤（　　）。
   A. 确定品牌战略目标　　　　　　　B. 理性选择品牌战略类型
   C. 设计品牌战略　　　　　　　　　D. 空间结构与安排时间结构
   E. 品牌战术分析
4. 品牌建设的必要性是（　　）。
   A. 适应企业生存发展的需要　　　　B. 满足消费者需求
   C. 满足市场战略需要　　　　　　　D. 满足企业扩张需要
   E. 满足横向一体化需要
5. 在品牌管理实践中，人们常常把品牌核心价值归结为相互联结的三个组成部分，分别是（　　）。
   A. 品牌的理性价值　　B. 感性价值　　C. 象征性价值
   D. 关系价值　　　　　E. 实体价值
6. 品牌建设的作用是（　　）。
   A. 增加企业的凝聚力　　　　　　　B. 增强企业的吸引力与辐射力
   C. 提高企业知名度和强化竞争力　　D. 推动企业发展和社会进步
   E. 有利于推动经济全球化
7. 要建设一个成功的品牌，必须经过（　　）阶段。
   A. 品牌规划　　　　　B. 品牌全面建设　　C. 检验检测
   D. 形成品牌影响力　　E. 实现品牌区域扩张
8. 品牌建设的步骤是（　　）。
   A. 明确产品和服务的理念以及准确的市场定位
   B. 制订详细可行的营销计划、阶段性的目标
   C. 要时刻留意并考虑品牌的延伸
   D. 注重有关品牌管理、品牌维度的工作
   E. 为企业创造经济效益
9. 品牌建设的关键环节是（　　）。
   A. 品牌建设融汇于品牌战略之中　　B. 让企业员工认同品牌
   C. 品牌建设需要循序渐进的过程　　D. 诚信是品牌建设的关键
   E. 注重运用多品牌战略
10. 服务业品牌化建设一般要经历以下（　　）阶段。
    A. 培育服务品牌化意识　　　　　　B. 形成服务品牌特色
    C. 构建服务品牌互动关系　　　　　D. 进行品牌维护
    E. 创造经济效益

三、简答题
1. 品牌战略的含义是什么？它包括哪些最基本的概念？
2. 什么是品牌战略规划？它有哪些步骤？
3. 品牌战略的基本类型及相互之间的关系是怎样的？
4. 品牌建设的阶段和步骤是什么？
5. 服务品牌建设的基本举措有哪些？

案例分析

"中电金信"的品牌和战略

PKS 安全体系是核心金融安全技术的基础，这个以自主创新构建的安全系统，全部由中电金信软件有限公司通过深耕金融行业需求分析和场景设计，以 10 年的工程实践积淀为牵引，由整合新生的中电金信软件有限公司（中电金信），"穿透"金融科技从基础层至应用层，设计打造金融业全栈解决方案，构建全方位金融科技产品图谱，其项目运营为金融行业的安全运行保驾护航，也为其他行业的数字化转型提供示范模式。

正如中国电子副总经理陈锡明所说的，"我们推出'中电金信'品牌和战略，就是致力于形成从核心应用到技术和业务中台，再到软硬件基础设施的全国产化解决方案和系统能力，着力解决金融科技产业链和供应链的发展与安全问题，由此牵引和带动金融科技、技术、产品和系统的自立自强，同时助力金融数字化转型和升级，也为我国金融科技走向世界前列做出探索、实践和贡献"。

1. 金融科技全栈图景成形

2020 年 1 月 16 日，金融科技解决方案"领头羊"团队被中国电子纳入版图，这就补上了其自身金融科技产业链的关键一环。当最后一块"拼图"落地时，中国电子金融科技全栈图景便呼之欲出。

所谓"全栈"，就是指从最底层的基础设施，到最上层的应用，围绕所有系统形成一站式解决方案。

作为以网信产业为核心的央企，中国电子经过近 10 年的艰苦攻关，打造了技术先进、生态丰富的自主计算机基础软硬件 PK 体系。软硬件 PK 体系被国际同行誉为"中国架构"。同时，PK 体系基础架构被创造性地加入立体防护安全链，由此成功建立 PKS 安全体系。以 PKS 安全体系为基础，就能实现"在自家的地基上盖自己的摩天大厦"，这就意味着我们在金融科技领域有能力实现"本质安全"。

而在应用层，基于深厚的优势能力和实践经验，可以在 PKS 安全体系的基础上持续发力，打造金融科技从底层芯片软件到中台应用，再到上层应用的一站式的完整产业链，提供更加安全可信的金融科技服务。

沿着这个逻辑推演，中电金信的"诞生"，可以说是中国电子深度整合相关资源和能力的"周年答卷"。对于现代电子企业来说，中电金信既是金融科技全栈解决方案的"集大成者"，也是 PKS 安全体系面向各个行业的一个重要"出海口"。

就前者而言，作为基于全栈信息技术的金融数字化咨询及软件提供商，中电金信通过自有 PKS 安全体系，向服务商提供覆盖数字化业务、数字化营销和数字化运营等全方位场景的应用服务。简而言之，就是能够实现各个层面技术的垂直打通，为金融业客户提供分布式架构下的全栈解决方案和产品。

就后者而言，中国电子的 PKS 安全体系已在多个关系到国计民生的重要行业布局应用。相较而言，金融业的数字化转型需求更为紧迫、安全性要求更高，攻克了金融业这个"战略节点"，其他行业的数字化转型亦有了看得见、摸得着的对标范例。

2. 坚持系统观念推动发展

尽管中电金信的品牌和战略刚刚发布，但整个团队深耕这一领域已有 10 年。其在全国设有

21个研发机构，拥有超过25 000名专业人士，目前，长期服务于国内外金融行业的客户已经累计达到500余家金融机构，具有丰富的实践经验。

经过新一轮的资源整合，中电金信的业务范围包括业务咨询、软件产品、解决方案实施、云架构迁移、运维运营、质量安全保障和系统集成等，具备了提供全栈式的金融科技产品和服务的能力。同时，它还将在与多家科技企业的技术合作中打造和完善金融科技生态圈。

对此，冯明刚指出了四个方面的发力点：一是依托中国电子强大的科研能力和产品体系，为金融行业打造自主安全的全栈解决方案体系；二是成立中电金信研究院，实现全栈技术的垂直打通；三是打造开放的研发体系，积极参与行业标准制定，联合高校共同研发，联合客户创新实践；四是建立面向客户的咨询业务能力体系，以咨询业务引领数字化转型方向。

3. 打造生态圈的目的是"破圈"

清华大学金融科技研究院院长廖理认为，金融业的发展水平以及金融服务于实体经济的能力，最终将高度依赖于科技的力量。有专家也持同样的观点。

目前，数字化正在从消费互联网走向产业互联网。金融机构已经深入到整个社会生活中，金融业的深度数字化必然会对整个社会生活产生重大影响。例如，金融机构可以利用科技手段在服务过程中积累更多企业运行的信息和数据，从而更为精准地支持实体经济。这就是我们在产业数字化这个阶段将看到的变化。

国务院发展研究中心创新发展研究部副研究员熊鸿儒认为："在关键的数字技术领域谋划自己的技术标准体系是当今世界主要经济体的战略趋势，未来全球在数字技术部分关键领域的技术和标准体系或将呈现多元分化与竞争态势。"

在这个"多元分化"的版图中，来自中国的数字技术理论与实践应占据重要位置。我们要以开放的心态持续创新，在面向世界的开放合作中持续进步。下一步，我们一定会实现国际化。现在我们的产品就要开始跟国际的产品进行对标，通过在新一轮技术架构上所获得的优势，持续形成具备国际竞争力的解决方案。

资料来源：http://www.ce.cn/cysc/tech/gd2012/202102/04/t20210204_36290161.shtml。

问 题： 1. 中电金信的品牌战略内容如何？中电金信通过自主创新构建的PKS安全体系可以提供什么样的应用服务？

2. 冯明刚指出的四个方面的发力点是什么？金融机构的数字化品牌构建是如何借力信息科技的？

3. 以开放的心态持续创新的重要措施是什么？对打造国际化金融数字品牌有什么重要意义？

以体验链接用户，用服务感动用户

品牌的根基在于用户，品牌的发展离不开老用户的支持和信任。自1996年成立至今，Haotaitai已历经25年风雨，公司始终秉承着"以体验链接用户，用服务感动用户"的经营理念。2020年新春佳节之际，Haotaitai在全国开展"焕新大扫厨，轻松好下厨"，Haotaitai免费清洗服务进万家品牌服务活动，上门帮助老用户免费清洗、保养、安检厨房电器，让厨房焕新。Haotaitai为老用户解决了春节清洗家用电器的困扰，让用户更舒心。

Haotaitai免费清洗服务进万家品牌服务活动在开启之初就好评如潮，不少用户对该活动赞许有加："Haotaitai服务就是好""使用四年多了，每年都有上门免费清洗的售后服务，洗得很干净""2020年过年都不用清洁油烟机和灶台了"。这说明Haotaitai不仅为用户提供优质的产品和服务，还能让老用户的产品使用无后顾之忧。

在体验为王的时代，消费者对产品的关注不再仅仅局限于产品价格和质量，而是更重视整体消费体验及售后服务，尤其是对于厨电这类使用频率高的家电产品。不同于其他厨电企业倾力研发技术和打造产品，中国知名厨电品牌Haotaitai则在致力于创新品牌产品之余，还以用户体验为中心，推出Haotaitai集成智慧厨房，持续提升产品的场景感受，持续完善售后服务体系，优化用户整体消费体验，真正实现"厨房真好用，下厨更轻松"，助力厨电行业健康发展。

Haotaitai集成智慧厨房及品牌形象代言人谢杏芳说：回顾日前的战略发布会，Haotaitai多位高管表态要重视用户的消费体验，公司持续用真诚服务的态度，为用户提供体验式消费。本次推出的免费清洗服务活动，便是用实际行动来践行"服务创造价值、专业赢得信任"的服务宗旨。

Haotaitai不仅能提供完善的售后服务体系，而且格外重视用户的整体使用体验，持续创新技术，带来集成、智慧又真正实用的产品。以Haotaitai集成智慧厨房为例，其通过智慧烹饪中心、集成洗净中心、智慧轻厨中心、厨房微气候中心四大中心，来洞察用户痛点，致力于提升用户的整体烹饪体验。

众所周知，在日常生活中，很多女性下班回家后就要开始着手做晚饭，一个人难免会有些手忙脚乱，尤其是在烹饪过程中，既要翻炒食材，又要去开启油烟机，还要弯腰取调味品，体力消耗大。但是在Haotaitai集成智慧厨房里，这种烦恼就能减少了。它可以一键开启MIOT微物联系统，即在灶具开启的同时，其配置的油烟机也会自动开启，调味品拉篮会自动下降，宛若有一个厨房"副手"在身旁帮忙，让其在烹饪过程中不再手忙脚乱。

在烹饪过程中，集成洗净中心还能帮人们高效优化洗菜、洗碗、水净化、切菜、厨余垃圾处理等一系列工作，智慧轻厨中心配置的蒸烤一体机、AI烹饪机器人等实用电器，能让人们在炒菜的同时，也可同步烹制多样菜式，轻松烹饪出丰盛大餐。

在竞争日益激烈的厨电行业，企业只有坚持以用户体验为中心，在创新技术和产品的同时，提升自身服务能力及水平，完善售后服务体系，才能推动品牌良性发展，拥有长远的竞争优势，并获得消费者的持续青睐。从这点来看，Haotaitai重视用户需求，不断升级服务举措，提升用户消费体验的做法是值得肯定的。

资料来源：https://hea.china.com/article/20210128/012021_706233.html.

问 题：
1. Haotaitai品牌战略升级的第一步是什么？Haotaitai整体品牌消费体验是什么？
2. Haotaitai免费清洗服务进万家品牌服务活动的用户反馈怎样？整体烹饪体验表现在哪些方面？
3. Haotaitai集成智慧厨房里的女性用户体验如何？这对于厨电行业品牌构建有何意义？

第 3 章　CHAPTER 3

品牌市场管理

教学目标

在网络经济时代，许多品牌正面临着越来越激烈的市场竞争，传统的品牌市场运作方式受到极大的挑战。品牌如同无形的商品，在不同的生命周期里都在接受市场的考验，互联网的普及又在一定程度上压缩了品牌的生命周期。通过本章的学习，学生应该掌握品牌市场管理的理念和方法，进而有效地实施品牌市场管理。

学习任务

通过本章的学习，学生主要掌握和理解：
1. 品牌市场管理的含义；
2. 品牌市场管理的要素及特征；
3. 品牌市场管理的主要任务及意义；
4. 品牌市场管理的形式及内容。

案例导入

清仓关店，知名洋品牌在中国市场跑路

面对当前严峻的全球疫情形势，国内不少品牌店都纷纷进行调整，H&M、ZARA 等"快时尚"品牌的开店速度较之前也明显放缓。据消息透露，2020 年 2 月又有一家"快时尚"品牌将要退出中国市场。Old Navy，作为美国的一家知名服装品牌，当年也突然关闭所有线上销售网店及线下实体门店，宣布正式退出中国服装零售市场。因新冠肺炎疫情，2020 年年初该品牌的部分门店已经关闭，如今他们已对现存商品进行清货。近年来，做出类似选择，退出中国市场的"快时尚"品牌还有不少，如 Topshop、New Look、Forever 21 等。

Old Navy 是所属 GAP 集团的子品牌之一，在中国经营时间较长，从加入至今已经 6 年了。那么此次 Old Navy 的撤离又是出于何种原因呢？有消息显示，早在 2020 年美国时尚集团 GAP 就透露，旗下品牌 Old Navy 将于 2020 年年初停止所有在中国市场的业务，专注于北美市场，以提高销量。

GAP这个品牌的消费者应该从不同渠道了解过，作为美国最大的服装零售企业，它有着悠久的品牌历史。1969年，最初的GAP名字源于唐纳德和道瑞斯，它是一家为了让顾客更容易发现合适的牛仔裤而开办的店铺，至今已经在国际市场中生存了50多年。经过多年的不断精进与调整，其现已在全球开设分店超过3 000家，年度营业收入甚至超过130亿美元，折合成人民币的话，大概是910亿元。

公众能熟知这个品牌是因为它推出的Performance卫衣。得益于这款经典产品，它受到不少消费者的追捧，甚至还有大量的后来经营者专门模仿它，这些都大大提高、扩散了该品牌的知名度。

该品牌成立4年后，其销售额就已经达到10亿美元。由于具有实惠的价格和不错的品质，它作为一匹"黑马"在美国服装零售业肆意奔跑。进入21世纪，该品牌没有停止前进的步伐，开始在外开拓全球市场。很快，该品牌就走出美国，进入全球市场。据悉，该品牌在加拿大市场曾创下品牌推广新纪录，在同一天开设12家门店，另外，品牌的Pixie长裤在巴黎的年销量曾达到240万条，可谓行业的领头羊。

到2014年左右，GAP在上海开设了全球最大的旗舰店，面积将近2 000平方米，从此宣布正式进入中国市场。可以想象，当时他们对中国市场的未来充满信心。实际上，在国内经营的初期，Old Navy就取得了很好的成绩。它能引领全球年销售额，最高销售额甚至已达到80亿美元，比Bananna Republic和GAP品牌的总和还要多。在2019年9月，该品牌还在重庆开了面积达1 000多平方米的新店，这是该品牌在中国的第18家门店，也是该品牌首次进入中国西部市场开疆拓土。

尽管借鉴国际知名"快时尚"品牌在中国不断努力的经验，如ZARA、优衣库等，但是面对中国本土服装品牌的崛起以及电商的快速发力，Old Navy的业绩也进入停滞期，并且近年来仍有所下滑。有业内人士认为：从品牌发展的角度来看，GAP集团在创新、运营和管理等诸多方面还没有跟上消费者需求变化的步伐，那么这就有可能导致品牌销量下滑。另外，品牌销量下滑的重要因素还包括创新研发速度太慢、营销设计滞后、缺乏本土化经营等。受业绩不佳的影响，该品牌在2019年就有了离开中国市场的想法。

Old Navy原本打算在未来的发展规划中决定进一步独立经营。但是随着多年的发展，该品牌与GAP集团的其他品牌在商业模式、目标消费者等方面的差异化在逐渐扩大。因此，这种"分拆"对品牌的长远发展更加有利。不过，GAP集团还是暂停了该计划，这是因为"分拆品牌"的成本是非常高昂的，甚至稍不留神就会影响到品牌的声誉。

然而，这并不意味着服装零售行业会遭受"寒冬来袭"，基于消费升级的大背景，我们可以发现服装销售行业，尤其是"快时尚"品牌之间的同类品牌产品竞争已经达到白热化。此外，经过诸多内外部环境变动，可以预想到服装零售行业即将面对新一轮的洗牌期，不知这次谁会更胜一筹。

近几年，我们通过关注身边的市场就会发现，我们的商业环境变化是巨大的。对此，各个品牌都应竭尽全力地满足生产产品、渠道经营等方面的需求，从而使得品牌对精细化运营的投入也在不断提高。如今，品牌转型的核心和动力在于数字化，这就使企业必须以更快的速度改造自身的业务流程，并重新审视现在的市场需求。

资料来源：https://new.qq.com/rain/a/20210204A03ZR800.

3.1 品牌市场管理的基本概念

品牌经营是以利润和价值为导向的经营方式，而非单纯地以数据和规模增长为目标。快速的扩张可能影响品牌产品开发的深度和质量，但是，市场规模的影响力以及规模带来的成本下降在一定程度上能更好地为品牌提供利润和价值，两者矛盾而统一。处理好目标市场、市场细分、市场定位之间的关系，平衡深度个性化服务和品牌水平规模扩张，这是品牌市场管理的重要内容。

3.1.1 品牌市场细分

市场细分的概念是美国市场学家温德尔·史密斯（Wendell R. Smith）于20世纪50年代中期提出来的。市场细分就是企业根据消费者需求的不同，把整个市场划分成不同的消费者群的过程。其客观基础是消费者需求的异质性。进行市场细分的主要依据是异质市场中需求一致的顾客群，实质就是在异质市场中求同质。品牌市场细分与产品市场细分相比具有超前性、无形性、精神性和文化内涵，在心理、文化、精神层面的品牌市场细分更具有复杂性。

因此，品牌市场细分的目标不是分解，而是聚合，如同数学中的"因式分解""合并同类项"，即在消费者认可度与需求度不同的情况下，如何将市场中需求相同的消费者聚合到一起，形成同类品牌族群。

1. 品牌市场细分的类型

相关专家认为市场细分有两种极端的方式：完全市场细分与无市场细分，在这两个极端之间存在一系列的过渡细分模式。

（1）完全市场细分。完全市场细分就是企业根据每位消费者的不同需求为其提供不同品牌的产品或服务。从理论上说，只有一些小规模的、消费者数量极少的市场才能进行完全细分，这种做法对企业而言是不经济的。尽管如此，完全细分在某些行业，如互联网等行业还是很有市场的，如腾讯公司、百度公司等。而且近几年开始流行的企业"定制营销"就是企业对市场进行完全细分的结果。从产品的大规模定制开始，精准化销售会导致细分后的产品或服务的个性化色彩更加浓厚。完全市场细分也在逐渐从产品市场向服务市场推进。

（2）无市场细分。无市场细分是指市场中每一位消费者的需求都是完全相同的，或者是企业有意忽略消费者彼此之间需求的差异性而不对市场进行细分。例如，时下流行的无性别时尚就淡化了男装和女装设计上的区别，男女同款同样，款式多以宽松版型、中性版型为主，设计风格更开放。它还可以实现SKU的减少，降低库存成本，以实现更多风格和产品的探索。在无性别服饰这个品类下，无市场细分的品牌可展示多种风格的产品。近年来，奢侈品品牌推出男士裙装、裙状短裤，快时尚品牌也推出无性别系列，主打无性别主义的服装品牌大量出现表明，无性别时尚似乎已成为服装行业的发展趋势之一。

2. 品牌市场细分的基础与过程

（1）品牌市场细分的形成阶段，包括调查阶段、分析阶段和细分阶段。

(2)细分消费者市场的基础。

1)地理细分:国家、地区、城市、农村、气候、地形。

2)人口细分:年龄、性别、职业、收入、教育状况、家庭人口、家庭类型、家庭生命周期、国籍、民族、宗教、社会阶层。

3)心理细分:社会阶层、生活方式、个性。

4)行为细分:时机、追求利益、使用者地位、产品使用率、忠诚程度、购买准备阶段、态度。

5)文化细分:主流文化、亚文化、区域文化。

市场细分示意如图 3-1 所示。

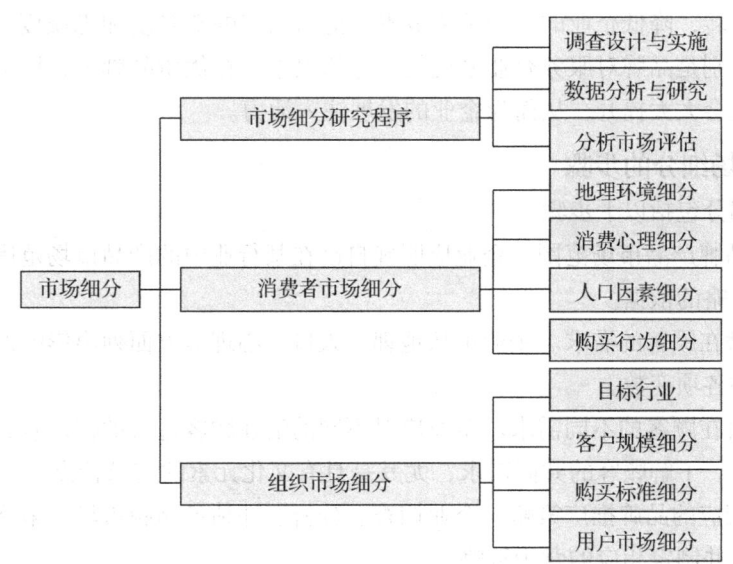

图 3-1　市场细分示意

3. 品牌市场细分的作用

品牌市场细分将有利于企业发掘、开拓或延伸新品牌,有利于企业将各种资源合理利用,从而支持品牌作用于目标市场,便于企业调整市场的品牌营销策略。如上海东珍贸易的葡萄酒种类繁多,销量逐步增加,已经成为葡萄酒销售行业中的实力企业,这与东锦集团专注于市场细分,结合线上和线下多元化渠道经营战略的布局是分不开的。

品牌市场细分的实际意义主要表现在以下几点。

(1)有利于选择品牌目标市场和制定市场品牌推广策略。品牌市场细分后的子市场比较具体,比较容易了解消费者的心理需求,企业可以根据经营思想、方针及生产技术和营销力量来确定自己的服务对象,即目标市场。针对较小的目标市场,企业便于制定特殊的品牌营销策略。同时,在细分市场上,信息容易被了解和反馈,一旦消费者的需求发生变化,企业可迅速改变推广策略,制定相应的对策,以适应市场需求的变化,提高企业的应变能力和竞争力。

(2)有利于发掘市场机会,开拓新市场。通过市场细分,企业可以对每一个细分市场的购买潜力、满足程度、竞争情况等进行分析与对比,探索出有利于本企业的市场机会,使企业及时做出投产、异地销售决策或根据本企业的生产技术条件编制新产品开发计划，进行必要的产品技术储备，掌握产品更新换代的主动权，通过开拓新市场以更好地适应市场的需要。

（3）有利于集中人力、物力并将其投入目标市场。任何一个企业的资源、人力、物力、资金都是有限的。通过细分市场选择适合自己的目标市场，企业可以先集中各种资源获取局部市场上的优势，然后占领目标市场。

（4）有利于企业提高经济效益。以上三个方面的作用都能使企业提高经济效益。除此之外，企业通过品牌市场细分后，可以面对自己的目标市场生产或提供适销对路的产品或服务，满足消费者多样化的需要。这既能满足市场需要，又可增加企业的收入。产品适销对路可以加速商品流转，降低企业的生产销售成本，提高品牌的知名度和忠诚度，全面提高企业的经济效益。特别是品牌对服务企业来说是生存的根本，在优质品牌下，服务企业人员的自豪感和荣誉感也会大大提升，从而为企业的发展注入活力。

4. 品牌市场细分的步骤

品牌市场细分包括以下步骤。

（1）选定品牌产品市场范围。企业应明确自己在某行业中的产品市场范围，并以此作为制定市场开拓战略的依据。

（2）列举潜在顾客的需求。企业可从地理、人口、心理等方面列出影响产品市场需求和顾客购买行为的各项变数。

（3）分析潜在顾客的不同需求。企业应对不同的潜在顾客进行抽样调查，并对列出的需求变数进行评价，了解顾客的共同需求，尤其是具有文化元素的需求特点。

（4）制定相应的品牌推广策略。企业调查、分析、评估各品牌市场，最终确定可进入的品牌细分市场，并制定相应的营销策略。

5. 品牌市场细分的条件

企业进行品牌市场细分的目的是通过对顾客需求差异予以定位，来取得较大的经济效益。众所周知，产品的差异化必然导致生产成本和推销费用的相应增长，所以，企业必须在市场细分所得收益与市场细分所增成本之间做出平衡。由此，我们得出有效的细分市场必须具备以下特征。

（1）可衡量性，指各个品牌细分市场的购买力和规模得到衡量的程度。如果品牌细分变数很难衡量的话，就无法界定市场。

（2）可盈利性，指企业新选定的品牌细分市场容量足以使企业获利。

（3）可进入性，指所选定的品牌细分市场必须与企业自身状况相匹配，企业有优势占领这一市场。可进入性具体表现为信息进入、产品进入和竞争进入。考虑市场的可进入性，实际上是研究其营销活动的可行性。

（4）差异性，指细分市场在观念上能区别彼此并对不同的营销组合因素和方案有不同的反应。

（5）战略性，指企业在品牌细分前应该形成清晰的品牌战略，使品牌细分能够为品牌战略服务。

6. 品牌市场细分的方法与策略

（1）品牌市场细分的基本方法。品牌市场细分的基本方法是：①单一标准法；②主导因素排列法；③综合标准法；④系列因素法。

（2）品牌市场细分的基本策略。根据各个细分市场的独特性和企业自身的目标，共有三种基本的品牌市场细分策略可供选择。

1）无差异市场细分。这是指企业只推出一种产品，或只用一套市场营销办法来招徕顾客。当企业断定各个细分市场之间差异很少时，可考虑采用这种大量市场营销策略。它的做法是给每一个产品一个独有的名字，并给予它们各自的定位，占领特定的细分市场。也就是说，即使同属于一个产品种类，由于定位不同，产品也有各自的品牌。

2）密集性市场细分。这是指企业将一切市场营销努力集中于一个或少数几个有利的细分市场，也就是一个企业只采用一个品牌，且旗下多种产品均采用此种品牌。中国农行就是一个很好的例证，中国农行发行的所有卡种都是以金穗为名字的。

3）差异性市场细分。这是指企业根据各个细分市场的特点，相应扩大了某些产品的花色、式样和品种，或制订不同的服务性计划和办法，以充分适应不同消费者的不同需求，吸引各种不同的购买者，从而提高各种品牌的市场占有率。

品牌不仅代表着产品的质量、特性、功能、服务和技术等，还蕴含着特定的文化和情感因素。它既为消费者提供了有关产品的综合信息，又传递着鲜明的个性特点并指向明确的目标消费者，使目标消费者很容易从众多产品中识别出来本品牌，并对它形成特定的评价，而不同的评价反过来会影响目标消费者的选择。

7. 品牌细分的途径

在品牌市场细分过程中，企业必须注意在不同的阶段采取不同的途径与方法。

（1）基于历史数据的细分。历史数据是品牌细分的基础，很多数据是在不同时段形成的，调研者可以采用基于人口统计学信息的品牌市场细分方法。对于不同的调查对象，由于其年龄、职位、收入和受教育程度不同，消费模式也会有所不同，所以，要根据调查对象的变化，增加消费者的居住地、房屋拥有类型和家庭人口数等因素，使之成为基于人口统计学信息的市场细分方法。

（2）基于消费模式的细分。在基于人口统计学方法的前提下，做出对同一个品牌的市场细分，以及考察是否存在着不同的消费模式。调研者可以根据消费者的购买意愿、动机和态度，采用基于行为科学的方法进行分类。这种方法的一个形式是基于惠益的市场细分方法，其划分的依据是消费者从产品中寻求的主要惠益。另一种形式是基于心理描述图的市场细分方法，其划分的依据是消费者生活方式的特征。

（3）基于忠诚度的细分。较为创新的途径是基于忠诚度的品牌市场细分。这种途径把注意力更多地放在那些能够更长时间使企业获得更大利润的客户身上。对服务业而言，企业的品牌正在形成或已经形成。它们的优势在于具有亲和力，服务者专业水平高、管理规范、态度好，因此，与传统的服务业相比形成了一种品牌细分的竞争优势。

总之，品牌市场细分分析既是对消费者思维的研究，又是对品牌深层挖掘的契机。对于品牌管理者来说，谁能够首先发现新的划分客户的依据，进一步扩张品牌外延，谁就能获得丰厚的回报。

关于市场细分的描述如图 3-2 所示。

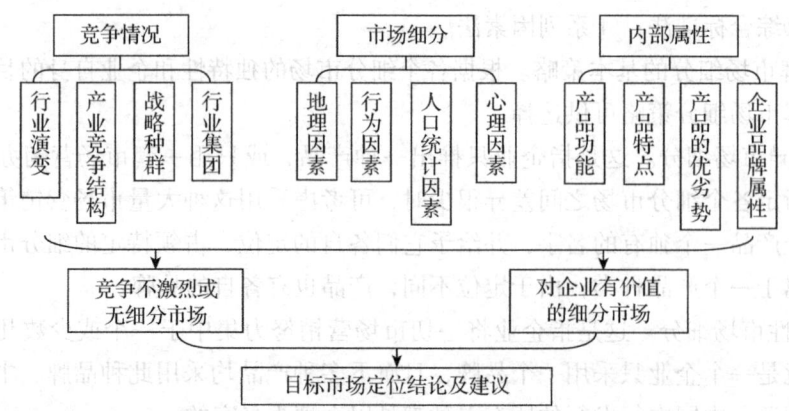

图 3-2　关于市场细分的描述

8. 企业品牌市场的利基

市场利基指市场主体通过专业化经营而获取的更多的利润。品牌利基市场指市场中通常被大企业忽略的某些品牌细分市场。品牌利基市场战略指企业通过专业化经营来占领这些市场，从而最大限度地获取品牌收益所采取的策略。

（1）实施品牌利基市场战略的重要意义。实施品牌利基市场战略的公司，事实上已经充分了解了品牌目标顾客群，因而能够比其他公司更全面、更完善地满足消费者的需求。并且，品牌市场利基者可以依据其所提供的附加价值收取更多的利润。总之，品牌市场利基者获得的是"高边际收益"，而密集市场营销者获得的是"高总量收益"。

（2）品牌利基市场的区域与群体。市场利基问题存在于所有市场中。品牌管理者需要研究市场上不同消费者对于产品属性、价格、渠道、物流服务、文化品位、社会寓意等方面的各种要求。由此，品牌需求者将被分成不同的群体，每一个群体会对某一方面的产品、服务、关系、符号有特定的要求，每一个群体都可以成为一个利基，企业可以根据其特殊性提供服务。

9. 利用互联网帮助企业进行品牌市场细分

（1）互联网企业有广义和狭义之分。互联网企业是指以计算机网络技术为基础，利用网络平台提供服务并因此获得收入的企业。广义的互联网企业可以分为：基础层互联网企业、服务层互联网企业、终端层互联网企业。

狭义的互联网企业是指在互联网上注册域名，建立网站，利用互联网进行各种商务活动的企业，即为广义的互联网企业中的终端层互联网企业。根据这些互联网企业所提供的不同的产品和服务，其可分为：网络服务提供商、互联网服务提供商、互联网内容提供商、应用服务提供商、互联网数据中心、应用基础设施提供商。全球知名的互联网企业有谷歌、阿里巴巴、Facebook、亚马逊、腾讯、Ebay、百度、雅虎等。

（2）互联网企业对市场细分的作用。在互联网时代供需关系的不断调整之下，消费者不仅需要优质的产品，还需要个性化的服务，企业利用互联网可以更精准地定位服务理念，更好地满足这些需求，从而能够帮助自己更好地进行品牌市场细分。

3.1.2 品牌的目标市场

著名的市场营销学者麦肯锡提出，应当把消费者看作一个特定的群体，并称为目标市场；品牌是商品的价值符号，通过品牌市场细分，有利于明确商品的目标市场；通过市场营销策略的应用，有利于满足目标市场的需要，即目标市场就是通过品牌市场细分后，企业准备以相应的产品和服务满足其需要的一个或几个子市场。同样，在品牌的目标市场确定过程中，仍然适用以上策略方法。

1. 目标市场的概念

所谓目标市场，就是指企业在市场细分之后的若干"子市场"中，所运用的企业营销活动之"矢"而瞄准的市场方向之"的"的优选过程。在品牌市场细分基础上确立目标市场之后，有必要对目标市场消费者的文化心态进行深入调研，并将它与商品的效用联系起来，为品牌塑造典型的文化个性，达到促销的目的。

2. 企业选择品牌目标市场的原因及影响因素

企业选择品牌目标市场的原因是企业资源的有限性（限制条件）、企业经营的择优性（追求目标）以及市场需求的差异性（可行条件）。影响目标市场策略选择的因素是竞争者战略、公司资源、产品特征、生命周期阶段和市场特征。

3. 目标市场分析与选择

选择品牌目标市场的基本要求如下。

（1）差异性：因顾客购买行为、成本、资金需求等方面有足够的差异而使差异化战略具有合理性。

（2）可衡量性：市场规模、购买力等特征可测量。

（3）可达到性：通过相应的营销组合，使产品流通环节减少，物流成本降低。

（4）实用性：规模足够大，有较大的盈利潜力，品牌能够体现实用性。

（5）可行性：有针对性的营销努力能有效抵达特定群体，对营销组合的反应基本一致。

4. 选择品牌目标市场的标准及选择方式

（1）市场规模与增长率：量化企业占有的市场。

（2）市场竞争状态与特性：寻找有利于发展的机会。

（3）与企业目标和资源的相容性：把握自身优势与潜力。

（4）品牌文化的认同性和趋同性：文化层次和理念差异。

5. 目标市场选择策略

目标市场选择策略，即关于企业设计的品牌产品由哪个或哪几个细分市场服务所决定。选择品牌目标市场一般要运用下列三种策略。

（1）无差别性品牌市场推广策略。无差别性品牌市场推广策略，就是企业把整个市场作为自己的目标市场，只考虑市场需求的共性，而不考虑其消费者个性与差异，运用一种产品、一种价格、一种推销方法、一种文化理念，吸引尽可能多的消费者。

这种策略的优点是产品（服务）单一，容易保证质量，能大批量生产，可以降低生产和销售成本。但如果同类企业也采用这种策略，必然会形成激烈竞争。如新兴品牌"无性服装"类别的 Bosie 就受到了服装市场的青睐，它在服装市场上异军突起，吸引了年轻一代的消费者。与性别不同的服装相比，无性别的性别标签在一定程度上已被移除，这挑战了旧观念并重塑了美学认知模式。在 Bosie 看来，审美观念已经在新一代消费者中发生了变化。男人的美丽不仅限于"男性"，还包括"美丽的男人"。男人也可以追求女性化的精致和时尚。同时，Bosie 也打破了女性的审美观。跨越传统的性别界限，除了温柔可爱的淑女形象外，女人还可以选择更加个性化和多样化的服装。

（2）差别性品牌市场推广策略。差别性品牌市场推广策略就是把整个市场细分为若干个子市场，针对不同的子市场设计不同的产品，制定不同的品牌营销策略，满足不同消费的需求。随着护肤品品牌"百雀羚"、衣物洗涤用品品牌"超能"和酸奶品牌"卡士"等新生势力品牌的崛起，以及随后的电商渠道的推动，出现了更加精细化的市场和客户细分，大品牌开始做出响应决策，在继续扩大现有品牌规模与建立不同品牌组合、服务不同客户细分两者中做出理性选择。如比音勒芬将"生活高尔夫"作为自身独特的品牌文化，把高尔夫的运动元素和绅士的优雅风度贯穿于休闲装及运动装，为消费者提供自由、轻松、休闲、舒适等尊贵享受。

（3）集中性品牌市场推广策略。集中性品牌市场推广策略就是在细分后的市场中选择两个或少数几个细分市场作为目标市场，实行专业化生产和销售，并在个别市场上发挥优势，提高市场占有率。采用这种策略的企业对目标市场有较深的了解，这是大部分中小型企业应当采用的策略。如在疫情之下，新的消费环境发生变化，同时也催生出新的消费习惯及与之相适应的消费场景。网店销售、短视频宣传推广、直播带货成为越来越多茶商的选择。茶叶新零售花样百出，很多茶企尤其是小茶企开始考虑小成本的如社交电商、社群卖货、众筹、竞拍、直播等更为灵活的品牌营销方式，在大品牌集中化市场中开辟出一条增量道路，吸纳了不少跨界新生消费者。这些以社交电商、直播营销等为主的中小茶企的品牌意识逐渐增强。

（4）互联网线上品牌市场推广策略。目前，品牌开始从"大而全"向"小而美"转化。随着互联网的发展，以往长尾市场中难以被挖掘和满足的小众品牌商品需求逐渐得到满足。阿里巴巴的数据显示，2018～2020年，中小品牌商品的交易额占比提升了15%。中小品牌以更加个性化而贴近消费者需求的姿态获得市场的青睐。

另外，基于兴趣社交和粉丝经济的品牌运营模式受到追捧。兴趣社交可以产生用户黏性和忠诚度。当群体中出现具有某方面一技之长的"意见领袖"时，该群体则可能演变成粉丝团体。"意见领袖"可以通过经验分享、互动来加速粉丝数量的积累，最终将兴趣与产品结合，将粉丝转化为巨大的潜在消费群体。

这四种品牌市场推广策略各有利弊。在选择目标市场进行营销时，必须考虑企业面临的各种因素和条件，如企业规模和原料的供应、产品类似性、市场类似性、产品生命周期、竞争的目标市场、电商经营的深度等。

选择适合本企业的品牌市场推广策略是一项复杂多变的工作。企业内部条件和外部环境在不断发展变化，经营者要不断通过市场调查和预测，掌握和分析市场变化趋势与竞争对手的条件，扬长避短，发挥优势，把握时机，采取灵活的适应市场态势的策略，以争取较大的利益。

上述四种策略各有利弊，企业在进行决策时要根据产品和市场状况以及企业本身的特点来选择目标市场营销策略，主要是明确企业应为哪一类用户服务，满足他们的哪一种需求。

6. 影响企业品牌市场推广策略的因素

影响企业品牌市场推广策略的因素主要有企业资源特点、产品（服务）特点、市场特点和竞争对手的策略四类。

（1）企业资源特点。对于各类资源雄厚的企业，如果拥有大规模的生产能力、广泛的分销渠道、程度很高的产品标准化、好的内在质量、良好的品牌信誉、先进的企业文化等，可以考虑实行无差别性品牌市场推广策略；如果拥有雄厚的设计能力和优秀的管理素质，则可以考虑实行差别性品牌市场推广策略。而对实力较弱的中小企业来说，则适合集中力量推广集中性品牌市场推广策略。企业初次进入市场时，往往采用集中性品牌市场推广策略，在积累了一定的成功经验后，再采用差别性品牌市场推广策略或无差别性品牌市场推广策略，以扩大市场份额，提高品牌知名度。

（2）产品（服务）特点。产品的同质性表明了产品在性能、特点等方面的差异性的大小，是企业选择目标市场时不可不考虑的因素之一。一般对于同质性高的产品（如食品、药品等），宜实行无差别性品牌市场推广策略；对于同质性低或异质性的产品（如服装、手机等），差别性品牌市场推广策略或集中性品牌市场推广策略是恰当选择。

此外，产品因所处的生命周期不同而表现出的不同特点也不容忽视。产品处于导入期和成长初期时，消费者刚刚接触新产品，对它的了解还停留在较浅的层次，竞争尚不激烈，企业这时的营销重点是挖掘市场对产品的基本需求，因此，往往采用无差别性品牌市场推广策略。当产品进入成长后期和成熟期时，消费者已经熟悉产品的特性，其需求向深层次发展，表现出多样性和不同的个性，竞争空前激烈，企业应适时地转变为采取差别性品牌市场推广策略或集中性品牌市场推广策略。

（3）市场特点。供与求是构成市场合力的两大向量，它们的变化趋势往往是决定市场发展方向的根本原因。在供不应求时，企业重在扩大供给，无暇考虑需求差异、心理诉求等问题，所以采用无差别性品牌市场推广策略；在供过于求时，企业为刺激需求、扩大市场份额而殚精竭虑，多采用差别性品牌市场推广策略或集中性品牌市场推广策略。

从市场需求的角度来看，如果消费者对某产品的需求偏好、购买行为相似，则称之为同质市场，可采用无差别性品牌市场推广策略；反之，则称之为异质市场，采用差别性品牌市场推广策略和集中性品牌市场推广策略更为合适。

（4）竞争对手的策略。企业可与竞争对手选择不同的目标市场覆盖策略。例如，竞争者采用无差别性品牌市场推广策略时，企业选用差别性品牌市场推广策略或集中性品牌市场推广策略则更容易发挥自身优势。

3.1.3 品牌的市场定位

品牌的市场定位是企业及产品和服务确定在目标市场上所处的位置。品牌定位是市场定位的核心和集中表现，是企业在市场定位和产品定位的基础上，对特定的品牌在文化取向及个性差异上的商业性决策。它是建立一个与目标市场有关的品牌形象的过程和结果。

品牌定位公司为企业客户创造价值的核心能力在于其品牌专业深度、创造力和实战力。品牌定位公司要能够洞察企业客户不易察觉的行业趋势、消费心理趋势，以超强的创造力，结合品牌推广实战经验，为企业客户提供创造性的品牌问题解决方案，比如发现品牌市场蓝海、找到品牌定位的差异、综合运用各种品牌营销方法手段提升营销力等，同时解决企业客户的品牌营销管理问题，提升品牌营销推广力。

品牌市场定位的实质是使本企业品牌与其他企业品牌严格区分开来，使顾客明显感觉和认识到品牌间的差别，从而在顾客心目中占有特殊的位置，形成品牌忠诚。为了进一步区分目标市场客户群，企业可以通过选择不同的品牌识别来加深消费者对品牌的认知度，强化品牌的市场定位。

1. 品牌市场定位的类型

品牌市场定位可分为对现有产品（服务）的再定位和对潜在产品（服务）的预定位。对现有产品（服务）的再定位可能促进产品名称、价格、包装、文化形象的改变，但是这些变化的目的是保证产品（服务）在潜在消费者心目中留下值得购买或值得接受的形象。对潜在产品（服务）的预定位，要求营销者必须从零开始，使产品特色确实符合所选择的目标市场。企业在进行品牌市场定位时，一方面要了解竞争对手的品牌产品具有何种特色；另一方面要研究消费者对该品牌产品（服务）的各种属性的重视程度，然后对这两方面进行分析后，再选定本公司产品（服务）的特色和独特的文化形象。

2. 品牌市场定位的内容

品牌定位的确定可以使品牌企业实现资源集约，产品开发必须兑现品牌对消费者的承诺，各种短期营销计划不应偏离品牌定位的方向，企业应根据品牌的定位塑造自己。成功的品牌定位充分体现了品牌独特的个性、差异化优势，这是品牌的核心价值。消费者只有感受到品牌的优越性和特点，被品牌独特的个性吸引，品牌与消费者之间才有可能建立长期而牢固的关系。这样就为品牌建立起品牌壁垒，为日后激烈的品牌竞争打好基础。

企业的品牌市场定位得到客户的认同后，就需要建立良好的品牌关系来维护忠诚客户了。

（1）产品定位：侧重于产品实体定位，如质量、成本、特征、性能、可靠性、实用性、款式等。

（2）企业定位：指企业形象塑造品牌、员工能力、知识、可信度等。

（3）竞争定位：确定企业相对于竞争者的市场位置。

（4）消费者定位：确定企业的目标顾客群。

（5）文化定位：确定品牌产品在何种文化层面的社会群体中推广。

3. 品牌市场定位的步骤

品牌市场定位的关键是企业要设法在自己的产品上找出比竞争者更具有竞争优势的特性和文化内涵。

竞争优势一般有两种基本类型。一是价格竞争优势，即在同样的条件下比竞争者定出更低的价格。这就要求企业通过一切努力降低单位成本。二是心理文化偏好竞争优势，即能提供确定的品牌个性文化特色来满足顾客的特定偏好。这就要求企业通过一切努力在品牌产品文化特色上下功夫。因此，企业品牌市场定位的全过程可以通过以下三大步骤完成。

（1）分析目标市场的现状，确认本企业潜在的竞争优势。这一步骤的中心任务是要回答以下三个问题：①确定竞争对手的产品定位；②在目标市场上，确定顾客欲望满足程度以及何时需要；③针对竞争者的市场定位和潜在顾客的真正利益要求，企业能够提供什么帮助。要回答这三个问题，企业市场营销人员必须通过一切调研手段，系统地设计、搜索、分析并报告有关上述问题的资料和研究结果。通过回答上述三个问题，企业就可以把握和确定自己的潜在竞争优势在哪里。

（2）准确选择竞争优势，对目标市场初步定位。竞争优势表明了企业能够战胜竞争对手的能力。这种能力既可以是现有的，也可以是潜在的。选择竞争优势实际上就是一个企业与竞争者对各方面实力相比较的过程。比较的指标应是一个完整的体系，只有这样，才能准确地选择相对竞争优势。通常的方法是分析、比较企业与竞争者在经营管理、技术开发、采购、生产、市场营销、财务、产品、企业文化八个方面的强弱，借此选出最适合本企业的优势项目，以初步确定企业在目标市场上所处的位置。

（3）显示独特的竞争优势，不断对品牌进行重新定位。这一步骤的主要任务是企业要通过一系列品牌宣传促销活动，将其独特的竞争优势和特定文化意义准确地传播给潜在顾客，并在顾客心目中留下深刻印象。为此，企业首先应使目标顾客了解、知晓、熟悉、认同、喜欢和偏爱本企业的市场定位，在顾客心目中建立与该定位相一致的形象。其次，企业通过各种努力强化目标顾客形象，保持目标顾客的了解程度，稳定目标顾客的态度和加深目标顾客的感情来巩固与市场相一致的形象。最后，企业应注意目标顾客对其市场定位理解上出现的偏差或由于企业市场定位宣传上的失误而造成的目标顾客模糊、混乱和误会，及时纠正与市场定位不一致的形象。企业的产品在市场上的定位即使很恰当，但在下列情况下，还应考虑重新定位：①竞争者推出的新产品定位于本企业产品附近，侵占了本企业产品的部分市场，使本企业产品的市场占有率下降；②消费者的需求或偏好发生了变化，使本企业产品的销售量骤减。

重新定位是指企业为已在某市场销售的产品重新确定某种形象，以改变消费者原有的认识，争取有利的市场地位的活动。重新定位对于企业适应市场环境、调整市场营销战略是必不可少的，可以视为企业的战略转移。重新定位可能导致产品的名称、价格、包装和品牌的更改，也可能导致产品用途和功能上的变动，企业必须考虑定位转移的成本和新定位的收益问题。

4. 品牌市场定位的策略

当客户对品牌定位的认可度较低时，就需要企业通过大众媒体、户外广告、互联网、公关路演、客户中心和内部宣传渠道，迅速传递各种品牌信息，加深目标客户对品牌的认知，提高客户的品牌忠诚度。

（1）避强定位策略。避强定位策略是指企业力图避免与实力最强的或较强的其他企业直接发生竞争，而将自己的产品定位于另一市场区域内，使自己的产品在某些特征或属性方面与最强或较强的对手有比较显著的区别。

避强定位策略能使企业较快地在市场上站稳脚跟，并能在消费者或用户中树立形象，风险小。但是避强往往意味着企业必须放弃某个最佳的市场位置，这很可能使企业处于最差的市场位置。

（2）迎头定位策略。迎头定位策略是指企业根据自身的实力，为占据较佳的市场位置，不惜与市场上占支配地位的、实力最强或较强的竞争对手发生正面竞争，从而使自己的产品进入与对手相同的市场位置。

迎头定位竞争过程往往相当引人注目，甚至会产生所谓的轰动效应，企业及其产品可以较快地为消费者或用户所了解，易于达到树立市场形象的目的，但其具有较大的风险性。

（3）创新定位策略。品牌创新可以给消费者带来持续不断的刺激和影响。企业应该不断地寻找新的尚未被占领，但有潜在市场需求的位置，填补市场上的空缺，设计和提供市场上缺少，但具备某种特色的产品或服务。如OPPO魅族随身听等一批新产品正是填补了我国市场上迷你电子产品的空缺，并进行不断创新，使得广东欧珀即使在国外高端随身听产品充斥中国市场的情况下也能迅速发展，一跃成为有品牌竞争力的公司。采用这种定位方式时，企业应明确创新定位所需的产品在技术上、经济上是否可行，有无足够的市场容量，能否为企业带来合理而持续的盈利。

（4）重新定位策略。企业在选定了市场定位目标后，如定位不准确或虽然开始定位得当，但是若市场情况发生变化，如遇到因竞争者定位与本公司接近而侵占了本公司的部分市场，或出于某种原因，消费者或用户的偏好发生变化而转移到竞争者方面时，就应考虑重新定位。重新定位策略是以退为进的策略，目的是实施更有效的定位。例如，曼卡龙是一家集珠宝首饰创意、销售、品牌管理于一体的珠宝首饰零售连锁企业，主营业务是珠宝首饰零售连锁销售业务。公司的主营业务收入主要来源于素金饰品及镶嵌饰品，主要产品为"三爱一钻"，即"爱尚金""爱尚炫""爱尚彩"，以及钻石饰品。该公司注意到，随着移动互联网技术的快速发展和普及，消费者的购买方式和消费行为均因此发生了较大变化，零售企业要不断满足消费者需求的多样化、个性化和网络化。对于珠宝产品等非标准化产品，消费者的购买行为具有"高参与度、高体验感"的特点，线上线下销售融合的新业态，给公司带来新的发展机遇。曼卡龙品牌重新定位于"每一天的珠宝"，聚焦年轻消费群体，打造"快时尚"的品牌消费潮流，具有清晰的品牌定位和消费者群体定位。近年来，曼卡龙品牌不断加强线上线下的融合，利用大数据信息工具，实现更精准的营销，打造新零售业态。

5. 品牌市场定位的形式

品牌市场定位是设计企业产品和形象的行为，能使企业明确在目标市场中相对于竞争对手的位置。品牌市场定位的主要形式包括以下几个。

（1）产品差别化战略，即从产品质量、产品款式等方面实现差别。寻求产品特征是实行产品差别化战略经常使用的一种手段。

（2）服务差别化战略，即向目标市场提供与竞争者不同的优异服务。企业的竞争力越好地体现在对顾客的服务上，市场差别化就越容易实现。

（3）人员差别化战略，即通过聘用和培训比竞争者更为优秀的人员来获取差别优势。

（4）形象差别化战略，即在品牌的核心部分与竞争者雷同的情况下塑造不同的产品形象以获取优势。

6. 品牌市场定位的原则

由于各个企业经营的产品或服务不同，面对的顾客不同，所处的竞争环境不同，因而市场定位所依据的原则也不同。总的来讲，品牌市场定位所依据的原则有以下四点。

（1）根据具体的产品特点定位。构成产品内在特色的许多因素都可以作为市场定位所依据的原则，比如所含成分、材料、质量、价格等。例如，农夫山泉推出的新品——"等渗"尖叫就强调它能满足多场景运动人士的需求，产品 slogan 定位为："运动补水、专业等渗"。又如，"泰宁诺"止痛药的定位是"非阿司匹林的止痛药"，显示药物成分与以往的止痛药有本质的差异。

（2）根据特定的使用场合及用途定位。为老产品找到新用途，是为该产品创造新的市场定位的好方法。例如，小苏打曾广泛地用作家庭的刷牙剂、除臭剂和烘焙配料，现在已有不少新产品代替了小苏打。网上曾介绍小苏打可以定位为冰箱除臭剂，另有一家公司把它当作调味汁和肉卤的配料，更有一家公司发现它可以作为冬季流行性感冒患者的饮料。我国曾有一个生产曲奇饼干的厂家最初将其产品定位为家庭休闲食品，后来发现不少顾客购买是为了馈赠，所以又将之定位为礼品。

（3）根据顾客得到的利益定位。产品提供给顾客的利益是顾客最能切实体验到的，也可以作为定位的依据。

（4）根据使用者的类型定位。企业常常试图将其产品指向某一类特定的使用者，以便根据这些顾客的看法塑造恰当的形象。如消费升级带动酒店业向中高端转型。居民消费水平的提高带动了旅客对品质更高、服务更加多元化的中高端酒店的需求的转变。目前我国酒店业仍以经济型为主，2019 年以客房数计的经济型酒店占比为 65.2%，中高端酒店合计占比仅为 28.5%，相较于全球酒店市场 74.4% 的中高端占比还有很大的提升空间。从未来的发展趋势来看，在消费升级背景下，我国中高端酒店规模的增速有所提升。根据盈蝶咨询的数据，2019 年我国中高端酒店客房数已达 501 万间，同比增长 10%，占比提升至 28.5%，同时经济型酒店增速逐年下降，预计我国酒店业仍将持续向中高端转型，并实现产品结构日益优化。

但是，许多企业进行市场定位所依据的原则往往不止一个，而是同时使用多个原则。这是因为要体现企业及其产品的形象，市场定位必须是多维度的、多侧面的。

7. 品牌在市场上重新定位的实施步骤

当企业和品牌要重新定位时，我们首先应该明白重新定位的根本原因。比如，它们可以归结为销售量下降、客户群基础缩小、产品利润微薄，或是归结为受到来自如科技日益更新等方面的挑战。找到原因之后，企业可以按照下面四个阶段开始操作。

第一个阶段：检查当前品牌的状态

这个阶段的实施目的在于了解企业和品牌，包括探讨一些关键问题，比如企业面临的机遇和挑战。这样做是为了对企业和品牌的当前情况有一个清楚的认识，能让企业更好地进行商业机会识别和评估。

这其中包括对当前产品组合战略进行审视，如对于一家主要从事提供服务或是专业咨询业务的企业而言，应审视所有的服务供给和项目供给。关键问题是：是否对所有的产品都实施同一种品牌战略，是否对同一个品牌下的不同产品实施不同的战略，其中应包括查明自己的企业是细分市场上的行业领先者，还是行业中的次级品牌企业。

第二个阶段：企业品牌存在的文化象征意义

奠定了坚实的企业和品牌基础之后，需要了解消费者对于当前企业和品牌的看法。在消费品行业中，这可能就意味着你要和使用群体（比如女性群体、孩子群体等）进行对话，通过对话了解品牌在消费群体中的接受程度。

此外，品牌资产经营团队最重要的职能之一是在消费群和忠诚消费者中找出品牌亲和团队都有哪些共同特征，了解他们的生活方式和行为模式，以便能更好地了解品牌客户的情况。

经历了这个过程，企业将能够确认品牌已经满足的需求和未满足的需求，在行业和细分市场上，确认品牌令人满意和尚不令人满意的因素，以及找出当前驱动品牌资产增长的因素。从某种意义上讲，这能让我们为消费者和终端客户提供一个品牌价值尺度。这样，我们不仅能了解到自己品牌的现状，还能将之作为一种直接参照，了解品牌在今后应该如何发展。此外，品牌资产团队的最终目标是识别各种商业机会，包括审视自己品牌的增长领域以及未满足的消费者和用户需求等，而一旦找到了品牌当前的资产价值，下一步就是召开品牌定位研讨会。

第三个阶段：开发品牌的定位平台——品牌在未来将如何增值

现在我们对于企业及其品牌在市场环境中的情况已经有了较深的了解，也对品牌能实现的消费者价值有了较好的把握，下一步就是找到品牌的增长空间，即如何扩展、延伸品牌。

第三个阶段的目的是利用所有的营销调查结果，包括品牌、行业及消费者信息，对品牌内容及品牌意义进行重新定位。其目的就在于：确定成功有效的品牌重新定位战略将有助于留住现有客户以及获得新客户。当我们开始进行品牌重新定位时必须牢记，新的品牌定位必须紧紧抓住一点，即我们希望品牌给消费者留下深刻的印象。

企业应开发一些不同的市场定位平台，尽可能地拓展品牌的延伸范围。对于一个玩具或是一个消费品品牌而言，这可能包括一些不同的内容，比如趣味性、神秘感、期望值、味觉、使用场合等。然而，在这个过程中应围绕着一个中心来思考，即消费者希望企业在哪些方面进行品牌探索与开发。

这个阶段的最终成果包括对关键的新品牌定位平台形成清晰而简洁的共识，并最终确立品牌定位战略。其中将针对保留现有客户以及获得新用户的重点，让企业了解消费者对于新品牌定位的态度。此外，该阶段还将展示新品牌定位成果，并详细说明开展工作的缘由。

第四个阶段：提炼品牌定位和做出品牌管理报告

前三阶段实施过后，我们已经有了清晰的品牌战略目标，有了一种较新的思维方式，这样就为企业及其业务、新品牌定位战略开了个好头。现在的目标就是对新的品牌定位进行审视及完善，将之传达给所有的职能部门，以便形成企业的共同愿景。

在品牌定位建设的最后阶段，企业必须对品牌定位加以提炼和完善，其中应包括最后考虑和确认来自消费者、客户、供应商、代理商以及自己的品牌建设团队等各个方面的意见反馈，以使最终的实际定位工作和预期定位工作保持一致。

在品牌定位的最后阶段，企业必须撰写详尽的品牌管理报告，以便将相关信息传达给企业的高级管理层和领导者。传达的信息既包括品牌建设团队的相关介绍以及开发情况，也包括负责品牌定位建设的高级领导层的相关信息。为此，我们可以创建一本"品牌识别手册"，它能为新的品牌定位建设工作提供一个明确的方向。

最后阶段的工作是为了创造一个"品牌景观"。它包括创造出一个将可视图像和音乐相结合的作品，能将新的品牌定位融入人们的工作、生活中，使该作品能和品牌建设团队以及各品牌支持团队一起分享，它也是向各个成员传达品牌信息的一个重要方法。品牌景观以后会运用到所有的品牌部门中，它作为一种"品牌传播指导原则"，将应用到包装、营销、传播等各个方面；它存在的价值在于确保在和各种媒介与合作伙伴打交道的过程中，保持品牌定位传播的一致性。

3.2 品牌的市场运作

品牌树立起来之后，企业就必须坚定地实施企业市场营销战略，充分运用市场调研、市场推广等手段，推动品牌快速、健康发展。

3.2.1 品牌的市场调研及测试

成功的品牌市场运作源于对品牌的市场调研及测试，这是进行品牌市场运作的第一步。

（1）产品概念：了解消费者对产品概念的理解程度，看是否符合企业事先设计的策略，同时也检验这种策略是否正确，这样有助于企业开发出真正符合市场需求的产品。

（2）品牌概念：反映了产品的内在价值，关系到产品能否拥有持久的生命力，了解消费者对品牌的理解程度，并与企业的品牌设计理念进行对比，能找出差距并加以调整，使之始终配合产品概念的发展。

（3）品牌联想：了解消费者对品牌的直观认知，以此判断品牌的诉求是否反映品牌的内涵，这关系着品牌价值的实现。

（4）品牌知名度：了解消费者对品牌的认知程度，以此检验企业的传播策略是否有效，这也是品牌价值的直观判断标准之一。

（5）品牌美誉度：了解消费者对于品牌的感情，以此检验品牌在传播过程中是否准确传达了策略，或者说是否成功打动了消费者。

（6）品牌形象认知：了解消费者对于品牌的符号、字体、色彩、形象代表等要素的认知程度，检验这些视觉要素是否准确传达了品牌的策略，对于出现的误差一定要及时调整，否则将削弱品牌的传播力。

（7）品牌与产品的连接：了解消费者对于品牌的理解是否符合产品的特质，以及产品的品质是否符合品牌诉求的内涵，要使产品和品牌随时都保持一种和谐的状态，使得消费者对产品和品牌的认知始终一致。

（8）品牌试用率：了解消费者认知品牌比例和购买品牌比例之间的差距，分析品牌的传播是否打动了消费者，从而检验品牌是否真正符合消费者的诉求或者品牌的诉求。

（9）品牌的市场定位：这是对品牌的一个整体认识，通过与其他竞争品牌进行详尽的比较，了解品牌对市场的影响程度，以及与竞争品牌的具体差距，从而检验品牌策略的准确程度，并对品牌策略进行动态调整。

3.2.2 品牌的市场推广

在"90后""00后"逐渐成为消费主力军的今天,传统的品牌推广模式已不再适应年轻一代的需求。特别对于传统产品(如家具等)行业而言,想获得高要求的年轻人的芳心,成为一种行业发展瓶颈。找到新的方式将品牌产品的新想法出售给年轻人,做到独树一帜地吸引眼球,是破局市场的关键所在。

1. 把握品牌的推广目标

市场推广目标是品牌的策略基础,关键在于了解品牌的市场基础和所处的市场位置,了解品牌在消费者心目中的具体位置,对品牌有正确的认知。然后根据市场和竞争态势判断品牌只有处于什么位置才可以取得竞争优势,并制定出品牌发展的明确目标,以此为品牌策略的规划提供充分的依据。

2. 制定品牌的策略规划

(1)确定品牌规划步骤。策略规划需要解决以何种手段及何时才能达到品牌的既定目标,如何确定品牌的发展步骤,如何测定品牌的资产价值,如何维护品牌的良性发展,以及如何保证策略的有效执行等问题。只有对这些问题做出非常清晰、明确的策略规划,才能确保实现品牌价值。

(2)实施多品牌策略。如果企业的产品品种增加,则会涉及多品牌策略。此时有两个选择:一是将一个品牌运行在多个产品上,如乐百氏集团将乐百氏品牌统一运用在其乳酸奶、纯净水、牛奶和果冻等产品上;二是针对不同的产品设计相应的品牌。

(3)确定品牌延伸策略。这是一把双刃剑,关键在于具体分析和灵活运用。娃哈哈和乐百氏都较成功地运用了品牌延伸策略,将品牌从乳酸奶产品延伸到纯净水产品。对于品牌的延伸,应该是相关产品、行业或概念的延伸,这样可以提高延伸的成功率。

3. 设计品牌形象

首先要对产品概念和品牌概念进行界定,然后在此基础上构思出品牌的表现方式,包括品牌名称、内涵、符号、字体、色彩、形象代表等,实际上就是企业形象识别系统中的视觉识别部分,重点是设计品牌的视觉形象,使之具备能直观、准确地表达品牌内涵的条件。

4. 进行品牌的整体传播

(1)制定品牌传播目标。制定传播目标要符合 SMART 原则:①具体的(specific),是指能准确说明要达到的最终结果,而不是工作本身,包括品牌的知名度、美誉度、试用率、占有率等;②可衡量的(measurable),是指要有可考评的绩效标准来衡量成果,要确定品牌的知名度、美誉度、试用率的具体数字;③具有挑战性(achievable),是指设计的目标实现起来要有一定的困难,并不能轻而易举地达到,然而也并非不能达到,需要努力才行;④现实的(relevant),是指在设定目标时,根据市场调研结果及各种资源和能力来看是可以达到的;⑤时间限制(time framed),是指目标的完成日期,包括中长期的最后期限及短期内可调整(因具体情况而变)的期限。

(2)选择恰当的传播对象。在品牌传播过程中,企业要特别注意的是一定不能脱离目标消费群体，要保证传播资源的针对性。不少品牌在传播时总是想取得所有群体的支持，往往将品牌表现得面面俱到，但这样也就失去了品牌的特性，什么都想得到反而什么也得不到。

（3）选择合适的传播形式。现在是一个传媒日益丰富的时代，更是一个选择多样化的时代。电视广告的威力正在受到威胁，迅速增加的电视频道分散了消费者的注意力，而遥控器也使得品牌要产生足够的影响力将会比以前付出更多的资源；报纸和杂志趋向于细分化，在资讯丰富的时代，大众化的媒体将日趋没落，崛起的媒体将是能充分满足特定消费群体需求的形式。

（4）对各种形式进行整合。这是指在品牌传播的过程中，综合各种方式的特点，将广告、公关、事件、新闻等各种传播形式有机地整合起来，更有效地强化品牌的传播力量。品牌传播的整合具有策略性和动态性。策略性要求品牌的传播必须符合策略的规划，针对品牌的目标群体，运用统一的传播主题；动态性则要求品牌的传播必须循序渐进，充分考虑品牌的成长规律，根据市场和竞争态势将传播分为不同的发展阶段，在每个阶段都有相应的品牌发展目标和传播重点。

5. 实现品牌与消费者的互动

其重点在于密切关注消费者从品牌中获得的利益、对品牌的态度及其变化。通过这种关注，可以掌握品牌的发展动态，诸如消费者能否顺利获得品牌产品、对品牌的认知程度、品牌提供的利益是否符合消费需求、品牌知名度等指标的变化程度等，从而可以促进品牌的健康成长。

2020年，零售行业虽然遭遇了新冠肺炎疫情影响及国际贸易壁垒，但随着新媒体和渠道崛起的红利显现，诞生了一批新消费网红品牌。根据《2020年中国消费市场发展报告》中的重要数据：新生代成为消费主力军。90后、00后热衷于线上消费，并在移动互联网空间中占据着极大的网络话语权与流量高地。线上消费已成为引领消费增长的主要动力。根据国家统计局的有关数据，2020年1~6月，全国网络购物用户人数比2019年增长1亿人，1~10月我国实物商品网上零售额同比增长了16%。国货品牌成为买家消费的时尚品牌。中国制造的技术、产品和服务已日趋成熟，部分国货品牌受到消费者热捧。社交互动消费需求凸显，消费多样化、个性化、小众化发展趋势显著，同时，消费者之间的信息交流显著增强。

有关调查数据显示，79.3%的Z世代（即1995~2009年出生的一代人）更愿意相信真实用户的使用体验，他们经常活跃在自己感兴趣的消费社群中，通过熟人社交的"种草"行为，完成对品牌的认知，并产生购买行为。于是新消费品牌根据自身定位，对消费群体的社交行为和兴趣点进行了解之后，便通过种草、测评、跨界联名等满足年轻人消费动机的"新营销"方式来触达消费者，积极有效地推动消费者产生购买行为。

本章小结

1. 品牌市场管理是企业为取得或保持持续的市场竞争优势，根据不断变化的环境变换市场竞争方式，通过市场细分、目标市场、市场定位等管理过程，确立创造品牌的市场价值。
2. 品牌市场管理的内容：品牌市场细分、品牌市场定位、品牌目标市场和品牌市场推广。
3. 品牌的市场运作包含品牌的调研与测试和品牌的市场推广。

4. 市场管理的核心内涵是说明品牌推广的步骤和要求，即在保持品牌的动态性、灵活性和整体性的前提下，确定品牌推广方向和力度。

自测题

一、单项选择题

1. 品牌（　　）就是企业根据每位消费者的不同需求为其提供不同的品牌产品或服务。
   A. 完全市场细分　　　　　　　　　　B. 部分市场细分
   C. 不完全市场细分　　　　　　　　　D. 区域市场细分

2. 品牌市场细分的第一步是（　　）。
   A. 确定市场细分程度　　　　　　　　B. 选定品牌产品市场范围
   C. 设计细分内容　　　　　　　　　　D. 规划细分方向

3. （　　）指公司将一切市场营销努力集中于一个或少数几个有利的细分市场。
   A. 无差异市场细分　　　　　　　　　B. 差异性市场细分
   C. 密集性市场细分　　　　　　　　　D. 定向性市场细分

4. 品牌市场细分的方法经历过几个阶段。最初，因为数据是历史形成的，所以调研人员采用了基于（　　）的市场细分方法。
   A. 经济禀赋信息　　　　　　　　　　B. 资源分布信息
   C. 地理优势信息　　　　　　　　　　D. 人口统计学信息

5. 选择品牌目标市场的标准及方式不包括（　　）。
   A. 企业的名称与规模　　　　　　　　B. 市场规模与增长率
   C. 品牌市场认可度　　　　　　　　　D. 品牌产品市场占有率

6. （　　）市场营销策略就是在细分后的市场上，选择两个或少数几个细分市场作为目标市场，实行专业化生产和销售。
   A. 差别性　　　　B. 集中性　　　　C. 无差别性　　　　D. 分层性

7. 品牌市场定位可分为对现有产品（服务）的再定位和对潜在产品（服务）的（　　）。
   A. 初定位　　　　B. 全定位　　　　C. 预定位　　　　D. 后定位

8. 品牌在市场上重新定位的实施步骤的第一个阶段是（　　）。
   A. 检查品牌存在的问题　　　　　　　B. 分析品牌市场分布
   C. 设计品牌推广方向　　　　　　　　D. 检查当前品牌的状态

9. 品牌市场推广的第一步是（　　）。
   A. 制定品牌的策略规划　　　　　　　B. 设计品牌形象
   C. 进行品牌的整体传播　　　　　　　D. 把握品牌的推广目标

10. 成功的品牌市场运作源于对品牌的（　　），这是进行品牌市场运作的第一步。
    A. 品牌设计及规划　　B. 市场调研及测试　　C. 品牌定义及开发　　D. 品牌推广与延伸

二、多项选择题

1. 品牌市场战略管理过程包括（　　）。
   A. 品牌市场细分　　　B. 品牌目标市场　　　C. 品牌市场定位
   D. 品牌推广策略　　　E. 品牌市场分析

2. 品牌市场细分包括以下步骤（　　）。
   A. 选定品牌产品市场范围　　　　　　B. 列举潜在顾客的需求
   C. 分析潜在顾客的不同需求　　　　　D. 制定相应的品牌推广策略
   E. 分析品牌市场容量
3. 品牌细分市场必须具备以下特征（　　）。
   A. 可衡量性　　　B. 可盈利性　　　C. 可进入性
   D. 差异性　　　　E. 战略性
4. 选择品牌目标市场的基本要求是（　　）。
   A. 差异性　　　　B. 可达到性　　　C. 实用性
   D. 可行性　　　　E. 经济性
5. 选择品牌目标市场的标准及选择方式是（　　）。
   A. 市场规模与增长率：量化企业占有的市场
   B. 市场竞争状态与特性：寻找有利于发展的机会
   C. 与企业目标与资源的相容性：把握自身优势与潜力
   D. 品牌文化的认同性和趋同性：文化层次和理念差异
   E. 与企业战略的吻合性和一致性：战略思维和前瞻考虑
6. 影响企业品牌市场推广策略的因素主要有（　　）。
   A. 企业资源特点　　B. 产品（服务）特点　C. 市场特点
   D. 竞争对手的策略　E. 资源禀赋
7. 品牌市场定位的内容包括（　　）。
   A. 产品定位　　　B. 企业定位　　　C. 竞争定位
   D. 消费者定位　　E. 文化定位
8. 品牌市场定位的策略有（　　）。
   A. 避强定位　　　B. 迎头定位　　　C. 创新定位
   D. 重新定位　　　E. 文化定位
9. 品牌市场定位的原则是（　　）。
   A. 根据具体的产品特点定位　　　　　B. 根据特定的使用场合及用途定位
   C. 根据顾客得到的利益定位　　　　　D. 根据品牌价值衡量与确定定位
   E. 根据使用者的类型定位
10. 品牌的市场推广包括（　　）。
    A. 把握品牌的推广目标　　　　　　　B. 制定品牌的策略规划
    C. 设计品牌形象　　　　　　　　　　D. 进行品牌的整体传播
    E. 实现品牌与消费者的互动

三、简答题

1. 品牌市场管理的含义是什么？它包括哪些最基本的概念？
2. 什么是品牌的市场定位？它具有哪些特征？
3. 现代市场营销的"4R"构成要素及相互之间的关系是怎样的？
4. 品牌市场管理过程是什么？
5. 品牌市场管理与产品市场管理的关系是什么？为什么说产品销售的成功不等于品牌战略的成功？

案例分析

新冠疫情与国产品牌双重压力，资生堂 98 亿转让十个品牌

资生堂公司在 2021 年 2 月 3 日正式发布公告，将全球个人护理业务，以 1 600 亿日元（约合人民币 98 亿元）的价格转让给私募基金 CVC, Asia Pacific Limited 及其关联方（以下简称"CVC"）。

此次转让的品牌包括集团旗下的吾诺（UNO）、珊珂（SENKA）、丝蓓绮（TSUBAKI）、AG DEO24、海帆（SEA BREEZE）、玛馨妮（MA CHERIE）、惠润（SUPER MILD）、fino、可悠然（KUYURA）和水之密语（AQUAIR）等十大驰名品牌。

但是，资生堂转让该部分业务并不意味着完全出售其全部品牌，资生堂公司将通过间接持股的方式，与 CVC 及其关联方共同运营所有品牌。

1. 受新冠疫情影响，资生堂将与 CVC 合作运营个人护理业务

新冠疫情在全球不断蔓延，对化妆品和护肤品行业造成较为严重的冲击，资生堂集团也不例外。资生堂集团 2020 年前三季度的财报显示，尽管线上渠道的销售量保持良好的增势，但是受到新冠疫情的负面影响，线下零售店、旅游零售业务、发廊专业业务等都受到了很大的冲击，销售量大减。

有数据显示，2020 年前三季度，资生堂日本市场的净销售额同比下降了 32.3%；美洲市场的销售额同比下降了 28.8%；欧洲、中东和非洲地区市场的销售额也下降了 20.9%；亚太地区的韩国和泰国市场的销售额更是同比下降了 19.3%。相较而言，资生堂在中国市场的净销售额同比下降较低，仅为 2.2%，中国市场成为资生堂海外市场中恢复最快且下滑幅度最小的市场。

此次资生堂公司出售个人护理业务，也是基于公司战略长期布局来考量的。资生堂官方表示，集团的经营方式正在从着重追求营业收入的高速增长，向侧重于品牌盈利能力和品牌现金流转变。

上海博盖咨询创始合伙人高剑锋告诉蓝鲸财经记者，此次资生堂公司出售的品牌并非处于衰退期，相反，像"AQUAIR 水之密语""SENKA 珊珂"等品牌依然具有较高的知名度和较好的销售业绩，可以产生大量的现金流回报，这或许也是为什么资生堂公司并没有完全出售该业务，而是以作为股东的方式与 CVC 共同经营的原因之一。

而从 CVC 的角度来说，其本身是缺乏产业运营能力的一家私募基金，追求的是投资回报，不太会长期持有这些品牌，未来必然希望以较好的价格再次转售。它需要资生堂的专业团队来协助运营，进而保持良好的资产质量。可以说，双方合作经营是实现品牌利益最大化的举措。

2. 低价业务受国产品牌冲击，转战高端领域来维护品牌壁垒

资生堂公司未来将逐渐聚焦于高端护肤品品牌。资生堂集团的投资组合战略的优先事项会是高端价位段的产品，其次是中高端价位段的产品，而属于低价位段的个人护理领域由于并非首选投资业务，所以无法获得优先的资源分配。

在 2020 年于上海举办的第三届进博会中，资生堂中国区总裁藤原宪太郎向公众表示，资生堂为中国市场制定的战略是以"Premium Skin Beauty"（高附加值美肤领域）为聚焦，并且为中国市场新引进了该集团的两个高端化妆品品牌。传统外资品牌曾经牢牢占据着中国市场，然而随着国产品牌的迅速崛起，国产品牌替代的速度正在加快，尤其是在性价比和低价产品方面的竞争，传统外资品牌已不再占有绝对优势。

根据 QuestMobile 发布的《2020 美妆人群与品牌洞察报告》，在最受用户关注的前十大美妆品牌中，国产品牌超过一半，如花西子、完美日记等，在用户的关注度指标上超过诸多国际大牌。而这些新锐国产品牌都在瓜分传统外资品牌的市场份额。

在中国地区发展疲软也不仅是资生堂一家公司。欧莱雅旗下的美宝莲品牌，曾经以亲民的价格、便利的购买渠道风靡全国，因此，美宝莲曾经拥有大众彩妆市场的主动权，成为很多中国女生选择的第一个化妆品品牌。2011 年，美宝莲在中国的市场份额为 15.71%，是第二名的 3 倍。然而，在 2020 年下半年，美宝莲继退出超市大卖场渠道后，又开始大规模退出线下百货商场专柜。爱茉莉太平洋旗下的大众美妆品牌悦诗风吟，于 2020 年在中国大量关店；同一集团的伊蒂之屋的全球营业收入已连续三年下滑；而曾红极一时的 LG 生活健康旗下的菲诗小铺（THE FACE SHOP）单品牌店，也早在 2018 年 8 月宣布撤离中国。

在低价的个人护理市场，传统外资品牌的竞争力在下降。因此，对资生堂来说，个人护理业务的魅力值在逐步降低，它不再是未来重点发展的业务。传统外资集团的高端品牌具有先发优势，有较高的品牌壁垒。在高端领域，国产品牌的品牌力和影响力暂时仍有一定的差距。

尽管全球疫情肆虐，但中国市场却率先恢复活力，同时中国市场在未来也将成长为世界最大的市场。在这种情况下，资生堂公司在中国市场频频发力，不断加大中国地区生产研发投入，设立事业创新投资室、研发中心等，希望未来在高端品牌领域拥有更多的话语权。

资料来源：https://finance.ifeng.com/c/83bhIH4NGlV。

问 题： 1. 资生堂与 CVC 的合作方式是什么？资生堂公司出售个人护理业务是出于什么考虑？
2. 资生堂公司未来将聚焦于高端护肤品品牌的举措是什么？其属于品牌市场策略中的何种策略？
3. 怎样理解资生堂为中国市场制定的战略是以"Premium Skin Beauty"（高附加值美肤领域）为聚焦的？在全球疫情的背景下，资生堂公司的市场策略有何调整？

拼多多的深谋远虑：深耕农业最初一公里

拼多多的业务起源于线上，是一家依靠创新的营销模式，在短时间内快速崛起的互联网平台。该模式是让人仰慕的"轻资产"模式。但是近年来，拼多多的战略逐渐转向了商品供应链的整合与赋能，同时为用户提供高质量的服务。

自 2018 年开始，"最初一公里"成为拼多多的战略重点。显然，这种模式会变得越来越重要。但是，从拼多多的战略转型可以看出，"最初一公里"是其创业初心，也是拼多多的终极目的。与众多互联网企业所热捧的"最后一公里"一样，是从消费端倒逼至供应端，所不同的是，拼多多的"最初一公里"战略是通过供应端发力，一举拿下终端市场。这不仅是其对中国人才、产业、利益本土化趋势的深刻洞察，还是其完胜其他平台的核心品牌营销壁垒。

1. 拼多多的战略基调：深耕农业大市场，从供应端出发

"十二五"以来，"三农"成为全民关注的热点，农产品的销路所带动的农民增收和农村产业兴旺，也成了社会各方关注的焦点。在现代社会，虽然人们的生活水平与品质越来越高，物质供给也越来越丰富，但是原生态的农产品依然受到热捧。

过亿量级的小农户生产主体，5.5 亿的中国农村人口，为拼多多等深耕农业大市场的新型主体提供了良好的基础，为新型农业的发展打下了坚实的根基。

众所周知，拼多多通过"农村包围城市"的策略，已经打通了从供应端到销售端的交易闭环。据［于见专栏］观察，拼多多通过"最初一公里"战略，为中国农产品走出乡村提供了五大解决方案，同时也破解了有关农产品输出的五大核心难题。

首先，拼多多的社交化拼购模式，既是模式创新，也是行业革命。从农村出发，拼多多通过产地直发模式，用小规模、分散化种植户对接大市场，为农户谋发展，再结合恰如其分的农产品营销流量分发模式，快速打开了农产品的市场销路。

其次，在平台赋能方面，拼多多以包裹为运营核心，进行商品流的分配，让种类繁多却各有特色的农产品都有机会脱颖而出。而农产品的多品种少批量、产地分散等生产模式带来的问题也因此得以解决，农产品也呈现出产业化的大趋势。

最后，在电商模式最核心的商品流通环节中，拼多多通过完善的物流系统、库存管理系统等大大提升了农产品流通环节的效率、降低了损耗和流通成本，从而解决了供需两端的核心问题。

另外，拼多多在平台化的进程中，不断降低农产品供需波动对农产区的影响，让农户真正获得"有产就有销，多劳能多得"的实惠。由此带来的农户在生产上的积极性，也是其他电商平台无法比肩的。

在此基础上，拼多多还通过农产区生产、种植的标准化推广，形成扶贫助农体系。

一直以来，农产品的生产过程受地理环境因素的影响，难以标准化、批量化。这也让农产品的产量、产能都受到制约。而拼多多的助农体系，让标准化种植、农副产品生产成为可能。而且，批量生产、超准工艺让农产品生产的成本降到最低，也有利于农产品的销售。

拼多多解决了农产品市场推广的若干痛点，让过去频繁滞销的农产品在拼多多的拼购模式下展现出新的活力，并且快速呈现出放大的产业生态效应、规模效应。

2. 从新型农业到制造业，拼多多产业赋能的新品牌计划实现

拼多多植根于农村市场，也靠农产品在拼购模式上站稳了脚跟。与此同时，在其战略布局上，通过链接农业、农村、制造业、工业品等，让这些行业的产业化、数字化进程加快。

在"最初一公里"的指导思想下，拼多多也逐渐打通了各个产业的核心环节。

以其在制造业上的布局为例，"新品牌计划"就是拼多多为工业制造企业赋能的标杆计划。距离拼多多在2018年年底启动新品牌计划，目前已经2年有余了，最初拼多多只是将"德力""三禾"这样一些消费者感知力不强的代工品牌作为范本。

2020年10月22日，拼多多宣布全面升级"新品牌计划"。将"新品牌计划"升级后，我们也看到了"王麻子"这样的老字号的身影。据了解，拼多多的这次升级是多方面的。

一方面，扶持目标与扶持范围都进一步扩大。据媒体报道，拼多多在2021～2025年计划扶持100个产业带，订制10万款新品牌产品，带动1万亿元销售额。与此同时，其扶持的合作伙伴将围绕头部的代工企业，逐步扩展到优质的制造企业，数量更是由当初的1 000家扩容至5 000家。

另一方面，在品牌扶持力度方面，拼多多也将投入更多的优质资源，将百亿补贴、秒拼事业群等拼多多强势资源加入"扶持资源包"，为企业提供定制化品牌推广方案。

在此基础上，其与合作伙伴的合作模式，也从最初的帮助代工企业孵化自主品牌，升级为成为代工企业，着力形成自主品牌培育、知名品牌子品牌打造、新锐品牌扶持、国货老品牌再造等四种模式。

有数据显示，截至2020年，参与拼多多"新品牌计划"定制研发的企业已经超过1 500家，累计推出定制化产品达4 000多款，订单量已经突破4.6亿单，2020年三季度日均定制化商品销售量超过200万单。

由此可见，拼多多在推动由中国制造转向中国品牌的过程中，已经取得了阶段性成果。其"新品牌计划"的升级，也将发挥平台在吸引消费者、消费大数据、技术优势方面，进一步呈现出平台效应，助力中国经济新发展格局的形成。

而在农业方面，拼多多则是通过对复杂的农产品流通过程进行运营管理，让农产品快速完成在线销售、物流运输。

过去，农产品销售最大的痛点在于时令性强，保质期短，受交通条件影响且物流线路太长，而一旦滞销就会变质、腐烂，进而给农户带来巨大损失。

而且，一般农产品的流通渠道大多需要经过"农户—原产地收购商贩—原产地批发市场—销售地商贩—销售地批发市场—终端（超市/菜市场）—消费者"的冗长产业链条。这种渠道模式也存在着一些传统电商平台无法攻克的难题。

但是拼多多则独树一帜，借助电商平台实现了农产品从农户直达消费者的设想，为农户解决了农产品生产后的销路难题。

作为从农产品零售起家的社交化零售平台，拼多多很早就采用新农货模式，即将农产品过去冗长的流通环节，简化成农户到新农人到消费者的短链路径。这种模式大大提升了农产品上行的流通速度和效率，实现了小农户与大市场的低成本对接。

这个流通过程在疫情之下的营销优势更为明显。而且，其另外一个重要意义在于，借助疫情让大量农户看到了拼多多在农产品上行战略上的优势，在无形中受到了一次线上销售的普及教育，因此线上合作的积极性更强，品牌发力更快。

不难发现，农产品的流通体制变革，直接关系到超过2亿农户的收入问题，涉及数亿消费者的基本生活，市场规模巨大，而作为最大农产品上行平台的拼多多，也将成为此次产业变革的最大获益者。

3. 以始为终，拼多多让农业成为战略策源地

2018年，拼多多就提出"最初一公里"战略，通过智能科技、模式创新重构了零售行业传统意义上的"人货场"，打破了流通渠道对于品牌、消费者的制约，也使农业成为其战略策源地。

毋庸置疑，中国的农业产业地位很重要，农产品市场前景广阔，但是痛点诸多，拼多多能将其各个击破并占领行业高地，通过信息化平台赋能、物流体系、平台服务体系的建设等方式，实现了从"最初一公里"到"最后一公里"的无缝对接，并借助该过程，实现了人才本地化、产业本地化、利益本地化。

例如，2019年，平台单品销量超10万件的农（副）产品达1 500款，较2018年同比增长近230%。依托"拼农货"体系，中国农产区在保留区域多样性、个体差异化的基础上，实践全新的集约化、规模化发展模式，为中国走出一条特色化的现代化农业道路提供了新的可能。

拼多多在创立之初便提出了"平台＋新农人＋农户"的上行理念，极大地精简了传统农产品流通环节，通过"分布式AI＋商品流"的技术与商业模式，充分整合市场供需，让农户有产就有销、多劳能多得。

除此以外，拼多多在帮助农户实现合理的收入分配，以及进行产业链整合方面不遗余力。有报告显示，截至2019年年底，拼多多平台直连农业生产者的数量超过1 200万，个体农户在其中仅占一小部分。而2019年4月，拼多多正式启动"多多农园"项目，以确保农户的利益。

"多多农园"的首站为云南保山，当年，792名贫困户成为首批"新农商"。截至目前，"多多农园"已在云南省保山、文山、楚雄、临沧、怒江、曲靖,以及新疆喀什等地共落地9个扶贫兴农项目。

完美的利益分配制度,离不开优秀的人才团队将其平台化的规则落地。2018年1月,拼多多正式提出"人才本地化、产业本地化、利益本地化"策略,通过创立"多多大学",结合农村生产者知识结构,建立专业性的农产品上行与互联网运营课程,有效地帮助农村地区培育有独立上行能力的新型农人。

2019年,经过一年多的运营,"多多大学"在线下课堂的基础上,形成了线上专业课程,累计触达49万农业经营者,让其跟上拼多多的节奏,快速获得收益。

如果说"多多农园"与"多多大学"都是基于线下为农户赋能的,那么2018年5月拼多多正式上线创新产品"多多果园",就是将虚拟、现实相结合的扶贫助农模式。

通过"多多果园",用户可以在虚拟的果园中种下树苗,并以社交、互动的方式育果。果实成熟后,用户将免费收到一份由拼多多寄出的扶贫水果,其大多来自四川大凉山、新疆南疆等国家脱贫攻坚重点地区。

在农业科技方面,拼多多则依托先进的生产资料供应商及与农业科研院所、农业高校进行合作,为农户提供提升效率的农资生产工具,以及新型的农业研发技术应用。

随着"多多农园"的模式日渐成熟,拼多多也逐渐形成了"互联网+农业科技"可复制、可推广的独特模式,深受广大农户的欢迎。

从行业数据反映出的市场情况看,拼多多从源头上把控数据传导渠道,加速农产品标准化制度建设,既为农产品品牌的打造、数字化运营提供了平台支持,也解决了产品供需不匹配,资源分配与利益分配不平衡的现实问题。

可以说,农业是拼多多市场的始与终。拼多多从农业领域出发,沿着深耕农业的方向不断前行。

资料来源:https://new.qq.com/rain/a/20210126A0229100.

问题: 1. 拼多多通过"最初一公里"战略破解了农产品输出的哪些核心难题?拼多多的"新品牌计划"如何为产业赋能?拼多多在推动由中国制造转向中国品牌的过程中进行了哪些流通渠道改革?
2. 拼多多提出"平台+新农人+农户"的上行理念品牌价值是什么?拼多多创立"多多大学"的目的是什么?
3. "多多果园"是什么形式的品牌营销模式?这种形式是否属于数字化营销?为什么?

CHAPTER 4 第 4 章

品 牌 文 化

教学目标

品牌作为市场中的文化现象,为探索中的中国企业提供了向现代化、国际化发展的理论框架和竞争策略。品牌文化是品牌的基本内核。它不仅是企业文化的折射,还是社会主流文化的缩影。通过本章的学习,学生能够掌握品牌文化的基本概念和相关理念,以便在品牌管理过程中准确把握品牌的核心。

学习任务

通过本章的学习,学生主要掌握和理解:
1. 企业文化和品牌文化的含义;
2. 品牌文化的核心要素及特征;
3. 搞好品牌文化管理的意义;
4. 品牌文化的层次及其内容;
5. 品牌文化的形成过程。

案例导入

德技品牌文化在解锁新时代的变革

近日,一家被誉为"尖端科技搬运工"的企业频繁地亮相于各大媒体,它就是德技。德技创始人和团队在美业以及医疗康复行业深耕多年,为此也沉淀出独到的企业经营能力。德技所具备的"善于整合全球资源"和"创新的灵感思维"是大部分企业所缺少的企业品牌文化元素。

德技的品牌文化是植根于企业发展的。德技所拥有的品牌文化底蕴来自企业实力。下面简单回顾德技近几年来发生的大事件:2017 年 1 月,德技推出的第一款具有"物联网 + AI"技术的家用美容设备——METIS 皮肤检测仪的销售数量高达 47 177 台;2018 年 5 月,德技与深圳南方科技大学共同成立了医疗人工智能实验室;2019 年 1 月,德技与美国斯坦福王捷教授开启 AI 深度合作;2019 年 11 月 18 日,德国 DJM 受邀参加全球最大医疗展——德国杜塞尔多夫医疗展等。这些事件是德技一步一个脚印前进的剪影,背后是不断增强的企业实力。德技在德国开展制造业,工厂的所在地紧邻世界著名的鲁尔工业区,这里汇聚了 BMW、Phoenix Contact 等工业自动化领域的世界市场领导者,而德技也在此学到了德系产品引以为傲的严格品控。它将实现联网部署到每台器材与设备上,小到一个螺钉型号都遵循着严谨的流程和品质把控。除了制造业,作为 21 世纪的新型企业,德技不可避免地与软件、AI、物联网产生交集。德技在深圳发展软件、AI、物联网,同时在美国硅谷开展部分运算方法。在运用全球资源的过程当中,德技逐渐成了优质智能仪器解决方案的供应商。仅在中国,德技旗下的七款产品就获得了国家药品监督管理局颁发的医疗器械认证,同时每年将累计数十万的产品设备销往全球,获得了客户群体的认可与信赖。

企业品牌文化植根于企业发展的全过程,对于德技来说,品牌文化的变革实际上是蕴含在德技发展的每一个环节当中的。迈着与时代同频乃至超越时代发展速度的脚步,追求着精益求精,这就是德技企业的发展方向,也是其企业品牌文化的变革之路,"让世界看见德国 DJM" 已经成为现实。

资料来源:http://nb.hqbpc.com/shangye/20210226/59780.html.

4.1 品牌文化概述

品牌文化指通过赋予品牌深刻而丰富的文化内涵,建立鲜明的品牌定位,并充分利用各种有效的内外部传播途径,使消费者形成对品牌在精神上的高度认同,创造品牌信仰,最终使消费者形成强烈的品牌忠诚。品牌文化是品牌在经营中逐步形成的历史积淀,代表了企业和消费者的利益认知、情感归属,是品牌与传统文化以及企业个性形象的总和。与企业文化的内部凝聚作用不同,品牌文化突出了企业外在的宣传、整合优势,将企业品牌理念有效地传递给消费者,进而占领消费者的心智。总之,品牌文化是凝结在品牌上的企业精华。

4.1.1 品牌文化的核心要素

品牌文化体系是通过核心要素构建起来的,要素本身具有地域性、民族性和历史传承性。

1. 品牌的文化内涵

品牌的文化内涵具体而言是指其具有的深刻的价值内涵和情感内涵,也就是品牌所浓缩的价值观念、生活态度、审美情趣、个性修养、时尚品位、情感诉求等精神象征。

2. 品牌的精神内涵

品牌文化的塑造要通过创造产品的物质效用与品牌精神高度统一的完美境界,超越时空的限制带给消费者更多高层次的满足、心灵的慰藉和精神的寄托,在消费者心灵深处形成潜在的文化认同和情感眷恋。

3. 品牌的文化符号

在消费者心目中,他们青睐的品牌作为一种商品的标志,除了代表商品的质量、性能及独特的市场定位以外,更代表他们自己的价值观、个性、品位、格调、生活方式和消费模式;他们购买的产品也不只是一个简单的物品,而是一种与众不同的体验和特定的表现自我、实现自我价值的道具；他们认牌购买某种商品也不是单纯的购买行为，而是对品牌所能够带来的文化价值的心理利益的追逐和个人情感的释放。品牌的文化符号示例如图4-1所示。

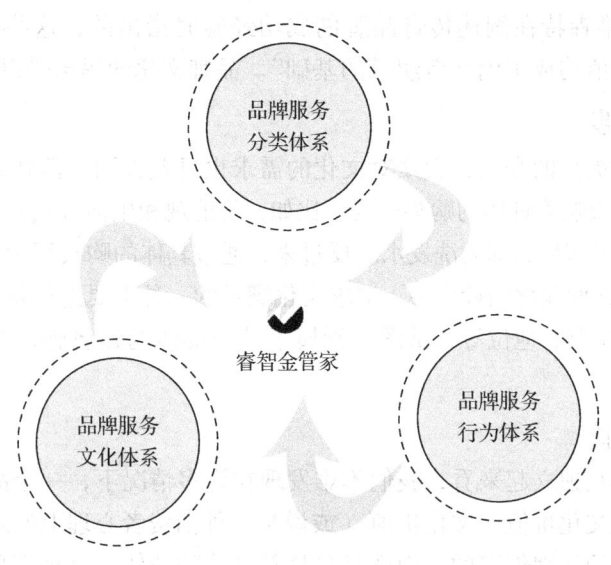

图4-1　品牌的文化符号示例

4. 品牌的心理元素

人们会对自己喜爱的品牌形成强烈的信赖感和依赖感，融合许多美好联想和隽永记忆，他们对品牌的选择和忠诚不是建立在直接的产品利益上的，而是建立在品牌深刻的文化内涵和精神内涵上的，维系他们与品牌长期联系的是独特的品牌形象和情感因素。这样的顾客很难发生"品牌转换"，毫无疑问是企业高质量、高创利的忠诚顾客，是企业获得财富的不竭源泉。

所以，品牌文化代表着一种价值观、一种品位、一种格调、一种时尚、一种生活方式。它的独特魅力就在于它不仅给顾客提供某种效用，而且帮助顾客寻找心灵的归属，放飞人生的梦想，实现生活的追求。优秀的品牌文化是民族文化精神的高度提炼和人类美好价值观念的共同升华，凝结着时代文明发展的精髓，渗透着对亲情、友情、爱情和真情的深情赞颂，倡导着健康向上、奋发有为的人生信条。优秀的品牌文化可以生生不息、经久不衰，引领时代的消费潮流，改变亿万人的生活方式，甚至塑造几代人的价值观念。

4.1.2　品牌文化的提出

人类最初的文化形态是宗教和神话，优秀的品牌文化可以为消费者创造某种类似的宗教情结，在消费者心中产生一种心驰神往的精神追求，使消费者对其产品的消费成为一种文化的自觉，成为生活中不可或缺的内容。文化铸就企业品格，文化赋予企业灵魂。例如，华为总裁任正非创建了生生不息的华为文化。以企业文化为先导来经营企业，是任正非的基本理念。他的一些讲话内容可以帮助我们理解华为文化的内涵。任正非认为资源是会枯竭的，唯有文化才能生生不息。他说："人类所占有的物质资源是有限的，总有一天石油、煤炭、森林、铁矿会开采光,而唯有知识会越来越多。以色列这个国家是我们学习的榜样。一个离散了两个世纪的犹太民族,在重返家园后,在资源严重贫乏、严重缺水的荒漠上,创造了令人难以相信的奇迹。他们的资源就是聪明的脑袋,他们是靠精神和文化的力量,创造了世界奇迹。"正如劳伦斯·维森特在阐述传奇品牌的成功经验时指出的,这些品牌"蕴含的社会、文化价值和存在的价值构成了消费者纽带的基础"。品牌文化的提出受以下因素影响。"

1. 社会发展进步

在物质生活水准提高的今天,大众对文化的需求也日益强烈。消费者作为社会人,正在被抽象的文化深刻地影响着具体的购买行为。比如,价值观和生活方式就影响着消费者是否选择一件高档服装或使用何种品牌的洗发水。反过来,通过具体的购买行为,消费者也可能得到文化上的满足。因为在商业化的社会中,追求文化满足的一种重要途径就是消费。消费者会通过消费来追求名誉、自尊、地位等,试图找到属于某一群体的归属感,乃至与自我的价值联系起来。

2. 消费观念创新

将产品和品牌相互独立起来看,我们不难发现在许多情况下,一个品牌名称比具体的产品更能为消费者带来文化价值。文化价值(或说是一种消费者心理上的效用)不是产品本身创造的,而是由抽象的品牌创造的,而产品只是其具体的载体。这种现象在服饰、日用品等行业尤为明显。品牌的文化消费就是体现出品牌人格化的一种文化现象。如青海玉树藏族自治州独特的自然资源、古老的历史遗迹、丰富的非物质文化是玉树文化产业发展走文化产业品牌化道路的优势条件。康巴文化积淀下的玉树,拥有十分丰富的文化实力和得天独厚的文化资源,如何将现有的这些优势转换为产业,如何使其走入更多人的视野,走向更加广阔的平台?在立足藏族特色的基础上,玉树走品牌化道路势在必行:立足藏族特色,走品牌化发展道路,打造特色文化产业新引擎,并带动产业发展。

4.1.3 品牌文化的作用

品牌文化建设对提高品牌力乃至企业的核心竞争力是十分有利的。这是因为对于一种文化的认同,消费者是不会轻易改变的。这时候,品牌文化就成了对抗竞争品牌和阻止新品牌进入的重要手段。这种竞争壁垒存在时间长且不易被突破。品牌文化的作用体现在以下几个方面。

1. 品牌文化能够加强品牌力

品牌文化不仅能更好地实现企业促销的商业目的,还能有效地承载企业的社会功能。塑造品牌文化,其行为根本上是受商业动机支配的,通过品牌文化强化品牌力,从而谋求更多的商业利润。之所以强调要塑造一种品牌文化,是因为消费者是社会人,具有复杂的个性特征,但由于同一经济、文化背景的影响,其价值取向、生活方式等又有一致性。这种文化上的一致性为塑造品牌文化提供了客观基础。

另外,社会营销观念认为企业在满足消费者需求、取得企业利润的同时,也需要考虑社会的长期整体利益。这要求企业在宣传自己产品功效和品质的同时,也要弘扬优秀的文化,倡导正确的价值观,促成社会的进步。2020 年,在决战"脱贫攻坚"的关键时刻,在决胜新冠肺炎疫情的危急关头,中国品牌在抗击疫情、复工复产、脱贫攻坚三条战线上充分发挥了各自的价值。国务院总理李克强在 2020 年的中国品牌日强调，加强品牌建设，不断提升中国产品和服务的质量与影响力，是坚定实施扩大内需战略、推动高质量发展的重要方面。

2. 品牌文化可以加快目标消费者从物质性需求向文化性需求的转换

行为科学的代表人物梅奥（Mayo）和罗特利斯伯格（Roethlisberger）提出"社会人"的概念，认为人除了物质需求之外，还有社会心理方面的需求。品牌文化的建立，既能让消费者享用商品所带来的物质利益，又能获得文化上的满足。在这种情况下，有时市场细分的标准就是以文化为依据的。企业的品牌文化一方面要满足消费者的精神需求，另一方面要宣传产品功效与品质。品牌文化最主要的还是落实到产品上，让消费者看到产品的靓丽形象，从而产生购买行为。同时品牌文化建设也要兼顾社会效益，弘扬优秀的文化，倡导正确的价值观，促成社会的进步。具有大局观、社会观的品牌文化更深入人心，更能获得消费者的支持，这就大大满足了消费者除物质消费以外的精神文化需要。

3. 品牌文化凝聚和扩大了品牌忠诚群

消费者对品牌的忠诚度除了取决于产品与服务的品质之外，同时与品牌管理能否有效的凝练品牌的文化与精神内涵，引导消费者在态度、观念、价值观等方面的正向转变关联度极大。企业品牌管理者应促使消费者的品牌忠诚度逐渐从不坚定向坚定转换；认可度方面从转移性向稳定性转变，以至于成为企业最有价值、最具市场潜力的客户群体。利用现代客户关系管理思维与工具，保证品牌忠诚者在客户中占的比例逐步提高。品牌管理与客户关系管理的完美契合，使消费者沉浸在与品牌联想相吻合、积极向上的现代生活情趣氛围之中，从而使消费者通过使用该品牌的产品或接受某种服务，个体可以达到物质和精神两方面的满足。

现在，市场的竞争日趋激烈，不同品牌的同类产品之间的差异缩小，要让消费者在众多的品牌中鲜明地识别一个品牌，一个有效的方法是让品牌具有独特的文化，可以将此称为品牌的文化差异战略。一旦目标消费者接受文化差异，对提高品牌力就是十分有利的。因为对于文化的认同，消费者是不会轻易改变的。

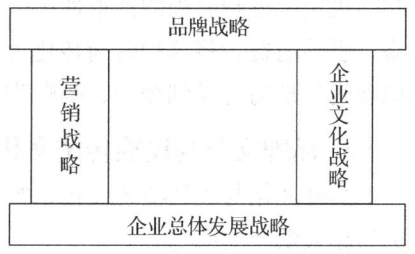

图 4-2　品牌文化的战略相关图

品牌文化的战略相关图如图 4-2 所示。

4.1.4　品牌文化的塑造

品牌塑造是对品牌的二次建构，是品牌文化升华的重要方式。

1. 为品牌塑造恰当的文化内涵

为品牌塑造的文化是否合适，一般有两个标准。一是这种文化要符合产品或服务特征。产品都有自己的特性，如在什么样的场景下使用，产品能给消费者带来什么利益等。如黑人牙膏宣传"令你拥有清新口气自然能流露亮丽笑容，令人乐于亲近。选用有效令口气清新的黑人牙膏，是建立良好人际关系的开始"；又如，2020 年是山西省黄河、长城、太行三大文旅品牌建设年。为了推动山西历史文化资源整理和内涵挖掘，丰富并优化游客体验，提升山西旅游业的吸引力、影响力和竞争力，推动文化旅游业高质量发展，要全力塑造这三大品牌。品牌文化只有与产品特性相匹配，才能让消费者觉得自然、可接受。有时候，品牌经营者采用的是品牌延伸策略，即一个品牌下有许多品种的产品，这时就要抓住产品的共性。如浪酷（LongCool）专注于发展健康类及文化信仰类产品。浪酷简单地将公司品牌文化概括为"创新、生活、信仰、迷恋"，这是对品牌文化内涵的一种深度诠释。二是这种文化要符合目标市场消费群体的特征。品牌文化要从目标市场消费群体中去寻找，要通过充分考察他们的思想心态和行为方式而获得。只有这样，这种品牌文化才容易被目标市场消费者认同，品牌力才能增强。

2. 品牌文化与时尚文化

对某些产品来讲，十分适合在品牌文化中引入时尚的内容，如服饰、运动产品等。时尚指的是在一个时期内相当多的人对特定的趣味、语言、思想以及行为等模式的随从或追求。如何倡导一种品牌时尚，简言之，就是要分析消费者的心态，并通过商品将消费者的情绪释放出来，激励大众参与。

倡导品牌时尚的一个重要途径是利用名人、权威的效应。由于名人和权威是大众注意和模仿的焦点，因此有利于迅速提高大众对品牌的信心。如云魁非遗过桥米线不仅深受广大食客的喜爱，还让著名影星于荣光称赞其正宗，同时于荣光也成为云魁过桥米线的"首席品鉴官"。其加入云魁的产品研发、体验与优化中，旨在为云魁的消费者们提供更加优质、健康、美味的产品。当然，在选用名人做广告时需要谨慎和恰如其分，一般要考虑到名人、权威与品牌之间的联系。

另外，还要努力将时尚过渡为人们稳定生活方式的一部分。由于时尚是一个特定时期内的社会文化现象，随着时间的推移，时尚的内容将发生改变，所以在借助和创造时尚的同时，也应考虑到时尚的消退性。一个有效的措施是在时尚成为高潮时就有意识地转换营销策略，引导消费者将这种时尚转化为日常生活的一部分。以雀巢咖啡为例，从其进入我国内地掀起喝咖啡的时尚到今天，喝咖啡已成了众多人的生活习惯。

3. 品牌文化与民族传统文化

品牌文化与民族传统文化是紧紧联系在一起的。将优秀的民族传统文化融入品牌文化，更易让大众产生共鸣。

比如，我国的民族传统文化特别注重家庭观念：讲究尊师敬老、抚幼孝亲；强调礼义道德、伦理等级、中庸仁爱；追求圆满完美；崇尚含蓄、温和和秩序等。如我国台湾的"北方"品牌的水饺就从品牌名上做文章，将独特的民族传统文化融入品牌文化中，打动了消费者的心。它的广告语是："古都北京，最为人所称道、怀念的，除了天坛、圆明园外，就该是那操一口标准京片子的人情味和那热腾腾、皮薄馅多汁鲜、象征团圆的水饺儿。今天，在宝岛台湾，怀念北京，憧憬老风味，只有北方水饺最能令你回味十足，十足回味。"这个品牌的文化就十分自然地将其与传统文化中注重祖国统一、亲人团聚等情结连在了一起。

品牌的文化内涵源于神话艺术，这就要求品牌的创造者要以艺术家的视角来对待品牌。也就是说，品牌管理者必须学会如何把最基本的、人类共有的所有心灵体验，甚至是一个民族自远古时代以来的艺术家用来创造神话故事的特殊素材包装为品牌，使品牌与我们的现实生活很好地结合起来。就像家庭装修一样，由智慧的思维和精巧的设计装修"清水"的住房，这是一个重新塑造品牌的过程，也是把品牌变成"神话"的过程，如图4-3所示。

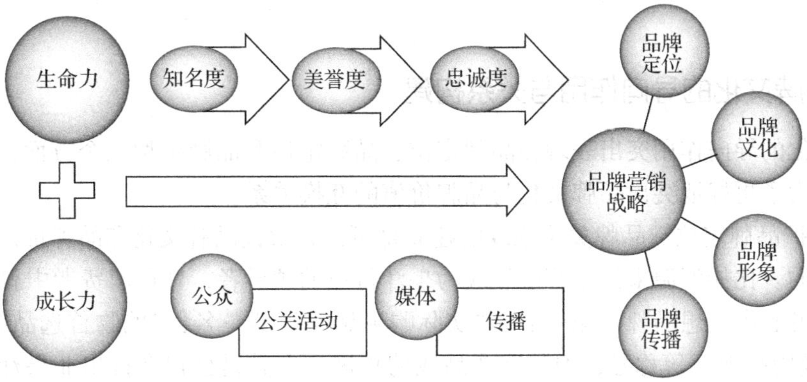

图4-3 品牌的塑造过程

总之，在品牌文化中继承民族传统文化既需要符合民族的审美情趣，也要考虑到民族的接受心理，同时要重实质，如果过分追求缺乏内涵的形式只会适得其反。一般而言，一种品牌文化应是绝大多数目标消费者认同或追求的，应尽可能与其生活接近，甚至是其生活中的某一部分。

4.1.5 品牌文化对品牌力建设的作用

现在企业之间的激烈竞争会导致不同品牌的同类产品之间的差异缩小，而同质化程度正在加剧。要让消费者在众多的品牌中能鲜明地识别一个品牌，一个有效的方法是让品牌具有独特的文化。我们可以将此称为品牌的文化差异战略。

（1）通过品牌文化承载更多产品功能。这样不仅能更好地实现企业促销的商业目的，还能有效地承载企业的社会功能。塑造品牌文化，其行为从根本上是受利益动机支配的：通过品牌文化来强化品牌力，从而谋求更多的商业利润。之所以强调要塑造一种品牌文化，是因为消费者虽然是社会人，具有复杂的个性特征，但由于同一经济、文化背景的影响，其价值取向、生活方式等又有一致性。这种文化上的一致性为塑造品牌文化提供了客观基础。另外，社会营销观念认为企业在满足消费者需求、取得企业利润的同时，也需要考虑到社会的长期整体利益。

（2）品牌文化满足了目标消费者除物质之外的文化需求。行为科学的代表人物梅奥·罗特利斯伯格提出"社会人"的概念，认为人除了追求物质之外，还有社会各方面的需求。品牌文化的建立能让消费者在享用商品所带来的物质利益的同时，还能有一种文化上的满足感。

（3）品牌文化的塑造有助于培养品牌忠诚群体。按消费者的忠诚形式，一个市场可分为坚定型、不坚定型、转移型和多变型。其中品牌坚定忠诚群对企业最有价值。最理想的是培养一个品牌的坚定忠诚者在买主中占很高比例的市场，但事实不能如此完美。由于市场竞争十分激烈，往往会有大量的消费者从坚定者成为不坚定者和转移者。因此维护、壮大品牌的忠诚群体至关重要。该品牌能保持强有力的商品力无疑是最关键的。但另一方面，在品牌树立、壮大的过程中，在商品效用诉求的同时，也应该始终向目标消费者灌输一种与品牌联想相吻合的、积极向上的生活理念，使消费者通过使用该品牌的产品，达到物质和精神两方面的满足。

4.1.6 品牌文化的导向作用与关系构建

品牌文化的导向作用突出表现在品牌定位、品牌定性和品牌定型三个方面，而明晰品牌发展方向是为了更好地突出品牌文化与品牌价值的互换关系。

（1）维护品牌定位。品牌关系维度的建立是可以在解读品牌文化和品牌价值的过程中综合体现出来的。比如汇源果汁尽管已经成为果汁行业的领导者，且在消费者中赢得了"果蔬饮料类消费者心中理想品牌"第一名、"实际购买品牌"第一名、"购物首选品牌"第一名、"中国家庭爱用品牌"等称号，但随着产品线的扩展，尤其是公司在推出非果汁类饮品的同时，没有很好地丰富和扩展其"健康"的品牌文化内涵，造成汇源品牌在部分产品上的作用力衰减，无法产生相应的市场认可度和销售拉力，所以在一些专业细分饮料品牌的冲击下，出现了不胜招架的情况。在这种情况下，企业就必须改变原来的品牌维度，重新对品牌进行维度确立，倾力凸显品牌定型，从而让品牌价值和品牌文化内涵上得到进一步提升。

（2）掌握品牌定性。实现品牌文化中内涵的迁移是达成品牌形象和价值互换的前提。这就要求充分发掘品牌要素，并找到品牌文化与品牌价值的利益互换点，从而实现品牌在内在基因与外在利益形式上的统一。例如，TCL在成功进入国际市场的战略下，马上与全球研发机构TBC在技术开发上进行合作，并且紧随产品创新与国际潮流趋势，彰显出其品牌文化中包容、大气的特点，这种特点在其内涵的转化过程中，使其国际化风范的品牌价值在形象上显然得到了更全面的支持。

（3）明确品牌定型。品牌文化对品牌价值的促进与延伸意义。如TCL的国际化形象价值来源于品牌自身文化的支持，而保利·百合花园（楼盘）本身的意义就具有自然和谐的特性，通过多方面打造品牌文化来实现品牌价值的提升，也是成功实现品牌发展方向的定型。

在这种由文化到形象再到价值转移与互换的过程中，塑造特定的品牌文化也将影响到品牌价值甚至品牌发展方向的转变。例如，新冠肺炎疫情为行业带来了挑战也带来了机遇。它让公司从内部重新审视了品牌定位，并在内功修炼、流程磨合、品牌价值传递上进行了优化。

所以，一切品牌都是为在消费市场上找到相融合的价值而存在的。这种消费价值也必然是品牌价值所倡导的核心内容，这样的过程在品牌文化与价值转移过程中也同样适用。不仅如此，在品牌文化与价值的转移过程中，还需要考虑的因素是发掘主流消费心理、流行时尚与定位群体的共同特征。

如果说文化的本质就是思想，它也一定有时间段和地域性的概念，那么怎样的品牌思想才是适合市场、品牌传递的，才是与现阶段品牌传递内容服务相适应的呢？这必须要通过审视市场大局与竞争环境以及品牌发展自身的多方面因素综合来考虑，如此才能形成真正的价值转移。

4.2 品牌文化与企业文化

文化是一个社会和群体形成的共同的信念、价值观和行为方式，具有三个要素：精神、载体和群体。我们一般认为世界有三大文化圈：儒家文化圈、基督教文化圈和伊斯兰教文化圈。这三大文化圈的历史都很悠久，人口都在10亿人以上，影响深远。比如，基督教文化强调"赎罪"，要拼命工作才能减轻罪过，所以西方（如美国、德国、以色列等）这些国家的法律很规范、职业道德水平高、人们比较敬业，这些跟传统文化是分不开的。

另外，文化都需要特定载体，传统往往与文化密不可分，比如春节、端午节等很多节日都是儒家亲情和家族文化的代表，中国人的婚丧嫁娶、衣食住行等很多风俗与仪式也都体现着文化的内涵。另外，很多故事、典故、寓言和英雄人物等也都从不同层面反映和传承着文化，如岳飞代表精忠报国，关羽代表忠义。文化的第三个要素是群体，没有群体也自然无法形成文化，而且群体可以按民族形成独特的民族文化，也可以按地区（南方、北方、西北）形成地域文化，这些都是中华文化的亚文化。这些精神、风俗、仪式和群体结合在一起，就构成了从深层到表层的中华文化。

企业文化目前已经成为我国企业的一种经营策略。根据企业经营的内涵，凭借系统的设计改变企业形象、注入文化，从而引起外界关注，树立企业文化，是一种现代经营手段。20世纪五六十年代首先在美国出现，60年代传入日本，70年代在日本形成热潮并且超过美国，成为新型的日本企业文化，因此，可以说企业文化产生于美国，成熟于日本。企业文化于80年代末在南亚、我国港台地区形成热潮，于80年代末90年代初传入我国内地，并在深圳、上海、北京等地得到发展。

企业是创造品牌的主体，是策划者也是执行者。企业要想创造品牌，必须先从自身抓起，建立自己的企业文化，并体现在所生产的商品或提供的服务上。企业文化应对消费者产生诱惑力并具有美感。企业文化是企业理念、企业精神的外化，是经营哲学和价值观。

虽然品牌文化和企业文化都是"文化"，但是它们之间是有一定区别的。品牌文化与企业文化都脱离不了文化，它们的形式和内容与文化都密切相关。企业文化的塑造可以分成三个层次：核心理念（精神）、制度与行为（载体）、文化群体（不同的职能部门）。品牌文化则包括品牌精神、品牌传播（载体）、目标消费者（群体）三个方面。品牌文化与企业文化都是文化的一种表现形式，且都是一种亚文化现象。

4.2.1 企业文化与品牌文化的联系

企业作为社会组织的构成要素，其本身也是文化的传承者和受益者。企业文化与品牌文化具有交叉和互融的关系。

1. 企业文化与品牌文化的内在逻辑关系

一个企业的文化是这个企业的价值观、信念和行为方式的体现。如果把企业当作一个人，那么当你第一次见到这个人时，他的衣着打扮会给你留下第一印象，这就是企业的视觉识别（VI），包括企业的建筑、办公环境、办公器具、商标等表面的、直观的有形实体；通过他的言行举止，你又能了解到他的做事风格，这是企业文化的具体表现，但是究竟是什么决定了这个人的言行举止,这就取决于他内心深处的价值观和信念了。同样,对于企业来说,文化决定了这个企业的制度和行为,这个文化的核心就是企业理念和企业核心价值观。

品牌文化就是企业常给消费者的心理感受和心理认同,即品牌文化内涵,它是联系企业与消费者心理需求的平台,是品牌建设的最高阶段。品牌建设的目的是使消费者在消费企业的产品和服务时,能够产生心理和情感上的归属感,并形成品牌忠诚度。比如,小米的口号一直是"做全球最好的手机,只卖一半的价钱,让每个人都能买得起"。我们可以清楚地感受到,随着公司的成长,小米品牌也像一个成年人一样,承担了更多的社会责任,获得了更高的国际地位。浓郁的中华民族的审美底蕴与国际化大环境的广阔视角在这里水乳交融,给消费者呈现出独特的文化艺术气氛,也是其企业文化的体现。

企业文化与品牌文化结构如图4-4所示。

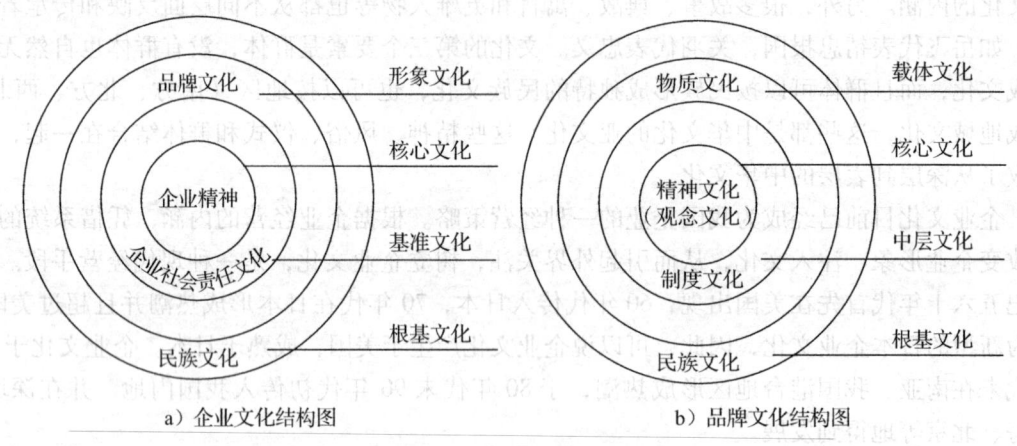

图4-4 企业文化与品牌文化结构图

2. 企业文化与品牌文化的内涵的一致性

比如,作为后起之秀的 COUPE SUV,传祺 GS4 COUPE 有着自己鲜明的个性。匀称的造型,性感的"大溜背",外观独具特色;内饰充满了运动感和高级感,健康座舱十分的贴心;动力随心所享,稳健的底盘给予驾驶者满满的自信心。海尔品牌给人的感觉是优质、真诚和负责,其企业文化也是以真诚、创新为核心的。联想并购 IBM 笔记本事业部,可以说是其创业精神的完美体现,同时,这与其品牌"只要你想"的文化内涵是一致的。太平洋保险广告改为:点滴付出,只为这一刻,这与企业文化的内涵是非常一致的,而且更凸显了人文气息。

通过分析可以发现,企业文化与品牌文化都不能脱离企业的产品和经营,都要服务于企业的发展,因此,其核心含义应该是一致的,或者是相通的。但是企业文化与品牌文化在概念、作用、着眼点和建设方法方面又有明显不同。

4.2.2 企业文化与品牌文化的不同

作为文化的两种不同形式,企业文化与品牌文化表现出共性与个性、理念与表象的关系。

1. 企业文化与品牌文化的核心含义不同

企业文化是企业形成的价值观、信念和行为方式的总和，是企业生产与发展的指导思想。品牌文化则以品牌个性、精神的塑造和推广为核心，使品牌具备文化特征和人文内涵，重点是通过各种策略和活动使消费者认同品牌所体现的精神，然后形成忠诚的品牌消费群体。

要了解品牌的文化特征的含义，首先需要明白文化的基本内涵。同样，品牌的文化特征和文化一样，也具备这三方面的要素，不但要具备精神内涵，而且要从营销策划、促销活动、广告宣传、客户关系等各个方面进行整合，让消费者能够体会到品牌的精神、个性和文化内涵，还要具备典故、故事、仪式和人物等文化载体进行传播，比如可口可乐的诞生传奇、联想的创业故事、海尔的砸冰箱故事等，这样就让品牌文化鲜活和生动起来，吸引具有忠诚度的品牌消费群体，并形成以品牌连接消费者的品牌文化。

品牌文化只有借助大众文化和消费者心理特征，才能形成自己的文化群体。不同的行业可能表现有所不同，比如商用轿车侧重商业人士，基本上都是体现一种成功者的风度、气质和不屈精神；招商银行、中国银行面向中国工薪阶层，提供的是中国式的金融文化；鲁花把质量兴企放在首位，提出了"追求一个大目标——提高人类生命质量"的经营理念。

2. 企业文化与品牌文化的作用不同

企业文化的主要作用是为了明确企业的生存与发展指导原则，并形成一套以价值观、理念为核心的制度和规范体系，以此提升企业管理水平。但是，一种优秀的企业文化不仅要对企业管理有帮助，而且要具备品牌效应。那些成功的企业越来越多地把成功归结于公司的文化，"惠普之道"为惠普省下了多少品牌推广费用，海尔的企业文化为海尔带来了多少无形价值，"华为基本法"为华为提升了多少品牌知名度和美誉度，没有人做过统计，但如果请人来做评估，相信是一笔特别大的收益。所以，不能否认企业文化能够推动企业形象的提升，增强企业的美誉度，从而为企业做很多免费的推广，而且在无形中为企业吸引更多优秀的人才。为什么海尔的薪水不高、工作比较模块化，但依然可以吸引很多优秀毕业生，这其中文化和企业形象起的作用是非常大的。

总之，品牌文化是"品牌"与"文化"的有机融合，即品牌文化的作用是为了打造企业的品牌，是营销管理的职能。从某种意义上来说，品牌文化本身就是打造品牌的一种方式。全球化的进程暴露出一系列文化中的冲突问题（如跨国公司在中国的本土化难题），不同企业并购的失败大多源于文化不同，如惠普与康柏的合并不成功，TCL收购汤姆逊也存在这样的问题。现在世界级的优秀品牌往往诞生在那些西方发达国家，这些企业进入中国后，就带来了文化的冲击，洋品牌与本土品牌的深层次竞争就是文化的竞争。

3. 企业文化与品牌文化的建设方法不同

企业文化与品牌文化虽然都有文化的要素，但是建设方法的差别很大。首先表现在负责的部门不同，沟通协调工作比较难。在企业里，负责企业文化建设和负责品牌建设的往往是两个部门，所以沟通协调工作量很大，营销人员认为企业文化与品牌文化关系不大，所以很难接受一些思想和方法。当你看到琳琅满目的洗发水品牌时，你会选择谁？你肯定要根据以前所接触到的这些品牌给你的不同感受进行挑选，比如你准备挑选一款能够去头皮屑的，就有多种选择：不同品牌、不同价位（如海飞丝、沙宣、采乐等），那么消费者为什么要选择这个品牌？如果功能都差不多，价格也都相差无几，那么关键就在于这个品牌给消费者的一种感觉。这个品牌所体现的个性、品位非常符合消费者的情感和感觉，于是，消费者产生了好感，选择了这个品牌，开始了交往。消费者在使用这个牌子一段时间后，如果发现其功能不好，就会失望，拒绝跟该品牌继续交往；如果达到了预期，就会陷入"热恋"中，这样就逐渐形成了品牌的忠诚度。

但是，企业文化的塑造更像是一场婚姻。用一句话来形容非常恰当，叫作"鞋子穿得是否舒服，只有脚才知道"。每个客户对企业文化都有自己的理解。如果客户认同，可能就会激发客户的购买热情；如果客户不认同，那么企业文化对于客户来说，可能就是一种形式而已。

总之，企业文化与品牌文化的塑造，其根源都在于对文化的理解，对文化理解得越深刻、越透彻，就越容易把握其中的真谛和关键。

4.2.3 企业品牌的基本理念

企业品牌理念是企业品牌文化的重要组成部分，是得到社会普遍认同的、体现企业自身个性特征的、为了促使并保持企业正常运作以及长足发展而构建的反映整个企业明确的经营意识的价值体系。

企业品牌理念由企业使命、经营思想和行为准则三个部分构成。

（1）企业使命。企业使命是指企业开展各种经营活动的初衷，是品牌理念最基本的出发点，也是企业行动的原动力。

（2）经营思想。经营思想是指导企业经营活动的观念、态度和思想。经营思想直接影响企业对外的经营姿态和服务姿态。不同的企业经营思想会产生不同的经营姿态，会给人以不同的企业形象。

（3）行为准则。行为准则是指企业内部员工在企业经营活动中必须奉行的一系列行为准则和规则，是对员工的约束和要求。

4.3 品牌文化的内涵及功能

4.3.1 我国品牌文化的基本内核

品牌文化是区别不同品牌的重要标志，是生产或提供不同产品与服务的地区和国家的文化差异的终极表现。

1. 对外域文化的借鉴

对于一个国家、一个民族来说，最深刻、最久远、最具生命力的东西恐怕就是历经千百年来积淀下来的文化了。所以，品牌文化的核心内涵就来自对输入本民族的外域文化的辩证吸收。

1993年，美国著名学者塞缪尔·亨廷顿（Samuel Huntington）发表《文明的冲突与世界秩序的重建》一文，公然宣称第三次世界大战应该是文化战争。文化战争论不能容忍其他民族兴盛，不能容忍其他民族兴起，是彻头彻尾的文化种族主义。

1840年鸦片战争爆发，帝国主义意欲用西方的坚船利炮轰开中国的国门之后，再用无穷无尽的廉价物品和外来思想盘踞东方圣土，占据东方人的心灵，于是策划出了文化传教和贩卖鸦片的事件。鸦片战争后，美国不把赃款运回本土，而是利用所谓的"庚子赔款"来筹建美式学堂，专门培养美国式的中国人，并且将美国文化输入中国。

教堂巍峨身影的背后，是西服、皮鞋、领带的全世界倾销。情人节、好莱坞、迪斯科已出现在中国人的生活里，可口可乐、肯德基、牛仔裤、花花公子等竞相登堂入室。

品牌的文化策划应在全球范围内考虑，一方面应吸取西方文化精华，剔除其糟粕；另一方面要弘扬东方文化，联合亚太地区，保证长期的繁荣。发扬中华文化，联合世界华人，为中华文化的发扬光大贡献力量。传统文化是一个民族发展的源头，不论是文化的继承者还是创新者，都要弘扬祖国的传统文化。

2. 以儒家文化为主的浸润

儒家文化是中国传统文化之正统，几千年仁义中庸文化中的"仁义"学说源远流长。自汉朝时儒家思想成为统治思想开始，中国古代封建社会的统治者得出结论："谋事不并仁义者，后必败。"以儒家的仁、义、礼、智、信、安民、教民等文化内涵构建经营的王朝往往能长治久安，这意味着儒家之术具备守治安国的独特功效。事实上，经历了春秋时期的动乱、战国群雄的纷争以及秦朝的暴政统治天下，治国的策略重点已由"夺"转向"守"。从孔子在世到汉朝崛起的300多年之间，儒术受尽了冷落，但是当汉朝鉴于秦朝短命而亡的教训以儒学治天下时，儒学终于得势，发挥其独特的守治之功。接下来的各朝各代，一致推行儒术，策划出各种具体制度。

众所周知，中国有四大发明，也是四大文明古国之一。在文化上，几千年的儒家思想一直占据统治地位，不仅表现在政治、经济和思想上，还表现在企业文化上。从古到今，许多老字号及知名品牌都注重文化竞争、文化营销，以文取胜，儒家思想成为企业的指导思想，影响着企业的价值观、道德观以及经营理念、经营哲学，并且得到大多数消费者的支持。有许多中华老字号，将儒家所倡导的"仁、义、礼、智、信"作为自己的招牌或商标，如同仁堂等。

许多企业满足了广大消费者求喜求利的心理，如恒顺，就是什么时候都顺，没有断续。有一种方便面品牌——福满多，也满足了消费者的这种心理，得到了一部分消费者的认同。

一些企业以比较有名气的人命名，像张小泉剪刀、王致和豆腐乳等。一些企业借助名词名句来体现文化底蕴，如杭州楼外楼，出自林升的《题临安邸》中的一句诗"山外青山楼外楼"。很多中华老字号带有明显的儒家传统及其思想，得到了广大消费者的认同，因此广泛传播开来，具有很高的审美价值。

4.3.2 品牌文化的功能表现

品牌文化一旦形成，就会对品牌的经营管理产生巨大影响和能动作用。它有利于各种资源要素的优化组合，提高品牌的管理效能，增强品牌的竞争力，使品牌充满生机与活力。具体地讲，品牌文化有如下功能。

1. 导向功能

品牌文化的导向功能体现在两个方面。一方面，在企业内部，品牌文化集中反映了员工的共同价值观，规定了企业追求的目标，因而具有强大的感召力，能够引导员工始终不渝地为实现企业目标而努力奋斗，使企业获得健康发展。另一方面，在企业外部，品牌文化所倡导的价值观、审美观、消费观，可以将消费者引导到和自己的目标相一致的轨道上来，从而提高消费者对品牌的追随度。

2. 凝聚功能

品牌文化的凝聚功能体现在两个方面。一方面，在企业内部，品牌文化像强效的黏合剂，从各个方面、各个层次把全体员工紧密地联系在一起，使其同心协力，为实现企业的目标和理想而奋力进取。这样，品牌文化就成为团队精神建设的核心。另一方面，在企业外部，品牌所代表的功能属性、利益认知、价值主张和审美特征会对广大消费者产生磁场作用，使品牌像磁石一样吸引消费者，从而极大地提高消费者对品牌的忠诚度。同时，其他品牌的使用者也有可能被吸引过来，成为该品牌的追随者。

3. 激励功能

人们通过对激励过程的研究发现，当物质激励到了一定程度时，会出现边际效应递减现象，而精神激励的作用则更强大、更持久。优秀的品牌文化一旦形成，在企业内部就会形成良好的工作氛围，它可以激发员工的荣誉感、责任感、进取心，使员工与企业同呼吸、共命运，为企业的发展尽心尽力。对消费者而言，品牌的价值观念、利益属性、情感属性等可以创造消费感知，丰富消费联想，激发他们的消费欲望，使他们产生购买动机。因此，品牌文化可以将精神财富转化为物质财富，为企业带来高额利润。

4. 约束功能

品牌文化的约束功能是通过规章制度和道德规范发挥作用的。一方面，企业在生产经营过程中必须通过严格的规章制度规范所有员工，使之按照一定的程序和规则办事，最终实现企业目标。这种约束是硬性的，是外在约束。另一方面，企业文化的约束作用更多的是通过道德规范、精神、理念和传统等无形因素约束员工的言行的，即将个体行为从众化。这种约束是软性的，是内在约束。和规章制度相比，这种软约束具有更持久的效果。

5. 辐射功能

品牌文化不能复制，一旦形成，不仅会在企业内部发挥作用，还可以通过形象塑造、整合传播、产品销售等各种途径影响消费群体和社会风尚。从大体上说，品牌辐射主要有以下四种方式。

（1）软件辐射，即通过企业精神、价值观、伦理道德、审美属性等向社会传播品牌文化，为社会文明进步作出贡献。

（2）产品辐射，即通过产品这种物质载体向社会辐射品牌文化。例如，我们可以通过红旗牌汽车感受到一种卓越的汽车文化。因为一汽的员工不是在制造冷冰冰的机器，而是以人类高尚的道德情操和艺术家的热情雕琢着每一个零件，他们通过每一道工序制作出来的东西都是艺术品。

（3）人员辐射，即通过员工的言行举止和精神风貌向社会传播品牌文化。例如，中国电信客户服务中心通过《电信营业厅服务礼仪》培训，帮助电信工作人员塑造职业形象，提升服务意识和个人素养，同时提升企业整体品牌形象，从而提升市场竞争力。

（4）宣传辐射，即通过媒体等多种宣传工具传播品牌文化。

6. 驱动功能

品牌文化可以推动品牌长期发展，使品牌在市场竞争中获得持续的竞争力，也可以帮助品牌克服经营过程中的各种危机，使品牌健康发展。品牌文化对品牌经营活动的驱动功能主要源于文化的能动作用，即它不仅能反映经济，而且能反作用于经济，在一定条件下可以促进经济的发展。利用品牌文化提高品牌经营效果有一个时间上的积累过程，不能期望它立竿见影，但只要持之以恒地建设品牌文化，必然会收到良好的成效。其实，品牌文化的导向功能也算是另一种驱动功能，因为品牌文化规定了品牌经营的目标和追求，可以引导企业和消费者主动适应更有发展前途的社会需求。

7. 协调功能

品牌文化使员工有了明确的价值观念和理想追求，对很多问题的认识趋于一致，这样可以增强他们之间的相互信任、交流和沟通，使企业内部的各项活动更加协调。同时，品牌文化还能协调企业与社会，特别是与消费者的关系，使社会和企业和谐一致。企业可以通过品牌文化建设，尽可能地调整自己的经营策略，满足消费者不断变化的需求，跟上社会前进的步伐，保证企业和社会之间不会出现裂痕，即使出现也会很快弥合。

4.3.3 品牌的文化板块构成

在我们所闻、所见、所购、所用品牌的背后，都是各种文化在争奇斗艳，没有文化支持的品牌是不存在的。下面我们就从国际文化板块及国内文化板块两部分简单探讨这个问题。

1. 国际文化板块

（1）美国板块——合金文化。美国的发展历史只有几百年，它没有经过封建社会，而是由殖民统治的奴隶社会直接跳跃式地进入了资本主义社会。在美国社会中，人们崇尚自由、平等、博爱的世界观和文化观，喜欢冒险，绝不瞻前顾后，喜欢高风险与高收入并存的行业竞争，喜欢挑战。因此，在世界500强企业中，美国企业占了很大一部分；在世界最有价值的知名品牌排行榜中，美国企业位居榜首。美国拥有许多知名品牌，如万宝路、麦当劳等。

（2）法国板块——浪漫文化。法国在历史上是一个强大的国家，扮演着侵略扩张者的角色。虽说国家内部政权更迭频繁，但没有美国人为了自由而奋斗的压力，因此，从古至今，法国就是一个浪漫的国度，在法国旅行也被称为"浪漫之旅"。在现实生活中的确如此，法国人擅长歌舞，精于使用香水，喜欢饮葡萄酒。

（3）日本板块——大和文化。大多数人认识日本是从武士开始的，并且以武士道精神为代表。武士忠于国家，雇员忠于企业，人民忠于民族，说到底，是一个"忠"字。日本的许多企业都实行终身雇员制，除非雇员犯了不可饶恕的错误，否则不会解雇。在日本，跳槽是不可接受和不可理解的，所有员工都讲究"从一而终"，这有点儿类似儒家的观点。这种精神存在于日本的企业中，如知名的丰田、松下、索尼等。

（4）德国板块——民族优越文化。今天的德意志民族统称日耳曼人，是由法兰克人、撒克逊人、施瓦本人和巴伐利亚人等这些古老的日耳曼部族经过近千年的同生共长而形成的。17世纪末至18世纪在德国兴起的文化民族主义是德国资产阶级民族意识、民族主义思想在文化领域的反映，是资产阶级的意识形态。德国文化民族主义具有注重文化且淡化政治、强烈的文化自卫、自我矛盾、浪漫主义和抽象模糊等特征。这些特征是由德国资产阶级力量薄弱、政治幼稚和封建主义强大等因素所决定的。

2. 国内文化板块

中国传统文化有区别于国外的传统文化，如儒家的某些精华思想至今仍在方方面面影响着人们的生活。中国有56个民族，不同的地域形成了各具特色的亚文化群。

（1）京城板块——皇家文化。自15世纪明朝迁都北京，至今已有500多年的历史，北京已经成为一座历史文化名城，不仅是因为它是中国的首都，还在于它那浓郁的文化气息和悠久的历史积淀。许多文化色彩较浓的中华老字号都是在北京这块沃土中成长起来的，如同仁堂、全聚德、王致和等。

北京的胡同、四合院反映了鲜明的京味文化，而北京的会馆、琉璃厂、大栅栏更集中体现了明清以来其作为首都的复合文化。显然，京城板块具有大一统的、权威的、复合的多重特征。

（2）山东板块——齐鲁文化。孔子、孙子、孟子、墨子等人，可以说影响了整个中国几千年，齐鲁文化的底蕴可谓深远！在齐鲁大地上成长起来的山东人，除了具有豪爽、诚实和直率的性格，还具有"登东山而小鲁，登泰山而小天下"的宽广胸怀和豪迈气概。进军世界的海尔就是一个明证，它就是山东的企业，"该出手时就出手"，走出了国门，冲出了亚洲，向世界挑战。

（3）大巴山板块——巴山夜雨。四川山清水秀、人杰地灵，在革命战争年代，走出了一批又一批无产阶级革命家，走出了中国改革开放的总设计师邓小平。有种说法是，四川要么不出人才，要出就出大人才。在现代化的今天，四川人具有长远的眼光，长虹十年磨一剑、厚积薄发，通过将"以人为中心"的用户思维和领先业内的创新技术相结合，铸就了今天的长虹"CHiQ现象"。2017年10月12日，长虹正式发布全球首款搭载声纹识别功能的人工智能电视CHiQ Q5K系列，突破性地实现丢掉手机、遥控器，直接以用户声音与电视机交互的设想，从而推动整个人工智能电视行业进入3.0时代。

（4）广东板块——岭南粤菜。在广东沿海一带生长起来的广东人拥有精明能干的性格，也正是由于这种性格，才使广东成为经济大省，走在全国的前列。国内知名品牌中的广东品牌占多数，VCD品牌就有爱多、步步高等，许多化妆品品牌也在市场上"各领风骚"。

（5）江苏板块——浪下东吴秦淮河。"杏花春雨江南"与"骏马秋风塞北"形成了鲜明的对照。江苏更具一种"阴柔"之美，给人的感觉是"柔美"，无论是人、风景，还是企业品牌，都不同于北方那种粗犷豪迈的阳刚之美。江苏企业在经营上小心谨慎、不打无把握之仗、更注重小风险，因此在这块特有的南方文化气息中成长起来的品牌，虽然开始默默无闻，但一经发展壮大，便具有内在的不可阻挡的气势，也能在国内外的竞争中占有一席之地。

4.4 品牌文化的表现

企业品牌文化是指企业在创建、发展过程中逐步积淀下来的，具有一定知名度、赞誉度的企业综合内涵的概括，凝聚在企业的名称、标志和生产经营设施、员工、厂区文化等要素中，是企业经营理念、人员品质、产品特色、经营机制以及企业文化的集中体现。企业品牌的建立是基于企业文化的，是企业文化外在的表现。

4.4.1 品牌的包装文化

包装不仅具有保护商品、方便顾客、美化商品的功能，而且其本身就是一种文化、一种学问、一门技术。它体现的是产品所在地、所在国特有的文化，是一种品牌文化、企业文化。

当今社会已进入品牌文化、品牌经济时代，拥有知名的企业品牌已经成为国际先进企业的共同特点，同时也为企业引进优秀人才加入团队、参与新兴市场博弈、赢得客户信任提供了有力支持。在不断增强服务质量、提高服务效率、满足不同客户差异性需求的同时，企业要通过多种途径强化品牌认知度和忠诚度。丰富品牌内涵、建立品牌文化逐渐成为保持企业差异性竞争优势的一种重要手段。品牌的文化软包装是通过加强品牌建设，进一步维护企业与客户之间的良好关系、增加客户体验来最终体现的。比如，在餐饮行业开始着手与洋快餐竞争时，真功夫选址在麦当劳餐厅旁边，开发出30多种中国风味的快餐，针对麦当劳定位于儿童的特点，其定位在中青年，准备与麦当劳一比高低，博弈国内市场，并在竞争中成长、发展，不断完善自己。

4.4.2 品牌的营销文化

中国的许多企业在这方面做得比较成功，注意充分利用自己的文化资源，在营销上加以宣传，树立独特的卖点，吸引消费者并赢得消费者对企业的信任和对产品的好感，从而获得了一批忠实的消费者，树立了自己的品牌。

流传至今的一些老字号蕴含着中华民族的传统文化，如全聚德、同仁堂就是抓住了文化这一点，在进行宣传时努力使消费者对文化产生兴趣，从而走向成功。

在电视广告及报纸杂志中我们经常看到"百年张裕"的宣传介绍。张裕，单是这个名字，就有着很深的文化内涵。张弼士是一位精忠报国的实业家，18岁只身闯南洋。他在南洋创业30年，获得了巨大的成功，报效祖国的想法也与日俱增，但苦于没有机会，后来在清驻英公使龚照瑗和国内实业家盛宣怀的帮助下，选定在"中国的波尔多"——烟台大干一番，酿造葡萄酒，并最终获得成功，于1892年投资创办了烟台张裕葡萄酿酒公司。"张裕"之中的"张"即取张弼士之姓，"裕"是吉祥之意，所以取名张裕，可谓别出心裁、前所未有。

现在国外葡萄酒在中国还没有太多的品牌优势，只要张裕做好准备，参与竞争，肯定能在市场上占有很大份额，不断扩大规模，保持品牌形象，不断完善自己。

4.4.3 品牌的文化环境

每一种文化都是特定行为规范的反映，如某一民族或地区的人们共同的宗教信仰、风俗习惯、行为准则，都是在特定的条件和影响下形成的，而这些文化反过来又制约其他行为的发展，从方方面面影响人的行为。不同的国家和民族有不同的文化，同一个国家的不同地区也有不同的亚文化，有各种各样的文化差异。企业在建立世界性品牌时不能不考虑这些文化环境方面的因素。

企业对文化环境的研究大体上包括以下几个方面：教育水平的高低、宗教状况、生活习惯与风俗语言、审美观与亚文化群等。

1. 教育水平的高低

教育出于历史和现实的原因，在不同的国家有不同的发展水平。教育是按照一定的目的和要求，对接受教育的人施以影响的有计划、有目的的活动。它是传授多种知识和经验的必要手段。它是一定历史阶段的产物，并对当时的生产和生活产生影响，在企业创造品牌、营造市场的过程中有着重要的影响。企业在开拓国内市场时如此，在开拓国际市场时也是如此，并且更为重要，其必须分析不同国家、不同地区的教育水平的高低。因此，教育水平的高低是影响企业打造品牌的主要因素。

（1）对市场细分、市场定位及选择目标市场的影响。企业在进入一个市场之前，要了解整个市场的状况，对市场进行细分；了解多个细分市场的消费者的多种状况、市场需求、教育水平、教育普及程度等，以找到适合自己企业产品或服务的消费群，正确地进行市场定位，找到目标市场。

（2）对企业营销手段的影响。不同的国家及地区有不同的文化，同一国家及地区的不同部分都有不同的亚文化，因此，企业在营销上为了创造市场、打造品牌，必须分析不同地区的消费者对产品、包装、服务、附加价值的需求，以采取适当的营销方式把产品销售出去，赢得市场。

（3）对市场调查活动的影响。企业为了开拓市场，必须先对所选择的目标市场进行市场调查，对不同的地区、具有不同教育水平的人进行调查，所采取的方式是不一样的。对于教育水平低的地区，尤其是文盲群体，调查时就不能采用问卷的形式，而要多用直接讨论法，以对话为主，少用专业术语，用浅显易懂的语言与其进行交流。对于平均教育水平较高的国家及地区，可委托调查机构直接采用问卷形式进行调查，以取得企业所需资料。总之，企业必须针对不同的环境对症下药，以取得详细且有价值的资料。

（4）对企业促销活动的影响。促销方式多种多样，如广告、公共关系、人员推广、营业推广等，企业应视具体情况加以选择，或是使用促销组合，展开强大的攻势，树立品牌。对于受教育水平很高的国家及地区，在产品使用说明书的设计上可以多用文字进行解释，采用比较标准的语言；在广告宣传上采用印刷、媒体等理性诉求方式。而对于受教育水平较低的地区，采用这种方式无疑是费力不讨好的，企业在产品设计上应多使用图形，使人一目了然；在广告宣传上应使用广播、电视、宣传画等感性诉求方式，以取得理想的效果。

2. 宗教状况

世界各国都规定人们有宗教信仰自由，因此，宗教状况在世界各地，尤其是在西欧等国家及地区，还是一种普遍现象，至今世界上仍存在着以佛教、基督教、伊斯兰教三大教派为主的多种宗教。

宗教是历史遗留下来的产物，是文化的重要组成部分。研究一个国家、一个民族、一个地区的文化，不能不研究其宗教。宗教对人们的道德行为准则、行为方式、价值标准等有着深刻的影响，因此，宗教对企业创造世界品牌也有着不可忽视的作用。

从宗教的教规方面看，不同的宗教对教徒在诸多方面有不同的规定。企业在营销商品、打造品牌时要了解不同地区的宗教及其禁忌与要求，以采取适当的手段开展活动。企业在将产品打入一个宗教地区时，一定要使该宗教组织承认产品并得到其支持，这样营销才能事半功倍，从而加速品牌的创立。

3. 生活习惯与风俗语言

由于国籍、地域、历史、民族等的不同，人们的生活习惯也不相同。另外，受家庭、相关群体和社会阶层的影响，不同层次的人又有不同的生活习惯，企业在营销时一定要注意这一点，以最小的投入获得最大的产出，取得意想不到的效果。

世界各国都有自己的语言及风俗，甚至同一国家之内也有几十种不同的方言及风俗，如中国有东北地区、沿海地区、齐鲁地区、太行山地区等不同地区的风俗习惯，多个地区都有自己的语言，如粤语、闽南语等。

语言是人类交流最重要的工具，也是人类所特有的区别于动物的本质特征之一。语言的差异是文化差异的表现，如闻名世界的四大古国，由于语言不同，在长期的历史积淀中形成了具有不同风格的文化。

企业要想占领一个地区的市场，必须派出熟悉当地情况且熟练掌握当地语言的人员。在现代企业的活动中，有关人员应学习多种语言，在掌握母语的基础上，至少再掌握世界十三大语种中的一种。

4. 审美观与亚文化群

不同的人有不同的审美观，对你有利的东西未必对别人也有利。不同时代、不同地域、不同国度、不同民族、不同信仰的人有着迥异的审美观。企业在具体的活动中必须注意以下几点。

（1）颜色的选择。人们对于颜色都有着不同的欣赏角度。亚洲国家的人大多不喜欢黯淡的黑、白、蓝等颜色，认为这些颜色压抑，不会给人带来好心情和好运气。而在欧洲的荷兰、瑞典等国，蓝色也不太受欢迎。德国人更崇尚绿色，法国禁忌使用绿色的地毯。在这方面的要求还有很多，暂不一一列举。

（2）名称的学问。一些人认为美的东西，却被另一些人认为是丑的。如我国曾出产的芳芳牙膏，名字清新宜人，但在国外销售时却没人购买，原来汉语拼音"Fang"在外国人看来是英语单词，有尖牙、毒牙之意，也难怪买者甚少。

（3）价值观。价值观是人们对周围客观事物的意义、重要性的总评价和总看法，是后天形成的，具有稳定性、可变性、差异性。价值观对人的行为起着动机和导向作用，反映了人们认知世界和需求的状况，具有一定的功利性。价值观与人的行为关系密切，它影响着人的行为，进而影响到企业的效益和市场占有率，以及品牌的创造、维护与发展。价值观不仅包括消费者的，还包括本企业员工的，应帮助本企业员工树立正确的、有利于企业经营发展的价值观。

（4）亚文化群。亚文化群通常指在较大的社会集体中的较小团体。这种较小团体既遵从较大的文化，同时又有自己独特的信仰、态度和生活方式。亚文化群是一个相对的概念，如一个国家从世界范围内来看，是一个亚文化群，但从国内各个部分来看，又是一个整体概念。

4.5 品牌人才建设

4.5.1 品牌人才的概念

品牌具有丰富的文化内涵，其生命周期的整个过程对管理人才的依赖程度很高，所以品牌人才成为品牌建设的关键。品牌人才是指具有大学文化，学术思想活跃，能够自觉遵守职业道德、独立进行职业判断并承担法律责任，具有综合运用多学科专业技术知识的成功经验，已经给社会创造出优秀成果的各种中级专业技术资格"师"级人才。品牌人才是品牌文化的创造者和传播者，所以，品牌人才建设直接关系到企业品牌文化建设的方向和内容。

1. 品牌人才的特征

（1）较高的理论水平。大学文化水平是起码的专业理论底线，它表明了从各种不同等级学校成批培养出来的准人才的应知理论。凡是国家承认学历的各级各类学校、各专业的大学毕业生，都是能解决专业理论问题的理论型人才。

（2）具有专业技术资格。运用理论解决实际问题的能力不是来自温室的"速生"，而是来自艰苦的实践历练。一个虽具有较高理论思想，但不能在实践中解决问题的人，其素质和能力无法准确认定。只有经过若干年的工作实践检验，并在以大学生为起点的全国公开"赛马场"中夺魁的少数"士"（学士、硕士、博士），才是具有国际流通水平的国家品牌"资格师"。

（3）遵守法律法规和社会公德。在国际上，发达国家的各行业都有自己的职业道德规范，国家级资格人才依法执业多年后，才能逐渐养成遵守职业道德和行业规章、接受法律监督且能承担法律责任的专家工作习惯。因此，选聘品德优良、勇于艰苦奋斗、能够承担法律责任、具有严谨求实工作作风的专业骨干，是使中小企业能够成功发展的关键。

（4）具有一定年限的专业工作经历。从实践中创新成果是创新理论的前提和基础，首先要通过专业思考养成执业习惯，然后由执业习惯发展到不断持续创新理论，最后由创新理论指导创新实践，这是一个知识能动转化过程。因此，具有8年以上持续创新成果并信守职业道德的国家注册执业专家，才可算优秀品牌人才或黄金人才或高级人才，具有品牌人才的创造价值。

（5）具有人力资本价值和使用价值。品牌人才可以增加企业的资质等级，属于企业的无形资产；在科技开发中，属于创造社会财富的"活科技知识"，具有使企业资本增值的价值；

在合同招投标中，具有商务标的实际经济价值，可以增加企业中标的机会；在企业管理链条中，属于关键岗位中确定企业债权债务的"经济人"，属于典型的企业"现金牛"。

2. 品牌人才的分类

品牌人才体系是国家制定和认可的人才规章制度体系的总和。品牌人才应细分为学理性、学术性、职业资格、专业资格、执业资格、任职资格等各种类别，但只有经人事部统考合格的具有法律效力的注册资格人才，才是国际品牌人才，因为这是从尊重国家主权的国际法和宪法原则延伸出来的国家人才规格制度。正确区分各种品牌人才是否具有法律效力是关键。

（1）职业资格人才。职业资格是专门从事某一职业的入门资格，即担任某项专业技术工作的技能和其他方面的起码要求。许多发达国家实行职业资格制度，如德国的职业教育分为：①初级职业培训（就业前培训），获技术工人证书；②中级培训（职业进修培训），考试合格者发技术员证书或师傅证书。

（2）执业资格人才。执业资格人才是国家专业部委和人事部通过全国统一考试认定的具有法律效力的资格人才。凡执业资格考试合格者，必须到政府主管部门登记注册并接受国家法律监督，由各省政府主管厅发放相应的注册执业证书，作为开业和聘用的法律依据。执业者获得资格证书和执业证书后，其签字、盖章就具有法律效力。

（3）专业资格人才。专业资格是专业学会对专业技术人才达到较高的学识技能水准的认定。它由专业学会负责评审和颁授，区别于政府颁发的执业资格。许多国家和地区的专业资格有等级之分，如英国的专业资格分为专业会员和联系会员。取得专业资格有两种途径：一是取得学士学位；二是通过相关考试取得专业资格。社会团体体系证件不具有法律效力。

（4）任职资格。任职资格是根据某一职位、职务内容和责任推导出来的岗位资格条件的总和，其中包括：①职位年龄；②一般文化程度；③任职履历；④人品、性格、身体条件等。一般而言，任职资格的内涵比执业资格更丰富，但仅具内部规章约束力。

4.5.2 选择黄金品牌人才的考核标准

黄金品牌人才的考核标准是建立在专家考核标准基础之上的，然后经过社会实践检验并接受注册管理机关的执业行为监督考核，从而淘汰"好逸恶劳者"、理论与实践严重脱节的"光说不练者"，重点是55周岁以下的中青年专业技术人员。考核内容主要表现在如下几个方面。

（1）思想品德好。热爱祖国，不侵害公共利益，践行社会主义核心价值观；一贯遵纪守法；遵守职业道德，谨慎廉洁，诚实守信；团结协作好。

（2）知识更新快。学术思想活跃，在实践中能发现新问题，提出解决问题的新方法，并进行学术和专业技术理论创新及经验交流。有学术著作或在中央级报刊发表过专业学术论文且获奖，或受省级以上专业技术部门专家好评的专业技术学科带头人。

（3）服务态度好。学术造诣高，能完成疑难技术工作；疑难案件胜诉率高；能承担科研项目的立项和研发；专业水平和工作质量高。

(4) 知识面广。谦虚谨慎，爱好学习，既懂理又懂文，积极帮助中青年专业技术人员提高专业工作技能，能带动和促进专业建设事业发展。

(5) 具有法律责任能力。能以专业技术人员的名义依法办事并独立承担法律责任，是受聘股东代理人、专业董事、专业监事和高级管理人员的合法人选。

4.5.3 黄金品牌人才的开发途径

黄金品牌人才的开发途径是指具有管理实践经验和优秀工作成果的专业技术人才的选才途径。

(1) 优先聘用国家注册专家。凡具有大学本科文化水平，又具有国家人事部认定的专业技术资格等国家实行关键岗位准入控制的资格人才，应当优先聘用，以养成尊重国家法律和法定专业技术人才的习惯。只有聘用国家注册人才，才能提高法人的法律意识和法律行为能力。

(2) 复合型人才高聘一级。因为知识的积累和好习惯的形成是一个积沙成塔的艰苦修炼过程，所以仅会在导师帮助下合作写两篇没有实际应用价值的文章与能根据复杂情况独立思考并解决实际问题的专家能力显然存在较大差距。凡考取国家人事部经济师、会计师、造价工程师、资产评估师等国家中级专业技术资格，又考取其他专业技术资格者，应当凭双资格高聘一级，使既具有扎实的理论功底，又具有丰富实践经验的复合型稀有品牌专家尽早地得到开发与利用。

(3) 实行专业知识重组及知识等量置换。为珍惜宝贵的时间，减少无谓的初级理论重复考试，可采用专业技术知识等量置换方式来开发人才。

(4) 以工作业绩评定高级专业技术人才。人才的能力主要体现在一定的岗位工作经验和业绩上。

(5) 签订专业技术岗位合同，完善交流、约束机制。企业应签订详细的按劳取酬的专业技术岗位合同，规定岗位工作成本。

总之，企业发展的关键在于聘用国家注册的品牌资格人。通过审查个人诚信投入和成果产出，审核岗位价值能力和创新成果，确立以道德品质、资格能力和执业成果为重点的黄金品牌人才开发考核制度，是企业尽快推出科技成果和品牌创新人才的有效途径之一。

本章小结

1. 品牌文化的核心是指通过赋予品牌深刻而丰富的文化内涵，确立鲜明的品牌定位，并充分利用各种有效的内外部传播途径，使消费者形成对品牌在精神上的高度认同，创造品牌信仰。
2. 企业的品牌文化是指企业给消费者的一种心理感受和心理认同，即品牌文化内涵，它是联系企业与消费者心理需求的平台，是品牌建设的最高阶段。品牌建设的目的是使消费者在消费企业的产品和服务时，能够产生心理和情感上的归属感，并形成品牌忠诚度。
3. 品牌板块文化的构成因素：国际板块、国内板块。
4. 品牌文化的功能：导向、凝聚、激励、约束、辐射、驱动、协调。
5. 品牌文化的作用是：品牌文化承载更多产品功能；品牌文化满足了目标消费者除物质之外的文

化需求；品牌文化的塑造有助于培养品牌忠诚群体，是重要的品牌壁垒。
6. 品牌管理人才的考核标准：思想、服务、态度。
7. 品牌管理人才的开发途径：聘请专家、培养复合型人才、考察专业人士、签订合同。

自测题

一、单项选择题

1. 品牌文化是品牌在经营中逐步形成的历史积淀，代表了企业和消费者的利益认知、情感归属，是品牌与传统文化以及企业（　　）的总和。
   A. 个性形象　　　　B. 社会形象　　　　C. 行业形象　　　　D. 国际形象
2. 品牌文化的塑造通过创造产品的物质效用与品牌精神高度统一的完美境界来实现，这体现了品牌文化核心要素中品牌的（　　）。
   A. 精神内涵　　　　B. 社会形象　　　　C. 行业形象　　　　D. 国际形象
3. 品牌的文化消费是体现出品牌（　　）的一种文化现象。
   A. 虚拟化　　　　　B. 人格化　　　　　C. 社会化　　　　　D. 定型化
4. 品牌文化不仅能更好地实现企业促销的商业目的，还能有效地承载企业的（　　）。
   A. 教育功能　　　　B. 政治功能　　　　C. 社会功能　　　　D. 经济功能
5. 品牌文化的塑造有助于培养品牌忠诚群，形成重要的（　　）。
   A. 品牌垄断　　　　B. 品牌层次　　　　C. 品牌认知　　　　D. 品牌壁垒
6. 品牌文化要从目标市场消费群体中去寻找，要通过充分考察他们的思想心态和（　　）而获得。
   A. 行为方式　　　　B. 思维模式　　　　C. 价值体系　　　　D. 品牌密码
7. 品牌文化的导向作用突出表现在品牌定位、品牌定性和（　　）三个方面。
   A. 品牌定向　　　　B. 品牌定型　　　　C. 品牌定义　　　　D. 品牌定理
8. 品牌文化与企业文化都是文化的表现形式，都是一种（　　）现象。
   A. 主文化　　　　　B. 偏文化　　　　　C. 亚文化　　　　　D. 场文化
9. 黄金品牌人才的考核标准是建立在专家考核标准基础之上的，然后经过社会实践检验并接受（　　）的执业行为监督考核。
   A. 行政管理机关　　B. 审计管理机关　　C. 社会管理机关　　D. 注册管理机关
10. 品牌文化的约束功能是通过规章制度和（　　）发生作用的。
    A. 法律法规　　　　B. 道德规范　　　　C. 国体政体　　　　D. 治理体系

二、多项选择题

1. 品牌文化的导向作用突出表现在（　　）等方面，而明晰品牌发展方向是为了更好地突出品牌文化与品牌价值的互换关系。
   A. 品牌定位　　　　B. 品牌定性　　　　C. 品牌定型
   D. 品牌定向　　　　E. 品牌定义
2. 企业品牌理念由（　　）等内容构成。
   A. 企业使命　　　　B. 经营思想　　　　C. 行为准则
   D. 价值观念　　　　E. 思维模式
3. 品牌文化的功能主要有如下表现（　　）。

A. 导向功能 B. 凝聚功能 C. 激励功能
D. 约束功能 E. 辐射功能
4. 品牌的国际文化板块构成包括（　　）。
A. 美国板块 B. 法国板块 C. 日本板块
D. 德国板块 E. 欧洲板块
5. 企业对文化环境的研究主要包括以下几个方面（　　）。
A. 教育水平的高低和宗教状况 B. 生活习惯
C. 风俗语言 D. 价值观 E. 审美观及亚文化群
6. 对于审美观与亚文化群，企业在具体的活动中必须注意以下几点（　　）。
A. 颜色的选择 B. 名称的学问 C. 价值观
D. 亚文化群 E. 道德观
7. 品牌人才的特征是（　　）。
A. 较高的理论水平 B. 具有专业技术资格 C. 遵守法律法规和社会公德
D. 具有一定年限的专业工作经历 E. 具有人力资本价值和使用价值
8. 黄金品牌人才的开发途径包括（　　）。
A. 优先聘用国家注册专家 B. 复合型人才高聘一级
C. 实行专业知识重组及知识等量置换 D. 以工作业绩评定高级专业技术人才
E. 签订专业技术岗位合同
9. 教育水平的高低影响企业打造品牌的主要方面有（　　）。
A. 对市场细分、市场定位的影响 B. 对企业营销手段的影响
C. 对市场调查活动的影响 D. 对企业促销活动的影响
E. 对目标市场选择的影响
10. 品牌的国内文化板块包括（　　）。
A. 京城板块 B. 中原板块 C. 大巴山板块
D. 广东板块 E. 江苏板块

三、简答题
1. 品牌文化的核心是什么？它包括哪些最基本的特征？
2. 什么是企业的品牌文化？它具有哪些表现？
3. 品牌文化的构成要素及相互之间的关系是怎样的？
4. 文化与品牌的关系是什么？企业品牌与企业文化的关系是什么？

案例分析

植物医生国际化的关键就是品牌文化认同

品牌经营过程中的文化积淀就形成了品牌文化，它能够赋予品牌深刻而丰富的文化内涵。在品牌国际化的过程中，品牌文化的作用也越来越凸显。在品牌国际化的过程中，除了要面对现实的客观障碍，还要消除品牌文化认同的重重阻碍。因此，如何打破文化阻碍，获得文化认同就成为品牌国际化的关键。植物医生是我国首个成功出海的化妆品品牌，其"来自高山的汉方植物"的品牌理念在日本等化妆品市场上大获成功。植物医生是如何实现品牌文化"入市"的呢？

1. 开设与消费者产生联结的实体渠道

信誉文化是品牌文化的重要内容之一，也是品牌能够长期存在的基石。在进入海外市场之初，植物医生选择开设实体店，主要让消费者亲身体验产品。一方面，实体店能够与消费者近距离接触，让消费者在场景中充分了解品牌内涵；另一方面，实体店能够为品牌站台，给予消费者质量保障。植物医生创始人兼董事长解勇曾说道："我很坚信一件事情，就是一个品牌给消费者信心的最大的背书一定是线下的实体店。顾客眼见为实，实体店能为顾客建立产生信任感的感知场景，也能成为品牌跟顾客接触的站点，顾客总是认为'你（门店）在，我相信你；你不在，我就不信任你'。"

实体店的开设在客观上加强了植物医生与消费者的社交和联结，也进一步增强了消费者的认同感和归属感，从而建立起品牌与消费者的良性互动。目前，植物医生已在全球拥有 4 000 家单品牌门店，忠实会员近 1 000 万。

2. 建立基于本土文化的特色品牌

作为高山植物系化妆品品牌开创者的植物医生，对中国特色植物资源的科学利用，为其增添了传统文化内涵。高山植物是我国特色植物资源，这种植被具有海拔高——少污染、更纯净；日照长——活性物质多；温差大——少虫害、无农药等优点，具有良好的护肤功效。在高山植物的功效基础上，植物医生打造了具有东方特色的植物护肤品牌，在海内外留下了深刻印象。

植物医生在寻求文化认同的过程中，通过开设实体店，立足本土文化，建立特色品牌，使品牌文化获得了海内外消费者的普遍认同。接下来，植物医生要继续加强化妆品品牌文化的塑造，在国际上建立独具中国特色的文化内涵，增强品牌自身的竞争优势。

资料来源：https://www.163.com/dy/article/G34483C40545AXZB.html.

问 题： 1. 案例中提出的品牌国际化的关键是什么？植物医生是如何实现品牌文化"入市"的？

2. 植物医生秉承何种品牌文化理念选择开设实体店？实体店在品牌文化推广方面的优势是什么？

3. 植物医生"基于本土文化，建立特色品牌"的经营理念是如何实现的？植物医生在国外市场上怎样保证顾客的文化认同？其品牌文化目标是什么？

新春新国货集五福， 传统与新潮文化碰撞焕发品牌生机

新春将至，当长辈们还在准备年货的时候，年轻人或许已经在为收集五福跃跃欲试了。

2021 年 1 月 26 日，天猫国潮和支付宝五福联动推出的"国潮有福"品牌宣传活动，涵盖了服饰、母婴、食品、消费电子等类目的 22 个品牌，同时围绕"福"字推出的一系列跨界国潮商品，更是将活动推向高潮，在为支付宝集五福活动注入新元素的同时，也助力国货品牌实现福文化裂变升级。

1. 集五福新玩法：打通扫福与商品互动链路

2016 年，加入中国人民过春节的消遣娱乐活动行列的"支付宝集五福"，在年轻人群中一下子流行起来。借助手机与互联网的便利性，这项社交活动在更多群体间扩散，并逐渐成为当前时代下令国人惦念的新年俗。

2019 年，福文化又搭上了潮文化的列车，支付宝集五福活动和天猫国潮这两大超级 IP 在此一拍即合，通过强强联手打造了五福的子 IP——国潮有福，一方面通过传统与新潮的碰撞为福文化注入更多的新文化元素；另一方面，也整合支付宝和天猫的平台势能，为消费者创造更多的福

潮新文化体验。

2021年是国潮有福IP的第三年，这一IP的内涵也在前两年活动的基础上变得越来越丰富。从一开始将福字简单地印在衣服上，到如今从服饰单一类目延伸到母婴、食品、消费电子等各大类目，天猫国潮和支付宝集五福这两大IP继续强强联手，在引爆"国潮有福"IP的同时，也让更多的年轻人看到了国潮文化品牌正在走向成熟。

可以注意到，包括集五福在内的新"福文化"属于国潮的一个组成部分。随着"国潮有福"IP迈向第三个年头，围绕着"福"字，国潮内涵正在逐渐开始细分，越来越多地与福相关的中国元素开始被激活。在继汉服圈、新国货之后，国潮也有了一个成规模的新文化群落。越来越多的人、事、物正在融入"福文化"，重新"唤醒"春节的活力。

在天猫国潮传承福文化的同时，支付宝集五福活动也在一年一创新，从增加福字类型，加入得福卡新玩法，到传递中国福活动，支付宝始终致力于打通线下集福与线上各类活动的渠道。

2021年，与天猫国潮强强联手，支付宝集五福活动再次推出新玩法。可以想象，2021年人们不再将集福对象局限于贴在门楣上的福字，还可以在各种国潮货品上寻找各种福字。两大IP在进一步传承福文化的基础上，也为消费者创造了更多的福潮新文化体验。

国潮兴起是近年来广受热议的话题，从中不难看出，许多国货品牌在市场上呈良性发展趋势。支付宝集五福活动细分了国潮文化中的"福文化"，通过激活"天猫国潮侧"，与线下国潮品牌实现创新结合，借助春节节日市场氛围促进商品消费，帮助品牌焕发新生机。此外，"国潮有福"活动通过天猫品牌矩阵，也补全了支付宝扫福活动的商品互动全链路。

2. 天猫国潮，以潮流单品延展传统福文化新内涵

在传统意义上，福文化可能更多的是代表结婚、生子、财富等传统祝福，但在注重个人体验与个性张扬的今天，福的意义也应当顺应时代潮流，产生更多的改变。

在2021年"国潮有福"活动中，天猫国潮通过联动淘宝心选、GXG等22个品牌，让传统福的表达更加具备吸引年轻人的多样化视角。

在此次活动中，广受关注的一个单品就是天猫国潮联合淘宝心选打造的第二代团圆"春碗"。

中国人的春节，自然要向中国传统文化致敬。而第二代团圆"春碗"就将中国春节习俗文化与团圆福文化重新凝聚和演绎。

牛年团圆"春碗"的图案取材于唐代韩滉的《五牛图》，并融入打年糕、放天灯等传统民俗元素，在创意载体碗的推动下，"春碗"也成为牛年新春最有仪式感的话题爆款单品。

"被演艺事业耽误了画画"的潘粤明，在此次活动中带来的原创品牌pandasupersuper（简称"PSS"），也广受年轻潮人群体的关注。

作为熊猫一级爱好者，潘粤明此次特意为支付宝五福设计了独具特色的熊猫福字，他的原创品牌PSS还特别推出了同款"福"字系列定制款卫衣以及周边。该款卫衣共有五种样式，衣服上分别印了不同风格的大熊猫，打造了熊猫有福主题，巧妙地将熊猫卫衣与"福"字相融合。

除了"春碗"和熊猫卫衣这两种与福文化有关的货品外，此次天猫国潮还联合GOTO、Airfunk、万事利等品牌打造了麻将鞋盒、醒狮礼盒、五福围巾等活动重点话题货品，用潮流单品传递福文化。

聚势方成潮。此次支付宝五福与天猫国潮这两大IP的联手，便是制造这样一个文化大事件，在"国潮有福"活动的推动下引爆福文化。除了完美日记、飞鹤、巴拉巴拉、万事利等知名品牌外，受益者将是全平台所有与"福"相关的品牌产品。这些品牌产品在"国潮有福"活动的带动下实现持续增长。同时，消费者关注产品所形成的福潮新体验，也进一步沉淀了品牌的数据资产，为参与活动的品牌带来直接的销售转化。

3. 聚焦"非遗"文化，五大品牌联手打造"非遗"传承大事件

与往年相比，从文化传承层面看，2020年天猫国潮的"国潮有福"活动，除了通过打造创新潮流单品延展传统福文化新外延外，还通过将福这一中国源远流长的传统文化聚焦在更具体的"非遗"文化主题层面上，通过"非遗"文化的不断加持，进一步拓宽了"国潮有福"活动新玩法。

如今，盲盒正在年轻消费者中迅速扩张认知领地，成为各类品牌吸引年轻消费者的利器。本次天猫国潮不仅将盲盒扩展到服饰领域，还通过联动支付宝集五福、犀牛制造，并携手中国最大纹样数据库纹藏，与服饰top品牌GXG共创春节第一爆款单品，打造了市场上首款"非遗"文化服饰盲盒——"超级非遗玩家"。

该盲盒里也突破性地包含了100款"非遗"图样卫衣，以随机花样随机发售的形式对外销售，产品被包装成玩具，在向消费者普及"非遗"图样背后故事的同时，也给消费者带来个性化、多元化的福文化体验。

在此次"国潮有福"活动中，还打造了一系列"非遗"主题文化物品，围绕中国瓷器、敦煌壁画、故宫地毯、故宫珐琅等"非遗"文化物品，在宣传"非遗"文化的基础上，一同破题福潮。

可以发现，此次"国潮有福"活动将福文化与"非遗"完美结合，不仅让福文化和"非遗"文化在年轻圈层中实现了有效传播，也从权威性、数字化等多维度提升了国潮有福IP的影响力，在扩大了触达用户范围的基础上，提升了用户互动性及市场渗透率。

资料来源：https://news.163.com/21/0203/16/G1U4UCNB00019OH3.html。

问 题：
1. 为什么说支付宝的集五福活动是一种品牌文化？集五福活动是如何细分出国潮文化中的"福文化"的？
2. 天猫国潮如何以潮流单品延展传统福文化的新内涵？支付宝五福与天猫国潮这两大IP的联手引爆了何种福文化？
3. 支付宝打造的市场上首款"非遗"文化服饰盲盒是什么？"国潮有福"活动将福文化与"非遗"结合，产生了何种品牌文化效应？

第5章 CHAPTER 5

品牌创新

教学目标

创新是企业发展的不竭动力,也是企业增强核心竞争力的关键。品牌创新是企业永恒的话题,从产品创新、技术创新、管理创新到品牌创新,品牌在不断创新中焕发出生机与活力。通过本章的学习,学生能够掌握在数字经济时代品牌创新的基本方式和过程,树立只有创新才能生存和发展的观念。

学习任务

通过本章的学习,学生主要掌握和理解:
1. 品牌创新的含义;
2. 品牌创新的主要内容及特征;
3. 品牌创新的重要意义;
4. 品牌创新的层次及其过程。

案例导入

"中国潮"成全球品牌标配,背后是文化自信的回归

距离2021农历新年还有不到两周的时间,而就在这个短暂的日子里,中国传统文化味道相当浓厚,"国潮"也悄然成了人们口中的话题词。

从即将上映的动画电影《新神榜:哪吒重生》,到Realme的真我V15"锦鲤手机",摆在宣传的核心位置的无一不是国潮。

这样的场景,在20年前几乎是不敢想象的。当时的人们刚接受国外的文化冲击没有多久,比起充满新鲜感的美国街头文化、日本动漫文化,中国传统文化显得那么"老古董",更不会有人想到当中国传统文化元素和时尚潮流碰撞之后,会诞生出这么一股国潮。

国潮的兴起原因在于中国综合国力提升所引发的一次文化自信的觉醒。成长于中国飞速发展时代的90后、95后年轻人,不会再因为国外的高楼大厦、科技产品而望洋兴叹,因为从基础的物质层面来看,现如今国外有的中国都有,而国外缺少的中国也有,甚至我们所拥

有的物流快递、支付方式、交通方式已经处于全世界行业领先地位。

电影《夺冠》里巩俐饰演的郎平有这样一句台词："等有一天，我们的内心强大了，我们就不会把赢作为比赛的唯一价值。"当自身强大了，享受过程中的乐趣、彰显自我的风采，与赢得最终结果相比，同样很重要。这与如今人们对生活态度的转变是十分相似的。

"仓廪实，知礼节"，物质的极大丰富，带来了文化上的自信，也带来了消费理念的升级。国人不再看重国产和非国产的区别，只关注产品本身质量的优劣。面对这样的"新式"消费者，国货品牌也不再单纯地把性价比放在营销策略制定的首位，而是更多地从消费者的心理需求出发，注重产品品质与设计创新。

以新宝股份旗下的新品牌凯琴为例，在入驻拼多多平台之前，新宝的出口业务主要以西式厨电为主。但对于国内市场来说，像牛排机这样的产品并没有实际应用场景。于是在充分进行市场调研后，凯琴对牛排机进行了功能设计优化，将其改造成厨房常客——电饼铛，后来其销量一举破万。

"潮流是一个轮回"，这是时尚圈的一句名言，但很显然，国潮并不是简单的"潮流"。这股国潮因中国市场需求变换而生，自然也会随着中国的全面强大而不断发展。现如今，国潮的主阵地是文化产品和制造业产品，未来，国潮会渗透到中国人的衣食住行等方面。

资料来源：https://new.qq.com/omn/20210205/20210205A07RVE00.html。

5.1 创新理论

5.1.1 创新理论的渊源

早在1912年，奥地利经济学家熊彼特（J. A. Schumpeter）在他的《经济发展理论》一书中就提出了创新经济学理论。他认为创新就是建立一种新的生产函数，即把一种从来没有过的关于生产要素和生产条件的"新组合"引入生产系统。这种新组合包括引入新产品、引进新工艺、开辟新市场、控制原材料的新供应来源、建立企业的新组织。但是在当时，这一理论并没有引起重视。

20世纪80年代，彼得·德鲁克也将研究重心转向了创新。德鲁克指出："创新就是为达到一个有用的目的而采用的一种新方法。"在德鲁克看来，"创新并不一定在技术方面，甚至可以不是一个实实在在的东西。"按照德鲁克的观点，创新所包括的范围很广，"凡是能改变已有资源的财富创造潜力的行为都是创新，如在管理、市场营销和组织体制等方面的新能力、新行为，都是创新。创新的行动就是赋予资源以创造财富的新能力。"因此，企业创新力就是企业在市场中将企业要素资源进行有效的内在变革，从而提高其内在素质、驱动企业获得更多的与其他竞争企业的差异性的能力。这种差异性最终表现为企业在市场上所能获得的竞争优势。

5.1.2 创新的主要形式

创新作为一种基本的企业行为，其具体的表现形式是多种多样的，涉及企业活动的所有方面。

（1）产品创新。改善或创造产品，如发明、外形设计或新型实用，进一步满足顾客需求或开辟新的市场。

（2）工艺创新。改善或变革产品的生产技术及流程，从模具、组装到作业流程，包括新工艺和新设备的变革。

（3）市场创新。改善或创造与顾客和经销商交流、沟通、合作的方式，通过构建供应链，与品牌经营的上下游企业之间实现风险共担、利益共享，把握终端客户的需求，实现产品价值。

（4）管理创新。改善或创造更好的组织环境和制度，对现有资源的合理配置与整合，能使企业的各项活动更有效。

（5）品牌创新。改善品牌的文化或经济内涵，完善品牌推广方式，增强品牌竞争力。

这里主要介绍产品创新和管理创新，因为二者是品牌创新的基础和前提。关于品牌创新则设单独的章节来说明。

1. 产品创新

企业发展应有一个长期的战略，产品创新在该战略中起着关键的作用。而产品创新本身也是一个系统工程，对这个系统工程的全方位战略部署是产品创新的战略，包括选择创新产品动力机制、确定创新模式和方式，以及与技术创新等其他方面协调。

（1）产品的创新动力。产品创新可分为全新产品创新和改进产品创新。全新产品创新是指产品用途及其原理有显著的变化。改进产品创新是指在技术原理没有重大变化的情况下，基于市场需要对现有产品所做的功能上的扩展和技术上的改进。全新产品创新的动力机制既有技术推进型，也有需求拉引型。改进产品创新的动力机制一般是需求拉引型。需求拉引型，即市场需求－构思－研究开发－生产－投入市场。产品创新源于市场需求，源于市场对企业的产品技术需求，也就是说，技术创新活动以市场需求为出发点，明确产品技术的研究方向，通过技术创新活动，可以创造出适合这一需求的产品，使市场需求得以满足。在现实的企业中，产品创新总是在技术、需求两维之中，根据本行业、本企业的特点，将市场需求和本企业的技术能力相匹配，寻求风险收益的最佳结合点。产品创新的动力从根本上说是技术推进和需求拉引共同作用的结果。

我国汽车自主品牌市场份额变化走势图如图5-1所示。

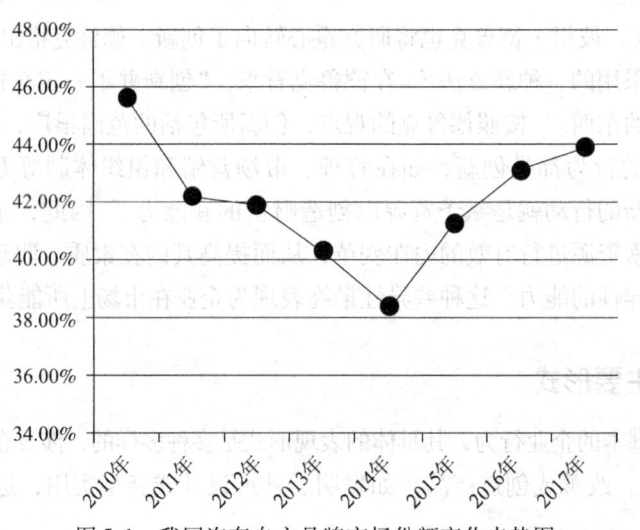

图5-1 我国汽车自主品牌市场份额变化走势图

（2）产品的创新类型。根据创新产品进入市场时间的先后，产品创新的模式有率先创新、模仿创新。率先创新是指依靠自身的努力和探索，产生核心概念或核心技术的突破，并在此基础上完成创新的后续环节，率先实现技术的商品化和市场开拓，向市场推出全新产品。模仿创新是指企业通过学习、模仿率先创新者的创新思路和创新行为，吸取率先创新者的成功经验和失败教训，引进和购买率先创新者的核心技术和核心秘密，并在此基础上改进与完善，进一步开发。罗伯特·库珀（Robert G. Cooper）在《新产品开发流程管理》中列出了6种不同类型或是不同级别的新产品。

1）全新产品。这类新产品是其同类产品的第一款，并创造了全新的市场。此类产品占新产品的10%。

2）新产品线。这些产品对市场来说并不新鲜，但对于有些厂家来说是新的，约有20%的新产品归于此类。

3）已有产品品种的补充。这些新产品属于工厂已有的产品系列的一部分。对市场来说，它们也许是新产品。此类产品是新产品类型中较多的一类，约占所推出的新产品的26%。

4）老产品的改进型。这些不怎么新的产品从本质上说是工厂老产品品种的替代。它们在性能上比老产品有所改进，能提供更多的内在价值。该类新改进的产品占推出的新产品的26%。

5）重新定位的产品。这些产品是老产品在新领域的应用，包括重新定位于一个新市场，或应用于一个不同的领域。此类产品占新产品的7%。

6）降低成本的产品。将这些产品称作新产品有点儿勉强。它们被设计出来替代老产品，在性能和效用上没有改变，只是成本降低了。此类产品占新产品的11%。

（3）产品创新模式。在产品创新的具体现实中，主要有自主创新、合作创新两种方式。自主创新是指企业不是对外有技术被动依赖与购买，而是通过自身的努力和探索实现技术突破，攻克技术难关，达到预期的目标。合作创新是指企业间或企业与科研机构、高等学校之间的联合创新行为。当今全球性的技术竞争不断加剧，企业技术创新活动中面对的技术问题越来越复杂，技术的综合性和集群性越来越强，即使是技术实力雄厚的大企业也会面临技术资源短缺的问题，单个企业依靠自身能力取得技术进展越来越困难。合作创新通过外部资源内部化，实现资源共享和优势互补，有助于攻克技术难关，缩短创新时间，增强企业的竞争地位。企业可以根据自身的经济实力、技术实力选择适合的产品创新方式。产品创新是品牌的基石，只有创新产品才能创新品牌。

2. 管理创新

（1）管理创新的概念。管理创新是指组织形成一个创造性思想并将其转换为有用的产品、服务或作业方法的过程，也指富有创造力的组织能够不断地将创造性思想转变为某种有用的结果。管理创新的关键是企业把新的管理要素（如新的管理方法、新的管理手段、新的管理模式等）或要素组合引入企业管理系统，以便更有效地实现组织目标的创新活动。

（2）管理创新的影响因素。三类因素将影响组织的管理创新，它们分别是组织结构、文化和人力资源。

1）从组织结构因素看，有机式结构对创新有正面影响；拥有富足的资源能为创新提供重要保证；单位间密切的沟通有利于克服创新的潜在障碍。

2)从文化因素看,充满创新精神的组织文化通常有如下特征:接受模棱两可,容忍不切实际,外部控制少,接受风险,容忍冲突,注重结果甚于手段,强调开放系统。

3)从人力资源因素看,有创造力的组织通常会积极地对其员工开展培训,以使其保持知识的更新;同时,它们还给员工提供工作保障,以免他们担心因犯错误而遭到解雇。组织也鼓励员工成为革新能手;一旦产生新思想,革新能手就会很主动。

(3)管理创新的内容。管理创新包括管理思想、管理理论、管理知识、管理方法、管理工具等的创新。这些也是品牌文化内涵的重要方面。按功能可将管理创新分解为目标、计划、实行、检馈、控制、调整、领导、组织和人力九项管理职能的创新。按业务组织的系统可将创新分为战略创新、模式创新、流程创新、标准创新、观念创新、风气创新、结构创新、制度创新。就企业职能部门的管理而言,企业管理创新包括研发管理创新、生产管理创新、市场营销和销售管理创新、采购和供应链管理创新、人力资源管理创新、财务管理创新、信息管理创新等。

(4)管理创新的四个阶段。一般来说,管理创新包含以下四个阶段。

第一阶段:对现实的不满。

管理创新的动机源于对公司现状的不满:或是公司遇到管理危机,或是商业环境变化以及新竞争者出现而形成战略型威胁,或是某些人对操作性问题产生抱怨。

第二阶段:从其他来源寻找灵感。

管理创新者的灵感可能来自其他社会体系的成功经验,也可能来自那些未经证实却非常有吸引力的新观念。

有些灵感源自管理思想家和管理宗师,还有些灵感来自无关的组织和社会体系。此外,有些灵感来自背景非凡的管理创新者,他们通常拥有丰富的工作经验。管理创新的灵感很难从一个公司的内部产生,很多公司盲目对标或观察竞争者的行为,导致整个产业的竞争高度趋同,只有从其他来源获得灵感,公司的管理创新者才能开创出真正全新的东西。

第三阶段:创新活动。

管理创新者将各种不满的要素、灵感以及解决方案组合在一起,组合方式通常并非一蹴而就,而是重复、渐进的,但多数管理创新者都能找到一个清楚的推动事件。

第四阶段:争取内部和外部的认可。

与其他创新一样,管理创新也有风险巨大、回报不确定的问题。很多人无法理解创新的潜在收益,或者担心创新失败会对公司产生负面影响,因而会竭力抵制创新。而且,在实施之前,我们很难准确地判断创新的收益是否高于成本,因此对于管理创新者来说,一个关键阶段就是争取他人对新创意的认可。

(5)提高公司管理创新能力的途径。

1)有意识地进行管理创新。很多公司建立了研发实验室,或是为某些个人指定了明确的创新职责。但很少有公司建立专门的组织架构来培育管理创新。要成为一个管理创新者,第一步是向整个组织推销其观念。

2)创造一种怀疑的、解决问题的文化。当面临挑战时,公司员工会如何反应?他们会开始怀疑吗?他们是会借助竞争者采用的标准解决方案,还是会更深入地了解问题,努力发现新的解决之道?只有努力发现新的解决之道,才能将公司引向成功的管理创新,管理者应当鼓励员工解决问题而非选择逃避。

3）培养低风险试验的能力。如果公司的管理人员不断鼓励员工及团队提出管理创新办法，那么他们很快会意识到，要想使能动性转化为有效性，就不能放任所有的新主意在整个组织内蔓延。如果规定每种创新只能在有限的人员范围和有限的时间内进行，则既保证了新创意有机会实施，同时也不会危害到整个组织。

4）利用外部的变革来源。当公司有能力推进管理创新时，公司会有选择地从外部的学者、咨询顾问、媒体机构以及管理大师处获得帮助。他们有三个基本作用：①新观念的来源；②作为一种宣传媒介使这项管理创新更有意义；③使公司已经完成的工作得到更多的认可。

5）保证管理创新的持续性。真正的成功者绝非仅进行一两次管理创新，相反他们是持续的管理创新者。通用电气就是一个例子，它不仅成名于其"群策群力"原则和无边界组织，还拥有很多更为古老的管理创新，例如战略计划、管理人员发展计划、研发的商业化等。

5.2 品牌创新概述

品牌创新实质上就是赋予品牌要素以创造价值的新能力的行为，即通过技术、质量、商业模式和企业文化创新，增强品牌生命力。培育和创造品牌的过程也是不断创新的过程。

品牌创新形式

品牌创新可分为品牌价值创新、品牌技术创新、商业模式创新和企业文化创新。具有创新的品牌往往以追随先驱品牌为形式，而这种品牌创新形式也会隐含很大风险。

1. 品牌价值创新

（1）品牌价值创新的概念。所谓品牌价值创新，就是企业在一定的成本支出范围内，在不断改进产品、更新服务的基础上，用新的品牌价值去满足顾客对原有产品或服务的更高价值目标的追求。品牌价值创新可以是更改品牌价值属性，也可以是赋予品牌全新的价值属性，如对现有品牌的深度、广度和相关度的开发延伸，拓展品牌新的领域等，还可以是企业通过品牌的新的经营策略，实现对品牌价值的管理和维护，达到品牌价值创造和价值增值的目的。

企业之所以进行品牌价值创新，是因为企业通过品牌价值创新可以提高顾客感知价值。一方面品牌价值创新可以降低顾客对成本的敏感程度。通过品牌价值创新，有助于顾客整理、加工有关品牌价值信息，简化顾客购买程序；能够增强顾客的购买信心，提高忠诚度，降低购买风险；能够增加产品的形象价值，提高顾客心理情感的感知价值，降低顾客成本敏感程度。另一方面，品牌价值创新可以为企业创造价值。通过品牌价值创新，能够增强顾客对相关产品的广泛持久的信赖关系，增加重复购买的频率和购买种类；可以促进品牌声誉的价值溢出，促进品牌资产的扩张；可以建立竞争对手进入的有效屏障。

（2）品牌价值创新的策略。2020年7月21日，习总书记在京主持召开企业家座谈会并发表重要讲话中强调：创新是引领发展的第一动力。"富有之谓大业，日新之谓盛德。"企业家的创新活动是推动企业创新发展的关键。美国的爱迪生、福特，德国的西门子，日本的松下幸之助等著名企业家都既是管理大师，又是创新大师。改革开放以来，我国经济发展取得举世瞩目的成就，这同广大企业家大力弘扬创新精神是分不开的。创新就要敢于承担风险。敢为天下先就是战胜风险挑战、实现高质量发展，这是特别需要弘扬的品质。大疫当前，百业艰难，但危中有机，唯创新者胜。可见创新已经成为新时代中国品牌强国战略的加速器。

1）提高品牌的差异化价值。品牌的价值关键体现在差异化价值的竞争优势上。

A. 由产品的质量、性能规格、包装、设计、样式等所带来的工作性能、耐用性、可靠性、便捷性等差别。品质差别是品牌价值差别的核心，而技术是一切品质的终极决定因素。企业在进行品牌价值创新的时候必须以技术为先导。先进的技术可以让企业较早地开发和引进新的产品，先进技术所形成的"先动优势"，可以让企业形成短期的垄断。如英特尔公司不断对计算机存储器进行技术创新，制造了一代又一代的新型存储器，也创造了卓越的品牌价值差别优势。

B. 由服务带来的品牌附加价值。首先要保证服务的迅速性。顾客在消费产品的时候存在诸多服务问题，企业要做到反应灵敏、行动快捷，尤其是处理投诉问题时。迅速回应顾客，及时解决顾客的问题是维持顾客品牌忠诚的重要保证。其次要保证技术的准确性。技术的准确性是指企业在提供支持服务时，所采用的措施、策略和方法必须可靠、适用，并能够彻底解决问题。再次要保证服务的全面性。企业在提供服务的时候，必须按照承诺，提供全过程、全方位的服务。最后还要保证服务人员具有足够的亲和力。在服务过程中，使无形服务有形化，员工的态度和热情会形成不同的人员价值，这对于顾客的价值感知和满意度是具有重要意义的。

C. 塑造品牌联想和个性。品牌联想能够影响顾客的购买心理、态度和购买动机，所以品牌能够提升顾客价值感知。品牌联想是品牌内涵塑造和个性强化的结果，要想构建品牌联想价值差别优势，必须要塑造品牌的内涵，强化品牌的个性。如提到海尔，联想到的是优质的服务，提到北京华联，联想到的是低廉的价格等。

2）品牌定位的创新。品牌定位决定了品牌特性和品牌发展动力。常见的品牌定位如下。

A. 品牌的差异性定位。首先是品牌性能联想，如由品牌联想到的那些能够为客户带来利益，从而促进消费的产品特性。联想与品牌的可靠性、耐用性和服务能力等有关。联想包括服务的有效性、效率等。联想由设计和风格等组成。与价格和价值有关的联想有助于品牌竞争。其次是品牌形象联想，如何人在何种情况下使用，企业的文化特征、经营内容、产品的特点乃至企业精神等。最后是洞察消费者内心的联想，如消费者需求多样化和个性化等。

B. 品牌的竞争性定位。这就是说，品牌处于什么样的参照体系之中，如何处理与竞争对手共有的品牌特征。对于竞争性定位，除了保持产品与服务的个性化，同时也要将产品定位于消费者的恒久性利益，以此为立足点，实现攻防自如的市场竞争态势。最终在将来的产品扩张过程中，形成如下品牌结构：品牌DNA、品牌主张、品牌个性、产品范围、各产品利益点。品牌进行定位后，还必须有清晰、丰富的品牌识别，创造或保持与品牌有关联的事物和理念，如宜家家居蓝黄色的显眼标志、真功夫大红色的标志等。与品牌形象（品牌外部的关联物）不同，品牌识别富有启发性，暗示着品牌形象需要增加或改变哪些内容。

品牌识别体现了企业组织希望品牌代表的东西，所有涉及品牌工作的人，包括品牌团队及其合作者必须既能理解品牌识别的内容，又能关心它的发展，其中一点做不到，品牌也许就难以发挥潜力，就会处于无差别产品和价格竞争夹击的危险境地之中。市场上有很多盲目的品牌，它们喜欢鼓吹价格优势、热衷折价或是杂乱无章地涌向电视频道，这些都是典型的缺乏整体性的表现。由于品牌识别用于推动所有的品牌创建工作，所以它的内容就必须具有深度、广度和关联度，而不只是一句广告口号或一个定位的说明。同时在品牌塑造过程中需要考虑到品牌的参照体系、相似点、差异点，以及品牌识别、价值方案、品牌定位、一致性、品牌体系和品牌坐标。

C. 品牌历史性定位。首先是对品牌历史及当前真相的审视。发现品牌历史上的主要里程碑或转折点，如公司（品牌）成立与扩张、主要包装或识别体系的重新设计、传播战役、第一次转型行动、主要的负面公关或质量危机等。对今天的品牌拍"快照"：谁是品牌的核心消费者，品牌的联想有哪些，品牌能够真正向消费者提供的东西是什么，品牌是否符合潮流等。与主要竞争对手相比，在"竞争地图"上标出品牌的竞争强项及与竞争者的关键差别化因素。

其次是要把握品牌发展的机会。分析出未来品牌发展的行业趋势（从用户表面描述与心理描述方面、通路方面、服务方式方面、用途扩展方面等出发），如移动电话，从以男性为主到不分性别、从高端设备到便利设备、从声音到短信与图片等；在未来成长的机会中，不仅要扩大用户群、挖掘新的用户，而且可以朝改善功能、增加使用量与频率、扩展产品用途等方面发展；通过对消费者行为的研究和对市场潮流与时尚的洞察，发现并把握品牌发展机会。

最后是品牌的未来。将目标人群、品牌主张、个性和洞察有效结合，找到一个能够刺激创意、具有差别化的品牌平台，从而找出品牌的 DNA。品牌的 DNA 是对品牌实质的速记，它简明、特别、持久、具有吸引力，不仅是广告和口号。例如，红旗车——坐红旗车，走中国路；康师傅——好吃看得见；商务通——科技让你更轻松，等等。

所以，创建一个强大而有意义的独特品牌的过程包括三个关键的决策：一是品牌的定位，精心策划一个具有推动力的品牌定位要求侧重于筛选目标顾客以及确定组织计划传递给顾客哪些价值；二是确定某个品牌在组织结构中的地位；三是组织如何兑现在价值理念中承诺的使命。

2. 品牌技术创新

品牌技术创新是指企业在进行品牌建设与传播的过程中，把"技术"作为品牌建设的核心，其他一切品牌要素均以此核心为标准进行设计、统一与规划，并根据消费者的需要进行持续完善。

（1）品牌技术创新的重要性。从品牌生命周期发展过程看，重大的革新通常都是由技术驱动的，技术能够颠覆性地改变品牌的地位，所以品牌技术创新在品牌管理中至关重要。

1）品牌技术创新不仅能提升品牌的功能，而且能够对品牌产品创新、质量创新、管理创新、商业模式创新提供平台支持。然而很多人仅仅从纯科学的角度看待技术，认为技术就是技术，因而看不到技术创新在品牌建设中的重要地位。亚马逊公司（简称亚马逊）就在这方面有个重大失误。亚马逊曾经开发了一种强大的电子商务技术，通过购买习惯来推测顾客的兴趣，从而能够为顾客自动生成推荐清单。这个技术显然对网络零售商推广品牌有着战略意义，然而亚马逊当时并没有品牌技术创新的意识，放弃了尝试品牌创新的努力，结果该领先技术很快就变成了大众技术，公司也因此错失良机。

2）品牌技术创新能够为产品创造显著的差异，如华为的"TSM 终端安全管理系统"就带来权威性的品质认知和顾客偏好；品牌技术创新也能够使产品品牌加强相关性，如英特尔的迅驰移动计算技术就强化了与无线联通功能的关联。

3）工艺创新，又称过程创新，可以为企业产品生产技术带来重大变革，包括新工艺、新设备及新的管理和组织方法。工艺创新和产品创新都是为了提高企业的社会经济效益，但二者的实现途径不同，方式也不同。产品创新侧重于活动的结果，而工艺创新侧重于活动的过程；产品创新的成果主要体现在物质形态的产品上，而工艺创新的成果既可以渗透于劳动者、劳动资料和劳动对象之中，又可以渗透在各种生产力要素的结合方式上；产品创新的生产者主要是为用户提供新产品，而工艺创新的生产者也是创新产品的使用者。

（2）品牌技术创新的条件。自 2017 年 5 月 10 日设立为"中国品牌日"起，将"中国产品"向"中国品牌"转变显得越来越重要，助力更多的"中国品牌"走向世界也成为一项重大的任务。未来是技术领先的时代，品牌技术知识底层的研究作为品牌基石，将为中国品牌创新的系统化、专业化、智能化发展起到开创性的引领作用。

1）品牌的领导地位。一个企业努力追求做细分市场第一的愿望和实力。

2）稳定性。市场越稳定，这种品牌越可以凭借良好的市场态势，获得更高的收益。

3）国际性。国际性代表更广阔的市场空间，同时品牌的世界视角对于提升品牌地位有重要意义。

4）发展趋势。发展潜力对中小企业非常重要，许多品牌正是在不断创新中找到发展契机的。

5）所获支持。政府、国家长远政策等支持的程度，良好的政策法律环境以及政府资金支持对风险较大的创新活动而言是强劲的促进力。

（3）技术创新与技术进步。技术创新是一个从产生新产品或新工艺的设想到市场应用的完整过程。它包括新设想的产生、研究、开发、商业化生产到扩散等一系列活动，本质上是一个科技与经济一体化过程，是技术进步与应用创新共同催生的产物。它包括技术开发和技术应用两大环节。这样理解的技术创新的最终目的是技术的商业应用和创新产品的市场成功，在这一点上，与第二种观点一致。然而，这一观点并不仅仅关注技术创新中的市场导向，它也关注技术开发本身。由此可以看到，从科技与经济一体化过程和技术进步与应用创新"双螺旋结构"来理解技术创新，在理论上吸取了上述两种观点之精华，这一理解应成为实践指导。技术进步是指技术所涵盖的各种形式知识的积累与改进。

在开放经济中，技术进步的途径主要有三个方面，即技术创新、技术扩散、技术转移与引进。对于发展中国家来说，工业化的赶超就是技术的赶超。根据当前的情况，发展中国家技术赶超应该分为以下三个阶段。

第一阶段，以自由贸易和技术引进为主，主要通过引进技术，加速自己的技术进步，促进产业结构升级。

第二阶段，技术引进与技术开发并重，实施适度的贸易保护，国家对资源进行重新配置，通过有选择的产业政策，打破发达国家的技术垄断，进一步提升产业结构。

第三阶段，必须以技术的自主开发为主，面对的是新兴的高技术产业，国家主要通过产业政策，加强与发达国家跨国公司的合作与交流，占领产业制高点，获得先发优势和规模经济，将动态的比较优势与静态的比较优势结合起来，兼顾长期利益与短期利益、宏观平衡与微观效率，有效地配置资源，实现跨越式赶超。

目前国内企业主要通过各类高新技术园区和开发区来完成国家的技术赶超工作。政府通过政策引导资金、技术、人才、产业等，集聚孵化高新企业和高新技术。

(4) 技术创新的应用范围。技术创新品牌目前已经在商用产品中得到广泛应用。近年来，面对市场需求调整与产业转型变革，上汽集团率先倡导并坚持推进电动化、智能网联化、共享化、国际化"新四化"创新转型，加快夯实自主掌控的核心技术，培育了差异化的竞争优势，收获了不少亮眼的"成绩单"。在"十四五"总体目标中，上汽集团将力争跨上全球"前五"新台阶，打造具有产业全球竞争力和品牌国际影响力的万亿级汽车产业集团。

(5) 技术品牌创新的溢价。对于一个特定的品牌商品，其销售价格高出品类销售基价的部分比率越高，则这个品类商品获利越大，品牌竞争力越强。溢价是跨国公司董事会报告中通常使用的经营量化指标。

销售溢价是一个具体的品牌产品的销售价格超出本品类商品销售基价的那一部分差价。计算品类基价的方法有很多，产品策略品牌营销策划机构计算基价的方法是按行业前20名企业的销售均价之和计算的单位销售额。

品牌可产生较大的销售溢价。在产品策略品牌营销策划机构的统计数据中，由品牌溢价主导的企业产品销售溢价率一般比由价格驱动的产品高出23%以上。品牌溢价由品牌创新产生，品牌的创新与溢价的关系十分微妙。品牌创新又分品牌价值的创新和品牌商品的创新两大范畴。

从理论上看，技术创新的产品可以带来较高的品牌溢价，尤其是一个新兴品类崛起的时候，因为新技术开创的品类会给消费者带来较大的消费价值，同时也给品牌企业以新的成长空间，在这个阶段对手进入数量不多，竞争不充分，可获得较高的溢价。这种例子在家电业表现得较为明显。

3. 商业模式创新

根据泰莫斯的定义，商业模式是指一个完整的产品、服务和信息流体系，包括每一个参与者和其所起到的作用，以及每一个参与者的潜在利益和相应的收益来源与方式。

商业模式创新作为一种新的创新形态，其重要性已经不亚于技术创新等。近几年，商业模式创新在我国商业界也成为流行词汇。

商业模式创新是指企业价值创造提供基本逻辑的创新变化。它既可能包括多个商业模式构成要素的变化，也可能包括要素间关系或者动力机制的变化。通俗地说，商业模式创新就是指企业以新的有效方式赚钱。

面对新冠肺炎疫情的持续影响，企业需要想办法摒弃对变革的恐惧，持续创新商业模式。2020年9月，国务院印发了文件《关于以新业态新模式引领新型消费加快发展的意见》（以下简称《意见》）。《意见》中明确指出，"2025年'互联网+服务'等消费新业态新模式得到普及并趋于成熟，引导实体企业更多地开发数字化产品和服务，鼓励实体商业通过直播电子商务、社交营销开启'云逛街'等新模式。"该文件还充分肯定了以新业态新模式为特征的新型消费对于中国经济的促进作用。有专家指出，消费新业态新模式已经涵盖了社交分享及服务属性，与新型零售式模式并无不同，主要区别是由消费者的单向选择而形成购买决定的传统电商模式，转变为新型零售式消费电商模式，形成一种销售者与消费者之间连接的"双向"社交行为。这种自用受益、分享赚钱的自然裂变式新型社群营销模式，已获得国家政策层面上的大力支持。

由于商业模式构成要素的具体形态表现、相互间的关系及作用机制的组合几乎是无限的，因此，商业模式创新企业也有无数种。我们可以通过对典型商业模式创新企业的案例来了解商业模式创新的三个构成条件。

（1）能否提供全新的产品或服务及领域。提供全新的产品或服务及领域，开创新的产业领域，或以前所未有的方式提供已有的产品或服务是商业模式创新的基础性条件。例如，中国农业银行面向贫困地区提供的小额贷款产品服务，开辟了全新的产业领域，是前所未有的。虽然亚马逊卖的书和其他零售书店没什么不同，但它卖的方式全然不同。虽然南方航空提供的也是航空服务，但它提供的方式，也与其他航空公司不同。

（2）是否存在具有多个生产要素的不同企业。其商业模式中至少有多个生产要素明显不同于其他企业，而非少量的差异也是商业模式存在的重要条件。例如，京东商城相比于传统实体店，其产品选择范围广、通过网络销售、在仓库配货及运送等。南方航空也在多方面创新服务模式，如提供点对点基本航空服务、不设头等舱、只使用一种机型、利用大城市的不拥挤机场等，服务内容也不同于其他航空公司。

（3）是否具有成本、赢利能力、独特竞争优势。有良好的业绩表现，体现在成本、赢利能力、独特竞争优势等方面就是重要的商业模式创新条件。例如，菜鸟驿站对于快递未经许可投放代收点、不上门等消费者服务痛点，目前已推出四大举措，还消费者快递选择权。这四大举措包括消费者可在线设置是否放驿站、快递包裹试行派送前"知心选"、包裹首次进入驿站前通过电话征求许可和智能柜自主设置等。以上举措加快了菜鸟驿站降本增效的发展步伐。

20世纪中国商业环境变化巨大，互联网金融企业历经大浪淘沙，站稳脚跟；共享经济改变了人们的日常生活，以悄然之势颠覆传统行业，商业竞争的活力越来越多地取决于商业模式不断推陈创新。"互联网＋"给中国新的商业模式创新带来了前所未有的机遇。李宁（中国）体育用品、中信银行等一批商业模式创新翘楚正引领商业模式的新潮流。目前，由数据存储技术创新引发的区块链，在行业中引发了新一轮创新热潮。通过区块链各方可以获得一个透明可靠的统一信息平台，可以实时查看状态，降低企业运营成本，追溯物品生产和运送的整个过程，从而提高供应链管理的效率。当发生纠纷时，举证和追查也变得更加清晰和容易。所以，每一次商业模式的革新都能给企业带来一定时间内的竞争优势。但是随着时间的改变，企业必须不断地重新思考它的商业设计。随着（消费者的）价值取向从一个工业转移到另一个工业，企业必须不断改变它们的商业模式。一个企业的成败最终取决于它的商业设计是否符合消费者的优先需求。

4. 企业文化创新

企业文化创新是指企业为了使自身的发展与环境相匹配，根据本身的性质和特点形成体现企业共同价值观的企业文化，并不断创新和发展的活动过程。企业文化创新的实质在于企业文化建设中的突破与企业经营管理实际脱节的僵化文化理念和观点的束缚，实现向贯穿于全部创新过程的新型经营管理方式的转变。

图 5-2 列示了中国电信企业文化模型。

（1）企业文化创新的价值。

1）21 世纪企业竞争的核心将是企业文化。企业竞争的核心因素各不相同，在高度发达的今天，企业硬件的较量已经逐渐淡化，20 世纪 60 年代，竞争的核心内容在于技术，70 年代在于管理，80 年代在于营销，90 年代在于品牌，21 世纪则在于"互联网+"。平台经济、共享经济、数字经济、区块链等创新模式成为经济发展新引擎，成为下一个品牌竞争的新焦点、新领域。继技术竞争、管理竞争、营销竞争、品牌竞争之后，未来企业竞争的核心仍将是互联网背景下的企业文化。企业文化能使企业保持长久的竞争力，企业文化创新也由一种全新的文化理念转变为对提高企业竞争力有决定性作用的新型经营管理模式。企业文化有助于增强企业的凝聚力，增强产品的竞争力。

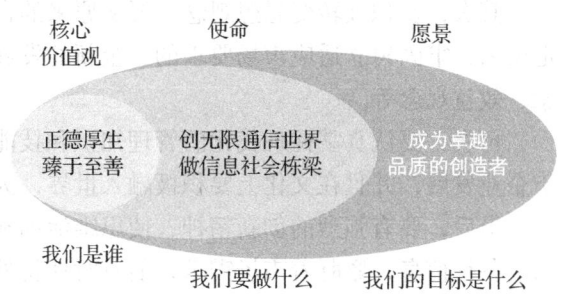

图 5-2 中国电信企业文化模型

2）企业文化创新是企业可持续发展的重要依托。创新企业文化是企业制度下的重要指标和鲜明特征。它与以往在企业内部广泛开展的企业文化活动的一个明显区别是，现代企业文化更紧密地把企业文化活动与企业的实际收益联系在一起，或者说直接挂钩。因此，它在企业的地位就越见重要和突出。当企业内外部条件发生变化时，企业文化也要相应地进行调整、更新、丰富、发展。成功的企业不仅需要认识环境状态，还要了解其发展方向，并能够有意识地加以调整，通过选择合适的企业文化以适应挑战，只有这样才能在激烈的市场竞争中依靠文化带动生产力，从而提高竞争力。因此，坚持企业文化创新对于企业发展具有极其重要的意义，它可以摒弃原有的不合理的思维和行为，以一种前所未有的新思维来创造新的成果。

（2）企业文化创新的基本思路。企业文化创新要以对传统企业文化的批判为前提，对构成企业文化的诸要素包括经营理念、企业宗旨、管理制度、经营流程、仪式、语言等进行全方位、系统性的弘扬、重建或重新表述，使之与企业的生产力发展步伐和外部环境变化相适应。

企业领导者应当加强自身修养，担当企业文化创新的带头人。从某种意义上说，企业文化是企业家的文化，是企业家的人格化，是其事业心、责任感、人生追求、价值取向、创新精神等的综合反映。他们必须通过自己的行动向全体成员灌输企业的价值观念。正如我国著名企业家张瑞敏先生所说的："第一是设计师，在企业发展中如何使组织结构适应企业发展；第二是牧师，不断地布道，使员工接受企业文化，把员工自身价值的体现和企业目标的实现结合起来。"

企业文化创新的前提是企业经营管理者观念的转变。因此，在进行企业文化创新时，企业经营管理者必须转变观念，提高素质。

首先，要对企业文化的内涵有更全面、更深层次的理解。要彻底从过去那种认为企业文化就是组织唱唱歌、跳跳舞，举办书法、摄影比赛等的思维定式中走出来，真正将企业文化的概念定位在企业经营理念、企业价值观、企业精神和企业形象上。

其次，要积极转变思想观念。要从原来的自我封闭、行政命令、平均主义和粗放经营中走出来，牢固树立适应市场要求的、全新的发展观念、改革观念、市场化经营观念、竞争观念、效益观念等。

再次，要认真掌握现代化的管理知识和技能，同时要积极吸收国外优秀的管理经验，用于企业发展，并且在文化上要积极融入世界，为企业走国际化道路做好准备。

最后，要有强烈的创新精神，使思维活动和心理状态保持非凡的活力，紧盯着国际、国内的各种信息，紧盯着市场需求，能及时地将外界的信息重新组合并构造出新的创新决策。

（3）企业文化创新的四大趋势。企业文化创新现已成为提高企业竞争力的、具有决定性作用的新型经营管理方式。当前，国内企业文化创新出现了一些新趋势。

第一，确立共赢价值观的趋势。企业价值观是企业文化的核心，渗透于企业经营管理的各个环节，支配着从企业家到员工的思想和行为。因此，企业文化创新首要的是价值观创新。在传统的市场经济条件下，企业奉行非赢即输、你死我活的单赢价值观。这种价值观既有迫使企业实现技术和产品更新的驱动力，也有滋生不择手段地进行恶性竞争的弊端。以高科技为基础的共享经济崛起，使这种狭隘价值观受到致命冲击的同时，也催生出与新的经济发展要求相适应的共赢价值观。

一个企业只有奉行共赢价值观，才能不断地从合作中获得新知识、新信息等创新资源，提高自身的竞争实力，从而在激烈的竞争中左右逢源，立于不败之地。例如，阿里集团采取虚拟物流联盟措施，建立菜鸟驿站，坚持靠经营创新和服务拓展，全链路扩大国内外物流市场份额的成功经验，便是奉行共赢价值观的一个范例。

第二，选择自主管理模式的趋势。新模式以先进的文化理念为核心，以去中心化为导向，充分尊重人的价值，注重发挥每个员工的自主精神、创造潜质和主人翁责任感，在企业内部形成一种强烈的价值认同感和巨大的凝聚力，激发员工的积极性，并通过制度安排，实现员工在企业统一目标下的自主经营和自我管理，进而形成企业创新的动力和创新管理方式。邯郸钢铁集团有限公司建立在"人人是主人"的企业理念基础上的管理模式，就是这一创新趋势的具体体现。

第三，既重视高科技又顺应"以人为本"的趋势。科技革命和人员本身的进步总是相伴而行的，二者如车之两轮、鸟之两翼，相辅相成，企业创新过程离开了哪个方面都难以达到目的，企业的竞争力也难以得到真正提高。有学者指出，高科技可以在一个阶段成为企业制胜的法宝，但更深层次的竞争最终应该在理念方面，"科技以人为本"这句话就包括了这层意思。这一见解反映了随着高科技的发展，现代人对生产和消费日趋强烈的人性化要求。在这一背景下，企业创新只有把高科技与"以人为本"密切结合起来，才能提供既有高科技含量又充满人性关怀的新产品、新服务，才能开拓新的市场空间。否则，企业即使兴盛一时，终究会因受到消费者的冷落而退出竞争舞台。

第四，提高企业家综合素质的趋势。在现代企业中，员工的素质是企业文化创新的来源和动力，而由于企业家在企业活动中处于领导地位，因此，企业家的素质又是企业文化创新的关键。自改革开放以来，我国出现的一些企业家快速崛起又迅速倒下的"短命现象"，其原因是多方面的，除了体制和市场环境等因素外，企业家不能随着形势的变化而实现自身素质的不断创新,是最根本的原因之一。

全球经济多元化的发展,数字经济的到来,又对企业家的素质提出了新的挑战:需要科技知识与人文知识的综合,需要古今中外多种科技文化知识的综合;要打开国际市场,还需要对各国生活习惯和民风习俗的综合性有了解与把握;单靠哪一门专业知识和管理知识都难以胜任综合创新的任务。实践证明,企业家只有具备了融通古今中外科技知识、人文知识、管理经验与民风习俗的能力,善于应对各种市场变化的智慧,才能具备不断创新的实力,获得市场竞争的主动权。

5.3 自主品牌创新

当前,基于全球视角,品牌价值越来越能代表国家和地区的经济实力,创新已经成为品牌保持生命力的重要手段。自主品牌要想在竞争中取得优势,就需要在技术、管理和服务等多方面进行创新,更好地满足顾客需求。

5.3.1 自主品牌创新动因分析

1. 竞争全球化加速品牌创新

全球化的趋势给国内企业带来了强大的竞争压力。国内市场国际化、国际竞争国内化等特点正改变原有的竞争格局和模式。当今的市场竞争,由过去的产品竞争发展到品牌竞争,品牌已成为一个国家竞争力的重要体现。谁在市场上拥有品牌,谁就有可能在国际舞台上拥有话语权。

进入 21 世纪以来,我国企业规模发展迅速,自主品牌创新成为企业竞争的利器。2020年 12 月 17 日,由世界品牌实验室独家编制的 2020 年度(第十七届)《世界品牌 500 强》排行榜在美国纽约揭晓,如表 5-1 所示,我国包括港澳台地区在内的 43 个品牌上榜。

表 5-1 2020 年世界品牌 500 强排名前 10 的企业

排行	品牌名称	品牌年龄	国家	行业
1	亚马逊	25	美国	互联网
2	谷歌	22	美国	互联网
3	微软	45	美国	软件
4	iPhone	44	美国	计算机与通信
5	奔驰轿车	120	德国	汽车与零件
6	丰田	87	日本	汽车与零件
7	耐克	48	美国	服装服饰
8	AT&T	143	美国	电信
9	沃尔玛	58	美国	零售
10	Facebook	16	美国	互联网

世界品牌实验室发布的 2020 年《中国 500 最具价值品牌》分析报告中显示,上榜企业的总价值为 246 920.58 亿元,比 2019 年增加了 28 210.25 亿元,增加幅度为 12.90%。平均每个品牌的价值为 493.84 亿元,比 2019 年的平均值 437.42 亿元增加了 56.42 亿元。2020 年

入选品牌最低价值由 2019 年的 25.16 亿元上升到 27.16 亿元。总之，无论是从品牌发展的经济基础、收入水平与基尼系数、中国文化等维度分析，还是从体验经济与体验消费的角度分析，中国的品牌时代已经到来。在消费升级的大背景下，国潮复兴、国货逆袭给中国企业注入了新活力，带来了新机遇。中国企业要抓住刺激消费、扩大内需的绝好机会，通过大力发展民族品牌，进行品牌产品创新和品质升级，从而获得更高的品牌溢价能力，全面提升民族品牌的综合竞争力。

2. 消费者需求变化的新趋势

我们要求自主品牌不断创新的市场是动态的。经济在发展，社会在进步，消费者的价值取向和审美品位都在变化。自主品牌如果一成不变，没有创新，就会使品牌忠诚者开始动摇，并且失去许多潜在消费者；如果品牌长时间不与消费者沟通，没有向消费者传播新的信息，不能给消费者带来新鲜感，那么消费者很快就会将这个品牌淡忘。品牌创新实际上反映了企业对消费者的需求变化趋势的洞察和对时代的理解，使品牌自身针对消费者的感性与理性需要进行同步的调整，从而保持与消费者心理变化的统一节奏，激发消费者的热情。

3. 品牌老化需要品牌创新

品牌老化的原因有很多。一些企业由于缺乏有效的传播方式，使消费者长期暴露在同类信息内容之下，因此使其逐渐失去了新鲜感，甚至产生腻烦心理，最终导致消费者流失；有的企业不注重品牌内涵的建设，把品牌竞争仅当成品牌名称与标志的竞争，而没有挖掘品牌的真正内涵；一些老企业不喜欢变化，更怕改革，在经营中恪守古训、故步自封，没有创新意识。相反，同样是老企业的同仁堂抱着"同修仁德、济世养生"的堂训，不断进行创新，满足目标市场消费者的需求。

在短期内提高品牌知名度可能不是一件难事，可是如何长期维护品牌，不断提高品牌价值却是一项系统工程。企业如果对品牌老化的问题不加以重视，那么前期培育品牌的投入就会失去意义，唯有不断创新才能使"老"品牌焕发新生机。

5.3.2 实施自主品牌创新的原则

自主品牌创新是指企业依据市场变化和顾客需求，对品牌识别要素进行新的组合。品牌识别要素主要包括品牌的名称、标志，作为品牌基础的产品（产品质量和包装）、技术、服务，品牌的营销传播组合等。品牌的每个识别要素都可以作为品牌创新的维度实施创新。自主品牌创新的目的在于不断提升产品品牌形象，满足消费者不断变化的需求，为消费者提供更大的价值满足，因此，在创新品牌时，必须遵循下列原则。

1. 以消费者为中心的原则

品牌创新的出发点是消费者，创新的核心是为消费者提供更大的价值满足，包括功能性和情感性满足。"以消费者为中心的原则"是一切原则中的根本原则，忽略了消费者感受的品牌创新，注定只是企业本身的闭门造车，不会得到消费者的认可并取得成功。

2. 全面性和成本性原则

全面性原则是指对品牌的某一个维度进行创新时，往往需要其他维度同步创新的配合，从而产生较为一致的品牌形象，不至于因其他维度没有及时创新而发生形象识别紊乱。比如，品牌的定位创新常常需要进行品牌的科技创新，科技创新往往需要通过产品创新来体现，产品创新也经常要求广告等传播形式的创新等。成本性原则，即企业必须尽可能"花最少的钱，办最好的事"。任何维度的品牌创新都是有代价的，包括巨额的研发费用、营销费用、管理费用等。如果企业没有做好资源的优化配置，虽然创新可能具有极大的经济效益或社会效益，但也有可能因资源的不济而半途而废。

3. 持续性与及时性原则

创新不是对之前品牌形象及内涵的全盘否定，而是一个亦扬亦弃的过程，要遵循持续性原则。及时性原则是指品牌创新必须要跟上时代步伐、及时迅速地满足消费者对产品或服务的需求变化。创新不及时，产品或服务必将落伍，品牌必然老化。持续性与及时性原则是紧密相连的：只要较好地把握住及时性创新，一个个连续不断的及时性创新便构成了有效的持续性创新。持续性创新是多个及时性创新在时间维度上的外在表现，是呈现出来的结果。

5.3.3 自主品牌创新的途径

自主品牌创新是一个系统工程，包括树立品牌创新思想，建立和完善品牌创新手段、创新制度和保障等。

推动企业加强具有自主知识产权的核心技术的研发和应用，能够为打造更多的中国品牌奠定坚实的基础。

一方面，要通过建立品牌发展基金，重点扶持和鼓励企业自主创新。另一方面，要严厉打击假冒伪劣产品和侵权行为，保护企业的自主知识产权，保护企业自主创新的热情。为了维护自主创新的良好市场环境，为了维护中国产品、中国品牌的国内外声誉，打假仍需重拳。我们要动员社会力量共同发力，严厉打击假冒伪劣产品和侵权行为，努力创造公平竞争的市场环境，精心培育中外消费者喜爱的中国品牌。

当前，我国已经步入了质量经济的中高级阶段，而发达国家已经进入品牌经济时代，20%的国际知名品牌占据了80%的市场份额，这意味着我们要通过质量品牌提升行动，实施质量强国、品牌强国的战略，使我国在全球经济竞争中占据主动，逐步迈向品牌经济时代。

中国品牌建设促进会正在配合国家发改委研究制定《中国品牌发展战略》，作为国家"十三五""十四五"的重点项目，推动我国品牌加快走向世界。我们将以每年品牌价值评价发布榜为依据，培育一批中国知名品牌；以世界品牌联盟为基础，培育一批世界知名品牌，计划通过5年的时间培育打造1 000个国内外知名品牌，提高中国品牌的竞争力和知名度，推动我国经济跨入品牌经济时代。

1. 树立品牌创新理念，建立品牌创新机制

品牌创新是企业品牌自我发展的必然要求，是延缓品牌老化，使品牌生命不断得以延长的唯一途径。企业的品牌管理部门必须树立品牌创新理念，构建品牌创新机制，保证品牌创新的实现。

（1）建立完善的市场营销信息系统，在恰当的时刻推动品牌创新。市场营销信息系统是指在企业中由人、计算机和程序组成的一种相互作用的联合体，它为市场营销决策者收集、整理、分析、评价并传递或提供有用、适时和准确的信息，用于制定或修改市场营销计划，执行和控制市场营销活动。企业通过建立市场营销信息系统，可以及时监测品牌的市场表现，消费者的市场动态及需求变化，科技进步及其他利益相关者对品牌的认知。一旦市场营销信息系统监测到这些信息不利于企业的品牌发展，引起品牌老化或导致现有品牌不能适应市场变化时，企业的品牌管理部门就需要考虑创新现有的品牌。

（2）建立创新团队，制订详细计划，确保品牌创新过程顺利进行。和企业自身的组织变革一样，企业的品牌创新也需要成立创新团队。因此，企业平时就需要做好这方面的人才储备，让品牌管理人员熟悉现阶段自身品牌形象，时刻关注外部环境的变化，做到"知己知彼"。品牌创新过程有其规律可循，可以划分为详细的行动阶段。

1）觉醒阶段。虽然品牌管理者意识到创新的必要性，但是品牌创新通常涉及企业组织的多个部门，而他们对此往往不能理解。因此，此阶段有必要使组织成员产生危机感，营造、强化主动变革的气氛，减小创新的阻力。

2）实施阶段。这时企业已开始推行一系列创新措施，但是品牌形象还没有完全转变，容易出现混乱无序的局面。在此阶段，品牌管理部门应通过建设性的行动推进变革并保证充分而有效的沟通，尽可能地取得组织成员的理解和信任。

3）展望阶段。品牌创新初见成效、短期目标实现、新的品牌形象得到消费者及组织成员认可。只有取得实实在在的成效，才能增强变革决心，减弱变革阻力，品牌创新活动才能获得认同，新的品牌形象才能巩固下来。

品牌管理部门要根据内外环境的变化，结合自身实力，制订详细、科学的行动计划，合理配置必需的资源，量化创新要达到的目标，从而保证创新的顺利进行，并取得预计的效果。实施名牌战略离不开持续创新。企业每一次的品牌创新，成功也好，失败也罢，都是一次宝贵的尝试、一笔值得重复利用的资源。企业只有不断总结创新过程中的经验和教训，才能在下一次创新中走得更加顺利、更加成功。

2. 加强技术及产品创新，夯实品牌创新基础

技术是品牌创新的基础。没有一流技术作为支撑，就没有高质量、满足消费者需求的产品，更难以给品牌注入高附加价值，参与国际竞争也就无从谈起。国家知识产权局公布的数据显示，2020年，我国发明专利授权达到53.0万件。截至2020年年底，我国（不含港澳台）发明专利有效量已经达到221.3万件，平均每万人口发明专利拥有量达到15.8件，超额完成国家"十三五"规划纲要预期的12件的目标。2020年，我国实用新型专利授权达到237.7万件，外观设计专利授权达到73.2万件，专利复审结案为4.8万件，同比增长28.9%。

品牌是以产品为载体的，离开了高质量的产品，品牌也就成了无本之木、无源之水。品牌创新正是通过产品创新而更新品牌形象，推出新产品而改变消费者对品牌保守形象的认知的。它要求新产品在行业内具有一定的技术领先性，要与品牌的核心理念一致，并且是对品牌形象的升华。不断进行技术和产品创新，是当今自主品牌创新的核心内容。以纺织品品牌为例，纺织品品牌创新规划如图5-3所示。

3. 自主品牌定位创新，实现品牌的差异化

品牌定位就是在市场竞争中，明确企业产品品牌与竞争对手品牌的区别，因此，品牌的差异化建设对于提高品牌的知名度、美誉度是极其重要的。如果一个品牌定位下的产品属性不能适应市场，或者品牌最初的定位不再适应企业发展的需要，则要更新其属性，并使之获得新生。在当今市场上，只有定位准确才能创造知名品牌，对不适应市场变化的品牌定位进行创新势在必行。

对定位来说，最为关键的是要确定目标群体所追求的核心价值，并通过传递与之相一致的品牌核心价值来开拓市场。品牌是名称术语、标记、符号之一或是它们的组合运用，其目的是借以辨认某个销售者或某群销售者的产品或服务，并使之与竞争对手的产品或服务区别开来。对于营销人员提炼出来的品牌价值，如自由、高贵等，消费者不能很好地理解，他们更多的是通过各种各样的具体有形的符号，如语言、图画、物体、人物、色彩等来推想特定价值的。

准确的定位需要利用准确的符号或者符号体系表现品牌的核心价值，这样消费者就能很容易地在丰富的同类产品和品牌中辨认出那个符合他内心需要与价值的品牌。

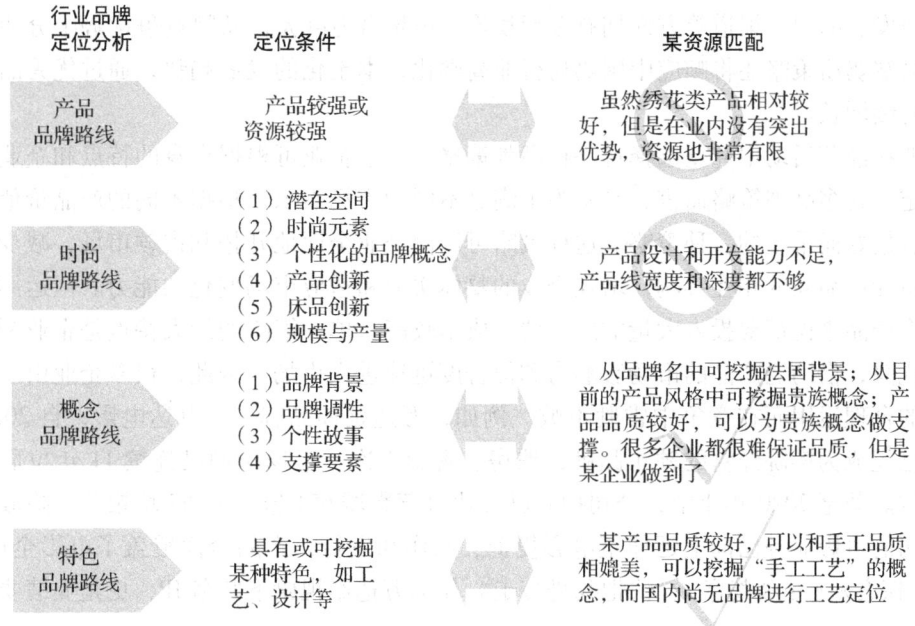

图 5-3　纺织品品牌创新规划

4. 传播方式创新，提高自主品牌的知名度和美誉度

企业确立了品牌价值之后，需要通过多种传播渠道传递品牌信息。产品是企业创造的，品牌却是消费者创造的，在销售过程中实现其价值。因此，好的传播渠道和传播方式对品牌形象的提升起着重要的作用。在实践中，许多企业使用广告轰炸手法来提高知名度。殊不知，这种广告投入的浪费越来越严重，消费者也越来越讨厌这种方式。消费者对广告态度的变化，要求企业在传播方式上要应用新手段。信息技术的发展给企业创造了运用各种媒体的机会，也为品牌创新提供了新的宣传和广告方式。电子商务以其信息量大，声音、图像和文字的组合优势赢得了很多企业的青睐，尤其是中小企业。中小企业自身资源有限，难以与大企业抗衡，开拓海外市场渠道也存在很大困难，而电子商务使得中小企业的触角可以伸到世

界各地，为其提供了与大企业竞争的平台。网络广告的兴起让企业可以以较低的成本达到宣传的效果，通过大众的信息传播、个人及互动媒体，企业可以接触到其他更多的顾客，实时调整品牌宣传的重点。新的宣传和广告媒体为品牌创新提供了具有实时性、互动性，能打破地域限制和降低成本等有效的创新手段。

5. 利用品牌延伸进行品牌创新

在品牌战略的实施中，企业一般面临着两种品牌策略的选择。一种是单一的品牌策略，即企业生产和经营的几种不同产品统一使用一个品牌。如日本的索尼公司生产的电器产品都使用"SONY"品牌，在国内和国际市场上具有较高的知名度和较大的市场占有率。另一种是多品牌策略，即企业生产和经营的产品根据市场需求、品种、规格、价值等分别命名，对不同的产品使用不同的品牌。根据 AC 尼尔森 2020 年年末公布的数据，截至 2020 年 9 月 30 日，飞鹤线下市场占有率达到 13.9%，整体市场份额占比为 11.9%，远超过市场的第二品牌，并继续呈现出市场效应不断提升的态势。多家机构预测，飞鹤作为中国奶粉行业领头羊，在研发、品牌、渠道等方面拥有多元积累，市场潜力巨大，品牌竞争优势十分明显。未来，其高端奶粉策略还将顺应中国奶粉行业高端化、本土化的发展趋势，通过优秀品质支撑业绩可持续增长。

企业在经营活动中究竟选择哪一种品牌策略，每个企业可根据自身的特点和企业发展战略来确定。就多品牌策略而言，它是为了满足不同的市场需求，根据不同的产品价值、不同的消费者偏好而采用的一种策略。这种策略可以使企业全面地开拓和占领市场，减少企业的经营风险和产品间的相互影响，增强企业的整体实力和适应市场变化的能力。但运用这种策略对每个产品来说都要投入大量的广告费，成本较高。单一策略的最大特点是企业利用已有的名牌优势，借助老产品的市场影响力和信誉度迅速进入市场。因此，很多企业由于品牌延伸策略的合理运用而在竞争中常胜不败。例如，万达延伸品牌——万达电影，自 2005 年成立以来已经成为影院经营的领军品牌，票房、观影人次、市场份额已连续 11 年位居国内同行业首位。截至 2020 年年中，公司拥有已开业直营影城 651 家，5 767 块银幕。除放映业务外，公司的电影业务已向上延伸至电影投资、制作和发行，产品全面覆盖了电影全产业链，《唐人街探案》《斗破苍穹》《快把我哥带走》作为万达影视旗下知名 IP，更是业绩斐然。

6. 建立品牌创新的激励和保护机制

品牌创新是构建知名品牌的重要前提，因此，加强对品牌商品的保护，鼓励企业不断进行创新，是提高我国企业综合竞争力的重要措施。品牌创新和保护是企业构建知名品牌的两个方面。企业除了要创新自主品牌外，还要积极保护品牌，通过法律手段来保护自身品牌的权益。

当前，由于整个市场竞争激烈，市场竞争秩序有待完善，市场知名品牌面临假冒伪劣产品所带来的伤害，因此，政府应该加大对假冒伪劣产品的打击力度，积极启动品牌保护政策。首先，严格规范驰名商标评定工作，防止乱评名牌、乱评名优。其次，通过政府和社会的监督来保护名牌产品。政府监督主要通过企业主管部门进行，要严把品牌产品质量关，促进非名牌产品企业提高质量、争创名牌。通过高频率的监督，促使拥有名牌产品的企业精益求精，不断提高；对于名牌产品，政府应采取有效的措施加以保护。社会监督主要是通过各级质量管理协会、消费者协会、行业协会、商标协会等民间团体或组织进行监督。最后，要从社会舆论与宣传部门的角度加强舆论宣传，增强国民的品牌保护意识，让每个中国人都来保护企业自主品牌，使品牌保护变成整个社会的活动。

对于在市场上已经形成的知名品牌，政府及主管部门应该予以鼓励，如加大政府采购力度，奖励企业管理者，对知名品牌重点扶持等。商标协会具有专家作用，工商管理部门应认真听取专家的意见和建议。自主品牌创新不是某一方面的工作，需要企业从多个环节进行改变，而各个环节的工作是一个有机的整体，只有协调发展才能将品牌创新工作做好。政府的工作是尽最大努力创造激励品牌创新的环境，激发企业的积极性。

5.3.4 自主创新品牌功能

华为投入1元钱研发出来的产品，欧洲的公司需要投入10元钱才能做得出来。这样的低成本优势，使得华为的资金更有效地被利用，生产出的产品也能以性价比高的优势获得消费者的喜爱和追捧。这说明自主品牌功能的开发需要更多的创新思维介入。

1. 提升自主品牌竞争优势的主导功能

迈克尔·波特提出："尽管各企业获得竞争优势的方法不同，但最基本的获得竞争优势的方法为低成本和差别化优势。"差别化是企业获得竞争优势的方法之一。随着市场竞争的日益加剧，同一行业中各企业产品之间的差别化越来越难以形成，即使有些产品达到了高度差别化，也会由于竞争模仿的日益加剧而不能持久。因此，自主品牌作为企业的一种难以模仿的无形资产，以其灵活多样的创新方式成为现代企业赢得竞争优势的重要途径之一，为企业带来了差别化优势。企业成本包括生产成本和非生产成本，而不同企业同一种产品的生产成本的差异程度正日益减弱，因此，企业必然将注意力转移到非生产成本的降低方面。非生产成本中比较有伸缩力的是营销成本，企业通过自主品牌创新为企业自主品牌的营销成本降低提供了机会，因为随着自主品牌创新程度的不断提升、深化以及自主品牌信誉的提高，单位营销成本也会因产品销售量的增加而大大降低。而且，自主品牌创新可使自主品牌资产覆盖到其他产品或业务上，这样企业往往只需对某个主要的自主品牌投入营销费用，其他产品或业务便会被带动起来，从而节省了营销成本。

2. 深化自主品牌开发能力的核心功能

自主品牌开发是指企业挖掘已有的自主品牌的潜力或创造出新的自主品牌。企业自主品牌开发能力的核心是企业自主品牌的创新能力。自主品牌开发有三种形式。①根据科技的发展和市场的发展，创造出新的产品和创立出新的自主品牌。②创造品牌新的应用领域。企业通过对现有自主品牌的再次开发，可以发展品牌的新应用领域。③对自主品牌这一无形资产的资产认定和资产运作。通过引进和受让品牌资产实现品牌的扩张和延伸等经济活动，企业对此三种自主品牌开发形式实现能力的强弱直接体现了企业自主品牌开发能力的高低。①自主品牌创新能力是自主品牌开发能力的基础。②在开发形式中，创造品牌新的应用是建立在自主品牌创新的基础之上的。③虽然开发形式能增强企业品牌资产总量，但一般不能直接增强企业自主品牌的创新能力。因此，要从根本上增强企业自主品牌开发能力，就要牢牢把握自主品牌创新这个核心环节。

3. 保障品牌安全的功能

自主品牌创新对品牌安全的保障功能主要体现在以下几个方面。①生产方面：保证企业自主品牌产品的质量与技术水平。通过自主品牌与科技创新成果的融合，促使产品品质不断地提高，从而使企业可以不断地制造差异性，为延长及保障自主品牌的生命力和安全性奠定基础。②服务方面：保证及提高消费者对企业自主品牌的满意度和忠诚度。随着消费者购买能力的增强和需求趋向的变化，服务因素在市场竞争中已经成为企业竞争的新焦点。谁能赢得消费者，谁就拥有未来的市场。③自主品牌创新是以自主知识产权为基础的品牌创新，可通过专利等形式，为企业自主品牌安全寻求法律上的保护。

4. 提升品牌价值的功能

实际上，品牌价值是指品牌在消费者心目中的价值体现。自主品牌创新主要通过以下几个方面来提升品牌价值。

（1）提升自主品牌的文化价值。通过自主品牌创新，广泛地吸收各种文化素养，实现民族的、地方的和世界文化的融会贯通，实现传统文化和现代文化的结合创新。一个品牌有了文化内涵的创新就像有了崭新的灵魂一样，能保持顽强的生命力，这也是自主品牌价值提升的秘诀。

（2）提高自主品牌的产品品质，从而提高品牌的价值。只有用一流的质量增强消费者的消费信心，形成消费者的品牌偏好和品牌忠诚，才能创造和提升自主品牌的价值。

（3）提升自主品牌的个性价值。自主品牌的个性创新使自主品牌具有独特的魅力、鲜明的个性，并以此有效地吸引住目标消费者，从而提升品牌价值。

5.4 我国的品牌创新

目前，我国在品牌创新领域中的商业模式创新已经起步并取得了可喜的成绩，如特许连锁经营业态的繁荣、企业销售渠道的变革、直销形式的出现等。企业文化创新也顺应时代的潮流在东西方文化的交汇中，寻求对经济社会发展有利的文化形态，促进了人们思想观念、行为方式的转变，无论是对品牌的自主创新，还是对企业可持续发展都提供了精神动力。当前，自主品牌创新的瓶颈主要是技术，尤其是在高科技领域，表现得更为明显。目前我国很多高科技企业的实力还比较弱，品牌资产价值也比较低，在国际上的影响力比较小，上市的增值空间不大。

5.4.1 企业自主品牌创新存在的主要问题

1. 知识管理水平低导致大量人才流失

企业在经营过程中除了创造有形的价值以外，还创造更多的无形资产，主要表现在企业的经验、技术诀窍、渠道、客户关系、品牌及内部管理制度等方面。它们不仅具有绝对的资产性质，而且比有形资产更具有战略意义。因为这种智力资本往往难以复制或模仿，所以每个企业都具有自己的管理哲学和企业文化，也具有与之相适应的企业行为规范。开发、利用和评价知识，对知识进行有效管理，将企业知识资本化，是未来企业获得成功的基础性工作。

由于我国高新技术企业疏于知识管理，因而造成无形资产流失严重。如很多高级技术人员因为既不能分享利润，又受到来自竞争对手或者创业的诱惑而选择离开本企业，而企业一旦离开技术支持就失去了发展业务的核心力量。同时，企业的管理者根本无法控制高级技术人员离开后到其他企业或自己创业所带来的竞争威胁。

从理论上讲，企业每年有15%以下的人员流动有利于企业"造血"，属于正常现象，但近两年，作为高新技术企业代表的IT行业人员平均流动率高达25%，有的甚至超过40%。不断的招聘和培训耗费了企业大量的精力，也减弱了企业的竞争能力。同时，大量的人员流动容易给人造成企业经营不善或效益不佳的印象，这给企业带来的负面影响往往会呈几何级数增长，使企业形象严重受损，同时企业的品牌资产价值也会受到不利的影响。

2. 对无形资产的宣传和维护不到位使得品牌资产增值较慢

知名度的发展一般要经历从无到有的过程。品牌知名度越高，表明消费者对其越熟悉，对其喜欢程度越高，选购的可能性也就越大。营销实践证明，在同类产品中，知名度最高的品牌往往是市场上的领先品牌，也是市场占有率最高的品牌。

一个品牌要建立起知名度需要进行大量的广告和公关宣传活动，如阿里、李宁、华为等品牌每年都要投入惊人的广告费，但这并不意味着企业投入越多，获得的知名度就越高，由于盲目增加广告投入最终被迫退出市场的企业比比皆是。实际上，品牌竞争力是指企业的品牌区别于其他竞争对手的独特能力，是企业核心竞争力商品化的表现，具体是指产品内在的品质、技术性能和完善的服务。实践证明，只有针对目标消费者开展凸显品牌特性的一系列宣传活动，才能使消费者在活动中亲身感受并体验到品牌特性，从而区别于竞争对手，达到提升品牌的知名度和美誉度的效果，进而有效地提升品牌资产价值。

3. 企业融资方式单一导致品牌发展缺乏内在动能

企业融资方式总体来说有两种：一是内源融资，即将本企业的留存收益和折旧转化为投资；二是外源融资，即吸收其他经济主体的储蓄并将其转化为本企业的投资。外源融资又包括直接融资和间接融资，直接融资是指企业通过债券和股票进行的融资，而间接融资主要指银行贷款和其他方式的融资。长期以来，我国高新技术企业的融资渠道十分狭窄，内源融资是其主要的融资方式，外源融资也仅限于银行贷款，而对于融资速度最快、融资能力最强的证券市场融资方式，企业运用得还很不充分。

此外，作为企业无形资产的综合体现，企业品牌资产价值的提升有赖于无形资产的建立与维护。国家知识产权局的有关资料显示，在世界知识产权组织划分的35个技术领域之中，2018年，全国专利密集型产业增加值达到10.7万亿元，占国内生产总值的比重达到11.6%；知识产权使用费进出口总额从2007年的85亿美元增加到2019年的410亿美元。2019年中国人工智能专利申请量超过10万项，稳居世界第一。计算机视觉技术作为人工智能也成为最重要的技术市场细分领域，我国的专利申请量也远高于其他国家，然而专利申请人的集中度分散，未能形成大竞争局面，且多在东部地区，可见，专利布局战略仍有待加强。因此，我国仍需大力培育高价值核心专利。同时，企业对无形资产的重要性认识不足，不注重无形资产的建立与维护，必然给企业发展带来很大阻力。

2020年10月15日，中国上海——WPP与凯度即日共同发布"2020年BrandZ最具价值中国品牌100强排行榜"（前十名排行榜见表5-2）。最具价值的100个中国品牌的总价值达到9 964亿美元，较2019年同比上涨12%，这显示出我国强势的品牌韧性以及企业打造和维持品牌价值的能力。

表5-2 2020年BrandZ最具价值中国品牌100强前十名排行榜

2020年排名 （2019年排名）	品牌	类别	2020年品牌价值 （亿美元）	较2019年品牌 价值变化
1（1）	阿里巴巴	零售	1 532.87	9%
2（2）	腾讯	科技	1 509.78	9%
3（5）	茅台	酒类	537.55	47%
4（3）	中国工商银行	银行	381.49	−6%
5（6）	华为	科技	373.98	13%
6（4）	中国移动	电信提供商	345.83	−12%
7（7）	平安	保险	338.10	25%
8（10）	京东	零售	247.61	17%
9（13）	美团	生活方式平台	239.11	20%
10（9）	中国建设银行	银行	210.89	−8%

5.4.2 我国高新技术企业提高品牌资产价值的应对策略

高科技是推动品牌价值增值的重要引擎，也是提升国家品牌国际竞争力的重要支柱。

1. 加强对外合作

高新技术企业的研发与创新能力是其在国际竞争中取胜的关键，而我国大多数高科技企业都面临着新技术开发投入偏高而成功率偏低的问题。为了提高新产品的研发效率和成功率，高新技术企业可以采取两种有效途径：一是与高等院校和科研院所加强合作，力求以最快的速度实现科学技术向生产力的转化；二是向国外先进企业购买专利与专有技术，缩小与国外高新技术企业的差距，提高企业的核心竞争力。

（1）与高等院校和科研院所加强合作。在提高品牌竞争力的过程中，技术投入具有重要意义，尤其是对于高新技术企业而言，保持其技术的领先性是维护品牌价值的重要条件，但受到企业发展实力的影响，我国企业的技术投入与发达国家相比仍有较大差距。为了贯彻落实党中央、国务院关于强化知识产权创造、保护、运用的决策部署，大力提升高校知识产权开发及推广的能力和水平，按照《国家知识产权局办公室、教育部办公厅关于组织开展国家知识产权试点示范高校建设工作的通知》（国知办发运字〔2020〕8号）的要求，国家知识产权局、教育部开展了国家知识产权示范高校认定和国家知识产权试点高校遴选工作，决定认定北京大学等30所高校为2020年度国家知识产权示范高校、遴选中国人民大学等80所高校为2020年度国家知识产权试点高校。

我国目前存在一种不良倾向：一方面是国内大多数企业不愿意冒风险投入太多的人力和财力做研究；另一方面是高等院校、科研机构里大量的科研成果被闲置。如果双方走产学研结合之路，实现合作互利，就能将这些科研成果迅速转化成生产力。如上海微创医疗器械有限公司积极利用高校的科研资源，与上海交通大学联合培养硕士、博士研究生，并设立"微创奖学金",同时合作培养微创公司介入医疗器械、生物医学工程及材料领域的高级人才，共同攻关国家重点科技项目，取得了很好的业绩，有力地推动了企业的发展。

（2）向国外先进企业购买专利与专有技术。与发达国家进行技术贸易是我国以最短的时间迎头赶上的捷径，经过近40年的改革开放，我国经济的飞速发展举世瞩目，这与国家鼓励技术引进有着必然的联系。但是我国在引进技术的过程中常常碰到限制性条款，这种限制不仅出现在技术使用方面，而且出现在生产和销售等方面。我国应该从国际技术转让限制与反限制的较量中吸取更多的经验，维护本国的正当权益，在科学技术转变为生产力的过程中获得较多的经济利益。

此外，高新技术企业必须认识到，发达国家在向发展中国家进行技术输出时，往往加速转让一般传统技术而限制创新技术，以保证其对技术的垄断地位，从而实现其经济的全球性渗透和扩张。因此，在国际贸易中，高新技术企业要注意引进技术的先进性，同时要加速对引进技术的消化和吸收，缩短与国际先进企业的技术差距，提高本企业的竞争能力。

2. 增强企业的融资能力

高新技术企业应充分利用自身的优势吸引投资者，在掌握投融资知识和资本市场信息与政府政策的基础上，展现企业自身的信誉和未来的发展潜力，引导资本流向，并按照企业不同发展阶段的资金需求与融资可能性选择不同的融资渠道和融资工具。另外，高新技术企业还要进行充分的调研和分析论证，注意选择好证券商与中介服务组织，做好融资战略规划，提高工作效率，降低融资成本，切忌盲目融资。

此外，高新技术企业还要注重融资创新，以吸引政府的风险投资基金、国家政策性贷款、国家担保贷款、经营租赁、融资租赁以及BOT模式等有利的融资方式，充分发挥政府政策的示范效应，同时吸引民间资金投入本企业，并为企业在国际资本市场上市做好准备工作，全面提高企业的融资能力。

3. 通过提高员工待遇实现高效知识管理

知识管理并不复杂，高新技术企业可以根据自身的具体条件有针对性地选择合适的管理方式，逐步提升企业知识管理水平。如可以通过建立合理的物质奖励和提升、晋级制度，实现企业授权与控制的平衡，一方面要充分授权，以充分发挥专业人才的专业价值，另一方面要在开发过程中和获得成果时，通过相应的制度将控制权牢牢掌握在企业手中并进行持续的维护，以防在人才流失的同时造成资源的流失。

高新技术企业的知识更新尤为重要，企业要设立一定数量的培训基金作为员工继续教育的经费，在提高员工整体素质的同时增强企业的发展后劲。此外，企业还可以借鉴IBM的"长板凳计划"，建立核心人才的接班人机制，确定核心人才及其所在的岗位，并逐渐建立政策、资源和薪酬等方面的完整体系，打造企业长远发展的人力资源平台及完整、系统的人才储备与替补计划。

4. 注重品牌内涵建设与品牌保护

（1）加强品牌的文化内涵建设。品牌是市场竞争的强有力手段，也是一种文化现象，优秀的品牌往往具有深厚的文化底蕴。消费者在购买产品时不仅选择产品的功效和质量，还选择产品的文化品位。这就要求企业在建设品牌时将文化内涵渗透其中，把品牌蕴涵的文化精致而充分地展示出来,形成企业赖以长期发展的资本——品牌资产。

品牌资产的建立是一个长期、连续的过程,是企业一贯的承诺,也是品牌建设的首要内容。品牌资产价值需要品牌经营者不断地维系,以便赢得消费者,实现其增加品牌资产价值的目的。微软、英特尔、华为等品牌稳居世界前列的关键在于其多年来始终坚持恪守品牌核心价值,树立鲜明的品牌形象和品牌个性,吸引了众多的品牌忠诚者,使得品牌知名度与美誉度相辅相成,确保了企业品牌资产的增值,而品牌价值的增值又促使企业股票市值的攀升,形成了企业发展的良性循环。

我国高新技术企业要想实现品牌增值就要创造一种富有创新精神的品牌形象,把品牌新颖、时尚化的特点展现出来,传达一种综合的新生代价值观,充分利用一切传媒将品牌的核心价值理念表现出来,形成自己独有的品牌文化内涵,并始终坚持品牌自有价值观念的渗透和深化。

(2)始终如一地注重品牌保护。随着我国实施国际贸易多元化战略,各种各样的知识产权纠纷在外国公司和民族企业之间不断出现,而且有愈演愈烈之势,这表明国外企业已开始利用无形资产优势大举进入我国的多种市场。因此,开发、经营、维护高新技术企业的无形资产已成为竞争取胜的关键。企业要成立专职部门,聘请专业人员从事商标注册、驰名商标的国内外认证等工作,有计划地实施品牌保护战略。

由于品牌的构成要素非常复杂,除了品牌名称、品牌标志和商标外,还有一些要素对于品牌形象的形成具有非常重要的意义,例如品牌的定位主题语、品牌代言人甚至品牌的标准色等已经成为品牌形象的一个重要组成部分,所以,企业应合理利用现有的法律资源,对品牌进行全方位的保护。

(3)注重域名问题。随着网络技术和电子商务的蓬勃发展,域名已经在某种程度上成为"企业的网上商标"。域名在世界范围内具有唯一性和排他性,这就使域名成为一种有限的稀缺性资源。企业要注重网上创牌,有意识地提前进行保护。

5. 肩负起支持国家实现可持续发展的社会责任

企业要想长期高效发展,既要注重经济效益,也要兼顾社会效益。只有将国家利益和公众利益与企业自身利益结合起来的企业,才能获得公众的认同,树立良好的企业形象,从而实现长足发展。

我国是一个资源总量丰富但人均占有量严重不足的国家,土地、水、石油等战略性资源高度紧张,特别是近几年经济持续高速发展,资源和能源消费的供需矛盾日益突出。加之我国生态环境脆弱,环境污染问题严重,因此,我国做出了走可持续发展道路的战略选择,于2003年发布了《中国21世纪初可持续发展行动纲要》,确定了可持续发展的重点领域和行动计划。

所谓可持续发展是指既满足当代人的需要,又不损害后代人满足其需要能力的发展。实现可持续发展必须以科技为支撑,而一个国家的可持续发展水平在很大程度上取决于高新技术企业的创新能力及产业化水平。高新技术企业作为国家的科技龙头企业,肩负着支持国家可持续发展的重任。2019年3月26日,习近平在中法全球治理论坛闭幕式上的讲话中指出:可持续发展思想是破解当前全球性问题的"金钥匙"。这一思想体现人类命运共同体担当,我国积极倡导多边主义,完善全球治理体系,共同促进地球村持久和平安宁,共同创造更加繁荣美好的世界。

总之，为了不断提升企业的品牌资产价值，有几点内容需要注意。第一，要加强对外合作。一方面要加强与高等院校和科研院所的合作；另一方面要向国外先进企业购买专利与专有技术，提高企业的研发与创新能力。第二，有效地利用各种融资渠道，提高企业的融资能力。第三，通过提高员工待遇实现高效知识管理。第四，注重品牌内涵建设与品牌保护。第五，肩负起支持国家实现可持续发展的社会责任，充分挖掘现有无形资产的潜力，并投入足够的人力、物力、财力，不断开发和创造新的无形资产，实现品牌资产价值增值和企业的可持续发展。

本章小结

1. 创新就是建立一种新的生产函数，即把一种从来没有过的关于生产要素和生产条件的"新组合"引入生产系统。这种新组合包括引入新产品、引进新工艺、开辟新市场、控制原材料的新供应来源、实现企业的新组织。
2. 品牌创新实质上就是赋予品牌要素以创造价值的新能力的行为，即通过技术、质量、商业模式和企业文化创新，增强品牌生命力。
3. 品牌创新包含四个方面：品牌价值创新、品牌技术创新、商业模式创新、企业文化创新。
4. 自主品牌要在竞争中取得优势，就需要在技术、管理和服务等多方面进行创新，更好地满足顾客需求。
5. 自主创新品牌功能包括提升自主品牌竞争优势的主导功能，深化自主品牌开发能力的核心功能，保障品牌安全的功能，提升品牌价值的功能。

自测题

一、单项选择题

1. 企业创新力就是企业在市场中将企业要素资源进行有效的内在变革，从而提高其内在素质、驱动企业获得更多的与其他竞争企业的（　　）的能力。
   A. 统一性　　　　　B. 确定性　　　　　C. 趋同性　　　　　D. 差异性
2. 全新产品创新的动力机制既有技术推进型，也有需求拉引型。改进产品创新的动力机制一般是（　　）型。
   A. 需求拉动　　　　B. 供给牵引　　　　C. 需求拉引　　　　D. 供给拉动
3. 在产品创新的具体现实中，主要有（　　）、合作创新两种方式。
   A. 独立创造　　　　B. 自主创新　　　　C. 独立创新　　　　D. 合作创意
4. 一般来说，管理创新过程包含四个阶段。第一阶段是（　　）。
   A. 对现实的不满　　　　　　　　　　　B. 从其他来源寻找灵感
   C. 创新活动　　　　　　　　　　　　　D. 争取内部和外部的认可
5. 企业之所以进行品牌价值创新，是因为企业通过品牌价值创新可以提高（　　）。
   A. 顾客感知价值　　B. 企业创新能力　　C. 资源供给能力　　D. 产品核心价值
6. （　　）是指对于一个特定的品牌商品，其销售价格高出品类销售基价的那一部分。这部分比率越高，表明这个品类商品获利越大，品牌竞争力越强。

A. 品牌价值　　　B. 品牌溢价　　　C. 品牌利润　　　D. 品牌利益
7. 商业模式就其最基本的意义而言，是指做生意的方法，是一个企业赖以生存的模式，是一种能够为企业带来（　　）的模式。
　　A. 利益　　　　　B. 利润　　　　　C. 收益　　　　　D. 效益
8. 企业文化创新的前提是（　　）观念的转变。
　　A. 社会协调组织者　　　　　　　　B. 资源管理供给者
　　C. 行政管理组织者　　　　　　　　D. 企业经营管理者
9. （　　）创新是指企业依据市场变化和顾客需求，对品牌识别要素进行新的组合。
　　A. 自主品牌　　　B. 合作品牌　　　C. 网络品牌　　　D. 国际品牌
10. 品牌价值实际上是指品牌在消费者心目中的一种心理定位的（　　）体现。
　　A. 心理素质　　　B. 心理价值　　　C. 心理需求　　　D. 心理动机

二、多项选择题

1. 品牌创新包含四个方面，分别是（　　）。
　　A. 价值创新　　　B. 技术创新　　　C. 企业文化创新
　　D. 商业模式创新　E. 流程创新
2. 增强自主创新品牌功能需要（　　）。
　　A. 提升自主品牌竞争优势　　　　　B. 深化自主品牌开发能力
　　C. 保障品牌安全　　　　　　　　　D. 提升品牌价值
　　E. 保护品牌知识产权
3. 创新作为一种基本的企业行为，其具体的表现形式是多种多样的，包括（　　）。
　　A. 产品创新　　　B. 工艺创新　　　C. 市场创新
　　D. 管理创新　　　E. 品牌创新
4. 有三类因素将有利于组织的管理创新，它们是（　　）。
　　A. 组织结构　　　B. 文化　　　　　C. 人力资源
　　D. 企业历史　　　E. 产品市场
5. 管理创新过程包含四个阶段，分别是（　　）。
　　A. 对现实的不满　　　　　　　　　B. 从其他来源寻找灵感
　　C. 创新活动　　　　　　　　　　　D. 争取内部和外部的认可
　　E. 协调社会与企业的关系
6. 企业文化创新的四大趋势是（　　）。
　　A. 确立共赢价值观的趋势　　　　　B. 选择自主管理模式的趋势
　　C. 既重视高科技又顺应"以人为本"的趋势　D. 提高企业家综合素质的趋势
　　E. 提升使用大数据的能力的趋势
7. 在建立自主创新品牌时，必须遵循下列原则，即（　　）。
　　A. 以消费者为中心的原则　　　　　B. 全面性和成本性原则
　　C. 持续性与及时性原则　　　　　　D. 阶段性与间断性原则
　　E. 科学性与灵活性原则
8. 我国高新技术企业提高品牌资产价值的应对策略是（　　）。
　　A. 加强对外合作　　　　　　　　　B. 增强企业的融资能力

C. 通过提高员工待遇实现高效知识管理　　D. 注重品牌内涵建设与品牌保护
E. 肩负起支持国家实现可持续发展的社会责任

三、简答题

1. 创新的含义是什么？它包括哪些最基本的形式？
2. 什么是品牌创新？具体说明品牌创新包括哪些方面。
3. 实施自主品牌创新的原则是什么？
4. 品牌价值创新的策略是什么？
5. 我国自主品牌创新存在的主要问题是什么？

案例分析

餐饮品牌升级迫在眉睫，品牌创新将呈井喷式爆发

2020年餐饮人最大的顽敌是麻木！疫情一波三折，餐饮人在焦虑紧张中度过一年，盈亏相抵就算幸运，扩张对大多数企业来说是奢望。

随着2021年形势的逐渐好转，品牌创新将会出现井喷式爆发。身处餐饮圈不进则退，企业麻木就意味着落后，就会被潮流吞噬，因此，这些品牌升级的新机遇一定要抓牢。

1. 场景升级，用主题店带来场景力

创建餐饮品牌主题店的消息纷至沓来。海底捞创建了一家粉红主题店，让人少女心爆棚，刷爆了抖音、小红书。随后苏小柳开了一家"小笼包研制院"，将江南山水庭院的秀美搬进商场，使品牌形象更温婉、立体。

擅长开主题店的凑凑火锅也开了"凑凑2049"主打未来概念，有可以唱KTV的太空主题包间，也有360度环幕模拟舱包间。随后凑凑火锅挺进迪斯尼小镇，开了一家"凯旋凑凑"。近日，凑凑回归北京三里屯，开了小酒馆主题的新店。

紧跟赛博朋克风潮，川味观开了家以山海极乐为主题的火锅店，颇有《银翼杀手》中未来城市的味道。

在茶饮和咖啡领域，主题店沿袭了屡试不爽的老套路。星巴克在上海开了内地首家集装箱概念店，令人耳目一新。

被茶饮"耽误"的设计公司喜茶，将店开在广州骑楼后，就将青石砖、满洲窗等老广州元素融入店面中；以爱宠为主题，就把喵星人、汪星人融入店铺设计中。

频频开设的主题店指向了餐饮的另一个发力点——场景力，在管理精细化、产品创新缓慢时，用餐空间还大有可玩之处。

此外，消费者对餐厅的评价越来越多元化，环境分占比直线上升，用餐已变成了一种综合体验。新场景成为一种新产品，打破旧认知，展示新形象，并不断扩充消费群体。

当下，主题店开设的针对性越来越强，宠物主题店就是针对爱宠人士的；动漫主题的餐饮店就是为二次元爱好者准备的，就像同类相吸的暗语一样，在无形中就有吸引力和好感度。

当然，新场景不等于重新装修，给餐厅换个颜色、换个软装，它需要更精准地与客群对话，还需要产品、服务等的共同支撑。

例如，海底捞的粉红店就有猫爪蓝莓酸奶慕斯、咸蛋黄冰激凌慕斯蛋糕等少女心十足的产品。凑凑未来主题的火锅店有摆满各色丸子的"七大行星"，其灵感来源便是浩瀚星空。

2. 运营向全时段升级，做加法促使惊喜连连

虽然全时段运营并非新鲜事，但在2020年却贯穿了全品类，从咖啡茶饮到火锅，再到快餐，餐饮人一边对外扩张，一边精细化运营，将自家的一亩三分地经营到极致。

星巴克在上海外滩开了个酒吧，白天的咖啡馆，夜晚的小酒馆，两个时段都用起来。凑凑新开的三里屯店，除了有"火锅+奶茶"外，还多加了复古小酒吧，使综合战斗力不断提升。

快餐圈领头鸡——老乡鸡在深圳开了新店，将绿色基调变为柔软的粉色，使产品结构不再局限于"小碗菜"，重新加入了时尚饮品，开启全时段运营的强餐饮模式。

以前快餐圈的扩张时段多在下午茶时段，通过增加小吃来吸引逛街的消费者进店歇歇脚、吃吃小吃，但引导性并不明显，场景并不明确。

全时段运营是餐饮品牌精细化的重要体现，是对高房租和高人工费用的精耕细作，将高房租背后代表的高流量充分利用起来，可作为转化、留存、裂变的基础。

餐饮产品结构的丰富或不同业态的相互叠加，也在积极调动着消费者的情绪，产生高性价比的丰富体验、出其不意的惊喜感。

想想在老乡鸡这个快餐店里，来杯"花丛的蝴蝶"或是"路边的野花"，是件多么有趣的事儿，一反常态才有卖点，才有传播点。

3. 菜品向小升级，一人食更具性价比

疫情之后重塑了消费心理，顾客对品质感、独特性和性价比提出了更高的要求，因此快餐领域出现了现炒概念，率先突围的是"大米先生""小女当家"两个餐饮品牌，随后西贝也开出了"弓长张"，主打33道现炒下饭菜，数招齐下。

当然，餐饮产品层面最大的升级依旧在"小"，众多品类朝着"一人食"方向迈进。

火热的"烤肉赛道"率先开启"一人食"进程。韩式烤肉品牌"权金城"推出"一人烤"门店，在烤肉领域打造了低客单、轻快餐的饮食场景。在上海、杭州等地，也出现了许多"一人食"日式烤肉店，人均消费八九十元，更加亲民，且不接受三人及以上用餐。

除了"一人食"烤肉外，还有众多"一人食"的烤鱼小品牌冒头，继续攻城略地，迅速发展。

这些现象的背后，一方面是随着"单身经济"的崛起，消费需求发生了微妙变化，个人用餐的概率大大提升，消费者更希望吃到高性价比的菜品；另一方面也是餐饮品牌精细化运营的主攻方向，通过提供"一人食"来提升线下餐饮店的翻台率。

不追求规模的扩张，向内寻求增长途径，这也和疫情所带来的餐饮业扩张限制息息相关。

4. 品牌升级背后的思考

一提到品牌升级，商家的第一反应就是换个门头，换个新logo，设计个惊天动地的广告语，或者将后厨食材升级一下，这些都是浅层化的。

品牌升级的本质依旧是升级顾客价值，站在顾客的角度，提升顾客用餐体验。

无论是通过开设主题店提升场景力，着力提升用餐体验，还是通过餐饮多业态组合，为顾客创造惊喜感，抑或是推出产品"一人食"，实现低客单高性价比，都是在升级顾客价值。

总之，2020年餐饮品牌升级的路径都是向内看、增内涵。这与一波三折的疫情导致无法向外扩张有关，也与中国餐饮业正告别粗放式运营，走向更精细化运营有关。目前，餐饮品牌的数字化进程是极其重要的升级路径。

资料来源：https://new.qq.com/omn/20210204/20210204A03RJ600.html。

问　题：1. 餐饮品牌主题店通过什么新场景扩大品牌影响力？为什么说"场景不等于重新装修，给餐厅换个颜色"？
2. 品牌店铺全时段运营的基本含义是什么？全时段运营是何种运营模式的表现？
3. 疫情重塑消费心理所产生的客观效果是什么？个人用餐的概率上升使品牌运营模式发生了什么变化？

青岛金王聚焦品牌创新，加速产业发展

2020年召开的粤港澳大湾区知识产权交易博览会（以下简称"2020知交会"），日前已经圆满收官。在组委会的诚挚邀请下，在展会期间，青岛金王Kingking香薰产品亮相线上。该产品聚焦品牌发展，重视创新能力转化，把打造产品展示、交易运营、线上研讨、创新合作等元素融为一体，实现了24小时全天候展示、在线洽谈、直播营销、随时同步分享等功能。

本届知交会是由广东省市场监督管理局（知识产权局）、广州市人民政府、香港特区政府知识产权署、澳门特区政府经济局几家组织共同主办的。作为粤港澳三地的知识产权交易的重要窗口，"2020知交会"首次全面移展线上，期间的知识产权交易博览、知识产权湾区论坛、知识产权专场活动并行齐发，开启"云上"举办的创新之年。本次知交会邀请了包括青岛金王在内的2 469家线上参展机构，无论是在参展规模，还是在国际化程度、交易规模等方面，都刷新了同类会展的纪录。

青岛金王目前主要聚焦于化妆品业务、新材料蜡烛及工艺制品业务和一般贸易业务三大业务板块。自2006年起，青岛金王就在深圳证券交易所上市（股票代码002094）。截至2019年年底，青岛金王的业务已经遍及100多个国家和地区。其中，产品出口50多个国家，国内销售网络覆盖了21个省（自治区、直辖市），取得了800余个品牌的区域经营权。

值得注意的是，青岛金王在经营品牌的过程中，始终高度重视品牌的设计、定位与传播，重视产品质量与迭代升级，系统、持续地进行品牌推广与重塑，不断确立与时俱进的战略品牌，其品牌得到了各界的广泛关注。

青岛金王自1995年就开始在国际市场上使用Kingking品牌，将产品直接打入美国市场，实现国际市场销售。1997年，青岛金王进入美国沃尔玛百货有限公司，成为中国首家在沃尔玛设立品牌专柜的企业。紧接着，青岛金王又和多家世界500强企业建立了长期稳定的合作关系。在成功开拓国外市场后，青岛金王借力双循环的政策，回归开发国内市场。

自2020年以来，一大波Kingking品牌的全新香薰蜡烛产品进入市场，得到了抖音时尚类TOP1网红末那大叔、淘宝人气主播曹米娅点赞热捧，通过短视频、直播路线的推荐和分享，使消费者对产品有了更深入的了解。

与此同时，Kingking香薰蜡烛还在127届广交会、128届广交会、即墨优品·腾讯直播购物节等展会与节会上亮相，引起了社会各界的关注，使品牌大放异彩。

青岛金王打造的Kingking香薰蜡烛产品，凭借在天然选材、个性化外观等方面的显著特色优势，提高顾客的生活品质、加速顾客个性化潮流涌动，让顾客的幸福感快速爆棚，因此引来顾客的争相追逐。

比如，在此次"2020知交会"上展示的Kingking香薰蜡烛，其选用的基材来自大自然，在灌装等工艺上也注重细节设计，处处彰显工匠精神与魅力。专属定制和LED灯芯新科技能够使香薰蜡烛在燃烧时变换七彩光色，同时，搭配简约的磨砂瓶身，并打造个性化的私人空间。

青岛金王始终保持与时俱进的发展步伐，通过自主创新、提升品牌效应、打造国际化产业布局等组合手段，逐步形成了品牌和产品差异化的优势。未来，青岛金王将继续致力于科技与产业的融合创新，为用户提供美好生活的产品和优质的服务。

资料来源：https://new.qq.com/omn/20210203/20210203A0AKQD00.html。

问　题：
1. 青岛金王的 Kingking 香薰产品的主要功能是什么？公司的三大业务板块是什么？
2. 青岛金王在经营品牌的过程的重点在哪些方面？在国际市场上使用 Kingking 品牌的客观效果如何？
3. Kingking 品牌的全新香薰蜡烛产品在哪些场景中得到运用？青岛金王如何始终保持与时俱进的发展步伐？

CHAPTER 6 第 6 章

品牌延伸与扩张

教学目标

在品牌的生命周期内会面临着相关品牌的挑战,也会遇到品牌延伸的诱惑和陷阱,企业此时很容易进入误区,从而使品牌的延伸与扩张失败。但是,线上与线下的品牌延伸与扩张作为企业竞争的一个重要手段,已经成为企业核心能力培养的科学途径。通过本章的学习,学生能够掌握品牌延伸的基本概念和过程规律,能为其更进一步认识品牌竞争理论提供思路。

学习任务

通过本章的学习,学生主要掌握和理解:
1. 品牌延伸与扩张的含义及面临的风险;
2. 品牌延伸与扩张时抵御风险的措施及优势;
3. 品牌延伸与扩张的规律及意义;
4. 品牌延伸与扩张的注意事项。

案例导入

品牌实力不容忽视的茶颜光年

奶茶在当下已经不再只是传统意义上的一杯饮品那样简单了。年轻人已经成了当下奶茶的消费主力军,年轻人的社交模式因奶茶而悄然改变,美味奶茶饮品的分享已经成了一种社交媒介与手段,一杯奶茶很多时候可以打破社交中的尴尬局面。茶颜光年饮品创业项目正是在这样的市场发展感召下进行品牌推广,不断提高品牌知名度,顺势而为地扩张事业版图的。该品牌各方面的综合实力十分强劲。

奶茶饮品市场竞争激烈是不争的事实。茶颜光年饮品创业品牌之所以在这种态势下能够迅速地扩展品牌名气,其主要是借力了当下网络的普及。目前餐饮市场主要依赖于互联网经济支撑,线下的实体品牌要想借助网络来曝光转化,就需要抓住特色点来做宣传。而茶颜光年在创立之时就已经通晓了这个道理,它以特色产品在市场中建立品牌之间的差异性,将茶颜光年品牌通过潜意识慢慢地渗入消费者的脑海中，从而实现品牌的脱颖而出。

茶颜光年的饮品主要以新鲜水果和茶叶为原材料，口感更加自然新鲜，并且为了展现产品的差异性，茶颜光年进行了饮品方面的改进。对于奶茶饮品中最为基础的茶底，其选择八年以上老头茶制作出糯米香普洱、鸭屎香单枞等珍贵茶叶，并进行茶基底的制作，将饮品口感、口味、品质等多方面进行提升与改进，在很大程度上满足了更多不同消费者对于奶茶饮品的口感需求，除了维持茶颜光年饮品的品牌特色，还适应了市场茶饮发展流行趋势。

茶颜光年的奶茶饮品不但口味与众不同，品质更加出众，而且价格也很实惠，消费者花15元左右就可以购买一杯符合心意的奶茶饮品。拥有知名品牌的奶茶饮品系列中，都有男女皆可、老少咸宜的"精品"。这是为了适应市场发展竞争需要，不断保持品牌活力，保证有新品不断被推出，从而沉淀品牌丰富的产品资源，在受到广大消费群体喜爱的同时，也为选择茶颜光年饮品品牌进行创业的投资者，带来了更多的事业以及成功方面的保证。

在当下的奶茶饮品市场中，茶颜光年因为各方面的优势，俨然已经成了很多同行争相模仿的风向标，因此，茶颜光年饮品作为创业品牌，在发展当中不仅可以持续扩大品牌的名气，还可以就此推动整个奶茶行业的进步。

资料来源：http://hn.ifeng.com/c/83Z6eqjyA5k。

6.1　品牌延伸的概念和背景

品牌延伸作为一种经营战略，在20世纪初就得到了广泛的运用。但是其作为一种规范化的战略理论是在20世纪80年代后才引起国际经营管理学界的高度重视的，而这一理论传到我国则已经到了90年代中期。

1. 品牌延伸的概念

品牌延伸是品牌市场策略的重要方面。对于拥有顾客忠诚的某种品牌来说，怎样才能使品牌保持吸引力，使其能长期受到顾客的青睐和高度的忠诚呢？答案是：应不断追求品牌的合理延伸并准确把握和运用品牌延伸策略。

品牌延伸是指企业将某一知名品牌或某一具有市场影响力的成功品牌扩展到与成名产品或原产品不尽相同的产品上，即凭借现有成功品牌推出新产品的过程。而品牌延伸策略是把现有的成功品牌，用于新产品或修整过的产品上的一种策略。此外，品牌延伸策略还包括产品线的延伸，即把现有的品牌名称使用到相同类别的新产品上，从而推出新款式、新口味、新色彩、新配方、新包装的产品。品牌延伸并不只是简单借用表面上已经存在的品牌名称，而是对整个品牌资产的策略性使用。在互联网经济背景下，企业借助于跨业甚至跨界延伸，可以使新产品借助成功品牌的市场信誉在节省促销费用的情况下顺利进入市场。

当一个企业的品牌在市场上取得成功后，该品牌便具有市场影响力，会给企业创造超额利润。随着企业的发展，企业在推出新产品时，自然要利用该品牌的市场影响力，品牌延伸就成为自然的选择。这样不但可以省去许多新品牌推出的费用和各种投入，还可以通过借助已有品牌的市场影响力，将人们对品牌的认识和评价扩展到品牌所要涵盖的新产品上。

品牌延伸从表面上看是扩展了新的产品或产品组合，实际上从品牌内涵的角度来看，品牌延伸还包含品牌情感诉求的扩展。如果新产品无助于品牌情感诉求内容的丰富，甚至会减弱情感诉求的内容，该品牌延伸就会产生危机。

所以，企业不应只看到品牌的市场影响力对新产品上市的推动作用，还应该分析该产品的市场与社会定位是否有助于品牌市场和社会地位的稳固，即两者是否兼容。

2. 品牌延伸的背景

实施品牌延伸是市场经济发展的必然结果。理性的品牌延伸策略的目的就是增强品牌的竞争实力，是为了持续获取较好的市场销售与企业利润。由于无形资产的重复利用不用成本，只要有科学的态度与高超的智慧规划品牌延伸战略，就能通过理性的品牌延伸与扩张充分利用品牌资源这一无形资产，实现企业的融合性跨越式发展，因此，品牌战略管理的重要内容之一就是对品牌延伸的下述各个环节进行科学和前瞻性规划：

（1）提炼具有包容力的品牌核心价值，预理品牌延伸的管线；

（2）利用产品与服务的生命周期曲线拐点，抓住时机进行品牌延伸与扩张；

（3）在主副品牌分析、设计、试验等方面展开行动，有效规避品牌延伸的风险；

（4）延伸产品如何强化品牌的核心价值与主要联想并提升品牌资产；

（5）品牌延伸中如何成功推广新产品。

3. 品牌延伸的主要表现

（1）品牌成为市场竞争的焦点。随着全球经济的多元化进程的加速，国内外市场竞争越加激烈，企业之间的同类产品在性能、质量、价格等方面的差异变得越来越微小，企业的有形营销威力大幅减弱。品牌资源的独占性使得无形品牌成为企业间竞争力较量的一个重要筹码，于是，使用新品牌还是旧品牌成了企业推出新产品时必须做出的品牌决策。

（2）品牌延伸的重要性增强。全球数字化时代的到来，使得技术生命周期缩短，产品的开发、上市、节奏加快，信息的价值不断提升，这就导致了一对矛盾：一方面，新产品要得到市场接受并不断扩大市场份额就要培育自己的品牌优势，而品牌培育工程又难以在短期内完成；另一方面，产品生命周期缩短增加了品牌培育的风险和代价，甚至出现了品牌刚刚树立却又恰逢产品转入衰退期的尴尬境况。品牌延伸较好地缓解了这一矛盾，并为企业所广泛采用。

（3）品牌延伸是实现品牌无形资产转移的有效途径。品牌受生命周期的约束，存在导入期、成长期、成熟期和衰退期，品牌作为无形资产是企业的战略资源，因此，充分发挥企业的品牌资源潜能并延续其生命周期便成为企业的一项重大的战略决策。品牌延伸使得企业一方面在新产品上实现品牌资产的转移，另一方面以新产品形象延续了原有品牌的寿命，因而成为企业的现实选择。品牌延伸分裂的定义与实例如表 6-1 所示。

表 6-1 品牌延伸分裂的定义与实例

类别	产品延伸分裂	子品牌分裂	描述性品牌分裂
定义	在同一产品线内，以现有的品牌推出新的产品种类，或者利用现有的品牌推出与现有产品线不同种类的产品	对母品牌的联想加以改进，其中母品牌仍是主要参考框架，而子品牌则可以增加联想、个性和产品类别，延伸到一个有前景的新的细分市场中去	当母品牌形象和资产足够强大，企业需要横跨多个产业进行市场扩张时，对新产品则在主品牌的基础上另外添加功能性的描述语来强调产业或产品类别

(续)

类别	产品延伸分裂	子品牌分裂	描述性品牌分裂
实例	(1) 可口可乐推出健怡可口可乐与樱桃可口可乐 (2) 海尔在洗衣机成功的基础上延伸出海尔冰箱、海尔计算机等产品	(1) 百事旗下的百事 Twist、百事 Blue 和百事 Code Red，分别吸引了不同的目标顾客 (2) 苹果（Apple）给人以强烈的图形设计计算机的联想，为了进入随身听市场，苹果就分裂出了苹果 iPod	英国著名品牌 Virgin 具有"反传统"、风趣和另类的核心价值定位，产品具有创新和挑战者的鲜明个性。该公司采用描述性品牌分裂方式，使得业务领域大大拓展，主要有 Virgin 航空、Virgin 特快专递、Virgin 广播、Virgin 铁路、Virgin 可乐、Virgin 牛仔、Virgin 音乐甚至 Virgin 保险套

6.2 品牌延伸的战略与策略

6.2.1 品牌延伸战略

创建强势品牌的最终目的，就是持续获取较好的销售与利润，使企业能够持续健康地发展。为了实现企业的跨越式发展，就要充分利用品牌资源这一无形资产。由于无形资产的重复利用是低成本的运作方式，所以只要有科学的态度与高超的智慧来规划品牌延伸战略，就能实现品牌价值的最大化。

我国企业的品牌延伸战略，很多是借鉴日本等国外企业的一些具体做法的。最明显的共同点就是，中国企业和日本企业一样，大多采用统一品牌战略，以一个品牌覆盖企业的全部产品，而较少采用品牌延伸战略。

1. 副品牌战略和多品牌战略

品牌延伸战略包括副品牌战略和多品牌战略。副品牌战略是介于一牌多品和一牌一品之间的品牌战略。它是利用消费者对现有成功品牌的信赖和忠诚，推动副品牌产品销售的。品牌延伸战略网络如图 6-1 所示。

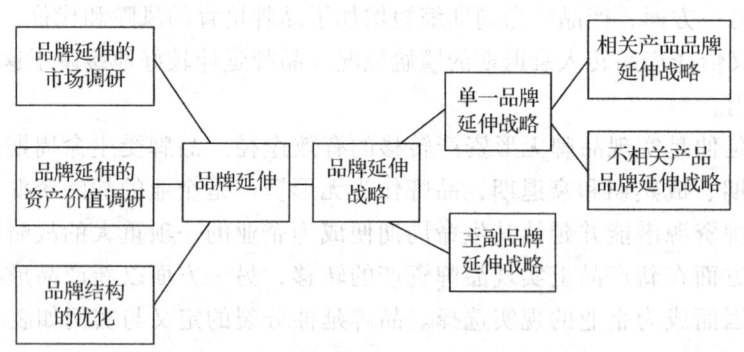

图 6-1 品牌延伸战略网络

例如，2020 年上市的 5G 手机激活排名中，华为 P40 Pro 高居第一，华为 P40 排名第二，华为 P 系列这几年连续发力，成为国产高端手机代表之一，第三名是华为 nova7 Pro，第四名华为 nova7 SE。华为这个主打时尚潮流拍照的 P40 系列，以主品牌展示系列产品来产生社会影响力，以副品牌凸显各个产品不同的个性形象。它显然是一个成功的案例。

副品牌战略减少了品牌延伸的风险，为未来的品牌发展预留了足够的空间。同时，主品牌往往不表述商品的功能、特质，副品牌则可以通过高度提炼，产生画龙点睛之效，给品牌的情感诉求及品牌联想留下一定的空间。与主品牌相比，副品牌更灵活，限制更少，更能直接与目标市场相吻合，更能迎合消费时尚、体现产品特质，给消费者以强烈的听觉、视觉冲击力，从众多品牌中脱颖而出，在市场中做到"不与竞争者竞争"。副品牌战略在市场营销中确实有着巨大的震撼力，但如何赋予"副品牌"以智慧和灵性，却大有讲究。图6-2列出了宝洁品牌延伸范围。

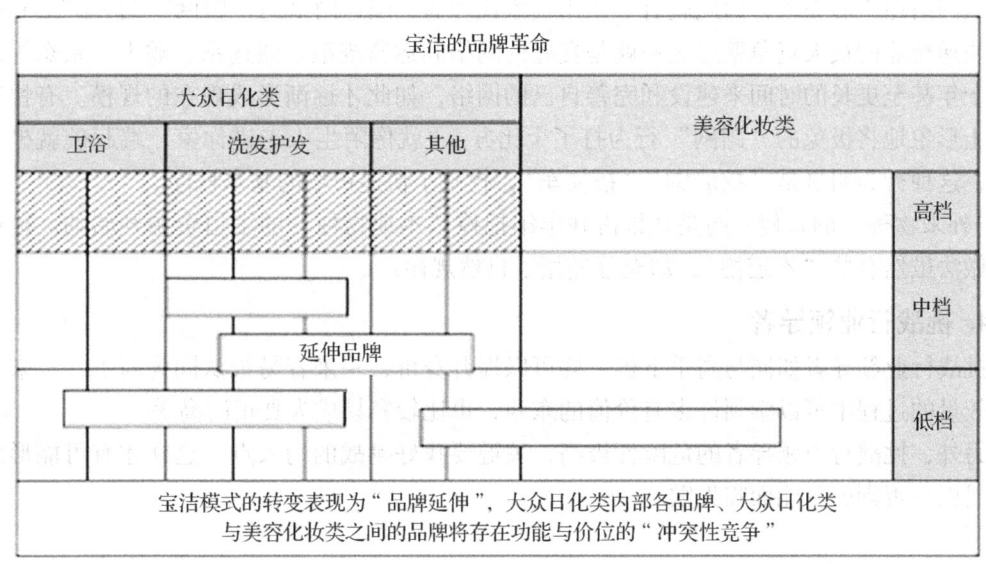

图6-2　宝洁品牌延伸范围

2. 渠道密集渗透战略

拓展、提升一个品牌首先就要让目标及潜在用户经常见到这个品牌，因为品牌价值最终要归结到用户的购买行为上，而要使用户完成购买行为就要降低实施这一行为的成本，这包括心理成本和行为成本，也就是说要让用户比较容易想到，并且在熟悉、购买产品的时候少一些不信任和担心，从而实现购买意愿到行为的尽快转化。而要达到这种效果就需要强有力的渠道支持，特别是要"密集"销售终端，加大对区域市场的渗透。

例如，拼多多基于品牌、专利权、人力资源等核心资源，建立了针对家庭主妇、刚参加工作的年轻人、学生群体等低消费群体的细分市场方向，通过给供应商提供新的平台，给消费者提供低价、定制等服务，与供应商构建了战略合作伙伴关系，与消费者构建了私人关系、自动化服务关系，以及社区关系的多边平台商业模式。拼多多将商家和消费者这两个群体连接在一起，使双方的价值诉求通过拼多多平台基于对方的存在而实现。拼多多平台对于单个用户群体的价值，在本质上取决于平台中"另一群体"的用户数量，就是消费者聚集数。拼多多就是通过平台上可供选择与比较的商品来吸引众多客户，从而形成客户黏性的。

3. 搭乘"便车"

搭乘"便车"就是要善于通过借势来提升品牌，把前期开拓和最为艰苦的事情让别人去做，自己则依靠个体优势去摘别人的已有成果。"便车"策略较适于中小企业快速、灵活、有弹性的特点。中小企业面对新机会可以快速切入，而不必过分考虑进入新市场是否沿袭了其以往风格，会不会对其他产品产生消极影响。

2020年，一份通达系通知，明确指出了禁止代理极兔速递的原因："近期发现极兔速递起网后利用我通达百系乡镇代理点、驿站、快递超市、门面、所有合作店及城区业务员派件，并恶意压价，形成不正当竞争市场。"

极兔的配送网络虽然延续了一贯的自建网络战略，但由于进入中国市场不到一年时间，其配送网络还不够完善，因此就有了使用别家代理商、配送网络的"蹭网""搭车"行为。

快递行业的最大竞争壁垒之一就是良好的网络和运营规范。通达系、顺丰、京东等都用了近十年甚至更长的时间来建设和完善自己的网络，如此才逐渐形成现在的规模。有快递公司人士形象地将极兔的"蹭网"行为打了个比方："就像陌生人走进你家，端起碗就坐下来吃饭，这种行为明显是'挖墙脚''搭便车'，扰乱了快递市场的基本秩序。"

"外来物种"的入侵一向是从抢占并牢牢把控"本地物种"的渠道资源开始的。极兔速递的做法虽然有些"不道德"，却充分遵循了自然规律。

4. 挑战行业领导者

挑战行业领导者如同与高手下棋一样可以提升身价，一来容易被认同为高手，二来在与高手较量的过程中可以学到许多有价值的东西，也比较容易成为真正的高手。

另外，挑战行业领导者的危险性极高，关键要找好挑战的切入点，这样才有可能形成双赢的局面，否则就可能面临失败。

6.2.2 品牌延伸策略

品牌延伸受企业追捧的原因往往是具有短期优势，利用公司的品牌知名度，推出新产品，无论产品是不是适合用户，在短期内可能会获得用户的追捧，但随之而来的可能就是用户对产品本身的期望过高而产生的负面反应，而且由于是延伸品牌，在用户的心智中该产品没有独立的地位，很容易被人遗忘，更会模糊对原品牌的定位，所以对延伸策略进行研究十分重要。

1. 根据品牌延伸方向划分品牌延伸策略

根据品牌延伸方向可以把品牌延伸策略划分如下。

（1）在产业上延伸。从产业相关性上分析，可向上、向下或同时向上向下延伸。若采取这种延伸方式，则为材料来源、产品销路提供了很好的延伸方式。

另外是产业平行延伸，一般适用于具有相同（或相近）的目标市场和销售渠道，相同的储运方式，相近的形象特征的产品领域，这样一方面有利于新产品的销售，另一方面有利于品牌形象的巩固。

（2）在产品质量档次上延伸。它包括以下三种延伸方法。

1) 向上延伸，即在产品线中增加高档次产品生产线，使商品进入高档市场。不同档次品牌延伸策略如图 6-3 所示。

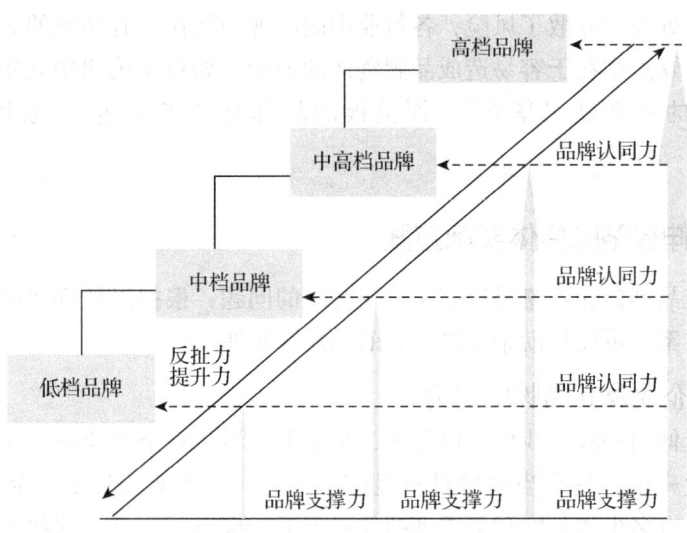

图 6-3　不同档次品牌延伸策略

2）向下延伸，即在产品线中增加较低档次的产品生产域，利用高档名牌产品的声誉，吸引购买力水平较低的顾客慕名购买这一品牌中的低档廉价产品。如果原品牌是知名度很高的名牌，则这种延伸极易损害名牌的声誉，风险很大。

3）双向延伸，即原定位于中档产品市场的企业掌握了市场优势以后，决定向产品线的上下两个方向延伸，一方面增加高档产品；另一方面增加低档产品，扩大市场阵容。

（3）其他相关延伸，也叫发散法延伸。这对于刚成长起来的品牌非常有意义。它包括四层含义：一是单一品牌可以扩散延伸到多种产品上，成为系列品牌；二是一国一地的品牌可扩散到世界，成为国际品牌；三是一个品牌再扩散衍生出另一个品牌；四是名牌产品可扩散延伸到企业上，使企业成为名牌企业。

2. 根据品牌延伸内容划分品牌延伸策略

根据品牌延伸内容可以把品牌延伸策略划分如下。

（1）品牌推出改进型新产品策略。由于改进型新产品与原产品属同一产品线，故其相关性很大。在原有品牌的基础上加上说明产品属性的文字，既能借原有品牌迅速提高认知度，又能够突出新产品的个性。但其弊端在于如果市场细分不明确，很可能会稀释原有产品的市场利润。

（2）品牌的直接延伸策略。这种策略是将原有的品牌原封不动地直接用在延伸产品上。这种方法虽简单易行，但仅适用于与原品牌联系非常紧密的产品，如"高露洁"牙膏和"高露洁"牙刷。

（3）原有品牌与单个同类型新产品的名称相结合的策略。如"格力"空调有挂式、台式、中央空调三个系列；"康师傅"方便面有"珍品""家常""大排档"系列。这种延伸方式除具有第二种方式的优点外，由于它的分类是建立在较为准确的市场细分基础上的，因而对原有产品市场的影响较小。

3. 品牌的变异延伸策略

在这一方式中，品牌的名称虽有一定的变化，但它却适应了延伸产品与原有品牌产品联系减弱的现实，好处在于分散了风险，各行业中的品牌均能在原有品牌的名下而又不至于给其带来负面影响，缺点则在于容易造成品牌资产的浪费。如对于杭州华立集团有限公司，其主导产品电能表的品牌是"华立"，铜箔板的品牌是"华立达"，家用电器的品牌是"HOLLEY"。

6.2.3 品牌延伸战略的具体实施方案

如何正确实施品牌延伸战略是很多企业想解决的问题，根据以往许多成功的方案概括出了以下一套普遍方案，可以帮助企业进行有效的品牌延伸。

1. 科学评估企业及其品牌的实力

从企业品牌延伸的经验中我们可以发现，事实上并不是每个企业都有能力实施品牌延伸战略，对一个企业来说，只有当品牌具有足够的实力时，才能保证实施品牌延伸战略的成功。如果企业在没有多少知名度和美誉度的品牌下不断推出新产品，这些新产品就很难获得品牌伞效应，因而这样与上市新品牌几乎没有什么区别，因此，科学评估企业及其品牌的实力是实施品牌延伸战略的起点。

2. 正确概括现有品牌的价值内涵

对于要实施品牌延伸战略的企业来说，只有深入地了解品牌的价值内涵，才能防止品牌淡化稀释现象的产生；反之，越是通过品牌延伸推出新产品，越是能强化品牌的知名度和美誉度。根据企业品牌的价值内涵和企业现有的自身状况（如生产、技术、销售等方面），并加以市场调查，可以正确选择企业要新进入的行业及要推出的新产品。

3. 注重市场信息反馈

企业可以利用新产品的试制、试销，通过市场反馈确认消费者对新产品的接受程度。根据市场反馈信息，不断改进新产品的价格和性能，从而向市场大量推出新产品。

4. 收集相关信息

在企业内部讨论利用品牌延伸策略推出新产品取得成功或失败的原因并备案，为企业下一次利用品牌延伸策略推出新产品作铺垫。

6.3 品牌延伸的风险及防御

品牌延伸策略运用得当，可以使品牌增值，也会为企业的营销活动带来许多方便和利益。倘若品牌延伸策略把握不准或运用不当，会给企业带来诸多方面的危害。因此企业在运用品牌延伸策略时，要谨防对企业经营活动产生的不利影响，避免损害企业利益的品牌运用风险。

6.3.1 实施品牌延伸战略的风险

1. 损害原有品牌形象

当某一类产品在市场上取得领导地位后，这一品牌就成为强势品牌，它在消费者心目中就有了特殊的形象定位，甚至成为该类产品的代名词。将这一强势品牌进行延伸后，由于近因效应（即最近的印象对人们的认知具有较为深刻的影响）的存在，就有可能对强势品牌的形象起到巩固或减弱的作用。如果品牌延伸运用不当，原有强势品牌所代表的形象信息就会被弱化。例如，霸王洗发水当年将品牌延伸到凉茶这个领域就是一个失败的案例。霸王洗发水其实在消费者心智之中已经建立起了中药世家的形象，消费者每次想到霸王，就会联想到洗发水。可是这一联想就导致霸王凉茶最终败走麦城。品牌对于消费者而言有着特殊的意义或者价值，这也是消费者降低购买成本最直接的东西。在无数次想象这个产品的初始功能后，消费者不需要每次都回忆这么多原始元素，进而会形成品牌认知情节，而子品牌往往无法替代母品牌的承诺，若强行将产品的关联性放在一起，其效果可想而知。

2. 有悖消费心理

一个品牌取得成功的过程，就是消费者对品牌的功用、质量等特性产生的特定心理定位的过程。企业把强势品牌延伸到和原市场不相容或者毫不相干的产品上时，就有悖消费者的心理定位。例如，海尔大胆地延伸到药业，并希望获得中国医药行业的海尔药业控股权，但是后来不得不将其出售给中国生物制药全资子公司正大永福。奇瑞在品牌延伸上的教训更深刻。吉利在推出旗下的中高端品牌帝豪，而"吉利"却依然标注在帝豪车尾，这样显然不利于消除消费者心目中的廉价车印象。奇瑞在推出中高端品牌瑞麒时，同样在车尾镶上"奇瑞汽车"的字样，也进入低价品牌循环怪圈，这些延伸某种程度上都有悖于消费者心理。

3. 容易形成此消彼长的"跷跷板"现象

当一个名称代表两种甚至更多有差异的产品时，必然会导致消费者对产品的认知模糊化。当延伸品牌的产品在市场竞争中处于绝对优势时，消费者就会把原强势品牌的心理定位转移到延伸品牌上。这样就在无形中削弱了原强势品牌的优势。这种原强势品牌和延伸品牌竞争态势此消彼长的变化，即为"跷跷板"现象。

4. 株连效应

将强势品牌名冠于别的产品上，如果不同产品在质量、档次上相差悬殊，就会使原强势品牌产品和延伸品牌产品产生冲击，不仅损害了延伸产品，还会株连原强势品牌。比如，把高档产品品牌用在低档产品上就有可能产生灾难性的后果。

5. 淡化品牌特性

当一个品牌在市场上取得成功后，其在消费者心目中就有了特殊的形象定位，消费者的注意力也将集中到该产品的功用、质量等特性上。如果企业用同一品牌推出功用、质量相差无几的同类产品，就会使消费者晕头转向，使该品牌的特性淡化。"金利来，男人的世界"这句耳熟能详的广告语把品牌定位表达得简洁明了。然而，当精巧的"金利来"女用皮包上市后，就模糊了品牌的定位，它不仅削弱了品牌原有的男子汉的阳刚之气，也没有赢得女士的欢心。这就是品牌延伸不当所带来的品牌淡化效应。

6. 产品定位与品牌定位的差异化

在品牌延伸中，如果破坏了品牌定位中核心价值的一致性，就会降低品牌的市场影响力。若在品牌延伸中不与该品牌定位一致，会动摇人们心目中对该品牌的思维和情感定式，随着这种状况的持续，自然给公众传达了不利于该品牌的混乱信息，相应地该品牌的市场影响力就会降低，严重时会危及该品牌的市场地位。

7. 品牌延伸的不一致性

品牌延伸应尽可能避免在类别差异性比较大的产品间进行；在同类产品间延伸时也要注意品牌的市场和社会定位。如果该品牌具有很强的市场影响力，而且品牌和产品已可以画等号时，就应慎重考虑将该品牌延伸到其他同类产品上。

8. 品牌延伸时把握不准产品种类、数量的适度性

虽然延伸产品可能保持了与品牌核心价值的一致性，但若不注意量的限制，也可能会影响品牌的市场影响力，因为品牌所涵盖的产品过宽会造成管理上的不方便，其中任何一个产品问题的出现都会导致对品牌形象的损害，而且不同产品毕竟在定位上还是有一定差异性的，因此会或多或少地冲淡或影响人们心目中对该品牌的思维和情感定式。

6.3.2 防御品牌延伸风险的措施

品牌延伸的风险是客观存在的，既有来自市场诉求方面的影响，也有企业自身在实施中的策略问题。

1. 不轻易动摇原有品牌的定位

只要是知名品牌，一般都是在市场定位上获得成功的品牌。市场定位实际上是指品牌在消费者心目中所占据的位置。它有两层含义：一是作为产品的代名词；二是体现产品特征。例如，"茅台"二字在人们的潜意识中已经成了高档酒类的代名词。由此可见，"茅台"这一品牌在消费者心目中已占据很高的位置。这正是品牌定位所追求的最高境界。

当一个品牌成为定位准确、个性鲜明的著名品牌以后，它的名称便蕴含着某种感情色彩。这时，品牌名称的意义除了代表产品以外，还给消费者留下一些印象、一种感觉、一点暗示，这便是品牌的个性特征。企业在实施品牌延伸策略时，应注意不要轻易动摇原有品牌的定位，即应强化这种品牌的个性，使品牌个性变得更加清晰。

2. 不轻易打破消费者的心理定式

这既是经济学上的科学判断，也是心理学上的艺术技巧。企业在进行品牌延伸之前要研究消费者心理、洞悉消费者行为。

以北京日化二厂为例，该厂在推出"金鱼"洗涤灵之后，又推出了"金鱼"领洁净，然后竟然推出了"金鱼"洁厕灵。如果说"金鱼"领洁净消费者还可以勉强接受的话，那么把洗碗的洗涤灵和刷厕所的洁厕灵同叫"金鱼"，消费者心里就会有一种异样的感受。

3. 不轻易丢掉老顾客

从更深的层面分析，企业真正的无形资产是顾客对品牌的忠诚度。如果没有忠诚的品牌消费者，品牌不过就是一个普通的商标或一个识别标记。国外许多研究资料表明，品牌价值与忠诚度密切相关，企业保有一个消费者的费用仅仅是吸引一个新的消费者所需花费的1/4。

6.4 品牌延伸的时机选择、规律和竞争优势

6.4.1 品牌延伸的时机选择

长虹手机、美的电工、国美地产、茅台的啤酒、格兰仕空调、红塔山地板、娃哈哈童装、王老吉固元粥、顺丰的嘿店等，这些失败案例发人深省，它们最终的结局是推出时轰轰烈烈，然后淹没在茫茫的品牌大海之中，其中时机选择不当也是失败的一个重要原因。所以，成功的品牌延伸往往要选择好延伸的时机，在以下几种情况下，可以考虑品牌延伸：

（1）当延伸产品和同类产品很相似时，如将碳酸饮料产品品牌延伸到固体饮料产品品牌；

（2）当多种品牌很重要，且在不同品牌间转换的消费行为不可避免时，则适合提供不同品牌价值的数种品牌；

（3）当多类品牌明显是消费者所需要的，即当消费者希望感受多种不同选择时，则不适合一个品牌只出一种品类。

当上述条件都符合时，企业就应考虑如何进行品牌延伸，发展这个品牌家族系列（见图6-4）。不可否认，成功的品牌延伸能使品牌放大、增势，进而使品牌资产得到充分利用，并在利用中增值，但品牌延伸毕竟有许多陷阱，存在很多潜在的风险，因此，企业必须从长远发展的战略高度审视品牌延伸，切不可只因眼前利益而不顾时机、不考虑延伸条件和可行性，盲目地在新产品上扩用成功品牌。在做出品牌延伸决策时要理智地权衡利弊得失，采取科学、合理及有效的方法规避风险，确保品牌延伸成功。

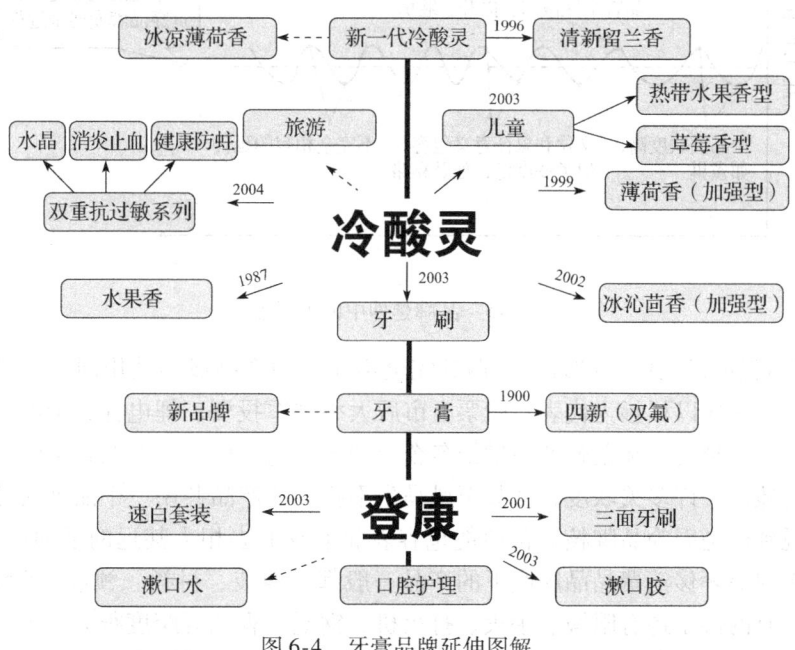

图 6-4 牙膏品牌延伸图解

一个成功的品牌有其独特的核心价值,若这一核心价值与基本识别能包容延伸产品,就可以大胆地进行品牌延伸。这就意味着,品牌延伸应以尽量不与品牌原有核心价值和个性相抵触为原则。几乎所有的品牌延伸案例都可以从是否遵循这一规律来找出成败的根本原因。

6.4.2 品牌延伸的规律

品牌延伸对企业而言,既可能是获利颇丰的好事,也可能会出现难以逆转的危机。未经理性决策和操作不够科学稳健的品牌延伸是很危险的。若对不可延伸的品牌进行延伸,或延伸到不应延伸的领域,自然风险很大,有掉入"深渊"的危险。要有效规避品牌延伸风险,并大力发挥品牌延伸的作用使企业迅速登上新台阶,必须先对是否可以进行品牌延伸、延伸到哪些领域等做出正确决策。做出品牌延伸决策时要考虑的因素有:品牌核心价值与基本识别、新老产品的关联度、行业与产品特点、产品的市场容量、企业所处的市场环境、企业发展新产品的目的、市场竞争格局、企业的财力与品牌推广能力等。在上述众多因素中,品牌核心价值与基本识别又是最重要的,其他都是第二位的,有的根本就是在考虑品牌核心价值与基本识别时派生出来的。总之,品牌延伸的规律可以归纳为以下六条。

1. 品牌核心价值的相容性是根本

在品牌延伸的论述中,最常见的是"相关论",即门类接近、关联度较高的产品可共用同一个品牌,如娃哈哈与雀巢品牌延伸成功,可以从品牌麾下的产品都是关联度较高的食品饮料的角度来解释。其实关联度高只是表象,关联度高导致消费者会因为同样或类似的理由而认可同一个品牌才是实质。品牌延伸中的关联度如图 6-5 所示。

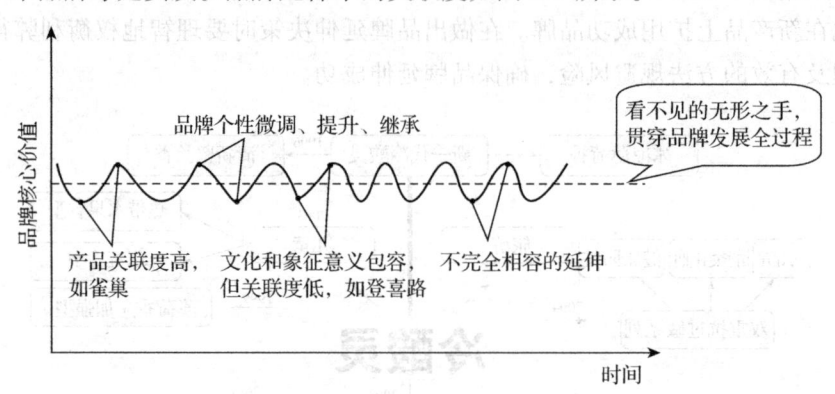

图 6-5 品牌延伸中的关联度

"关联度高就可以延伸"的理论一遇到完全不相关的产品成功共用同一个品牌的事实就显得苍白无力。比如以杉杉为代表,股票上市后大举进军投资、锂电池、金融、高科技等多元化产业。同时,雅戈尔和温州的一批知名企业如报喜鸟、庄吉、七匹狼不约而同地把多元化产业瞄准房地产。许多关联度较低甚至风马牛不相及的产品共用一个品牌居然也获得了空前成功,这说到底是因为品牌核心价值能包容表面上看上去相去甚远的系列产品。登喜路、都彭、华伦天奴等奢侈消费品品牌麾下的产品一般都是西装、衬衫、领带、T恤、皮鞋、皮包、皮带等,有的甚至还有眼镜、手表、打火机、钢笔、香烟等跨度很大、关联度很低的产品,但它们却能共用一个品牌。因为这些产品虽然物理属性、原始用途相去甚远,但都能提供一种共同的效用，即身份的象征，能让人获得高度的自尊和满足感。购买"都彭"打火机的人所追求的不是点火的效用，而是感受顶级品牌带来的无上荣耀，买都彭皮包、领带也是为了这种"感觉"，而不是追求皮包、领带的原始功能。此类品牌的核心价值是文化与象征意义，主要由情感型与自我表现型利益构成，故能包容物理属性、产品类别相去甚远的产品，只要这些产品能成为品牌文化的载体。

2. 新老产品之间有较高的关联度

关联度较高、门类接近的产品可共用同一个品牌，关联度高导致消费者会因为同样或类似的理由而认可并购买某一个品牌才是实质，可以说，这是品牌核心价值派生出来的考虑因素。

当行业与产品的特点即品牌的技术与质量保证是消费者与客户购买产品的主要原因时，品牌就可以延伸，而个性化、感性化的产品则很难进行品牌延伸。

相对而言，当品牌的质量保证是消费者与客户购买产品的主要原因时，品牌可延伸于这一系列产品，如电器、工业用品；可细分、个性化、感性化和细腻化的产品很难与别的产品共用同一品牌。

3. 品牌延伸要充分考虑企业的资源能力

长期以来，在非洲地区拥有高度品牌认可度的传音手机，凭借高度契合本地用户需求的明星产品，以及良好口碑，在非洲市场获得了高于其他手机厂商的市场占有率和广泛的品牌影响力。IDC 数据显示，2020 年第三季度，传音以 44% 的份额继续占据非洲智能手机市场主导地位。传音瞄准赛道，使品牌延伸策略促进了品牌价值的"升值"，使品牌在消费者心中留下更加深刻的印象。在企业核心资源能力的强势支持下，传音通过多元化战略，满足了不同市场消费者的需求，充分挖掘了品牌价值增量，扩大了用户对于品牌认知的深度、广度及强度，从而形成了品牌的综合市场效应，提升了抵抗市场风险的能力。

4. 竞争者的品牌策略

当主要竞争对手也开始进行品牌延伸时，延伸的风险就会中和。在很多品牌延伸中，尽管新产品在成名品牌的强力拉动下起来了，但原产品的销售量却下降了，即产生了"跷跷板"效应。娃哈哈的品牌延伸之所以基本未出现此类现象，除娃哈哈品牌核心价值能包容新老产品外，其在儿童乳酸奶行业旗鼓相当的对手乐百氏也在做类似的品牌延伸也是重要的因素。

5. 企业发展新产品的目的

如果企业发展新产品的目的仅仅是发挥成功品牌的市场促销力，"搭便车"卖一点儿，那么就算不符合品牌延伸的一些基本原则也可以延伸。不过在操作时，新产品应尽量少发布广告，以免破坏品牌的原有个性。

6. 进入市场空当与无竞争领域则容易成功

企业所处的市场环境与企业产品的市场容量也会影响品牌决策，有时甚至会起决定性作用。同一个品牌用于各种产品，这与其成长的市场环境有关，任何一个行业的市场容量都十分有限，也许营业额还不够成功推广一个品牌所需的费用，所以更多的是采用"一牌多品"策略。而竞争格局对品牌延伸决策的影响也很大,若延伸产品的市场竞争不激烈,不存在强势的专业大品牌,那么就可以大胆地进行品牌延伸,反之则不宜进行品牌延伸。

6.4.3 品牌延伸的竞争优势

品牌延伸是企业推出新产品,快速占有并扩大市场的有力手段,是企业对品牌无形资产的充分发掘和战略性运用,因而成为众多企业的现实选择。

(1) 品牌延伸可以加快新产品的定位,保证企业的新产品投资决策迅速、准确并尽快获得收益。尤其是开发与本品牌原产品关联性和互补性极强的新产品时,它的消费与原产品完全一致,对它的需求量则与原产品等比例增减,因此它不需要市场论证和调研,原产品逐年销售增长幅度就是最实际、最准确和最科学的佐证。由于新产品与原产品存在关联性和互补性,所以它的市场需求量也是一目了然的。

因此,它的投资规模和年产量是十分容易预测的,这样就可以加速决策。一般来说,很少有消费者对某一品牌忠诚到对其他品牌充耳不闻的程度。截获这些品牌转换者的唯一办法就是进行品牌延伸,为目标市场提供几种品牌。一个消费者熟知的品牌容易得到认可,一个得到认可的品牌容易为经营者打开市场,赢得较高的市场占有率,从而提高了企业的产销能力,发展了规模经济,实现了企业收益最大化。

(2) 品牌延伸有助于减少新产品的市场风险。新产品推向市场首先必须获得消费者的认识、认同、接受和信任,这一过程就是新产品品牌化。开发和创立一个新产品需要巨额费用,不仅新产品的设计、测试、鉴别、注册、包装设计等需要较大投资,而且新产品和包装的保护更需要较大投资。此外,还必须有持续的广告宣传和一系列的促销活动。这种产品品牌化的活动旷日持久且耗资巨大,它往往是直接生产成本的数倍、数十倍。

(3) 品牌延伸有益于降低新产品的市场导入费用。在市场经济高度发达的今天,消费者对商标的选择体现在"认牌购物"上。这是因为很多商品带有容器和包装,商品质量不是肉眼可以看透的,品牌延伸使得消费者对品牌原产品的高度信任感,有意或无意地传递到延伸的新产品上,促进消费者与延伸的新产品之间建立起信任关系,大大缩短了市场接受时间,降低了广告宣传费用。同时,品牌延伸有利于提高品牌家族的投资效应,因为对同一品牌进行广告宣传投资就意味着对企业的所有产品进行产品宣传投资;反之,只要对任何一个产品进行广告、宣传或促销投资,就意味着对企业核心品牌的推广,因而企业可借品牌延伸实现低成本扩张,达到品牌家族节约化的投资目标。

(4) 品牌延伸有助于强化品牌效应,增加品牌这一无形资产的经济价值。品牌原产品起初都是单一产品,品牌延伸效应可以使品牌从单一产品向多个领域辐射,就会使部分消费者认知、接受、信任本品牌的效应,强化品牌自身的美誉度、知名度,这样品牌这一无形资产也就会不断增值。消费者对新产品的接受有一个过程,企业利用品牌延伸策略推出新产品时,消费者根据对原有品牌的认识,会缩短对导入期"产品认知"的过程,即产生品牌伞效应。因为原有的成功品牌在市场中确立了良好的知名度和美誉度,这种品牌形象为新产品的市场营销提供了强有力的信任支持,因此,品牌延伸下的产品就更容易为消费者所认可和接受。因此,品牌伞效应不仅有利于新产品的迅速推广,而且有利于节省新产品推广所需的广告宣传促销费用。

（5）品牌延伸能够增强核心品牌的形象，能够提高整体品牌组合的投资效益，即整体的营销投资达到理想经济规模时，核心品牌的主力品牌都会因此而获益。成功的品牌延伸能为消费者提供更完善的选择，能为企业提高产品的市场占有率。品牌延伸下的新产品扩大了原有品牌的产品组合，可为消费者提供更多的选择和需求满足，这样一方面有利于广大消费者认识到企业品牌在时间推移过程中一直在不断创新，而非保守性老化，这种创新认识势必进一步强化市场对企业品牌的良性认知，并趋于形成极具新内涵的价值品牌形象；另一方面由于推出的新产品能有效地满足市场的现时需求，又进一步强化了品牌与消费者之间的关联性，因此，通过这种品牌活力创新效应，能增强品牌的整体竞争力。

综上所述，我们对品牌延伸战略有了一个全面的了解，但是对于每个企业来说，其自身的环境又各不相同。特别是一些致力于品牌延伸的企业，都把注意力放在新消费群体上，在吸引新客户时却忽略了维系老主顾，结果顾此失彼。所以，企业应站在更高的角度正视自己，不可盲目使用品牌延伸战略，在运用品牌延伸战略时，也要时刻注意外部环境的变化，注意各种陷阱，只有这样，才能在市场竞争中取胜。

6.5 品牌的扩张

21世纪是品牌纵横的世纪，品牌已成为企业最有潜力的资产，品牌扩张成为企业发展、品牌壮大的有效途径。众多企业利用品牌扩张增加销量、壮大企业，获得了很好的经济效益和社会效益。然而，也有一些企业在品牌扩张方面盲目运作，缺少策略，产生了不利于企业发展、品牌发展的不良影响，反为其所困、伤痕累累。品牌扩张是一门科学、一种技术，也需要技术手段。

6.5.1 品牌扩张概述

品牌扩张是一个具有广泛含义的概念，它涉及的活动范围比较广，但具体来说，品牌扩张指运用品牌及其包含的资本进行发展、推广的活动。品牌扩张也是品牌的延伸，包括品牌资本的运作、品牌的市场扩张等内容，具体指品牌的转让、品牌的授权等活动。品牌扩张是指现有品牌进入完全不相关的市场，如中国春都从火腿肠到饮品市场，娃哈哈从儿童饮品到老年人饮品、老年人保健品，甚至其他行业产品，等等。

6.5.2 品牌扩张的原因

经济学研究资源的合理配置与利用，只有配置合理，才能充分发挥资源的效用。品牌是企业重要的资源，企业应该充分、合理地利用它，使它发挥最大的经济效益。在研究品牌资源合理利用的时候，企业就不得不研究品牌扩张。品牌扩张的原因如下。

1. 品牌扩张的消费者心理基础

消费者使用某个品牌产品或接受某种服务并获得了满意的效果后，就会对此种品牌形成评价，形成良好的消费经验，并把这种经验保留下来，影响其他消费行为。尤其是消费者在消费某一名牌产品并获得了满意感后，就会形成一种名牌的"光环效应"，从而影响这一品牌下的其他产品或服务。例如，人们购买了李宁牌运动鞋，经过使用并获得了满意感（认为其质量好、保护脚等），由此人们会对其他款式的李宁鞋产生好感，对李宁牌的其他产品如运动服、体育器材等也心存好感，并影响将来对此类产品的消费行为。中国有句成语叫"爱屋及乌"，便说明了这种心理效应。

2. 企业实力的内在驱动

从企业内部讲，企业发展到一定阶段，积累了一定的实力，形成了一定的优势，如企业积累了一定的资金、人才、技术、管理经验后，就为品牌扩张提供可能，也提出了扩张要求。特别是一些名牌企业，它们一般具有较大的规模和较强的经济实力，这为实行品牌扩张提供了条件。在企业实力的推动下，企业主动地进行品牌扩张，以充分利用企业资源，在这方面的表现主要是利用品牌优势，扩大产品线或控制上游供应企业，或向下游发展，或是几者的综合。众多企业在积累了一定的实力后，纷纷采用品牌扩张的战略。

2020年6月29日，中国连锁经营协会发布了《2019年中国超市百强》。华润、大润发、永辉、沃尔玛、联华、盒马鲜生、物美、家乐福、家家悦、步步高位列榜单前10位。

这些都是品牌扩张战略明显的品牌，其中，华润以951亿元的销售规模位居榜首，大润发以947亿元的销售规模位居榜单第二，永辉以931.5亿元的销售规模位居第三。前三名均为900亿元以上规模，无千亿规模企业。2019年中国超市百强销售规模近9 792亿元，同比增长4.1%，约占全年社会食品零售总额的18.1%；超市百强企业门店总数为2.6万个，比2018年增长6.6%。

根据2019年和2018年的排名情况，前20强中仅有沃尔玛和家乐福的排名出现下滑，华润、大润发、欧尚、易初莲花和丹尼斯的排名未发生变化，其他企业的排名均有所上升。连锁超市前20强中排名上升幅度最大的是盒马鲜生，从2018年的第18名上升到2019年的第6名。

3. 市场竞争下的品牌扩张压力

企业的生存与发展是在市场竞争中进行的。品牌的生存发展也同样摆脱不了市场竞争。市场竞争的压力常会引发品牌扩张的行为。市场竞争压力下的品牌扩张主要指由于竞争对手在某些方面做出了调整，或进行了品牌延伸或市场扩大，而迫使企业不得不采取相应对策，进而采取相应的品牌扩张措施。竞争对手的品牌扩张使其实力增强、规模扩大或发生了其他有利于竞争的变化。例如，阿里巴巴由中国走向世界，进行全球性的品牌扩张，其销售额、利润都获得了巨大增长，品牌知名度也在世界范围内逐渐扩大。而作为其主要竞争对手的京东也采取相应的措施，通过品牌扩张战略加以应对。京东进行的全球扩张，以抵御阿里实力增强给其带来的竞争压力为目的，若非如此，京东便会在这场竞争中处于下风，并可能导致市场战略的失败。另外，这种现象还存在于拼多多与美团的竞争中，双方有针对性的扩张措施层出不穷。

企业产品竞争的市场集中度很高时，各竞争者间势均力敌，并形成了一种僵持状态，此时企业若想再提高市场占有率就有很大困难，而常用的市场竞争方法——广告战、价格战不仅耗损巨大，而且收效甚微，甚至还会造成"两败俱伤"的局面。于是，企业就在这种竞争压力下，采取品牌扩张的方法转而进入其他行业、其他项目，以图发展。

4. 外界环境压力下的品牌扩张

企业是在一定的外界环境中生存发展的，外界环境会对企业的发展、品牌的扩张产生重大影响。外界环境造成的压力常常也是企业进行品牌扩张的原因之一。企业生存的外部环境主要指影响企业的宏观环境，如政治环境、自然环境等，这些因素对企业来说是不可控的，某一环境因素的变化都可能导致企业进行适应性变革，这些变革很多是品牌扩张的内容。

2020年的一份最新报告显示，以短视频应用TikTok/抖音而闻名的北京字节跳动公司，成为2020年中国科技巨头中达成交易最多的公司，其核心业务已经超出娱乐和广告领域。字节跳动公司除了进行核心的娱乐广告业务交易外，还将涉足范围拓展至教育和医疗领域，在这两个领域分别进行了两项收购。该公司还收购了一家拥有在线支付资质的公司，为拓展电子商务品牌铺平了道路。

5. 产品生命周期的运行规律

企业的产品总有一个生命周期，对于企业来说，这是不容回避的现实。在产品生命周期的成熟期或衰退期，市场需求停止增长并开始下降，这时企业应考虑如何推出新产品或进入新的市场领域，从而避免产品生命周期给企业带来的灾难。实际上，当企业产品处于成熟期或衰退期时，企业就要开始考虑品牌扩张，通过品牌扩张推出新产品或转入新行业，从而使企业或品牌继续生存和发展下去。另外，科技的进步使一些产品的生命周期大大缩短，这更需要企业提早准备，积极进行品牌扩张。例如，联想集团曾以联想汉卡称霸国内市场多年，但随着技术的进步，汉卡的体积越来越小，最后因被集成在芯片上而走到生命的尽头。联想集团较早地看到了这一点，在汉卡销售正旺时就着手研制自己的计算机，当汉卡市场萎缩时，联想计算机已成为企业的第二代拳头产品了。产品生命周期的要求使企业积极进行品牌扩张，从而保持一种良好的发展势头。

6. 企业规避经营风险的需要

企业的经营常会遇到各种风险，其中一种便是单一的产品、项目或业务经营的失败给企业带来的致命打击。也就是说，对于单项经营的企业来说，此项业务的失败会使企业唯一的经营活动失败，从而给企业带来严重的损失。因此，众多企业在发展中往往采用品牌扩张策略，进行多元化经营，从而规避经营风险。实施品牌扩张策略，能够保证企业平稳发展。美国吉列公司前任董事长勒克勒在1978年出任总经理时就提出："本公司不应再将刀片当唯一的事业了。"于是，吉列公司在继续研制新型剃刀的同时，大刀阔斧地进行了品牌扩张，将经营内容转向了化妆品、医药及生活用品等多个方面，并在这些行业中取得了成功。在2017年的财报中，四川长虹将自己描述为"一家集综合家电、IT数码、部品材料、精益制造服务、新能源等业务于一体的全球化科技企业"。这样的描述也使得这家公司看上去就像是多元产品的杂烩，市场无从得知四川长虹未来到底能提供什么样的真正有竞争力的品牌产品和服务。

正是基于以上种种原因，众多大企业积极地开展品牌扩张。如今品牌扩张已成为其发展战略的核心。

6.5.3 企业品牌扩张的价值

在市场经济不断发展的今天，品牌代表着企业拥有的市场份额，在一定程度上也代表着企业的实力。品牌需要培养，需要耐心、勇气、财力、物力等多方面的长时间的投入。如何对现有品牌进行开发和利用，更好地发挥品牌的作用，是企业经营战略中不可或缺的课题。实际上利用品牌资源实施品牌扩张，已成为企业发展的核心战略，也是企业界常用的对于名牌进行开发利用的策略。众多企业正是因为成功地运用了品牌扩张策略才取得了市场竞争的优势地位。从已有的实践来看，品牌扩张对企业的意义主要体现在以下几个方面。

1. 优化资源配置，充分利用品牌资源

品牌是企业重要的资源。企业在发展品牌战略中可能会遇到这样或那样的问题，比如，品牌资源闲置、品牌价值低估等，遇到这样的情况时，采用品牌扩张战略正好可以促进资源合理利用，增强企业实力。比如，针对品牌资源闲置，可以搞对外扩张、特许经营、品牌延伸等，从而达到有效、充分利用企业品牌资源的目的。世界著名的时装品牌如香奈儿、普拉达、阿玛尼等，都具有极高的知名度、美誉度、信任度和追随度。若它们只在服装领域里开拓，而不进入相关产品领域，则消费者对其的忠诚、赞誉便会在无形中消失，而这些是企业宝贵的品牌资源。

2. 借助品牌忠诚，减少新品入市成本

据心理学对消费者的研究，消费者往往具有某种忠诚的心理，即在购买商品时，多次表现出对某一品牌的偏向性行为反应。这种忠诚心理为该品牌的新产品上市扫清障碍并提供了稳定的消费者群体，从而保证了该品牌产品的基本市场占有率。因此，当企业进行品牌扩张，对新产品以同一品牌投放市场时，就可以利用消费者对该品牌已有的知名度、美誉度、信任度及忠诚心理，以最少的广告、公关、营业促销等方面的投入，迅速进入市场，提高新产品的开发、上市的成功概率。品牌扩张策略常利用已有品牌及产品的美誉度、知名度、追随度来提携新产品，为新产品上市服务。例如，格力集团在空调行业具有相当大的竞争优势，并建立了"格力"的知名度、美誉度、信任度和追随度生态体系。近年来，格力又开发出彩电、计算机、小家电等新产品，借助"格力"品牌的知名度、美誉度和信任度，迅速打开家电市场，得到了消费者的认可，成为这些行业的后起之秀。

3. 增加品牌新鲜感，从而提高市场占有率

品牌内容一成不变，长此以往会使消费者生厌而移情别恋。品牌扩张能使品牌概念不断增加新的内涵，让消费者感到这一品牌在不断发展、不断创新，从而紧紧抓住消费者，牢牢占领市场。品牌的扩张更为消费者提供了更多的选择对象，增强了品牌的竞争力。品牌扩张能使品牌群体更加丰富，对消费者的吸引力更大。如顺丰系如今的业务已经不局限于其官网所罗列的物流业务——即时配、快递服务、快运服务、冷运服务、医药服务、国际服务等，虽然这些物流业务已经十分成熟。除了这些通过自己探索与拓展的业务，顺丰拓展版图的另外一个方式是投资与并购。

2020年2月9日，顺丰控股公告称，将收购嘉里物流51.8%的股份，总对价为175.6亿港元，一时引发市场热议。不过事实上，近些年顺丰已经多次悄然出手，以投资手段拓展市场版图，虽然规模比不上这次的大手笔。

物流指闻通过企查查查询发现，仅顺丰控股名下的投资项目就有38个。从时间分布看，2013年之前，收录的投资事件尚且为零，自2014年起，其投资速度加快，并在2018年达到

一个高峰,这一年其投资数量为 12 个。

顺丰对标的不仅是 4 000 亿元传统快件配送市场份额,还包括 12 万亿元的大物流市场。未来快递业真正要面对的竞争对手,不是国内的同行,而是像 Google 一样的高科技公司。

另外,兴业证券发布报告称,品牌、网络、流量、科技、场景正在助力顺丰成为超级物流平台。

双维度下企业品牌扩张需要考虑的因素如图 6-6 所示。

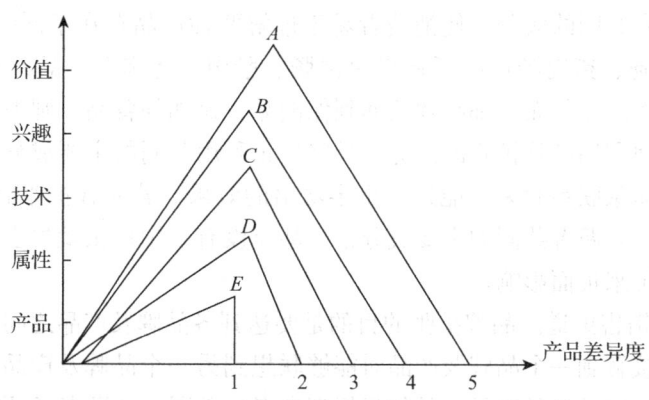

图 6-6 双维度下企业品牌扩张需要考虑的因素

4. 增强企业实力,实现企业与股东收益最大化

规模经济可以实现企业运营的最低成本,从而使企业低成本扩张,扩大生产能力,增强企业实力,实现收益最大化。品牌扩张在一定程度上使企业规模扩大,充分利用闲置资源,合理进行闲置资源配置,从而实现"规模效益"。同时企业在品牌扩张中实现了"多条腿走路",企业在多个方面发展,降低了单一经营带来的风险,使抵御外界变动的能力得到了增强,从而使企业实力也得到了增强。品牌扩张也就是在某种程度上发挥核心产品、品牌的形象价值,充分利用品牌资源,提高品牌的整体投资效益,使得企业产销达到理想的规模,实现收益的最大化。例如,广西本土品牌生辉是荣获"广西著名商标"的烧卤知名品牌,后因经营不善,濒临倒闭。广西京城投资集团有限公司出资 3 000 万元,成立了"广西生辉烧卤餐饮投资管理有限公司",重新整合资源,恢复老字号品牌运营。老品牌生辉经过品牌重组,引进投资,引进团队,强强联手,利用双方在技术、资金和品牌上的优势,从 2015 年半年销售不足 700 万元起步,到 2017 年年销售达到 3 600 万元,真正实现品牌和资金相得益彰,有一定的市场评估意义。

总之,品牌扩张是企业发展的重要选择手段,如果运用得当,会大幅度提高产品及企业的实力和竞争力,并扩大企业效益。品牌扩张可以带来利润、市场占有率、市场竞争力、市场亲和力、企业效益等多方面的提升,已成为企业发展战略的核心内容。

6.5.4 品牌扩张的技巧

虽然品牌扩张产生的效果不容忽视,但也伴随着巨大的风险,品牌扩张应在一定的科学思想指导下进行,以减少、避免品牌扩张对企业的风险。品牌扩张应运用一定的技巧,以增加成功的可能性。

1. 相似性技巧

品牌扩张不是盲目地开展的，应运用一定的技巧，其中相似性技巧是最主要也是最重要的一个技巧。所谓相似性技巧，就是要求品牌扩张坚持一些相同或相似的基本元素，如品牌定位、品牌价值、服务、技术、消费群体等，从而使品牌扩张更顺利地进行，并获得成功。

（1）具有一定的同质性。在品牌扩张时，原有品牌及产品应与扩张后的产品或品牌有相关性，即双方应当有共同的成分，使消费者易于理解两种产品存在于同一品牌之下的原因。像春都品牌从鸡肉肠、猪肉肠产品延伸出鱼肉肠、腊肉、烤肉等产品，人们就不会感到勉强，因为它们同为肉制品。而春都品牌延伸到保健品，比如补肾品，则失去了其原有的意义及定位，不能很好地利用品牌扩张的优势。品牌扩张利用共同的主要成分将新产品或品牌与现有品牌产品的好印象联系起来，能达到事半功倍的效果。若品牌扩张有共同的主要成分，则扩张就容易成功；若两者共同的主要成分很少甚至没有，则扩张就失去了意义，同时也会给主力产品的品牌带来负面影响。

（2）有相同的销售渠道。品牌扩张的目的是要达到各品牌及产品之间能相辅相成的整体效果，使消费者在接触到一个品牌及产品时能够联想到另一个品牌及产品。如果销售渠道不同，核心品牌及产品与扩张品牌及产品的目标消费者也不同，就没有了品牌扩张"由此及彼的效果"，品牌扩张也就实现不了上述目的。例如，"宝马"是世界著名汽车品牌，但它也有时装、表等类产品，对于从宝马汽车到宝马服装、宝马表的扩张来说，由于不能利用同一销售渠道，所以宝马品牌的扩张加大了投入、增强了未知性，对于宝马汽车的宣传投入，往往不能惠及宝马服装、宝马表。

（3）有相同的系统。品牌扩张就是能找到主力品牌产品与扩张品牌产品相联系的地方，联系部分越多，则越容易成功。相同服务系统中的品牌扩张容易让人接受，而相去甚远的服务系统若希望在这方面寻找共同点就显得牵强、不伦不类。虽然企业利用相同服务系统中消费者最赞赏、最认同的相关环节，可能需要花费很大的精力去进行调查研究，但这些基础工作是必须要做的。

（4）有相似的消费群。若使用者在同一消费层面和背景下，也就是说目标市场基本相同或相似，则品牌扩张易于成功。比如2018年3月初，深圳眼镜品牌木九十正式进入美国市场，开发了 Gucci、Dior 和 Prada 等以太阳镜为主的奢侈品品牌，新品牌融合美国消费者喜爱的风格，把复古和前卫结合了起来；从三笑牙刷到三笑牙膏，从红豆衬衣到红豆西装，都是面对同一消费群，因而更易成功。

（5）技术上密切相关。主力品牌与扩张品牌的产品在技术上的相关度也是影响品牌扩张成败的重要因素。新产品、新品牌与主力品牌在技术上相近，易使人产生信任感；若相差悬殊，就失去了技术认同的效果。像吉利在汽车技术上非常优秀，就可以将品牌之伞扩张到从力帆普通摩托车到赛车、从家用汽车到比赛用车等多种产品线上，并能取得良好的扩张效果。然而，格力空调与正"格力虎""格力豹"摩托车的扩张，就很难使人们将对格力空调技术的认同延伸到格力摩托车上，因为这种延伸在技术方面没有多大意义。

（6）质量档次相当。质量是品牌的生命，是其生存和发展的基础，新扩张的产品或品牌的质量与原有产品或品牌相当，就可以借现有品牌促进新品上市，成功实现延伸。这是因为原有品牌在质量、档次上已得到认同，新品牌或产品与其相当，会使人们容易形成联想，从而增加成功的可能性。李宁从体育产品延伸到服饰、帽子、腰带，并获得了很大的成功，其紧紧围绕高质量、高档次的定位，得到了白领和绅士阶层的认同，在品牌扩张方面取得了成功。

2. 规避技巧

规避技巧指品牌扩张时，避免扩张方向或所扩张品牌是在人们心目中高度定位或有特殊地位的品牌，从而不使扩张以推翻原有消费群为代价。

（1）回避已稳定定位的品牌。若某品牌已成为这个产品的代名词，或形成了一种固定的、不可破坏的定位，那么其在消费者心目中确立的固定形象就不应冠于他物。比如，提起好莱坞，人人都知道是美国电影城，就不应该唐突地把它扩展到汽车、卫生纸等方面。这种扩张一方面不仅不能延伸原有品牌资源；另一方面还有可能使原有形象受到破坏，失去原有的消费群。某品牌高度定位后，在人们心目中以一个固定的、完整的形象存在，品牌完全取代了产品作用，是容不得一点节外生枝的，若强求，扩张的品牌或产品将会受到不良影响。比如，北京七个柒精心培育的"七個柒"品牌，犹如自己的孩子一样，从无到有，每一款产品都要经过产品调研、源头甄选、权威质量检测、包装设计环节，每个环节都需要用时间来证明。它现已开发了 11 款产品，单从开发产品的品类来看并不多，但集中度较高，都是农产品系列。

（2）回避已在消费者心目中树立的固定形象。一些品牌及产品在目标消费群中已树立了某种牢固不变的形象，并且这种形象对消费群的心理影响非常大，一种产品的使用象征地位、身份、阶层等，就不宜再向其他方向扩张，例如向低档产品发展、成为大众化产品等。这一规避技巧主要是回避消费者的某种特定心理。在消费心理中，某些消费群常用固定的品牌、产品来显示其身份、地位等，若这类品牌或产品向大众化方向扩张，那么为了满足其心理需要，他们会放弃原有品牌或产品并改变消费对象。

3. 联想技巧

联想技巧就是指品牌扩张基于主体部分进行。联想技巧是基本的品牌扩张技巧，在品牌扩张中经常会使用。一提到联想这一品牌，人们马上会想到其主体产品电脑，联想这一品牌可以在人们的联想条件下向与电脑相关的行业去拓展，如个人电脑、笔记本电脑、外围设备，甚至相关信息产业中的内容。这种联想技巧，容易使人们把对原有商用机器的美誉感、信任度延伸到新产品上去，联想利用这一技巧，增强扩张的联想性、相关性，使品牌扩张成功进行。

4. 操作技巧

为了便于进行品牌扩张，拓展工作思路，下面介绍一些常见的品牌扩张的操作技巧。

（1）产业扩张。从产业相关性上分析，品牌扩张可向上、向下或同时向上向下进行。比如，石油加工业向原油开采业的扩张是向上扩张，向石油精细加工或销售流通业的扩张是向下扩张，同时向原油开采和精细加工或销售流通业的扩张便是既向上又向下的双向扩张。通过采用这一扩张方法，企业可以向上控制原材料供应，向下控制产品的销售网络。还有一种扩张方法是平行扩张，也可以称为平面扩张，是向同一层面的扩展。比如，果奶向鲜奶、酸奶的扩张。选择平行扩张时，一般应具有相同或相近的目标市场或销售渠道，特别是与主力品牌相竞争的品牌或行业。产业上的扩张往往使企业更庞大，从而形成集团力量，加强风险抵御能力。

（2）档次扩张。在产品线上增加高档次产品项目，使产品、品牌进入高档市场，是向上扩张的档次扩张技巧。日本企业在汽车、摩托车、电视机、收音机和复印机等行业都采用这一方式。目前许多发展中国家从发达国家引入先进的高档生产线，在高档次上扩张，均采用了这一技巧。奇瑞和吉利——两家重量级的自主品牌车企，不约而同地选择在上海车展上高调发布新的子品牌，原因很简单——原先的品牌档次不高，因此希望借助新品牌来塑造新形象。多品牌战略反映了自主品牌车企提升品牌形象、向高端市场发展的渴望。

在产品线里增加较低档的产品，使品牌向下发展，是档次扩张的向下扩张技巧。这种技巧主要是利用上游高档名牌的声誉，以及人们的慕名心理，吸引购买力水平较低的顾客购买这一"名牌"中的低档廉价产品，但这种做法的风险很大，极易损害名牌高品位的信誉。

（3）其他相关扩张。除了前面介绍的两个品牌扩张操作技巧外，还有扩散法扩张。它对于新成长起来的品牌非常有意义，主要包含三层内容。

第一，单一品牌可以扩散延伸到多种产品上，成为名牌系列。中国连锁经营协会日前首次推出了"2020绿色可持续消费宣传周参与手册"，汇总了国内外环保主题日等信息，为便于连锁企业了解与参与，还推出了一系列绿色可持续品牌消费传播解决方案，内容包括：①"出发吧侦'碳'！"小程序推广；②健康海洋、健康生活；③为消费者提供"安心消费，健康与环保"——科普知识；④塑料使用与分类；⑤爱食免"费"——减少食物浪费；⑥"全球同此凉热"——绿色体验；⑦绿色生活方式与回收再利用；⑧生物多样性保护。这些解决方案也得到了协会会员企业的关注和积极参与。

除此之外，以橱柜起家的欧派、以衣柜起家的索菲亚、以全屋定制出名的尚品宅配等品牌也纷纷布局大家居。抢占市场、拓展产业链，大家居战略的竞争异常激烈。

第二，一种品牌可以向不同行业扩散，在一个总的品牌树下形成品牌集群。根据微热点大数据研究院的数据统计结果，2020年度，电竞行业以99.90的热度指数位居第二。除知识分享热度指数较低外，文娱其他行业分类热度指数均在89以上。当前舆论关注和讨论的重点仍是文娱行业，电竞品牌则在其中占据重要位置，在统计时间段内，"迪丽热巴"成为电竞相关信息传播的热词，可见代言人中，迪丽热巴最受"竞客"关注。"和平精英""王者荣耀""阴阳师""穿越火线""游戏"等词汇说明电竞行业的根本——"游戏"依然是主要关注点之一。

第三，一国一地的品牌可以扩散到世界，成为世界名牌。例如，中国知名轻奢护肤品牌赫露诗（Herocean）作为国家创新品牌，紧跟"一带一路"倡议，让国人自己的护肤品牌走出国门。中国人创立的轻奢护肤品牌正在创造一次惠及亿万中国人的，颠覆行业规则新零售3.0分享经济新模式，也让世界看到中国品牌的影响力。

品牌无论如何扩张，使企业获益，被消费者接受、认可是不能回避的，扩张技巧的使用有助于这一目的的实现。

6.5.5 品牌扩张陷阱

品牌扩张是企业品牌发展战略的核心步骤，众多企业成功地进行了品牌扩张，取得了骄人的成绩，然而品牌扩张与品牌延伸一样，失败的案例也比比皆是。品牌扩张不当会给企业带来很大风险。它并非任何企业发展的良药，品牌扩张路上总是布满陷阱。

1. 陷阱之一：损害原品牌的高品质形象

如果品牌按档次由高向低扩张，即将高档品牌使用在低档产品上，就有可能堕入这种陷阱。早年，美国"派克"牌钢笔质优价高，是身份的标志，满足了人们的某种心理，许多上层社会的人物都喜欢使用"派克"笔。然而，1982 年，派克公司新总经理上任后，把"派克"品牌用于每支售价仅 3 美元的低档笔上，结果，派克公司非但没有顺利打入低档笔市场，反而丧失了高档笔市场的领先地位。其市场占有率大幅度下降，销售额只是其竞争对手克罗斯公司的一半。盲目的品牌扩张毁坏了"派克"在消费者心目中的高贵形象，而其竞争对手则趁机在高档笔市场上成功扩张。

2. 陷阱之二：淡化品牌定位

品牌淡化往往是由于推出时间较长，缺少建设和宣传而慢慢产生的。此时推出的延伸品牌，由于依赖母品牌的价值和声誉，因而如果企业长期不给予重视，消减宣传力度和建设水平，延伸的意义就会逐渐消失。

3. 陷阱之三：心理冲突

齐秦略带沧桑和粗犷的男人味，让其代言的七匹狼成为成熟中青年男人服装的代表品牌。如今，七匹狼经营男装、女装、童装、运动装、牛仔。从最初的男装到现在的多种产品，七匹狼的品牌扩张与消费者的品牌心理发生了严重冲突。

目前七匹狼的市值在 100 亿元左右，而另外一个男装品牌九牧王的市值比它高 50%，约 150 亿元。九牧王最初是男裤专家，后来也做了品牌扩张，丰富了男装产品线。但是消费者只会买九牧王的裤子。如果要买外套，消费者会有更好的选择：夹克是劲霸或者利郎，立领的是柒牌；运动装是 adidas 或者 NIKE，户外装是 The North Face 或者哥伦比亚。

为什么不能轻易进行品牌扩张？根本原因在于消费者的印象很难改变，消费者只接收与自己的认知相对应的信息。企业想改变市场对品牌的印象难上加难。在消费者的心智中，七匹狼就是男装，九牧王就是男裤。

4. 陷阱之四：跷跷板效应

在美国市场上，亨式原本是腌菜的品牌，而且它占有最大的市场份额。后来，公司将亨式这一品牌扩展到番茄酱这种产品上，并且做得十分成功，使亨式成为番茄酱品牌的第一名。然而，与此同时，亨式丧失了腌菜市场上的头把交椅，被 Vlasic 取代。这就是艾·里斯所说的"跷跷板"效应："一个名称不能同时代表两个完全不同的产品，当一种上来时，另一种就要下去。"很多品牌在扩张中的不当行为，使这种情况经常出现。

本章小结

1. 品牌延伸是企业为取得或保持持续竞争优势的重要举措，通过不断延伸品牌，形成品牌竞争的合力，并通过配置、构造、调整与协调其在市场上的活动来创造品牌价值。
2. 品牌延伸的主要表现是：品牌成为市场竞争的焦点，产品生命周期缩短使品牌延伸的重要性增强，品牌延伸是实现品牌无形资产转移、发展的有效途径。
3. 品牌延伸的误区包括：损害原有品牌形象、有悖消费心理、容易形成此消彼长的"跷跷板"现象、产生株连效应、淡化品牌特性、出现产品定位与品牌定位的差异化、出现品牌延伸的不一致性、在品牌延伸时把握不准产品种类和数量的适度性。
4. 防止品牌延伸失败的措施为：不轻易动摇原有品牌的定位、不轻易打破消费者的心理定式、准确把握品牌延伸的度、不轻易丢掉老顾客。
5. 品牌扩张的核心价值是：优化资源配置，充分利用品牌资源、借助品牌忠诚、减少新品入市成本，品牌扩张能给品牌以新鲜感，使其更丰富，从而提高市场占有率、增强企业实力，实现企业与股东收益最大化。

自测题

一、单项选择题

1. 理性的品牌延伸策略的目的就是增强品牌的竞争实力，持续获取较好的市场销售与（　　）。
   A. 企业利润　　　　B. 成本核算　　　　C. 财务收益　　　　D. 核心效益
2. 在产品线中增加高档次产品生产线，使商品进入高档市场，这属于（　　）。
   A. 向下延伸　　　　B. 向上延伸　　　　C. 双向延伸　　　　D. 发散法延伸
3. 在产品线中增加较低档次的产品，这属于（　　）。
   A. 向上延伸　　　　B. 双向延伸　　　　C. 向下延伸　　　　D. 发散法延伸
4. 将强势品牌名冠于别的产品上，如果不同产品在质量、档次上相差悬殊，就会使原强势品牌产品和延伸品牌产品产生冲击，这属于不当延伸的（　　）。
   A. 淡化品牌特性　　B. "跷跷板"现象　　C. 有悖消费心理　　D. 株连效应
5. 品牌延伸的规律的第一条（　　）。
   A. 新老产品之间有较高的关联度　　　　B. 考虑企业的资源能力
   C. 竞争者的品牌策略　　　　　　　　　D. 品牌核心价值的相容性是根本
6. 消费者在消费某一名牌产品并获得了满意感后，就会形成一种名牌的"光环效应"，从而影响这一品牌下的其他产品或服务。这是（　　）。
   A. 企业实力的内在驱动　　　　　　　　B. 市场竞争下的品牌扩张压力所导致的
   C. 品牌扩张的消费者心理基础　　　　　D. 外界环境压力下的品牌扩张
7. 针对品牌资源闲置，可以搞对外扩张、特许经营、品牌延伸等，从而达到有效、充分利用企业品牌资源的目的。这说明品牌扩张战略可以促进资源（　　）。
   A. 强化组织功能　　B. 增强企业实力　　C. 提升核心能力　　D. 打造战略体系
8. 品牌扩张坚持一些相同或相似的基本元素，如品牌定位、品牌价值、服务、技术、消费群体等，从而使品牌扩张更顺利地进行，并获得成功。这属于品牌扩张的（　　）。
   A. 相似性技巧　　　B. 规避技巧　　　　C. 联想技巧　　　　D. 操作技巧
9. 品牌扩张时，避免扩张方向或所扩张品牌是在人们心目中高度定位或有特殊地位的品牌，从而不使扩张以推翻原有消费群为代价。这属于品牌扩张的（　　）。
   A. 规避技巧　　　　B. 相似性技巧　　　C. 联想技巧　　　　D. 操作技巧
10. 如果品牌按档次由高向低扩张，即将高档品牌使用在低档产品上，就有可能堕入（　　）的陷阱。
    A. 淡化品牌定位　　　　　　　　　　　B. 损害原品牌的高品质形象
    C. 心理冲突　　　　　　　　　　　　　D. 跷跷板效应

二、多项选择题

1. 防止品牌延伸失败的措施包括（　　）。
   A. 不轻易动摇原有品牌的定位　　B. 不轻易打破消费者的心理定式
   C. 把握品牌延伸的度　　　　　　D. 不轻易丢掉老顾客
   E. 不轻易与其他品牌合作

2. 品牌扩张的意义是（　　）。
   A. 优化资源配置，充分利用品牌资源　　B. 借助品牌忠诚，减少新品入市成本
   C. 给品牌以新鲜感　　　　　　　　　　D. 增强企业实力
   E. 实现企业与股东收益最大化

3. 根据品牌延伸内容，品牌延伸策略分为（　　）。
   A. 推出改进型新产品策略　　　　　　　　B. 直接延伸策略
   C. 原有品牌与单个同类型新产品的名称相结合策略
   D. 向同类产品延伸策略　　　　　　　　　E. 向主品牌延伸策略

4. 品牌延伸战略的具体实施方案包括（　　）。
   A. 科学评估企业及其品牌的实力　　B. 正确概括现有品牌的价值内涵
   C. 注重市场信息反馈　　　　　　　D. 收集相关信息
   E. 构建品牌信息平台

5. 品牌延伸决策要考虑的因素有（　　）。
   A. 品牌核心价值　　　　B. 新老产品的关联度
   C. 行业与产品特点　　　D. 产品的市场容量
   E. 企业所处的市场环境

6. 品牌扩张的原因有（　　）。
   A. 消费者心理基础　　　　　　　B. 企业实力的内在驱动
   C. 市场竞争下的品牌扩张压力　　D. 外界环境压力
   E. 产品生命周期的运行规律

7. 品牌扩张的相似性技巧是基于（　　）的。
   A. 具有一定的同质性　　B. 有相同的销售渠道
   C. 有相同的系统　　　　D. 有相似的消费群
   E. 技术上密切相关

8. 如何实施品牌扩张的规避技巧（　　）？
   A. 回避已稳定定位的品牌　　　　B. 回避在消费者心目中已有固定形象的品牌
   C. 回避已经有知名度的品牌　　　D. 回避有知识产权的品牌
   E. 回避国际知名品牌

9. 常见的品牌扩张的操作技巧包括（　　）。
   A. 产业扩张　　B. 档次扩张　　C. 其他相关扩张
   D. 行业上的扩张　　E. 渠道上的扩张

10. 扩散法扩张对于新成长起来的品牌非常有意义，主要包含（　　）内容。
    A. 单一品牌可以扩散延伸到多种产品上，成为名牌系列
    B. 一种品牌可以向不同行业扩散

C. 在一个总的品牌树下形成品牌集群
D. 一国一地的品牌可以扩散到世界
E. 可以成为世界名牌

三、简答题

1. 品牌延伸的含义是什么？它包括哪些最基本的概念？
2. 什么是单一品牌战略和多品牌战略？它们具有哪些特征？
3. 品牌延伸的陷阱及防范措施之间的关系是怎样的？
4. 品牌扩张的动力是什么？
5. 品牌延伸与品牌扩张的关系是什么？如何正确认识品牌扩张的价值？

案例分析

低温奶"大玩家"如何玩转品牌延伸

世界级饮品巨头与中国乳制品巨头之间会有什么交集？2020年5月就确认的可口可乐与蒙牛的大联姻这两天终于落下了帷幕。二者共同出资设立的"可牛了乳制品有限公司"已完成了工商注册登记手续，并取得了合法的营业执照。

因为这个霸气的名字，消息一传出就立刻在网上引发了一波讨论热潮。据了解，新设的合营企业将利用投资双方各自的优势，在乳制品研发、乳业加工技术、品牌影响力、分销渠道等方面开展合作，为中国消费者带来一个新的低温奶品牌。

低温奶市场迎来大玩家，对于合作双方来说，又将擦出怎样的火花？他们又是如何玩转品牌延伸的？

1. 与可口可乐联姻，品牌延伸的底层逻辑是"双赢"

现代企业之间的合资合作，可以看成是一场"联姻"。实力越是雄厚的企业之间越喜欢搞"联姻"。因为"联姻"代表着利益整合和扩张，意味着巨大的利益获取。虽说可口可乐、蒙牛品牌早已各自稳踞一方市场，但企业若要寻求新的市场业务增长，开拓新市场，那么跨界延伸将是一种明智选择。

对于蒙牛来说，虽然身为中国乳业双巨头之一，但始终不是绝代双骄，与伊利在各方面始终存在着不小的差距。在营收上，有数据显示，2019年蒙牛营收为790.3亿元，伊利则为902.2亿元。而双方在市值上的差距则更大，伊利市值为1 725亿元，蒙牛市值为1 185亿港币，折合人民币是1 078亿元，比伊利少了近700亿元，其差距可见一斑。

当中国乳业由增量时代进入存量时代的时候，就是消费者选择驱动企业成长的时候。蒙牛和伊利的竞争除了比拼规模，还包括继续拼渠道、产品创新和营销等方方面面。

包括安慕希在内，伊利有三个大单品营收过百亿，十几个单品过十亿。蒙牛的大单品虽然增长也不错，但它只有两三个产品受到市场追捧。

面对这样的竞争格局，蒙牛急需打破僵局。由背后中粮做媒，可口可乐的出现为蒙牛提供了机会。这次"联姻"将要入局的低温奶市场，其实正是蒙牛寻找的发力点。

蒙牛2019年的成绩单显示，其低温酸奶连续15年排名行业第一。此次在可口可乐强渠道、强品牌、强营销的加持之下，新产品势必会释放出更大的增长空间，在低温奶领域扳回一局。

对可口可乐来说，作为世界级的饮料巨头，其近年来始终在寻求"全品类饮料公司"的转型,实现以消费者为中心,持续提供一系列的饮料品牌供消费者选择。在传统的碳酸饮料增长接近天花板的情况下,可口可乐"跨界"乳品行业,既为了使自己的产品更健康,也为了谋求更大的增长空间。

可口可乐此次借力蒙牛的工业生产体系和奶源基础,势必为其切入乳制品领域提供了强有力的资源支撑。

2. 品牌延伸瞄准赛道,才能实现 1+1 大于 2

受冷链和运输距离的限制,低温奶品牌的区域性非常强,这也造就了不少区域性的网红酸奶,如乐纯、圣湖等。低温奶"网红化"似乎成了我国乳业发展大趋势下的"小风口",迸发出让人难以轻视的上升势头。

在市场格局上,这种"网红化"趋势已经显现出来。目前,低温奶品牌中的前三位分别是:光明、三元和新希望,蒙牛和伊利两巨头成了追赶者。这是众多乳业品牌的机遇期。

而从市场层面来看,目前,我国的低温奶消费大概只占液态奶市场的 25% 左右,但在日本、美国等国家,这个数字却高达 98%。这无疑是一个巨大的未来市场增量空间。

有数据显示,2015 年,国内低温奶的市场规模约为 234 亿元,到了 2019 年,国内低温奶的市场规模达到约 343 亿元,年均复合增长率达到了 8%。2019 年,低温奶的市场规模增速在 11.6% 左右,同期,乳制品行业整体增速不足 6%。

在这种背景下,低温奶赛道异常火热,无论是行业龙头企业还是区域性强势乳业,均争相布局。除了老牌乳企伊利、蒙牛、光明加大投入布局外,国内品牌君乐宝、新希望,国外品牌恒天然等也在纷纷试水。

可口可乐与蒙牛强势"联姻"的原因正在于此,白热化的赛道为品牌延伸提供了绝佳的机遇。面对"低温奶"这样一块巨大的蛋糕,蒙牛旗下虽已经拥有了冠益乳、优益 C 等多款低温奶产品,但依托可口可乐金字招牌的新品牌,势必会在低温奶市场与国内乳业品牌拉开竞争维度和高度。再加上可口可乐在品牌营销层面的造诣,本就已经"网红化"的低温奶在可口可乐品牌力的加持下必定会迸发出巨大的品牌能量。

对于还处于行业成长期、高速增长的低温奶市场来说,可口可乐与蒙牛的强强联合,将获得 1+1 大于 2 的必然结果。

3. 产品延伸绑定品牌延伸

在市场竞争法则中,每一个新产品进入市场都必须经过一个被消费者认识、了解、接受和认同的漫长过程。而在这个漫长的过程中,产品能否在激烈的市场竞争环境中站稳脚跟,还是一个未知数。

品牌延伸可以借助原有品牌的声誉,使得消费者迅速识别企业的新产品,消除消费者对新产品的抵触心理,并且诱导消费者对新产品产生同样的好感和美好的印象。这样就会缩短消费者对产品认知过程,同时,相对减少新产品进入市场的风险与成本,使新产品迅速、顺利进入市场。

资料来源: https://baijiahao.baidu.com/s?id=1682418753161287221&wfr=spider&for=pc.

问 题: 1. 可口可乐与蒙牛"联姻"属于何种品牌延伸?这种品牌延伸实现"双赢"的条件是什么?
2. 低温奶赛道的品牌扩张限制是什么?为什么说火热的赛道为品牌延伸提供了绝佳的机遇?
3. 为什么说"产品延伸绑定品牌延伸"?产品延伸如何使背后的品牌价值增值?

快递跨行拍电影，德邦快递春节 TVC 如何实现品牌破圈

2021 年春节，快递"不打烊"首次成为快递行业常态，各家快递公司纷纷喊话春节照常营业。除了在业务层面积极筹备，各大快递品牌在营销层面也各显神通，希望借助春节营销活动，树立全新的快递业品牌形象。

据观察，快递公司在以往的春节营销中，通常采用的传统手段是宣传快递员舍小家为大家、坚守岗位难团圆的故事，突出了一线人员的负责与牺牲精神。日前，德邦快递制作了一段春节营销 TVC，以明快的画面和节奏，传达企业的希望和期待，令人眼前一亮，由此实现了品牌营销方式的突围。

1. 立足于年轻群体的情感诉求，实现差异化的精准传播

2020 年春节对于大多数人来说，是一个特殊且年味不足的假期，大家都希望可以度过一个温馨的牛年春节，因此，在 2021 年的春节营销中，各大品牌尤其注重以"温暖、希望、期待"为底色的情感沟通招牌。

在此背景下，德邦快递制作了以"我开门，你收获"为主题的 TVC。画面中，全国各地的德邦快递网点纷纷开门，热度持续的快剪镜头凸显了春节来临前的蓄势待发；与此相呼应，消费者打开家门收货，先前的期待瞬时化作了收获的喜悦。通过"开门"这个 keyword（关键词），这段春节 TVC 传达了一种充满希望、令人期待的情愫，突破了以往快递员无法回家团圆的故事套路。

值得一提的是，这段 TVC 以电影级别的画面质感，在短时间内刷屏社交媒体；同时，在传播渠道上，以"优爱腾＋芒果"等视频平台贴片广告，抖音、微信朋友圈、App 视频信息流等多元形式呈现，精准触及年轻群体的情感诉求，进而与之产生情感共鸣。

2. 以"开门、收获"为纽带，传递希望和期待

李奥贝纳说：占领市场必先占领消费者心灵。"开门"和"收货"是这段快递题材的 TVC 的两大主要场景，连接起品牌方和用户的情感沟通，让受众能迅速进入营销语境中，从而使用户对品牌、产品产生情感认同。

"开门"作为主视觉元素在片中多次出现。无论是在曙光中慢慢开启的快递网点卷帘门、运输过程中贴有喜庆"福"字的厢货门，还是用户为奔波的快递员们打开的家门，在场景频频交替的画面里，用户和品牌之间的情感对话像红线一样贯穿始终。每一次充满诚挚情感的送达，都让人在屏幕前产生共鸣。

这段 TVC 另一处值得点赞的细节，就是人们收到年货的展示场景。以往快递公司的广告为了表达服务品质，大都展现快递小哥热情的形象，将画面聚焦于送件人。而德邦快递的 TVC 摒弃旧思路，以 POV 视角，展示了收件人从包裹中取出礼物时的收获感、满足感，这也从侧面巧妙地反映出德邦快递的服务水准与服务品质。

收货场景下展示的年货品类，也暗藏了德邦快递的小心思。包裹中的礼物从颇具家乡风味的腊肠到灯具、衣服、雪板，再到大屏电视，这些产品其实也代表着德邦快递的优势专业领域，如食品生鲜、家电家居、鞋服日化、运动健康等。凭借一以贯之的精准化品牌营销，德邦快递使这些优势的行业场景更深入人心。

3. 跨界＋出圈：传统行业的营销新启示

这段春节 TVC 延续了德邦快递一贯的营销风格，通过"我开门，你收获"的口号，在业务交流之外，德邦快递与用户进行了一次有效的情感沟通，全面地展示了品牌温度与价值观，也必然引发传统行业品牌对于如何与用户进行有效沟通的思考。

事实上，这已不是德邦快递第一次，凭借营销破圈。在抗疫题材时代报告剧《在一起》中，德邦快递进行影视植入，随着剧集迎来口碑和收视双丰收，该品牌也赚足了一波好感和存在感；2019年"双十一"的"魔性视频"——大件快递收货指南，凭借"洗脑旋律"，圈粉社媒用户；在体育营销方面，其签约单板滑雪世界冠军刘佳宇、赞助CBA，获得了一大票体育迷支持；等等。

众所周知，建立与消费者的情感联系和共鸣，在品牌塑造过程中占有重要地位。传统营销类似卖瓜一样的时代已经过去了，营销早已不再是单调宣传卖点，而是聚焦用户，为用户发声。德邦快递的营销思路应当能够为传统行业的品牌营销带来一些新启示。

资料来源：https://news.163.com/21/0201/10/G1OB2TD100019OH3.html.

问 题： 1. 德邦快递制作了以"我开门，你收获"为主题的TVC体现了哪种方式的品牌延伸？通过哪些网络媒体产生了何种品牌效果？

2. "开门"和"收货"是这段TVC的两大主要场景，它们如何连接起品牌方和用户的情感沟通？值得点赞的细节有哪些？

3. 德邦快递凭借营销破圈本质上是品牌延伸，快递企业的品牌延伸有何特点？有何启示？

第 7 章 CHAPTER 7

品牌危机管理

教学目标

在激烈的市场竞争中,企业品牌会面对各种危机,而许多危机会使企业陷入困境甚至倒闭。尤其是在互联网经济时代,大数据技术使得信息传递、储存、分析、提取技术越来越先进,品牌危机发生的概率也越来越高。所以辩证地看待品牌危机,审时度势,变危机为商机,就需要明确企业品牌危机管理的基本思路和工作环节。通过本章的学习,学生能够掌握品牌危机的基本概念和化解危机的方法,为其今后实施品牌危机管理做好准备。

学习任务

通过本章的学习,学生主要掌握和理解:
1. 品牌危机管理的含义及产生的原因;
2. 品牌危机管理的环节及特征;
3. 品牌危机管理的内容及意义;
4. 品牌危机管理的基本过程。

案例导入

小鹏汽车遇成长危机,特斯拉、理想召回后,新能源汽车会跌破冰点

当前,新能源汽车成为各国汽车发展的热点。新能源汽车品牌在我国市场上也越来越多,像特斯拉、蔚来、理想等,还有市场知名度较高的小鹏汽车。我国政府陆续出台的利好政策,也为新能源汽车的发展营造了良好的政策环境。

但值得关注的是,尽管新能源汽车市场是推动汽车电动化转型的"急先锋",但新能源汽车的未来发展出于各种原因,仍然面临着诸多不可回避的问题。比如,理想ONE召回事件,特斯拉自燃事件等,因此,新能源汽车的出行安全问题使很多车主产生顾虑。因为对于终端消费者而言,安全性问题仍然是新能源汽车使用者关心的核心问题。

虽然新能源汽车的安全性问题目前在市场上传得沸沸扬扬,但新能源汽车成为全球汽车产业转型发展的主要方向,同时对促进世界经济持续增长的作用不容小觑。中国汽车工业协

会的数据显示，2020年，我国新能源汽车产销分别为136.6万辆和136.7万辆，同比增长分别为7.5%和10.9%，销量再次创历史新高。由此可见，新能源汽车已经赢得部分消费者的青睐。这与新能源汽车在设计上采取协同能源结构与调整相结合，走低碳之路的优势密不可分。未来5年，我国新能源汽车将会持续增长，预计到2022年，我国新能源汽车销量将超过300万辆。

发展新能源汽车是我国从汽车大国迈向汽车强国的必由之路，是应对气候变化、推动低碳出行的战略举措。同时对于整个汽车企业而言，如何给消费者营造信赖的心境则显得尤为重要。

当前我国的新能源汽车市场尚在起步和提速发展的初期阶段，但在这种情况下，小鹏汽车的销售总量也在稳步上升，这说明对于一些高质量的汽车品牌，消费者还是高度认同的。2020年，国家也出台了多项政策鼓励新能源汽车发展，降低了新能源企业的进入门槛，提高了产品技术要求，完善了强制性产品质量标准，延长了新能源汽车财政补贴周期。未来新能源汽车即将全力推进，有望肩负起中国汽车行业的"弯道超车"的历史重任。

优质的新能源汽车品牌急需获得更多消费者的关注和了解。新能源汽车发展的势头如何，主要看大众接受度和认可度。就小鹏汽车来说，自诞生之日起就尊重汽车行业发展的基本规律，把握新能源汽车市场的趋势动态及消费者心理，始终以满足市场需要为产品的最终目标，踏实造车，为客户提供高性价比和良好口碑的精品车。大势已成的新能源汽车产业将在这样一些突出品牌企业的推动下，进入更理性的发展阶段。

资料来源：https://www.163.com/dy/article/G1OEAEQC05475DGF.html.

7.1 品牌危机的概念

7.1.1 危机的内在含义及特点

危机这个词汇大家耳熟能详，其在不同的场合下表述，有不同的含义。危机从中文字面上看，有"危险"和"机会"两层含义，应该具有在"危险中寻求生机"的含义。在英文中，crisis是指"政治、社会或经济方面的包含即将来临的突然变化或决定性的不稳定状态"。

危机具有以下几个特点。

（1）突发性：危机发生前的征兆很容易被无视或者根本没有任何征兆。

（2）破坏性：事前很难判断危机发生的时间和破坏程序，具有不确定性，或者导致企业形象受损失，或者直接导致企业破产。

（3）公众性：直接或间接影响公众的利益，公众的关注度很高。

（4）紧迫性：应对或处理危机导致的后果有时间限制。

（5）复杂性：危机的产生和处理非常复杂，所涉及的范围很广。

（6）双重性：既具有一定的危险性，同时也会转化为商机。

（7）非常规性：危机处理过程在程序上遵循常规决策。

（8）全局性：危机的发生影响到企业的各个层面，危机的处理也需要企业各个层面的协作。

7.1.2 品牌危机的内涵

2021年，西贝前任副总裁楚学友转发了一条谈论"西贝涨价"的微博，表态月薪5 000元以下的顾客不配吃西贝，并因此成为焦点。尽管西贝表态不会涨价，但消费者并不买单。单个古法饸面馒头售价21元、一份葱油罗马生菜售价49元，一个又一个高标价菜品不断被消费者"吐槽"。短短一周时间内频频因价格问题上热搜，西贝餐饮集团正陷入前所未有的品牌危机。

此事之所以引起如此大的争议，主要是因为消费者对菜品的价值认知与菜品的实际成本相去甚远。随着事态不断发酵，西贝董事长贾国龙在微博中回应称，"我们确实涨价了，这时候涨价不对。从现在开始，所有涨价的外卖、堂食菜品价格都恢复到2020年1月26日门店停业前的标准"。

但是消费者并未对此回应买单。2021年2月，楚学友对于该事件评论的微博被媒体挖掘报道，迅速冲上热搜。网友通过各种贴图直指西贝菜价虚高，"一个馒头售价21元"再次成了热搜焦点。

香颂资本执行董事沈萌在接受长江商报记者采访时表示："西贝部分单品价格引发争议，原因一方面是餐饮行业遭受因疫情而导致的巨大市场经营压力，另一方面是当前物价和人工等成本不断快速上涨。"

显然，品牌危机是指在企业发展过程中，由于企业自身的失职、失误，或者内部管理工作中出现缺漏等，从而引发的突发性的品牌被市场吞噬、毁掉直至销声匿迹，公众对该品牌的不信任感增加，产品销售量急剧下降，品牌美誉度遭受严重打击等的现象。

国外对品牌危机的研究是从产品伤害危机（product harm crisis）开始的。品牌危机的内涵包括品牌危机所涉及的整个过程以及各种不同的表现形式。

（1）品牌危机是形象危机。
（2）品牌危机是信任危机。
（3）品牌危机是公共关系危机。
（4）品牌危机是市场危机。
（5）品牌危机是产品或服务危机。

7.1.3 品牌危机的类型

在瞬息万变的产品竞技场上，产品是不是名牌决定着一个产品甚至一家企业的兴衰成败。在老百姓眼里，名牌产品必定实至名归。因此，在市场经济中，我们的企业从来没有像今天这样注重名牌效应，千方百计地创名牌，千方百计地实施名牌战略。然而，市场的变幻莫测又决定了任何一个名牌都有可能遇到意想不到的事情。一个正在走俏的名牌突然被市场吞噬、毁掉已不是新闻；有百年历史的名牌一下子跌入谷底甚至销声匿迹也已不再是耸人听闻的事情，市场就是这样的残酷，危机四伏并不是危言耸听。所有的危机不外乎三类：①品牌方面的危机；②消费者对售后服务方面的投诉所引发的危机；③由产品质量引发的对企业品牌的伤害。第三类危机是最多的，也是企业最难以处理的危机。

具体来说，品牌危机事件的类型大致包括十类：一是质量事故类，如丰田"机油门"事件；二是生产事故类，如"长生生物"狂犬病疫苗生产记录造假事件；三是企业领导与职业经理人出事，如国美电器黄光裕被拘事件；四是品牌的社会责任事故，如谷歌"解雇门"事件、货拉拉事件；五是虚假品牌宣传事故，如一些明星代言微商品牌英树深陷虚假宣传、传销风波；六是伤害公众感情的品牌宣传，如"郸县豆瓣"广告、立邦漆的盘龙广告事件；七是产权纠纷类，如王老吉与加多宝之争等；八是公司商业贿赂丑闻类，如 GE 产品中医疗器械设备的贿赂案；九是因形象代言人个人危机而引发品牌危机，如马云蚂蚁金服事件、社交 App Soul 的运营合伙人李某，通过"钓鱼"方式恶意举报竞争对手"Uki"事件等；十是商标权利受损，如被抢注、被仿冒等。

7.2 品牌危机的来源

品牌危机是指在企业发展过程中，由于企业自身的失职、失误，或者内部管理工作中出现缺漏等，从而引发的突发性的品牌被市场吞噬、毁灭直至销声匿迹，公众对该品牌的不信任感增加，销售量急剧下降，品牌美誉度遭受严重打击等现象。品牌危机管理主要涉及三方面关系，即消费者、媒体和公众。虽然这三方面群体的立足点和关注点各有侧重，但他们共同关注的是企业态度，即企业在危机事件中采取的姿态和措施。联想双品牌危机示意图如图 7-1 所示。

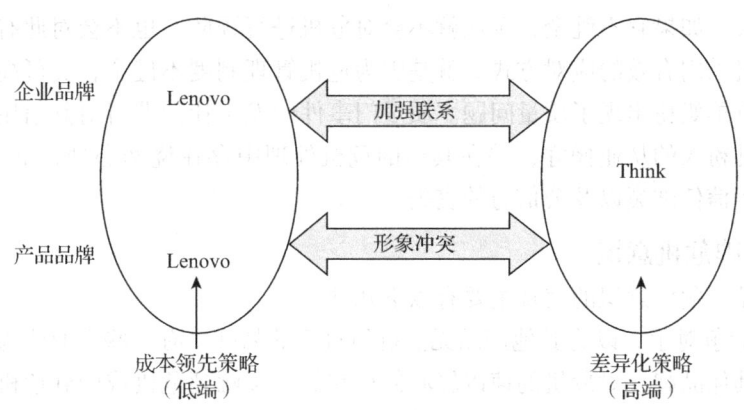

图 7-1　联想双品牌危机示意

关于品牌产品是否有危机的问题，很多人都认为其根源就在于市场的风险性，事实却并非如此。尽管信息技术的发展和交通工具的更新为人们深入市场前沿提供了全面而准确的资料，但竞争的残酷性、市场的全球化等，使任何一个品牌都无法保证自己在多变的市场环境中不会发生波动乃至陷入危机。品牌危机根源主要来自以下几个方面。

7.2.1　缺少整体发展战略

有一套科学、完善的整体发展战略是名牌产品和企业更好地发展的重要元素之一。产品怎样发展，价格怎样定位，不同市场采取怎样的营销手段等问题都需要企业认真思考、勇敢面对。企业在采取品牌营销策略时不能一概而论，应针对市场特点，展开品牌推广活动，必须依法办事、区别对待，注重整体性、系统化。企业必须高瞻远瞩、审时度势，用战略视角审视品牌管理，用系统化思维管理品牌，才能构筑预防危机的坚固防线。有许多企业的危机都是因为其缺少整体发展战略而造成的。

7.2.2 管理机制不健全

只有设计开发一套健全的管理机制，企业才能更好地发展，然而并非每个企业都会这样，因为没有有效的管理机制而引发危机的企业是存在的。它的主要表现如下。

1. 缺乏监控系统

监控系统是企业管理必备的良药。没有品牌管理监控系统的企业就如同缺乏理性的经济人，在发展过程中丝毫不顾及各类资源条件的限制，难以控制自身发展的节奏，无法衡量自己对外部资源的获取能力，其发展的结果就是：要么是被突如其来的成功冲昏头脑，忘乎所以；要么是盲目进入，落入国外企业设置的陷阱而不能脱身。所以，必须在企业内部建立监督体系，保证制度的实施；做好员工的工作，促使管理者科学决策。如果一个企业没有有效的监控体系，制度没有得到合理、正常的实施，员工、领导的工作偏离轨道，他们都不会发觉，那么即使危机到来，他们也不会对此事先警觉，进行有效的预防和控制。

2. 危机管理制度不健全

危机管理制度是危机管理的基础，是企业朝更好的方向发展的保护伞，它的健全与否对企业的影响很大。如果它不健全，企业就不会对危机进行预防，也不会对此有效控制，更不会针对具体危机采用有效的应对方式。就是因为危机管理制度不健全，美可高特旗下的三大系列婴幼儿配方羊奶粉出现了质量问题。质量门事件的发生让消费者对其信用产生怀疑，美可高特违背了乳粉人的从业操守，并在其后的危机处理中存在侥幸心理，不公开事件真相，这就导致消费者信任破裂以及公信力的丧失。

3. 缺乏品牌危机意识

企业缺乏品牌危机意识的表现主要有以下几种。

（1）轻视竞争对手，以为其他产品无法抗衡自己的品牌。有一些企业认为自己的产品是名牌，就藐视其他品牌，对危机的掉以轻心使得它们一接触到危机或闻到危机的血腥味就弱不禁风。这些企业对"品牌"不负责任，盲目追求"大"和"全"。

（2）忽视整体效益，对自己的整体经济效益考虑不全面。有的企业有自己的品牌产品，在外人看来，它们应该有许多资金，殊不知，这只是表面现象，实际的情况是品牌缺乏支撑，不良资产拖累，难以持久。

（3）过度消耗政策红利。国家政策的优惠、政府的保护等，冲昏了一些名牌企业领导和员工的头脑，他们思想膨胀，恃才自傲，忘乎所以，没有危机感。对国家政策法律的漠视，也为品牌发展埋下隐患，对诸多同类品牌的竞争采取轻视态度，还总是以为自己已"功德圆满"，达到了至高无上的境界，可以高枕无忧了，殊不知，危机正在酿成。

（4）品牌意识淡化。为了追求经济效益，把"品牌"抛在了脑后，从思想上丢掉了"品牌"。有的企业在名牌创出后，便认为任务已经完成，只顾追求经济效益而忘记了长远利益，对危机放松了警惕，致使企业"品牌"还没站稳就大势已去。

4. 缺乏预警、监督机制

由于对危机放松了警惕，因此，企业在对品牌产品进行营销时，一般都不会建立预警机制和监督机制，不对危机进行有效的预防和监督。当危机悄然降临时，企业才猛然觉醒。这样的企业一旦遇上突发危机，就会方寸大乱，难以应对，究其原因在于企业对危机的突发性没有充分的认识，更没有制订相应的应变方案，全然忘记了"凡事预则立，不预则废"的道理。

7.2.3 假冒产品对名牌产品及企业的冲击

假冒产品的身影无处不在，一些假冒的品牌产品招摇过市，给企业的信誉造成了严重的影响。特别是最近几年，出口到东南亚甚至欧美地区的产品有相当一部分都是假冒产品，这不仅使当地消费者深受其害，还使国家的形象和声誉也受到了严重的影响。

7.2.4 品牌产品本身的质量出现问题

品牌产品自身出现了质量问题是品牌产生危机的一个重要原因，导致这种情况出现的主要因素就是企业领导层及员工缺乏质量意识，对产品的质量不重视。

1. 管理层及员工缺乏质量意识

在现实中，有许多品牌厂家面对突增的订货单、急于订货的用户，不由得产生一种功成名就之感，昔日那种抓管理的严厉、全力以赴提高质量的拼劲逐渐消失，品牌意识的防线崩溃，管理松弛，质量下降，没有了向更高目标努力的理想。

2. 以次充好

个别企业为追求经济效益，把质量不好的产品，甚至是低劣的二等品、三等品乃至等外品拿出来充数出售，致使企业原先的红火场面慢慢冷清，毁了名牌。

3. 品质缩水

个别企业为追求眼前利益，在产品质量不够，缺斤少两的情况下，把平等交换的信条弃之不理，致使产品乃至企业的形象在消费者心中大打折扣，造成信誉度降低，门前冷清。

4. 销售积压、过时、变质的产品

有的企业或商家无视消费者的利益，将积压、过时甚至变质的"名牌"产品拿到市场上出售，哄骗消费者，欺瞒消费者，这样做的后果只能是"死亡"。

7.2.5 国外优质品牌竞争日趋激烈

随着改革开放的深入，我国与国外产品（服务）在高科技领域和高端市场中的竞争态势趋热，外国介入我国的经济活动日趋频繁，或是在我国投资建厂，生产外国知名品牌，或是同我国企业合资，用外国品牌换掉我国品牌；或者在我国设置渠道代理，植入国外优质品牌产品。由于这一浪潮的袭击，国内外品牌竞争日趋白热化。

《2020年中国购物者报告——疫情下的"新常态"》中显示，2019年中国快速消费品市场总体发展势头强劲,增速达到了 5.5%,较前两年稳中有升。外资品牌以 9.5% 的增幅领先于本土品牌 7% 的增幅,多年来首次出现增幅反超。值得注意的是,2019 年电商增幅高达 35.2%,而大卖场和杂货店渠道逐渐出现颓势,分别下跌了 3.4% 和 7.2%。研究表明,购买的便利性是促进零售线上化的一大推手。线上线下融合的零售新业态在快速消费品总体销售额中占比 4.3%,在线下渠道的市场权重也持续提升。相关数据显示,2020 年一季度,线下销售受"新冠肺炎"疫情影响同比下降 13%,品牌商和零售商要熟悉在后疫情时代的不确定环境中与国外知名品牌的竞争规模,在危机中取得竞争的相对优势。

7.2.6 企业商标意识不强

商标是商品的记号,是名牌产品的根本标志和主要资本。因企业商标问题而使名牌产生危机的现象时有发生。其主要表现如下。

1. 不及时注册商标

忽视品牌产品或优质服务项目的及时注册,这是大量品牌商标被抢注的直接原因。在市场经济条件下,品牌竞争已成为企业成败的关键:失去一个品牌就意味着失去了无形资产;失去一个知名商标就等于失去了一个大市场;失去一个品牌则可能使企业从此夭折。正因如此,当今世界企业之间的品牌商标抢注越来越激烈。

我国的许多产品都有自己的品牌商标,经过各方面的宣传和努力,产品乃至企业在大众心目中有了一定的影响力和知名度,但就是因为商标没有及时注册而被抢注,从而成为众矢之的。

2. 不及时续展商标或不续展商标

《中华人民共和国商标法》规定:注册商标有效期为 10 年,到期前 6 个月内应申请续展商标,在此期间内未提出申请的,可以给予 6 个月的宽限期,超过宽限期限未申请续展注册的,即丧失商标专用权。在现实生活中,某些由于企业品牌意识不强,法制观念薄弱,忽视品牌产品商标的续展工作,没有及时申请延续注册,甚至不去申请续展,结果使自己辛辛苦苦创造的品牌被别的企业或外国企业抢先注册,落到进退维谷的悲惨境地。

3. 为微利而忽略了外国的商标战略

国内厂商一时急功近利,禁不起外商低价格的诱惑,另辟生产线,将产品改头换面,当产品发展成为名牌后,外商突然撤资,让国内厂商措手不及,陷入危机。云南省爱法焊料有限公司是云南省的某企业和美国爱法公司合资创办的,专门生产"爱尔法"焊条。由于产品质量过硬,因此在市场上的销售状况非常好,在消费群体中很有口碑。然而好景不长,美方突然决定撤资,单方面解除合约,在深圳独资建了一个焊料厂,并且声明云南省这家企业以后不许再用"爱尔法"商标。美方的做法使该企业陷入了进退两难的境地,产品和美国公司的一样,都是数百万的设备生产出来的,技术工艺也一样,却无人认可,该厂厂长看着上好的产品卖不出去,叹息不已。

4. 假冒商标的侵蚀

虽然我国目前对造假者已经采取了一系列的高压政策,使一些不法分子的造假活动有所收敛，但就有那么一些"胆大聪明"的造假者"上有政策，下有对策"，使用"攀龙附凤"的招数公开造假。现在市场上这类现象有很多，对于这些现象，细心的消费者不难发现，此类商标是在同类产品的某著名品牌的商标图案或文字稍加修饰、演变、改动而成的，它在视觉上给人造成错觉，在宣传效果上能以假乱真。

5. 随意许可转让商标

商标的转让须有一定的原则、要求，并按这些原则、要求进行和实施。另外，商标的转让还应有一定的转让条件和年限限制，千万不可随意转让商标，给企业造成不应有的损失。

7.2.7 产品缺乏创新

市场在不断变化，人们的消费水平、消费观念也在不断变化，这就要求企业的名牌产品也要不断变化、不断改进、不断创新，以适应市场的变化和消费群体的变化。"流水不腐，户枢不蠹"说的就是这个道理。只有不断创新的名牌产品才是真正的名牌产品；反之，一味守旧、跟不上时代发展和潮流的名牌产品终有一天会被人们抛弃，被市场淘汰。导致产品缺乏创新大致有以下几种原因。

1. 管理观念落后

企业决策者有没有创新产品的观念至关重要。它关系着产品的市场占有率，关系着企业的发展和兴衰存亡。由于管理观念的制约，产品得不到创新而影响企业发展的事时有发生。"我的产品是名牌，根本就不用下那么大的功夫创新""名牌产品还用创新？创新是销量不好、名气不大的小企业的事，我们不用这个，浪费金钱不说，还浪费时间"，事实绝非如此。

2. 缺乏市场规划

有没有进行市场调查是是否创新产品的前提条件之一。由于没有进行有效的市场调查，对消费者的需求、市场的要求没系统的认识，所以企业是不会开展产品创新的。跟不上消费者、市场、国际大环境的产品和企业迟早要挨打。

3. 缺乏技术产品开发人才

产品的创新需要技术型人才的智慧和努力。技术型人才是否缺乏直接关系着企业能否对产品进行创新。通常低技术附加值产品发生品牌冲突的概率较大。

4. 资金投入不到位

有的企业耗巨资在广告宣传上，而不注重改进产品、创新产品。资金投向产生错位，产品质量没有资金保障，会出现本末倒置的情况，资金缺口加大了品牌危机产生的风险。

7.2.8 品牌延伸不当

品牌的正确延伸使品牌得到合理运用，是企业更好地利用品牌这一无形资产进行多元化发展的重要因素之一，但是并非每个品牌产品都能正确地延伸品牌。某些企业由于过分看重品牌的价值，盲目地延伸品牌，结果给企业品牌带来了危机。

7.3 品牌危机管理概述

在西方国家的教科书中,通常把危机管理(crisis management)称为危机沟通管理(crisis communication management),原因在于,加强信息的披露与公众的沟通,争取公众的谅解与支持是危机管理的基本对策。危机管理是企业为应对各种危机情境所进行的规划决策、动态调整、化解处理及员工培训等活动过程,其目的在于消除或降低危机带来的威胁和损失。通常可将危机管理分为两大部分:危机爆发前的预计、预防管理和危机爆发后的应急善后管理。

危机管理是一门管理科学。它是为了应对突发的危机事件,抗拒突发的灾难事变,尽量将损害降至最低点而事先建立的防范、处理体系和应对的措施。对一个企业而言,当企业面临与社会大众或顾客有密切关系且后果严重的重大事故时,为了应对危机的出现而在企业内预先建立的防范、处理体制和措施,称为企业的危机管理。

7.3.1 企业危机管理的内涵

危机管理是指企业通过危机监测、危机预警、危机决策和危机处理,达到避免、减少危机产生的危害,总结危机发生、发展的规律,对危机处理科学化、系统化的一种新型管理体系。危机管理的要素如下。

(1) 危机监测。危机管理的首要一环是对危机进行监测。在企业顺利发展的时期,企业就应该有强烈的危机意识和危机应变的心理准备,建立一套危机管理机制,对危机进行监测。企业越是风平浪静,越应该重视危机监测,因为在平静的背后往往隐藏着危机。

(2) 危机预警。许多危机在爆发之前都会出现某些征兆,危机管理关注的不仅是危机爆发后各种危害的处理,而且要建立危机警戒线。企业在危机到来之前,把一些可以避免的危机消灭在萌芽状态,对于另一些不可避免的危机通过预警系统及时得到解决,这样企业才能从容不迫地应对危机带来的挑战,把企业损失降到最低的程度。

(3) 危机决策。企业应在调查的基础上制定正确的危机决策。决策时要根据危机产生的来龙去脉,对几种可行方案进行对比后,选出最佳方案。方案定位要准、推行要迅速。

(4) 危机处理。第一,确认危机。确认危机包括将危机归类、通过收集与危机相关信息来确认危机程度,以及找出危机产生的原因,辨认危机影响的范围和影响的程度及后果。第二,控制危机。控制危机需要在确认某种危机后,遏制危机的扩散,使其不影响其他事物,紧急控制如同救火刻不容缓。第三,处理危机。处理危机的关键在于速度。企业能够及时、有效地将危机决策运用到实际中,并化解危机,可以避免危机给企业造成的损失。

危机处理流程如图 7-2 所示。

7.3.2 处理危机的原则

在采取危机处理措施的同时,企业一定要注意把握以下 8 项原则。

(1) 主动原则。任何危机发生后,企业都不可回避和被动应付,当务之急是要积极直面危机，控制其蔓延和扩散的速度、范围，有效控制局势，挽救品牌生命，为重塑品牌形象、渡过危机奠定基础，切不可因急于追究责任而任凭事态发展。

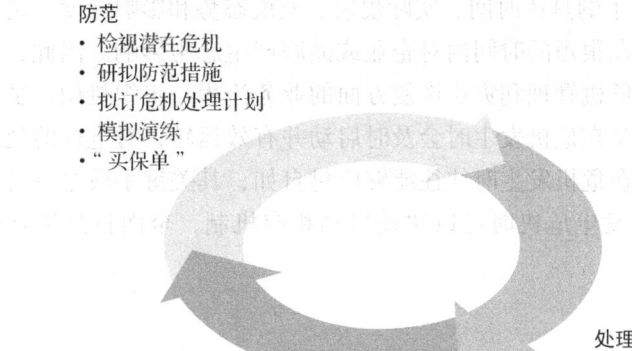

图 7-2　危机处理流程

（2）快捷原则。企业对品牌危机的反应必须快捷，无论是对受害者、消费者、社会公众，还是对新闻媒介，都要尽可能成为首先到位者，以便迅速、快捷地消除公众对品牌的疑虑。危机发生的最初 24 小时至关重要，如果失去处理危机的最佳时机，即使事后再努力，也往往于事无补。

（3）诚意原则。消费者的权益高于一切，保护消费者的利益，减少受害者损失，是品牌危机处理的第一要务。因此品牌危机发生后，企业应及时向消费者、受害者表示歉意，必要时还要通过新闻媒介向社会公众发表致歉公告，主动承担应负的责任，以显示企业对消费者、受害者的真诚情谊，从而赢得消费者、受害者以及社会公众和舆论的广泛理解与同情，切不可只关心自身品牌形象的损害。

（4）真实原则。危机爆发后，企业必须主动向公众讲明事实的全部真相，不要遮遮掩掩，像挤牙膏一样，那样反而会增加公众的好奇、猜测乃至反感，延长危机影响的时间，增强危机的伤害力，不利于控制局面。只有真实传播信息，才能争取主动，把对品牌形象的损害降到最低限度。

（5）统一原则。品牌危机处理必须冷静、有序、果断，指挥协调统一，宣传解释统一，行动步骤统一，而不可失控、失真、失序。因为危机一般来得突然，处理时不可能事先周密安排，需当机立断、灵活处理，才能化险为夷，扭转公众对企业包括品牌的误解、怀疑甚至反感。

（6）全员原则。企业全体员工都是企业信誉、品牌的创建者、保护者、巩固者，当危机到来时，他们不是旁观者，而是参与者。提高危机透明度，让员工了解品牌危机处理过程并参与品牌危机处理，不仅可以发挥整体宣传作用，减轻企业震荡和内外压力，而且可以使公众通过全员参与，重新树立对企业及品牌的信心。

（7）创新原则。世界上没有两次完全相同的危机，当然也就没有完全相同的处理手段和办法。因此，品牌危机处理既需要充分借鉴成功的经验，也要根据品牌危机的实际情况，尤其要借助新技术、新信息和新思维，进行大胆创新。

（8）制度化原则。危机发生的具体时间、实际规模、发展态势和影响深度，是难以完全预测的。这种突发性事件往往在很短的时间内对企业或品牌产生恶劣影响。因此，企业内部应该有制度化、系统化的有关危机管理和灾难恢复方面的业务流程与组织机构。虽然这些流程在业务正常时不起作用，但是在危机发生时会及时启动并有效运转，对危机的处理发挥了重要作用。国际上一些大公司在危机发生时往往能够应付自如，其关键手段之一是建立了制度化的危机处理机制，从而在发生危机时可以快速启动相应机制，全面且井然有序地开展工作。

7.3.3 危机管理的思路

在危机处理知名企业有创互动公司看来，在品牌危机公关处理中，预防比治疗更重要。企业要建立长期舆情监控机制，需要寻求专业团队的协助。只有加强网络舆情监测，及时处理舆情，才能建立品牌正面形象，掌握网络舆论主动权，获得消费者信任。危机管理遵从管理的基本思想，要有清晰的管理思路。

1. 培养危机意识

危机其实并不可怕。"没有危机意识才是最大的危机"，这句话或许对于所有中国企业家来说都应该是一句醒世警言。没有危机意识的个人，将随时面临困难；没有危机意识的企业，将随时面临经营困境。正因为战战兢兢、如履薄冰，才成就了今日的海尔；正因为有"十八个月破产临期"的观念，才缔造了海尔巨大的电子帝国。

战略思维与品牌危机管理的关系如图 7-3 所示。

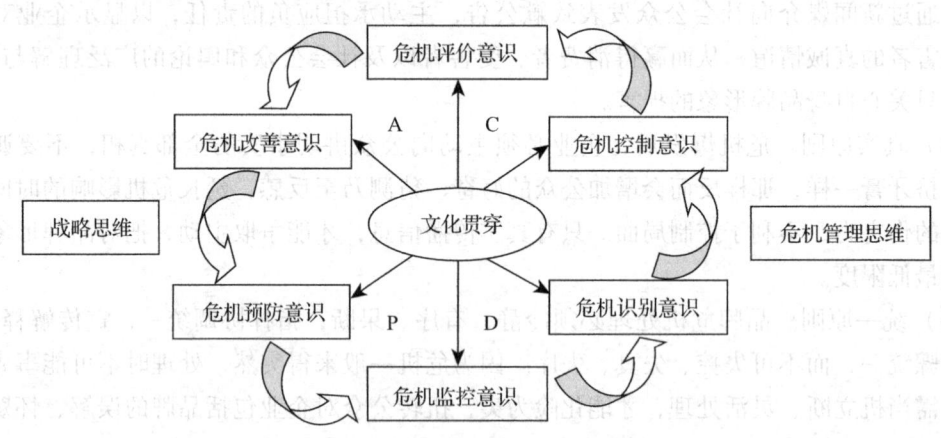

图 7-3　战略思维与品牌危机管理的关系

企业的领导要具有危机意识，企业所有的员工也要具备这样的意识。企业里的任何一名员工都可能因失误或失职而将整个企业拖入危机中，比如，生产车间的工作人员因失误少装了一颗螺钉，从而影响产品的使用安全，给消费者造成伤害；终端销售人员夸大了产品的功效，造成了消费者对企业的不信任，甚至是告上法庭；等等。要想杜绝这种事情的发生，必须培养员工的忧患意识，让他们知道自己的一言一行都代表着企业的形象，都会影响公众对企业的印象。

2. 建立预警系统

要想在危机来临时做到不被动，仅仅具有危机意识是不够的，还要建立危机预警系统。建立危机预警系统，能及时捕捉企业发生危机的征兆，及时针对各种危机提供切实有利的应对措施。品牌危机虽然无法预见在何时何地发生，但可预见其迟早可能发生。有汽车就该想到会有交通事故，有水就该想到会有溺水情况，种田的应该想到天灾，经营企业的就要想到各种可能损害企业的不利因素。预见品牌危机的价值在于，它为预防、避免和化解品牌危机做了必要的准备。没有预见，就无法预警。要确保品牌不丢，就要有风险意识。正如古人所说："思其所以危，则安矣；思其所以乱，则治矣；思其所以亡，则存矣。"

3. 建立管理组织

只有做好组织上的准备，有备而无患，才能更好地应对危机的爆发。品牌危机管理小组的主要作用在于：全面、清晰地对企业可能面对的各种危机进行预测，为处理危机制定有关的策略和步骤；对企业所有的员工进行危机培训，使每位员工都有危机意识；在遇到危机时，能够全面、快速地处理危机，并能够监督危机的发展及公司有关政策的执行；在危机结束时，能够及时调整公司的各种行为，运用各种手段恢复公众对公司的信任。面对随时可能出现的品牌危机，如果企业处理得不好，就可能如"多米诺骨牌"一样，使灾难在与企业相关的各个领域中出现连锁反应，从而摧垮企业。因此，品牌危机管理中的组织建设显得尤为重要，是企业品牌危机管理的核心所在。

7.3.4 危机管理的阶段及步骤

危机是客观存在的情况。解决危机的关键是不能在危机来时乱了阵脚，要保持清醒的头脑，有条不紊地处理危机，从而化险为夷。

1. 危机管理的阶段

众多的企业品牌危机事件给予我们一种警示，即品牌危机爆发后，会给企业带来重大的经济损失和企业品牌形象的伤害，处理不当甚至会导致企业倒闭。所以越来越多的企业注重危机管理。危机管理具有不确定、应急和可预防三大特性，根据危机的发展过程，可将危机管理分为以下三个阶段。

危机管理的第一个阶段：危机防范

危机管理的重点在危机发生前的预防而非危机发生后的处理。为此，企业建立一套规范、全面的危机管理预警系统是必要的。

（1）组建企业内部危机管理小组，建立危机管理预警系统。

（2）强化危机意识，观察并发现危机发生前兆，分析与预计危机情境。

企业危机发生的前兆主要表现在以下几个方面。

1）管理行为方面：不信任部下，猜疑心很强，固执己见，使员工无法发挥能力，对部下的建议听不进去，一意孤行；

2）经营策略方面：计划不周，在市场发生变化或政策进行调整时无应变能力等；

3）经营环境方面：如市场发生巨变、市场上出现强有力的竞争对手、市场价格下降等；
4）内部管理方面：如员工情绪紧张、生产计划需要调整、员工不遵守规章制度等；
5）经营财务方面：如亏损增加、过度负债、技术设备更新缓慢等。

（3）企业要从危机发生征兆中透视企业存在的危机，并给予高度重视，预先制订科学而周密的危机应变计划。

（4）进行危机管理的模拟训练。定期的模拟训练不仅可以提高危机管理小组的快速反应能力，强化危机管理意识，还可以检测已拟订的危机应变计划是否切实可行。

危机管理的第二个阶段：危机处理

（1）危机发生后，当事人应当冷静下来，采取有效的措施化解危机，不让事态继续发展，并迅速找出危机发生的原因，进行相应处理。

（2）以最快的速度启动危机应变计划。如果企业在初期反应迟缓，将会造成危机的蔓延和扩大。

（3）要想取得长远利益，企业在控制危机时就应更多地关注消费者的利益而不仅仅是企业的短期利益。企业应把公众的利益放在首位，善待受害者，尽量为受到危机影响的公众弥补损失，这样有利于维护企业的形象。

（4）由于危机情况的产生具有突变性和紧迫性，因此尽管在事先制订出危机应变计划，但任何防范措施都无法做到万无一失。在处理危机时，企业应针对具体问题，随时修正和调整危机处理对策。

危机管理的第三个阶段：危机总结

危机总结是整个危机管理的最后环节，危机所造成的巨大损失会给企业带来教训，所以，对危机管理进行认真而系统的总结不可忽视。危机总结一般可分为以下三个步骤。

（1）调查：对危机发生的原因与相关预防和处理的全部措施进行系统调查。

（2）评价：对危机管理工作进行全面的评价，包括对预警系统的组织和工作内容、危机应变计划、危机决策和处理等各方面的评价，要详尽地列出危机管理工作中存在的各种问题。

（3）整改：对危机涉及的各种问题进行综合归类，分别提出整改措施，并责成有关部门逐项落实。

2. 品牌危机的防范与准备

品牌危机的防范是品牌危机管理的首要任务。所谓"防患于未然"，就是说危机管理的效用首先在于预防。若无有效且快速的危机防范和预警系统，一旦危机发生，企业只能仓促上阵，被动应付。因此企业一定要做好危机防范工作。

（1）树立良好的品牌形象，提高消费者对品牌的忠诚度。树立良好的品牌形象，培育与提高消费者对品牌的忠诚度是企业能够成功渡过品牌危机的一个重要的先决条件。企业是否能安然渡过其面临的品牌危机，其中一个很重要的因素就在于企业在发生品牌危机时是否已经建立起足够的信誉。信誉对企业而言，指的是企业品牌值得信赖、有信用，是诚实、谨慎、坦率、可以亲近、有效率及成功的。这种信誉是通过企业每天、每月、每年与企业主要公众建立起来的信任、忠诚和信用而获得的。它是企业的信用银行，总有一天会派上用场，特别是在企业品牌危机发生时更是如此。例如，梅赛德斯－奔驰（中国）汽车销售有限公司和北京奔驰汽车有限公司，根据《缺陷汽车产品召回管理条例》和《缺陷汽车产品召回管理条例实施办法》的要求，向国家市场监督管理总局备案了召回计划，将自 2021 年 4 月 30 日起召回生产日期在 2014 年 6 月 9 日至 2018 年 2 月 28 日期间的部分进口和国产 C 级（205 平台）车辆，共计 125 568 辆。

本次召回范围内的车辆在散热不利的环境条件下，如发动机长时间怠速运转；整流桥二极管产生的热量可能无法及时散发；个别二极管可能因超过最高工作温度而引发短路故障，导致交流发电机定子线圈的温度升高，从而无法排除起火风险等，都存在安全隐患。

梅赛德斯 - 奔驰（中国）汽车销售有限公司、北京奔驰汽车有限公司将通过授权经销商，为召回范围内的车辆升级发动机控制单元软件，以消除上述安全隐患。

梅赛德斯 - 奔驰（中国）汽车销售有限公司将这次品牌危机事件平息得如此之快，最重要的原因就在于其公关出色。当企业知名度及影响力很大时，任何一点失误都可能使企业品牌成为受攻击或被广泛报道的对象，所以企业必须做到以下三点：严格遵守行业规则，减少危机发生；营销宣传适度，避免因过分夸大而授人话柄；积极建立品牌美誉度。

（2）做好品牌的保护工作。要做好品牌保护，首先要培养消费者的品牌忠诚。先入为主的观念和思维惯性对人们的行为影响很大，一旦消费者对某品牌产生忠诚，一些风吹草动都很难对其产生影响。世界性的一些大品牌，如娃哈哈、海尔、强生等都曾遇到过危机，但最终都解决了，这一方面是由于它们的危机预警和处理工作较好；另一方面是由于它们拥有一大批忠诚的消费者。除此之外，企业还要采取一些保护措施。

1）法律保护，如商标及时注册、及时延续注册、异国注册、全方位注册等。

2）生产保护，指产品的质量、包装保护等。名牌产品首先得有好的质量，这是使消费者忠诚、保持产品长盛不衰的关键。质量上的一丝一毫的差别都可能被细心的消费者发现，或是被对手利用，从而引起危机。质量保护主要是生产过程中的严格把关，而包装保护中使用防伪标志已是通用的方法，也可以采用一些高科技的方法，如"五粮液"的一次性防伪酒瓶就是很好的例子。

3）技术保护。有些品牌就是靠一些秘密而保持长盛不衰的，如果这些秘密被公开，这个品牌就很难存在了。对于秘密的保护，许多著名的品牌都有自己的一套行之有效的方法，如纵横股份为了更好地保护公司的核心技术，制定了《知识产权管理办法》，设立了知识产权工作组，指派专人负责知识产权的全面管理工作，并建立了知识产权档案。公司与核心技术人员在劳动合同中还约定了保密义务，并与核心技术人员签订了竞业限制协议，规定核心技术人员在离职后一段时间内，不得从事与公司相同、近似或有竞争性的工作。公司的各个生产环节相对独立，在各生产环节都难以获取其他环节的生产工艺，所使用的原材料均采用物料代码，避免商业机密的泄露。

（3）注重品牌创新与品牌开发。当品牌因缺乏创新而逐步老化时，企业也会因不能很好地满足消费者变化的需求而发生品牌危机。当企业对自己的品牌不再创新、缺乏广告创意时，消费者对品牌失去兴趣就是很自然的事了。当品牌失去活力、毫无生机时，品牌就毫无魅力可言，品牌发生危机也就为期不远了。由于品牌生命周期与产品生命周期相关联，因而许多品牌可能随着产品的消长而消长。

（4）唤起全员危机意识，加强全员危机训练。在激烈的市场竞争中，一个企业如果在经营成功时缺乏忧患意识,在顺境时无针对危机的准备,那就意味着困难和危机即将出现。因此企业的决策者和全体员工要树立危机意识,进行品牌教育。只有广大员工真正认识到市场竞争的残酷性,感到危机就在他们身边,才能及早防范,将危机消灭在萌芽状态。企业在灌输危机意识的时候,不应该忽视对员工的相关培训和对预案的演练。如果员工不具备应有的应变能力和应急处理的知识及技巧,那么即使他们具有很强的危机意识,在危机发生的时候,企业品牌危机管理实施的效果也肯定要大打折扣。因此,企业要通过规章制度的制定、灌输和执行,以及组织短期培训、专题讲座、知识竞赛等活动,加强对员工的危机培训,增强企业员工的应变能力和心理承受能力。

(5) 建立有效的品牌危机预警系统。品牌危机预防应着眼于未雨绸缪、策划应变,要建立危机预警系统,及时捕捉企业危机征兆,并为各种危机提供切实有力的应对措施。组建一个由具有较高专业素质和较高领导职位的人士组成的品牌危机管理小组,制定和审核品牌危机处理应急方案;建立高度灵敏、准确的信息监测系统,及时收集相关信息并加以分析、研究和处理,全面、清晰地预测各种危机情况;建立品牌自我诊断制度,找出薄弱环节,及时采取必要措施予以纠正;开展员工品牌危机管理教育和培训,增强全体员工品牌危机管理的意识和技能。市场预测管理的重要任务包括品牌形象监测、品牌忠诚监测、品牌市场影响监测、法律权益安全监测、品牌素质监测等。

7.3.5 品牌危机的应对管理

市场千变万化,危机无处不在,我们虽然无法阻止危机的发生,但是可以深度把握危机发生的特点以及扩散的规律,从而找到危机处理的最佳策略,使每次危机都变成对企业成长的一种考验与磨砺,使企业更为成熟与强大。

1. 危机处理的措施

品牌危机的处理要着眼于对已发生危机的处理,力求减少或是扭转危机对品牌的冲击和给企业带来的危害。在处理危机时,企业可以主要采取以下三项措施。

(1) 迅速组成处理危机的应变总部。在危机爆发后,最重要的是应该冷静地辨别危机的性质,有计划、有组织地应对危机,因此,迅速成立危机处理的应变总部,担负起协调和指挥工作是十分必要的。一般来讲,这类机构应该包括以下各种小组:调查组、联络组、处理组、报道组等。每个小组的职责要划定清楚。一旦危机事件发生,调查组要立即对事件进行详细的调查,并尽快做出初步报告。调查内容包括突发事件的基本情况、事态现状及具体情况、事态所造成的影响、是否已被控制、控制的措施是什么、企业与有关人员应负的责任等。联络组要马上开展各方面的联络工作,如接待外部人员、需要哪一方面的力量协助等,都需要进行统筹安排。如果是灾难性事故,还要及时向事故伤亡人员的家属通报事故最新进展情况。处理组要马上投入抢救、现场保护、死亡人员的善后和伤员的治疗、出现次货时商品的回收和处理、环境污染时的治理措施安排等工作中。

当品牌遭遇危机时,这个应变总部是处理危机的核心机构,而公关人员则扮演着主宰成败的角色。品牌危机管理组织示意图如图 7-4 所示。

(2) 迅速启动"产品召回"制度。由于产品质量问题所造成的危机是最常见的危机。

一旦出现这类危机，企业就要迅速启动应急措施，全力以赴、不讲代价地收回所有在市场上的不合格产品，并利用大众媒体告知消费者退赔的方法。

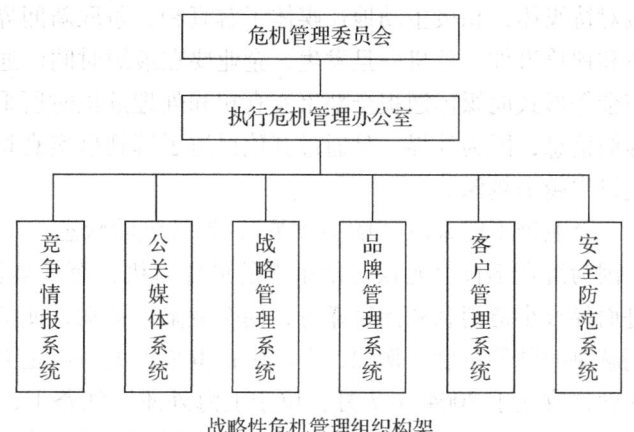

图 7-4 品牌危机管理组织示意

例如，2020 年华晨宝马汽车有限公司、宝马（中国）汽车贸易有限公司免费为召回范围内的车辆更换后轮半轴和制动助力液压单元，以消除安全隐患。未销售车辆将在消除缺陷后再进行销售。

（3）进行积极且真诚的内外部沟通。一是做好内部公关，取得内部公众理解。面对各种突发性的品牌危机，企业只有处变不惊、沉着冷静，正确把握危机事态的发展，有条不紊地开展危机公关工作，才能处理好内部公众关系，避免出现人心涣散、自顾不暇、各奔前程的局面。企业要迅速组建由首席执行官领导的危机公关小组，小组成员由企业相关部门人员组成，有必要时可以根据具体情况聘请社会专业公关资源顾问进行协助，制订出公关方案，统一口径对外公布消息。向企业内部成员通报有关危机真相和处理进展情况，号召大家团结一致、同舟共济、共渡难关。同时向经销商、供应商及所在社区等利益相关组织或群体通报消息，使他们在第一时间得到消息，而不是被动地从媒体处接收信息，争取他们的协作和理解，避免一连串的危机连锁反应；努力使公司继续正常经营，使危机公关小组的工作和经营管理人员的工作不被干扰；设立 24 小时开通的危机处理信息中心，接受媒体和公众的访问。

二是开展外部沟通，包括消费者和公众公关两个方面。品牌是一种承诺，生存于消费者心中。品牌企业首先要关注消费者的利益和感情，当因重大责任事故而导致消费者和公众利益受损时，要以最快的速度直接和受害者进行坦诚的深层沟通，尽量满足他们的要求，给予一定的精神和物质补偿，和消费者达成和解，使危机朝有利于企业的方向发展。

另外，要通过媒体向所有受影响的消费者及公众致以诚挚的歉意，公布处理和改正措施，承担应负的责任，最大限度地争取公众的谅解。即使责任不在企业，也要给消费者以人道主义的关怀，为受害者提供应有的帮助，以免消费者因心生不满而将关注点转移到事件之外，使危机升级。总之，品牌企业只有表现出诚恳和对公众负责的态度，才能在公众心目中树立良好的社会形象，甚至可以抓住契机，把危机转化为宣传机遇。尤其要强调的是，无论哪种危机产生都不能为了短期利益而一味地为自己辩解、推脱责任，这只能使品牌丧失信誉，损坏原有形象。

媒体是舆论的工具，从某种程度上讲，品牌危机常常是由新闻媒体的报道引起的。媒体又是企业和公众沟通的桥梁，是解决危机的重要外部力量。因此，要做好危机发生后的传播及沟通工作，要坦诚对待媒体，积极主动地让媒体了解真相，争取新闻界的理解与合作，引导其客观公正地报道和评价事件。危机一旦发生，企业要在最短时间内通过媒体发表坦诚说明，并通过新闻发布会等形式向媒体通报全部事实真相和处理危机时所采取的具体行动，千万不要向媒体提供虚假信息，因为外界一旦通过其他渠道了解到事实真相，将会增加危机的杀伤力，使品牌在危机中越陷越深。

此外，面对危机，企业绝不能采取"鸵鸟政策"，保持沉默状态，用"无可奉告"回避媒体的采访和报道。因为沉默不仅会延误缓解事态的最佳时机，而且辜负了公众期盼真相、期盼解释的热情，进而导致小道消息和谣言盛行，使企业陷入被动，使危机不断升级，从而加大企业损失及后期解决问题的难度。例如，上海中福世福汇大酒店是上海中福地产置业有限公司旗下的酒店品牌，成立于2004年7月，位于上海外滩九江路上，属于四星级单体酒店。面对突如其来的"住客感染"事件，上海这家原本默默无闻的酒店，很快被卷入喧闹的舆论漩涡中，引发业内外广泛关注。

2. 品牌危机管理的善后处理

企业在平息品牌危机事件后，即进入品牌危机事后管理阶段，企业管理者需要着手于从企业品牌形象到质量的恢复工作，一方面，尽力消除品牌危机的负面影响，将企业的财产、设备、工艺流程和人力资源管理恢复到正常状态；另一方面，对企业品牌形象与企业自身形象进行重新塑造与强化，化"危"为"机"。具体的善后处理工作包括如下几个方面。

（1）对企业内部的恢复和调整。企业在平息品牌危机事件后，企业管理者就要着手进行企业品牌的恢复与重振工作。该工作包括两个部分。

1) 教育员工，并修正、补充危机管理的内容。危机事件的正确处理能使企业绝处逢生，化险为夷，但危机中暴露出来的企业管理、员工素质、公共状态等方面的问题却不能忽视。企业应以此为典型、生动的教材，深入地对员工进行一次公共关系教育和培训，使每个员工都能从中找到差距和存在的问题，自觉将自己的行为、形象与企业的命运、形象连在一起，让"我是企业形象的代表"的观念深入人心并化作指导行为的指南。

2) 吸取教训，制订危机管理计划。危机的发生是任何企业都不愿遭遇的，无论是处理危机还是重新获得公众好感、恢复形象，都需要投入大量时间和精力，花费巨大。特别是那些临阵磨枪、仓促上阵的企业，应该吸取深刻的教训，在危机过后应立即着手制订企业危机管理计划，必要时请专家和公共关系公司进行指导和帮助，这样才不至于再犯同样的错误。

（2）对企业外在品牌形象的恢复和重振。企业外在品牌形象的恢复与重振工作，要根据不同对象、程度进行具体分析，比较常见的方式有以下两种。

1) 实事求是地兑现企业在危机过程中对公众做出的承诺。企业在危机后实事求是地兑现在危机中做出的各种承诺，体现了企业对诚信原则的恪守，反映了企业对完美品牌形象和企业信誉的一贯追求。承诺意味着信心和决心，企业通过品牌承诺，将企业的信心和决心展现给顾客及社会公众，表示企业将以更大的努力和诚意换取顾客及社会公众对品牌、企业的信任，是企业坚决维护品牌形象与企业信誉的表示；承诺也意味着责任，企业通过品牌承诺，使人们对品牌的未来有了更高的期待。若企业在危机后不能兑现承诺或者不能足额兑现承诺,那么企业必将面临顾客及社会公众的信任危机。

2)要继续传播企业信息,举办富有影响力的公关活动,提高企业美誉度,制造良好的公关氛围。企业与公众之间的信息交流和沟通是企业获得公众了解与信任,争取公众支持与合作的有利手段。在危机期间,品牌形象和企业信誉受到损害。企业在经历危机考验之后更需要加强对外信息传播,消除公众心理和情感上的阴影,让顾客及社会公众感知品牌新形象,体会企业的真诚与可信,提高企业美誉度。只有进行宣传,消费者才能感知到品牌又回来了,它还是一如既往,而且更加值得信赖。可以说,危机平复后的继续传播是品牌重获新生并有所提升的不可或缺的条件。

所以,品牌的危机管理是一个复杂的系统工程。企业只有重视它,并且不断去探索品牌经营过程中处理危机的好办法和手段,才能使品牌危机处理的能力得到增强。

品牌危机应对方案如表7-1所示。

表 7-1 品牌危机应对方案

收集资料	(1) 完整记录危机事故发生与发展的过程、阶段及细节 (2) 抢拍危机事故的图片资料 (3) 拍摄危机事故的音像资料 (4) 与危机事故有关的个人在危机事故过程中的行为表现及相关言论 (5) 相关团体在危机事故处理过程中的反应
新闻发布会	(1) 记者可能已经聚集在事故现场或公司总部外,要求获得更多的信息 (2) 举办新闻发布会为公司提供了很好的机会 (3) 可以使组织面对面地为其事故的发生表示关注及遗憾 (4) 可以让电视台进行现场拍摄,以便完成新闻报道 (5) 举行新闻发布会最主要的一点是,它可以帮助组织把握主动权并直接控制有关事故的信息

本章小结

1. 品牌危机是指在企业发展过程中,由于企业自身的失职、失误,或者内部管理工作中出现缺漏等,从而引发的突发性的品牌被市场吞噬、毁灭直至销声匿迹,公众对该品牌的不信任感增加,产品销售量急剧下降,品牌美誉度遭受严重打击等的现象。
2. 品牌危机管理是企业为应对各种危机情境所进行的规划决策、动态调整、化解处理及员工培训等活动过程,其目的在于消除或降低危机所带来的威胁和损失。通常可将危机管理分为两大部分:危机爆发前的预计、预防管理和危机爆发后的应急善后管理。
3. 危机的特点:突发性、破坏性、公众性、紧迫性、复杂性、双重性、非常规性、全局性。
4. 品牌危机的来源:缺少整体发展战略、管理机制不健全、假冒产品对名牌产品及企业的冲击、品牌产品本身的质量问题、国外优质品牌竞争日趋激烈、企业商标意识不强、产品缺乏创新及品牌延伸不当。

自测题

一、单项选择题

1. 品牌危机管理往往涉及三方面关系,即消费者、媒体和公众。虽然这三类群体的立足点和关注点各有侧重，但他们共同关注的是（　　）。
　　A. 企业情感　　　B. 企业价值　　　C. 企业利益　　　D. 企业态度
2. 危机管理的首要一环是对危机进行（　　）。在企业顺利发展的时期，企业就应该有强烈的危机意识和危机应变的心理准备，建立一套危机管理机制。
　　A. 检验　　　　　B. 检查　　　　　C. 监测　　　　　D. 检测
3. 任何危机发生后，企业都不可回避和被动应付，当务之急是要积极直面危机。这是危机处理的（　　）原则。
　　A. 快捷　　　　　B. 主动　　　　　C. 真实　　　　　D. 诚意
4. 品牌危机发生后，企业应及时向消费者、受害者表示歉意，必要时还要通过新闻媒体向社会公众发表致歉公告，主动承担应负的责任。这是危机处理的（　　）原则。
　　A. 诚意　　　　　B. 真实　　　　　C. 快捷　　　　　D. 主动
5. 危机管理的第一个阶段是（　　）。
　　A. 危机预演　　　B. 危机总结　　　C. 危机处理　　　D. 危机防范
6. 品牌危机的（　　）是品牌危机管理的首要任务。
　　A. 防护　　　　　B. 防备　　　　　C. 防范　　　　　D. 防止
7. 品牌危机的处理要着眼于对（　　）的处理，力求减少或是扭转危机对品牌的冲击和给企业带来的危害。
　　A. 可能发生危机　B. 已发生危机　　C. 即将发生危机　D. 未来发生危机
8. 企业在平息品牌危机事件后，企业管理者就要着手进行企业品牌的恢复与重振工作。该工作包括（　　）两个部分。
　　A. 对内和对外　　B. 对上和对下　　C. 对强和对弱　　D. 对高和对低
9. 媒体是舆论的工具。从某种程度上讲，品牌危机常常是由（　　）引起的。
　　A. 政府的行政干涉　　　　　　　　B. 新闻媒体的报道
　　C. 社会的群体监督　　　　　　　　D. 行业协会的约束机制
10. （　　）是整个危机管理的最后环节，危机所造成的巨大损失会给企业带来教训。
　　A. 危机协调　　　B. 危机防范　　　C. 危机总结　　　D. 危机处理

二、多项选择题
1. 危机总结一般可分为三个步骤，即（　　）。
　　A. 调查　　　　　B. 评价　　　　　C. 整改
　　D. 监督　　　　　E. 检测
2. 品牌危机所涉及的整个过程以及各种不同的表现形式是（　　）。
　　A. 形象危机　　　B. 信任危机　　　C. 公共关系危机
　　D. 市场危机　　　E. 产品或服务危机
3. 品牌危机管理机制不健全主要表现为（　　）。
　　A. 缺乏监控系统　　　　　　　　　B. 危机管理制度不健全
　　C. 缺乏品牌危机意识　　　　　　　D. 缺乏预警机制
　　E. 缺乏监督机制
4. 危机管理的要素有（　　）。
　　A. 危机监测　　　B. 危机预警　　　C. 危机决策

D. 危机处理　　　　　E. 危机预案
5. 危机处理原则包括（　　）。
  A. 主动原则　　　　　B. 快捷原则　　　　　C. 诚意原则
  D. 真实原则　　　　　E. 统一原则
6. 危机管理的思路是（　　）。
  A. 培养危机意识　　　B. 建立预警系统　　　C. 建立管理组织
  D. 营造管理氛围　　　E. 设置管理机构
7. 危机管理的阶段是（　　）。
  A. 危机总结　　　　　B. 危机防范　　　　　C. 危机处理
  D. 危机预警　　　　　E. 危机预案
8. 品牌的保护措施包括（　　）。
  A. 法律保护　　　　　B. 生产保护　　　　　C. 技术保护
  D. 政策保护　　　　　E. 产业保护
9. 市场预测管理的重要任务包括（　　）。
  A. 品牌形象监测　　　　　　　　　B. 品牌忠诚检测
  C. 品牌市场影响监测　　　　　　　D. 法律权益安全监测
  E. 品牌素质监测
10. 在处理危机时，主要采取以下措施（　　）。
  A. 迅速组成处理危机的应变总部　　B. 迅速启动"产品召回"制度
  C. 做好内部公关　　　　　　　　　D. 进行积极且真诚的内外部沟通
  E. 开展外部沟通

三、简答题

1. 品牌危机的概念是什么？它包括哪些特点？
2. 品牌危机产生的主要原因是什么？它具有哪些特征？
3. 品牌危机管理的主要步骤和阶段是什么？各阶段之间的关系是怎样的？
4. 品牌危机管理的内容是什么？
5. 举例说明如何做好品牌危机的善后处理，怎样才能变危机为机遇。

案例分析

餐饮巨头发展受挫，是行业危机还是商机错位

2020年上半年，受"新冠肺炎"疫情的影响，国内很多行业的经营都面临困境，现在，国内经济基本回归正轨，但在全球许多国家，目前的疫情形势依旧比较严峻。

我们不难发现，疫情之后，部分行业也迎来了发展的"瓶颈期"，尤其是餐饮行业，那么，现如今餐饮行业的发展现状如何呢？其主要表现在以下几个方面。

1. 国外品牌受挫

2019年以来，全球多家餐饮品牌巨头均受到了很大的冲击，经营效益滑坡。必胜客母公司百胜集团在美国最大特许经销商NPC国际已经面临破产，宣布将永久性关闭300家必胜客餐厅。日本的吉野家特许连锁宣布将关闭150家店面，包括中国市场以及海外市场的50家店面。而麦当

劳也宣布 2020 年将关闭 200 家店面。

2. 国内商机增大

国内的餐饮行业状况如何呢？根据海底捞发布的统计数据来看，海底捞在 2020 年上半年仍然新开了 170 家店面，平均每天 0.93 家，门店扩张势头和扩张速度甚至比疫情前更加强劲。

这也能让人感觉到国内餐饮行业的竞争实力和营运状态。也就是说，目前中国的餐饮行业发展总体上还是比较好的。在传统餐饮行业遭受冲击的情况下，部分餐饮门店的外卖业务却实现了快速发展，外卖平台的订单也持续上涨。由此可见，虽然疫情对于餐饮行业来讲影响较大，但在我国疫情已经及时得到控制的情况之下，机遇是明显大于挑战的。国外餐饮品牌业看好国内市场，百胜中国的负责人表示，虽然疫情给餐饮行业的挑战是非常大的，但百胜非常看好在中国市场的未来发展，还表示 2020 年将在国内市场新开 800 至 850 家店面。

3. 餐饮品牌化成未来发展大趋势

出于疫情的原因，消费者在去餐馆堂食的时候变得十分谨慎，他们更加关注餐馆的餐饮质量及卫生，对餐馆经营要求变得更严格。

这意味着很多环境差、不注重食材质量的路边摊、街头小吃店会出现经营惨淡的情况。这些本来就是靠走量的小本快销食品小吃店，如果因为顾客开始注重卫生而投入成本进行改善的话，可能几乎没有利润可赚。

在这种背景下，餐饮的品牌力量就会体现出来。那些头部大品牌的餐厅更加容易让人信赖，虽然价格相对较高，但吃得放心才是第一要务。这也就是为什么海底捞、老乡鸡等品牌要加速扩张的原因，后疫情时期的市场整合已成定局。

从整体来看，疫情虽然导致多个餐饮巨头受挫，但国内市场目前依旧乐观，这对创业者无疑是个好消息，餐饮行业的热度正在上升，未来发展可期。

资料来源：https://new.qq.com/omn/20200909/20200909A0M9UL00.html.

问 题： 1. 疫情之后餐饮行业危机中的商机在哪里？国外品牌受挫的主要表现在哪里？为什么国外餐饮大品牌更看重国内市场？
2. 品牌危机背后的国内商机增加的主要表现是什么？外卖是如何化解国内餐饮行业危机的？
3. 疫情原因引起餐饮消费者行为变化的主要表现是什么？为什么头部大品牌的餐厅更值得信赖？

CHAPTER 8 第 8 章

品牌资产理论

教学目标

一流企业经营品牌,其根本原因在于品牌是企业的无形资产,有难以估量的价值。在网络共享经济、区块链模式背景下,品牌在竞争层次上不断提升,提高品牌资产价值是企业提高竞争力的关键,品牌价值理论倍加受到人们的关注。通过本章的学习,学生能够理解品牌价值的基本构成和价值渊源,为今后开发品牌内在价值做好铺垫。

学习任务

通过本章的学习,学生主要掌握和理解:
1. 品牌资产和品牌价值的含义;
2. 品牌价值的形成因素及特征;
3. 品牌资产管理的任务及意义;
4. 品牌核心价值的层次及内容;
5. 品牌的形成过程。

案例导入

希岸酒店开业五年全球规模破 800,品牌资产溢价已经到来

"我们用 5 年构建起希岸的 IP,品牌资产溢价的时候来了,"希岸酒店创始人及 CEO 陆斯云在接受记者采访时说,"虽然希岸真正创立的时间只有短短的 5 年,但目前我们全球总规模已经达到 800 家店。2020 年的疫情没有打倒我们,反而使我们变得更加坚韧,跑得更快,同时也获得了深刻思考战略的时间。"

1. 资产商业模式在疫情下得以快速恢复

在陆斯云看来,希岸近几年没有停止过变革,也一直会变革下去。作为一家时尚轻奢型跨界精品酒店,疫情期的希岸更不会停止跨界的步伐。比如,2020 年上半年因为疫情,希岸推出了云·态度生活美学馆的商业模式,将线上云·态度生活美学馆里的宠已好物与线下酒店大堂空间相结合,融合了线上线下会员生态小系统,为疫情下的希岸酒店提高了品牌抗风

险能力。

2. 进入品牌资产溢价时代

希岸酒店自创立初期便率先在酒店行业内提出了品牌 IP 商业化模式。希岸酒店创始人及 CEO 陆斯云也曾提出 Marketing 3.0 理论，通过"宠己"的理念吸引与品牌理念一致的消费者，再通过理念下的品牌推广实现商业化的流量转化，最终打造了包括品牌、市场、消费者、投资人在内的完整商业生态闭环系统。

希岸酒店在品牌 IP 商业化的运作中，是如何发挥商业模式的作用，如何使品牌更具变现能力的呢？

陆斯云在 2021 年的新规划中明确表示："我们除了要把基础的酒店经营、客房服务等做好之外，还要进一步通过 IP 跨界经营的方式，为希岸这个品牌创造更多的商业拓展空间。"据行业统计数据显示，我国中端酒店的非房费收入仅占总营收的 2%，而在希岸酒店的布局和构想下，预计未来通过 IP 跨界赋能，可以推出更多的商业模型，这可以使酒店的营收提升 20%，甚至更多。

总之，将一定的差别化功能作为补偿的结果是消费者多支付的品牌溢价，同时消费者也愿意买单。随着我国经济在后疫情时期的恢复发展，市场同质化的产品越来越多，提升品牌溢价的能力空间逐渐收窄，只有注重服务产品的创新，才能使自己品牌麾下的产品与其他品牌的产品相比更有特色，进而获得较高的品牌资产溢价。纵观这几年希岸的变化，在处理跨界问题上，希岸历来都是敢于尝试、敢于折腾的一个品牌。此次，希岸推出全新模式的 3.0 以及宠己下午茶空间商业模式，无疑是希岸品牌又一次勇敢而坚定的尝试。

资料来源：https://new.qq.com/rain/a/20201207a0cojn00.

8.1 品牌资产

品牌资产是品牌管理中的一个重要概念，自 20 世纪 80 年代以来在西方管理界广为流传，它将传统的品牌思想推上了一个崭新的高度。从管理学的角度来说，品牌资产是一种超越生产、商品等所有有形资产的价值，是企业因从事生产经营活动而垫付在品牌上的投入及其可能带来的产出。品牌资产是一种无形资产，它是品牌知名度、品质认知度、品牌联想度以及品牌忠诚度等各种要素的集合体。另外，从财务管理的角度来说，品牌资产是将商品或服务冠上品牌后所产生的额外收益。这个额外收益来自两个方面：一是对拥有品牌公司感兴趣的投资者，他们的出价包含了对于品牌的估值；二是购买某品牌产品的消费者，他们的出价包含此品牌高于市场一般价格溢价的部分，同样的产品因品牌的不同而带来额外的现金流入，这种额外的现金流入就是品牌资产。

所以，企业的商标或者品牌不仅是区别商品或服务出处的标志，还是沉淀企业信誉、累积企业资产的载体。品牌资产体现在相同质量的商品或服务之间的差价上，体现的是品牌相对独立的自身价值。

8.1.1 品牌资产的概念

品牌资产是 20 世纪 80 年代在营销研究和实践领域新出现的一个重要概念。20 世纪 90

年代以后，特别是营销大师戴维·阿克（David A. Aaker）的著作《管理品牌资产》（*Managing Brand Equity*）于 1991 年出版之后，品牌资产就成为营销研究的热点问题。品牌资产也称品牌权益，是指只有品牌才能产生的市场效益，或者说，是指产品在有品牌时与无品牌时的市场效益之差。品牌资产是指与品牌的名字和象征相联系的资产（或负债）的集合，它能够使通过产品或服务所提供给顾客（用户）的价值增大（或减少）。品牌资产主要包括 5 个方面，即品牌忠诚度、品牌认知度、品牌感知质量、品牌联想和其他专有资产（如商标、专利、渠道关系等）。这些资产通过多种方式向消费者和企业提供价值。

品牌资产的特点在于：品牌资产是无形的；品牌资产是以品牌名称为核心的；品牌资产大小会影响消费者的行为，包括购买行为以及对营销活动的反应；品牌资产决定于消费者，而非决定于产品。所以，品牌资产因市场而变化；品牌资产有正资产，也有负资产；品牌资产的维持或提升，需要营销宣传或营销活动的支持；品牌资产会因消费者的品牌经验而变化。

8.1.2　品牌资产的构成

品牌大师凯文·莱恩·凯勒在其出版的《战略品牌管理》一书中提出：品牌资产的构建要基于消费者，并设计了著名的 CBBE 模型（customer-based brand equity，基于消费者的品牌资产），如图 8-1 所示。这个模型回答了两个问题：

（1）构成一个强势品牌的要素是什么？
（2）企业如何打造一个强势品牌？

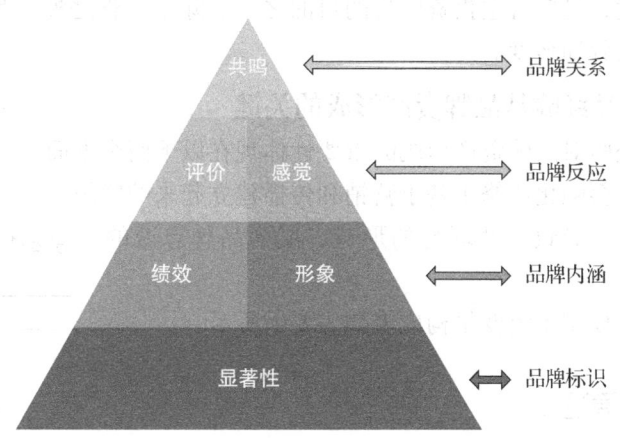

图 8-1　品牌资产构成的 CBBE 模型

一个品牌包括六大要素：显著性、绩效、形象、评价、感觉、共鸣。这六大要素被分为四个层次：品牌标识、品牌内涵、品牌反应、品牌关系。

要形成品牌资产，首先要建立品牌标识。建立品牌标识的关键是创造品牌显著性。品牌是否容易被消费者认出来，品牌是否经常被消费者提及，当消费者购买同类产品时会不会先想到你的品牌，这就是显著性。有了显著性标识之后，就应该为品牌塑造内涵。品牌内涵主要包括绩效和形象两个要素。

绩效主要指品牌的物理层面，品牌的功效、品质在满足消费者需求方面的表现如何。形象主要指品牌的心理层面，主要来自四个方面：用户特征、购买渠道和使用条件、个性与价值、品牌历史传统及发展历程。

所以，品牌资产是由品牌名字与产品类别、产品评价和关联物的联想构成的。品牌名字与产品类别的联想比较具体，是其他联想建立的基础。

8.1.3 品牌资产的形成

从品牌资产的定义以及模型中我们可以看出，品牌资产是以品牌名字为核心的联想网络，即消费者心中品牌的意义。那么品牌的意义从何而来呢？品牌的意义首先来自品牌名字的词义，并在品牌名字词义的基础上，通过营销活动和产品购买、使用这两种途径学习积累而成。

1. 品牌命名是品牌资产形成的前提

由于品牌资产是以品牌名字为核心的联想系统，因此一种产品在没有名字之前，就没有什么品牌资产可言。另外，给一个品牌起什么样的名字还会影响品牌知识的发展。所以说，品牌命名是品牌资产形成的前提。

2. 营销和传播活动是品牌资产形成的保障

给产品起一个合适的名字对品牌资产建设固然重要，但是没有相应的营销和传播活动，品牌一样建立不起来，品牌资产也无法形成。在各种营销和传播活动中，广告是最为重要的活动之一，它与促销活动占据着企业营销预算的绝大部分。利用广告加强消费者的品牌意识，提高品牌知名度，是广告主投资广告的目的之一。除了广告之外，其他营销活动如产品展示也有助于提高品牌知名度。

3. 消费者的产品经验是品牌资产形成的关键

消费者的产品经验对品牌资产形成的重要性体现在以下两个方面。

第一，产品经验会强化或修正基于营销和传播建立起来的联想。

第二，产品经验会导致一些联想的形成，成为品牌忠诚的基础。

品牌忠诚度测量模型系统变量构成表如表8-1所示。

8.1.4 品牌资产管理

品牌资产管理就是品牌价值构架的协调和谐与综合运用，能形成营销管理的巨大生命力与影响力，推动营销管理的内容不断更新，促进企业的不断发展壮大。它包括准确定义、规范管理，并采用完善周详、切实可靠的方法，尽可能地对品牌进行衡量评估，不遗余力地开发品牌以最大限度地挖掘价值和利润。

表8-1 品牌忠诚度测量模型系统变量构成

态度变量
溢价
满意度
产品价值及领导地位变量
体现质量
领导地位
品牌体现价值及差别化变量
体现价值
品牌个性
公司品牌
沟通变量
品牌认知
市场行为变量
市场占有率
价格及分销指标

1. 提升品牌资产价值的策略

品牌资产是企业的重要资产，是节约企业市场活动费用的有效途径，又是提升企业产品溢价的源泉，也是取得市场竞争优势的法宝。提升品牌资产价值，可以促进品牌声誉的价值溢出，促进品牌资产的扩张，可以建立有效的壁垒以防止竞争对手的进入。那么，如何提升品牌的资产价值呢？具体来说，可以从以下几个方面入手。

（1）提高品牌资产的差异化价值。品牌资产的价值关键体现在差异化的竞争优势上。这种优势可表现在产品的质量、性能、规格、包装、设计、样式等带来的工作性能、耐用性、可靠性、便捷性等方面的差别；也可表现在由服务带来的品牌附加价值上，如服务的快速响应、服务技术的准确性、服务的全面性、服务人员的亲和力；还可表现在塑造品牌联想和个性上，品牌联想能够影响顾客的购买心理、态度和购买动机。所以品牌能够提升顾客的感知价值，反过来，也可促进品牌价值的提升。

（2）走外延提升品牌资产之路。利用品牌（尤其是名牌）资产实施兼并与合作是资本运营的一个重要方式，也是企业实现规模经济、实现低成本扩张、提高企业资源配置效率、提升品牌资产价值的有效手段。因为创建强势大品牌的最终目的是持续获取更好的销售与利润，而无形资产的重复利用是不花成本的，只要有科学的态度和过人的智慧来规划品牌延伸战略，就能通过理性的品牌延伸与扩张，充分利用品牌资源这一无形资产，实现企业的跨越式发展。但是，诸如公司并购等品牌扩张战略是一项风险相当大的业务，为了有效地促进并购后公司业绩的增长和品牌资产价值的提升，必须慎重地制定策略。在确定公司并购时，应考虑以下因素：

1）对公司的自我评估以及对目标公司的评估；

2）资产重组是对品牌价值再评估，对并购本身进行可行性分析；

3）利用品牌进行合作经营时，双方应优势互补；

4）合作应有利于延伸品牌系列。

（3）通过品牌叙事提升品牌资产价值。纵观国际、国内市场，那些具有良好声誉、在行业市场拥有良好表现的品牌，必然是一个品牌要素齐全、给人留下美好印象和回味的优秀品牌。品牌叙事以存在主义的纽带形式把消费者和品牌联系起来，它是品牌力量的基础和源泉。品牌叙事对于深化消费者对品牌的理解与认知起着至关重要的作用，具体表现在以下几个方面。

1）完美地体现品牌的核心价值理念。品牌核心价值理念是品牌带给消费者利益的根本所在。品牌叙事就是通过形象化、通俗化的语言和形式，将之传递给目标受众。不同行业甚至同行业中的不同品牌，由于其经营方式、追求目标的不同，它的核心价值理念也是迥然不同的。

2）增进与消费者的情感交流和心灵共鸣。通过精心构思、形象生动的故事讲述，消除目标受众对品牌的陌生感和隔阂感，能增进与目标受众的情感交流，进而实现品牌与目标受众的心灵共鸣。

3）形象巧妙地传递品牌信息。品牌叙事的另一个明显的作用，就是通过传播渠道传递品牌的相关信息。品牌叙事更多的是以一种经过精美包装的形象化形式，将所要传递的品牌背景、品牌价值理念和产品利益诉求点（USP）等品牌信息，诉诸人们的视觉感官，使人们在潜移默化中接受品牌提供的信息，增进目标受众对品牌的识别和认可。

（4）通过加强企业内部管理来提升品牌资产价值。从根本上讲，提升品牌资产价值，主要还是从企业内部挖掘潜力，毕竟外部环境是不容易改变的，而企业自身的资源相对来讲是可以控制的。那么，从企业内部的角度出发，企业可以从以下几个方面入手来提升品牌资产价值。

1）要切实转变观念，真正树立起品牌意识。凯恩斯说，观念可以改变历史的轨迹。那么，对于一个企业来讲，观念可以改变企业的命运。在现实中，很多企业把品牌炒得很热，但是真正涉及建立品牌资产的投入时，却总是认为这只是一笔费用，而不是长期投资，没有真正从内心深处认识到建立品牌资产的长远意义，因此，转变观念就显得尤为迫切。

2）品牌资产价值的提升需要长期不断地投入。我们知道，品牌资产的作用在于可以为企业投入的资产带来未来收益，而现期的投入是获得未来收益的基础。企业未来发展趋势表明，企业要通过消耗有形资产来建立无形资产，企业资产特别是核心资产日趋无形化，无形资产尤其是品牌资产逐步成为企业价值的主体。所以，建立和提升品牌资产价值应该有长远的眼光和打算，不能只盯在眼前利益上，要舍得投入人力、物力和财力。

3）通过个性化的定位来提升品牌资产价值。品牌的建立一定要有明确的定位，要结合自身的优势打造品牌的个性。激烈的市场竞争导致产品同质化现象越来越严重，因此，一个品牌的鲜明个性就显得特别重要了。这可以从不同的途径来实现，比如技术领先、产品差异化和市场专一化等。

2. 品牌资产管理的一般方法

从品牌资产的定义中可以看出，要想让品牌成为资产的一部分，就必须对品牌实施资产化管理，通过不断地对其进行投入来维护和巩固其价值。品牌资产管理要从构成品牌资产的几个要素入手，具体方法如下。

（1）建立品牌知名度。品牌知名度的真正内涵是认知度及回忆度。品牌知名度的建立至少有两个作用：第一，消费者从众多品牌中能辨识并记住目标品牌；第二，能从新产品类别中产生联想。由此，建立品牌知名度通常可采用的做法如下。

1）创建独特且易于记忆的品牌。也就是说，给产品或服务取个好记的名字，这也是广告存在所遵循的基本原则。

2）不断凸显品牌标识。除了声音之外，品牌名、品牌标识、标准色也具有很强的沟通能力。目标物重复出现，可以提高人们对目标物的正面感觉，使消费者不论走到哪里，始终看到一样的视觉印象，如爱马仕的橙色包装盒、京东商城的蓝色包装。

3）运用公关的手段。广告虽然效果显著，但相对代价昂贵，且易受其他广告的干扰。但是，运用公关的传播技术，塑造出一些话题，通过报刊来引起目标消费者注意，常常可以取得事半功倍的效果。

4）运用品牌延伸的手段。通过产品线的延伸，用更多的产品去强化品牌认知度，即所谓的统一式识别。

（2）维持品牌忠诚度。品牌忠诚度就是消费者对产品满意并形成忠诚的程度。对于一个企业来讲，开发新市场、发掘新的顾客群体固然重要，但维持现有顾客品牌忠诚度的意义同样重大，因为培养一个新顾客的成本是维持一个老顾客成本的 5 倍。维持品牌忠诚度的通常做法如下。

1）给顾客一个不转换品牌的理由。比如推出新产品、适时更新广告来强化偏好度、举办促销活动等都是创造理由，让消费者不产生品牌转换的想法。

2）努力接近消费者，了解市场需求。不断深入地了解目标对象的需求是非常重要的，应通过定期的调查与分析，去了解消费者的需求动向。

3）提高消费者的转移成本。一种产品拥有差异性的附加价值越多，消费者的转移成本就越高。因此，企业应该有意识地制造一些转移成本，以此提高消费者的忠诚度。

（3）建立品质认知度。品质认知度是消费者对某品牌在品质上的整体印象。消费者形成品质认知度通常在使用产品或享受服务之后。产品的品质并不完全是指产品或服务本身，同时包含了生产品质和营销品质。建立品质认知度可从以下几个方面着手。

1）注重对品质的承诺。企业对品质的追求应该是长期、细致和无所不在的，决策层必须认清其必要性并动员全体员工参与其中。

2）创造一种对品质追求的文化。因为对品质的要求不是单一的，每个环节都很重要，所以最好的办法是创造出一种对品质追求的文化，让文化渗透到每个环节中。

3）增加培育消费者信心的投入。经常关注、观察、收集消费者对不同品牌的反应是不可或缺的做法，能强化对消费者需求变化的敏感性。

4）注重创新。创新是唯一能够变被动为主动，进而去引导消费者进行消费的做法。

（4）建立品牌联想。联想集团有一句很有创意的广告词："人类失去联想，世界将会怎样。"同样，建立品牌联想对于品牌资产管理非常重要。品牌联想是指消费者想到某一个品牌的时候所能联想到的内容，然后根据内容分析出买或不买的理由。这些联想大致可以分为几类：产品特性、消费者利益、相对价格、使用方式、使用对象、生活方式与个性、产品类别、比较性差异，等等。对企业而言，所要掌握的就是消费者脑海中的联想，能有一个具体而有说服力的购买理由，这个理由是一个品牌得以存活及延续所具备的。

品牌资产价值关联因素系统构成如图 8-2 所示。

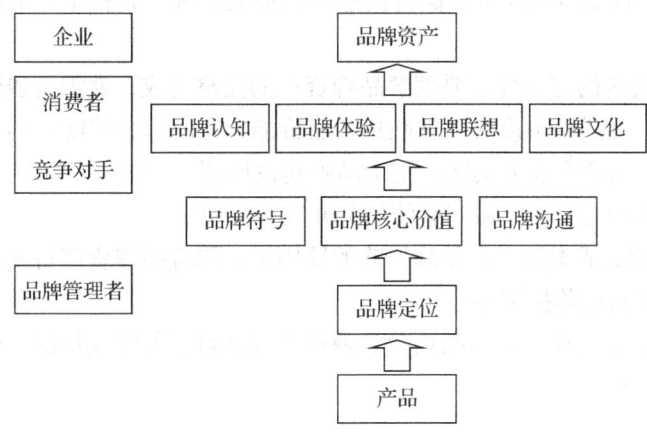

图 8-2　品牌资产价值关联因素系统构成

8.2　品牌价值理论

品牌价值是品牌管理要素中最为核心的部分，也是自有品牌区别于同类竞争品牌的重要标志。迈克尔·波特（Michael E. Porter）在其《竞争优势》中曾提道："品牌的资产主要体现在品牌的核心价值上，或者说品牌核心价值也是品牌精髓所在。"企业可以通过各类新闻媒体发布品牌评估及评价资料，量化企业自有品牌价值，为展示企业品牌形象，向上级主管部门、投资者、广大终端消费者传递企业实力和企业发展能力，为促进企业全面发展提供价值参考，并通过细分公允价值评估方案达到（无形）资产——股权——资本的运作目的，以及品牌价值评估、企业价值评估等。

8.2.1 品牌价值核心

价值理论的多样化，使得品牌价值被赋予了不同的内涵。根据劳动价值理论，品牌价值是品牌客户、渠道成员和母公司等方面采取的一系列联合行动，能使该品牌产品获得比未取得品牌名称时更大的销量和更多的利益，还能使该品牌在竞争中获得一个更强劲、更稳定、更特殊的优势（凯文·莱恩·凯勒，2003）。这一定义强调了品牌价值的构成因素和形成原因，而根据新古典主义价值理论：品牌价值是人们是否继续购买某品牌的意愿，可由顾客忠诚度以及细分市场等指标测度。这一定义则侧重于通过顾客的效用感受来评价品牌价值。由此可以看出，品牌作为一种无形资产之所以有价值，不仅在于品牌形成与发展过程中蕴含的沉淀成本，而且在于它是否能为相关主体带来价值，即是否能为其创造主体带来更高的溢价以及未来稳定的收益，是否能满足使用主体一系列情感和功能效用。所以品牌价值是企业和消费者相互联系与作用而形成的一个系统概念。它体现在企业通过对品牌的专有和垄断而获得的物质文化等综合价值，以及消费者通过对品牌的购买和使用而获得的功能与情感价值上。

8.2.2 品牌价值的基本定义

品牌价值的基本定义是：创建具有鲜明的核心价值与个性、丰富的品牌联想、高品牌知名度、高溢价能力、高品牌忠诚度和高价值感的强势大品牌，累积丰厚的品牌资产。其具有以下特性。

（1）品牌资产要素的完整性。要理解品牌资产的完整构成，就需要透彻理解品牌资产各项指标（如知名度、品质认可度、品牌联想、溢价能力、品牌忠诚度）的内涵与相互之间的关系。在此基础上，结合企业的实际，制定品牌建设所要达到的品牌资产目标，使企业的品牌创建工作有一个明确的方向，做到有的放矢并减少浪费。

（2）品牌扩张的低成本性。在品牌战略的原则下，围绕品牌资产目标，创造性地策划低成本提升品牌资产的营销传播策略。

（3）品牌战略的变通性。要不断核验品牌资产提升目标的完成情况，调整下一步品牌资产建设目标与策略。

8.2.3 品牌核心价值

世界上任何进化的系统都是自组织系统（自组织程度可能不一样），而任何自组织系统都有自己的"核心"——自组织核。企业的品牌定位是一个高度自组织化的无形资产进化系统，它当然有自己的自组织核——品牌核心价值与品牌核心力。

品牌核心价值是整个品牌的灵魂，是统率企业所有品牌活动的纲领、中心、宗旨，是品牌资产的主体与立足点，是品牌战略规划方针。它让顾客方便、明确、清晰地识别品牌的利益点与个性，并让其认同、喜爱、购买、联想、赞美。品牌核心价值理论的基本观点如下。

(1) 灵魂论：核心价值是品牌战略的灵魂，是品牌价值系统最核心的东西，是统率全局的纲领。

(2) 消费者中心论：核心价值不是企业自有的，它根据消费者的心智模式，站在消费者的角度来定位品牌的个性与利益诉求，认为消费者是"上帝"，只有真诚相待，才能进入其内心世界。

(3) 综合提炼论：云南白药的"百年品质保证"，山东鲁花的"中国味、鲁花香"，格力的"掌握核心科技"，它们的核心价值是通过实践→提炼→实践→提炼→综合的过程得出的。如果我们的核心价值用 $P=X+Y+Z$ 来表达，则 X 代表消费者利益认同，Y 代表企业产品本体特征，Z 代表竞争对手历史、环境的综合变量，因此，品牌核心价值的综合提炼还必须结合"客我双方"及历史、环境、因素，所谓"当局者迷、旁观者清"，有时要仔细做市场调查，还要借助专家、咨询公司的力量。

(4) 个性论：品牌核心价值要让消费者来识别、认知、体验，必须要有鲜明的个性化形象，与竞争对象形成差异化的定位，即所谓的"万绿丛中一点红"。在这个信息广泛传播的时代，面对泛滥的信息，人们常会感到疲劳，因此，越具有差异化、越具有鲜明个性的品牌，越容易获得消费者的青睐（低成本）。

(5) 共振论：在物理学上主要有四大作用力：强力、弱力、电磁力、强引力。我们日常生活中的大部分作品传播借助于电磁相互作用。显然，对于品牌世界的各种作用，其物理基础主要是借助电磁力的载体来传播的。另外，根据德布罗意的物质性质理论，世界上的物质可以分成实物及波的形式，品牌信息无疑是以电磁波的形式传递的，但其信息之所以能使消费者认知，是因为消费者对品牌信息波进行接收、解码。特殊的认同现象是品牌个性形象所发出的"精神频率"与消费者的需求完全吻合所产生的同频共鸣的结果。消费者只有产生认同、喜欢、购买行为、口碑、满意……你的品牌个性形象才能进入消费者的内心世界，你的核心价值才能进入消费者的脑海里。

(6) 包容论：提炼并确定品牌核心价值要有超一流的战略前瞻性和包容性，它是战略规划，而不是战术策略，要预埋好以后能安装品牌延伸的管线。就产品品牌而言，它应该是品牌麾下所有的共性之一，而不仅仅是具体产品的一种属性。因此，社会性、精神性、情感性、心理性等利益诉求，会多于功能性、物理性等利益诉求，其生活现实主张、情感主张、自我心理主张等往往是大品牌的核心主张。

(7) 超值论：是指品牌的溢价能力只有在品牌提炼时比竞争对手有功能上（比如技术、服务、原料、工艺等）、情感上（比如经典、活力、时尚等）的利益区间，才能增加品牌的竞争力。例如，一双皮鞋的成本为 10 元，有了核心价值后卖价为 1 000 元；一瓶白酒的原料价为 30 元，有了品牌核心价值后卖价为 1 000 元，这是品牌的附加值在起作用，因为消费者购买的是品牌而不是产品，品牌核心价值规划必然要有一定的高度。

(8) 持久论：品牌核心价值一旦定下来，就不能为了某个项目而舍本求末，必须锲而不舍、持之以恒地坚持下去，几亿元、几十亿元的传播费是对品牌核心价值的演绎。公关、广告可以不停地换，但灵魂不能换、宗旨不能换，换的只是表现形式和公关活动。

(9) 有机论：品牌核心价值不是一个固定的概念，而是一个活生生的生命形象。它是品牌自组织的中央处理器——大脑，通过广告、公关、营销的开展，提高了品牌价值，丰富了品牌核心价值的营养。"核心价值"也能散发其特有的精神魅力、智能魔力,吸引、感召着消费者,从而使企业品牌系统更广、更强、更真。它自发地调控品牌系统的各种流——物流、能流、精神流。

(10)锤炼论:品牌核心价值确立以后并不是万事大吉了,还需要到市场中、生活中、大风大浪中去战斗、锤炼,这样其结合力、冲击力、感召力、渗透力、扩张力、驱动力才会越来越强,否则,如真诚、创新、飞翔、时尚、人本、经典等所谓的"核心价值"就会一文不值。

在品牌建设过程中,企业必须持之以恒地保持这个核心价值不变,或在长期的品牌运营中,让核心价值发挥魅力,统率整个营销传播公关活动,与消费者互动地演绎出千姿百态的品牌戏剧,并为企业带来品牌无形资产,促使企业有形资产增值。

8.2.4 品牌核心价值图谱

品牌价值是指品牌在某个时点的、用类似有形资产评估方法计算出来的金额,一般是市场价格。消费者是品牌的最终评判者,往往对品牌的价值起决定性作用,也可以说是品牌在消费者心目中的综合形象。

1. 消费者角度的品牌核心价值

从消费者角度看,品牌核心价值具体可以划分成以下五大利益板块。

(1)功能物理利益:消费者能体验产品的物理属性、使用价值,这是最基本的体验,更进一步是指品牌为目标消费群所传达的物质层面的价值,也就是物理—物质性属性。

(2)社会性利益:品牌能给予消费者社会方面的认同,比如生活品位、地位等。

(3)情感性利益:品牌能给予消费者与情感有关的利益认同,如友谊、关怀、快乐、浪漫等。

(4)文化性利益:消费者对品牌所代表的文化风格的认同,比如审美、风格、气质、道德、家庭、人本等。

(5)心理价值利益:消费者自我价值的心理体验,在这里能找到与消费者自我价值的共鸣点。

从消费者角度出发的品牌资产框架如图 8-3 所示。

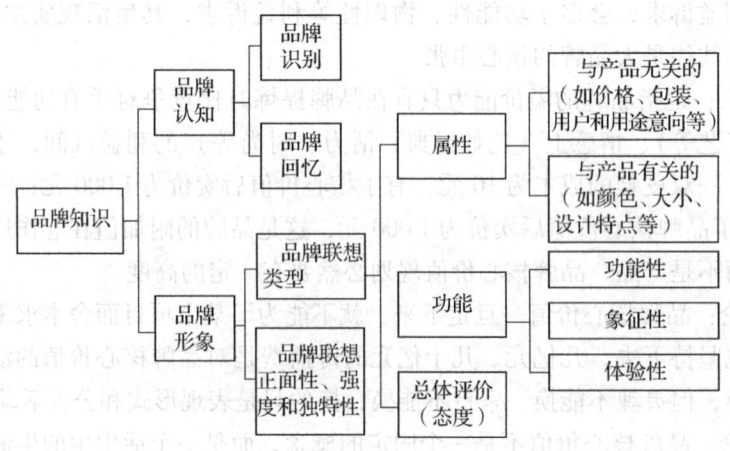

图 8-3 从消费者角度出发的品牌资产框架

2. 力学角度的价值模型

品牌核心价值与品牌核心力是品牌灵魂的阴与阳、刚与柔，是一个硬币的两面。品牌核心价值的力学模型可以分为以下几类。

（1）定位：提炼核心价值，需要情报力、分析力、洞察力、提炼力、前瞻力、综合力、判断力、创新力、策划力。

（2）品牌核心价值：本身应具有共融力、个性力、差异力、感召力、渗透力、诉求力、体验力、包容力、驱动力、扩张力、沟通力、联想力、物质力、情感力、文化力。

（3）调控力、交变力、辐射力、震撼力、亲和力：包含了企业对消费者，消费者对产品和企业的双向作用力。

品牌核心价值的力学模型如图8-4所示。

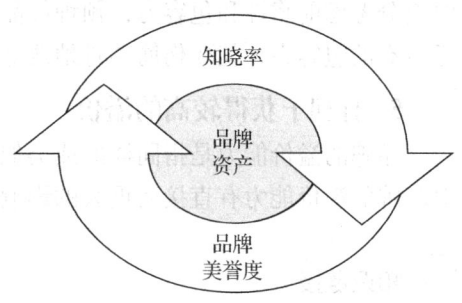

图 8-4　品牌核心价值的力学模型

8.2.5　品牌核心价值提炼

一个具有极高的品牌资产的品牌往往具有让消费者十分心动的情感性与自我表现型利益，特别是在经济发达地区，品牌是否具有触动消费者内心世界的情感性与自我表现型利益，已成为一个品牌能否立足市场的根本。当品牌成为消费者表达个人价值观、财富、身份地位与审美品位的一种载体与媒介的时候，品牌就有了独特的自我表现型利益。一般品牌价值研究的基点主要是制造业产品的品牌，实际上对于不同的"营销主体"，其核心价值的提炼都会不一样，必须要根据品牌主体及行业特点来具体分析。

品牌核心价值提炼的原则如下。

1. 高度的差异化

开阔思路、发挥创造性思维，提炼个性化品牌核心价值。如果一个品牌的核心价值与竞争品牌没有鲜明的差异，就很难引起公众的关注，更谈不上认同与接受。缺乏个性的品牌核心价值是没有销售力量的，不能给品牌带来增值，或者说不能创造销售奇迹。高度差异化的核心价值一旦亮相市场，其低成本特点便会获得消费者关注，引发消费者的内心共鸣。差异化的品牌核心价值还是避开正面竞争、低成本营销的有效策略。

2. 富有感染力

品牌具有了触动消费者内心世界的核心价值，就能引发消费者共鸣，那么花较少的广告传播费用也能使消费者认同和喜欢上品牌。核心价值不仅要通过传播来体现，还要通过产品、服务不断地把价值长期一致地交付给消费者，这样才能使消费者真正地认同核心价值。否则，核心价值就成了空洞的概念，不能成为打动消费者的主要力量。

3. 核心价值与企业资源能力相匹配

尽管传播能让消费者知晓品牌的核心价值并且为核心价值加分，但品牌核心价值就其本质而言不是一个传播概念，而是价值概念。而企业的产品和服务需要相应的资源与能力的支持，这样才能确保产品和服务达到核心价值的要求。因此，在提炼核心价值的过程中，必须把企业资源能力能否支持核心价值作为重要的衡量标准。

4. 具备广阔的包容力

无形资产的利用不仅是免费的，而且能进一步提高无形资产价值。不少企业期望通过品牌延伸提高品牌无形资产的利用率来获得更大的利润。因此，要在提炼与规划品牌核心价值时充分考虑前瞻性和包容力，预埋好品牌延伸的管线。否则，企业想延伸时发现核心价值缺乏应有的包容力，就要伤筋动骨地改造核心价值。

5. 有利于获得较高的溢价

品牌的溢价能力是指同样的或类似的产品能比竞争品牌卖出更高的价格。品牌核心价值对品牌的溢价能力有直接而重大的影响。

知识链接

（1）城市品牌：大连为"足球之城"，曲阜为"文化圣地"，杭州以前为"上有天堂、下有苏杭"，现在为"休闲之都"，石家庄为"中国药都、健康之都"，北京为"国家首都、国际文化大都市、政治中心、文化中心"等。

（2）个人品牌：美国的丹尼·W. 辛克莱（Dani W. Sinclain）在《财富智商》一书中把财富成功者的个性品质——品牌核心定位为：①为人真诚；②友好待人；③胸怀宽广；④勇于改错；⑤勤奋努力；⑥胆量过人；⑦敢于创新。

胡润将其定位提炼为：执着、冒险、领导才能、把握机遇、创新、诚信、务实、勤奋、终身学习。

（3）活动品牌：奥运会为"更广、更快、更强"。

（4）企业品牌：为企业的核心理念、宗旨。

（5）产品或服务品牌：如舒肤佳"有效除菌"，潘婷"健康亮泽"，如家"宾至如归"等。

8.3 品牌价值的评估

品牌是企业重要的无形资产，科学的品牌评估可以对企业品牌的市场价值有量化认知和各类指标的核定，可以使企业对自身品牌有一个全面科学的认识。而品牌评估热潮之所以兴起，主要还是因为市场激烈的竞争和企业面临的各方面压力发生了变化。随着全球经济多元化的发展，企业生存的环境和市场发生了变化，企业面临新的威胁，随时会受到来自全世界其他市场或其他产品中的品牌和企业的冲击。

然而，科技的发展又使得规模化经济和提高营销效率的需求大增，开始促使很多企业向全球竞争态势迈进。于是，全球性的品牌兼并、收购和合资热潮兴起，这也使得许多企业意识到更好地掌握现有品牌资产的价值是必需的，对兼并、收购的企业品牌价值的掌握同样重要。同时，随着社会经济的发展，产品差别化缺乏可靠性，这就意味着即使是那些提供传统包装产品以外的企业，也必须开始寻求产品差别化的其他有效途径。凡此种种，使得人们不得不越来越重视对品牌的评估。

若能切实实施品牌评估，则会使得企业资产负债表结构更加健全，通过将品牌资产化，可以使得企业负债降低，贷款的比例大幅降低，显示企业资产的担保较好，获得银行大笔贷款的可能性大大提高，从而使金融市场对公司价值有较正确的看法，以此激励投资者的信心。对公司各个品牌价值做出评估，有利于公司的营销和管理人员对品牌投资做出明智的决策，合理分配资源，减少投资的浪费。品牌价值不但能向公司外的人传达公司品牌的健康状态和发展趋势，而且能向公司内所有员工传达公司的信念，激励员工的信心。品牌评估的最大作用是可以提高公司的声誉。企业进行品牌评估后，可以告诉人们自己的品牌值多少钱，以此显示自己这个品牌在市场上的显赫地位。

8.3.1 品牌价值评估的内容

对于一个品牌而言，对其进行价值评估主要应包括下列内容。

1. 品牌寿命

品牌存在时间的长短是衡量品牌是否优质的重要指标，如果是同类产品中处于第一位的品牌，则这个评估就更有意义。许多排名前100位的品牌在一定的市场领域内已存在25至50年甚至更长时间，品牌资产如同经济上的资产一样，是随时间而建构起来的。

2. 品牌名称

品牌名称是赋予商品或服务的文字符号，它以简洁的文字概括了商品或服务的特性。评价一个品牌是不是好的名称，主要应考虑：该品牌是否能引起消费者的注意和兴趣；是否能使消费者感到有魅力、有特征、有新鲜感；是否能刺激消费者的好奇心；是否能使消费者容易理解，即易读、易懂、易分辨；是否能使消费者对之产生好感；等等。

3. 产品或服务的商标

商标是用来帮助人们识别商品的几何图形及文字组合。它以简洁的线条组合，反映公司和商品的特性，起到明示和突显商品特点的作用。判断一个商标是否价值较高，应考虑其是否能引起消费者注意、适合社会的消费潮流、反映商品的特性；是否有欣赏价值，使人看了能产生一种愉快、轻松的感觉；其设计的具体性和整体性是否能明显体现出来；该商标是否能使人产生好感，是否能满足商品持有者的各种心理需要；等等。

4. 品牌个性和意象

从知识产权角度上说，一个品牌不仅仅局限于识别产品的作用。许多核心品牌几乎成为产品类别的代名词，甚至人们可以只通过品牌名称来识别它们的产品或服务。它们也是企业对产品拥有的一系列权利的综合代表。

5. 品牌产品或服务的类别

一些产品或服务类别更容易引起消费者关注，它们趋向于为产品或服务创造更高的知名度和推荐度。因此，一个品牌的产品或服务类别在很大程度上对品牌形象力的提高起到帮助或妨碍作用。娱乐、食品、旅游、教育、饮料和汽车等类别都有使品牌形象力排名靠前的作用。

6. 品牌产品或服务的功能

要考察使用该品牌的消费者对其产品的功能了解情况，同时也要清楚未使用该品牌的消费者对其产品功能了解情况。如果消费者对产品品质功能有了解，就会在其需要时，产生倾向性购买。品牌产品的使用功能、特点、外观情况都是影响品牌创立的重要因素。

7. 品牌产品或服务的质量

虽然这个因素似乎很明显，但质量和可靠性是每个品牌建立大众信誉的基础。无论公司或产品代表什么，它首先必须"如它所期望的那样"。这就要考虑品牌的质量信赖度如何、产品的耐用度如何等因素。

8. 消费者态度

消费者通过有关媒体对该产品的介绍，通过亲属和朋友的推荐，以及自己使用该产品，会对该产品形成一种态度。这种态度对产品的市场表现影响很大。企业对之的评价主要注重：消费者对该品牌产品在技术水平、质量和价格比、功能和价格比等方面的认识；对该品牌所代表产品的情绪体验，包括在以往使用该产品过程中的情绪体验，该产品带给消费者心理上的满足程度，对群体心理的适应性，其售后服务对客户要求的满足程度等。

9. 品牌认知

因为按照一般人的购买习惯，在购买商品时，总是先在知晓商品的名字、外观包装之后才选购自己所需要的商品，所以，好名字、设计美观的外观包装就是一项无形资产。对于这项指标还有一些具体的衡量标准，例如，品牌认知度在消费者群体中处于何种状态，竞争品牌的品牌认知度如何，造成目前品牌认知度的主要原因是什么，竞争品牌提高品牌认知度的办法主要是什么，本品牌在建立其品牌认知度的过程中主要应倡导什么、表达什么，消费者一般从何种渠道获取关于品牌认知度的信息等。

10. 品牌连续性

连续性对一个品牌保持时间发展上的相关性是必要的，即便一个品牌已经有长达100年的历史，保持品牌价值持续增值的关键依然是购买的连续性。

品牌通过各种宣传影响行为决策过程。如果形成了消费者对该品牌产品的依赖性和黏性，那么，一旦消费者感到有需要，就会去购买该品牌产品，也就是说，消费者对该品牌形成了比较稳定的购买倾向和重复购买行为。

11. 品牌的媒体支持与市场表现

媒体支持保证了品牌在市场上的可见性。如东来顺，由于它在一些人流量大的地理位置设立分店，因而增加了它的可见性。有一些品牌虽然广告花费很少，但排名很靠前。不过，一般来说，品牌要保持在市场上的巨大影响力，必须始终得到媒体的支持。

同时，要考虑该品牌产品近年来的盈亏情况，以及品牌产品的市场特点及发展动向，与同行业最先进企业的差距，该品牌产品的竞争能力如何，品牌产品的服务水平如何，品牌产品对消费者在品质上有何承诺，品牌产品在品质上有何发展创新等。

12. 品牌忠诚度

消费者能够持续地购买并使用同一品牌，即为品牌忠诚。它主要包括：谁是品牌的忠诚消费者；品牌为忠诚消费者提供的差异性附加值是什么；品牌对忠诚消费者的承诺兑现如何；品牌如何与消费者沟通、建立感情；忠诚消费者的需求是什么，有何变化；是否满足了他们的这种需求；忠诚消费者对品牌推出的新产品是否偏好；忠诚消费者更喜欢哪种公关、促销活动，原因是什么；效果评估如何；发现了哪些问题；品牌的转换成本如何；怎样制造转换成本；是否因产品延伸而影响了忠诚消费者；如何挽回这种损失；品牌是否有转换惰性；现状如何；与品牌相竞争的品牌的忠诚度如何；忠诚消费者对其（品牌）产品有何期望；忠诚消费者的分布区域如何；与区域文化有何关联；品牌的现状、忠诚度的建设要多长时间等。这些问题都是解决之关键。

13. 品牌联想度

通过品牌联想到品牌形象，这一形象如果正是消费者所需的，其便会通过购买来满足需求。影响这个指标的因素包括：品牌首先会使消费者产生何种联想；品牌的消费者利益是什么；品牌会使消费者联想到产品什么样的价格层面；品牌会使消费者联想到何种使用方式；品牌消费者的生活方式如何；品牌属于何种产品品类；品牌与同类品牌的差异点在哪儿；品牌为消费者提供了何种购物理由；品牌产品有何附加值；品牌具有何种内涵；品牌内涵的发掘度如何。对于品牌的联想，往往是由一、两点内容发散出去的，促使消费者张开想象的翅膀，联想到更多的方面。比如，不同的人对此类品牌产品有什么期望？品牌产品对他们生活的影响程度如何？

14. 品牌的专利权价值

对于许多大企业而言，专利权是非常重要的一个价值构成，对之的评估应包括如下内容。

（1）产权归属：说明专利的专利证书权人、专利权所有人和本资产评估的委托方所属性质，是否有专利的使用权。

（2）名称、保护年限、已使用年份。

（3）该专利作为解决某类问题的方法或可以生产的产品的社会作用。

（4）该专利评估的目的，如用于拍卖或转让、作价入股等。

（5）该专利适用的条件。

（6）该专利的特点或替代原有专利的特点。

（7）该专利评估假定的条件。

品牌价值评估不但可以量化具体品牌所具有的价值，还可以通过各个品牌价值的比较，从直观上了解名牌企业的状况，从某些侧面揭示出各个品牌所处的市场地位及其变动，以及品牌价值的内涵和规律，并且为企业实现以品牌为资本的企业重组扩张创造良好的舆论基础和社会基础。消费者要通过品牌价值的影响，坚定自己对某些品牌的忠诚。投资者则要通过品牌价值的参考，决定自己的投资方向。

品牌评估的内容如图 8-5 所示。

8.3.2 品牌价值评估的分类

品牌评估概述通过在各类新闻媒体上发布品牌评估及评价资料，为展示企业品牌形象，向行业主管部门、投资者、广大终端消费者传递企业实力和企业发展能力，为促进企业全面发展提供价值参考，并通过细分公允价值评估方案达到资产—股权—资本的运作目的。

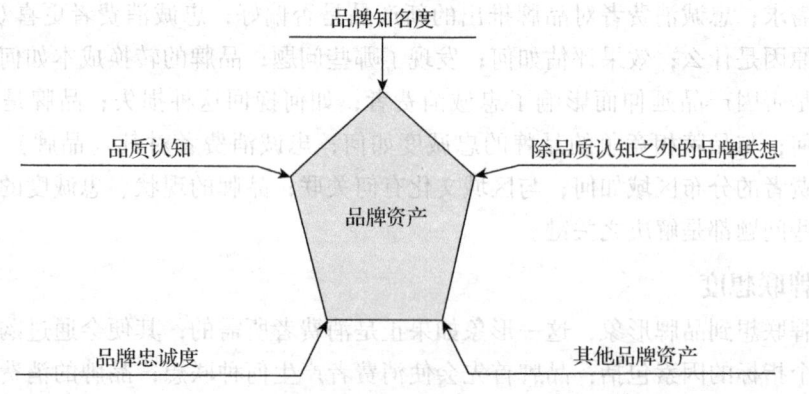

图 8-5　品牌评估的内容

（1）就用途而言，品牌价值评估分为两大类。第一类是企业为了满足自身产权变动或使用权拓展需要所进行的价值量化。这种评估必须根据评估目的，依据国家颁布的评估标准、方法，以个案的形式进行。第二类是为了价值比较所进行的价值量化，这种评估必须是选择同一标准、方法、基准日，进行统一的群体评估。

第一类评出的品牌价值可称为"内在价值"；第二类评出的品牌价值可称为"交易价值"，实际上是品牌市场竞争力的客观表现。内在价值不用于交易，它表明品牌资产所带来的超值创利能力，相当于政治经济学中的价值。交易价值则相当于价格。交易价值与内在价值存在密切的关系，交易价值的基础是内在价值，内在价值为品牌的影子价格，继而影响到交易价格的波动。

（2）根据对品牌的评估取向，可将品牌价值分为两大类。第一类是从消费者的角度评估品牌强度，即品牌在消费者心目中处于何种地位。比如，消费者对品牌的熟悉程度、忠诚度、品质感知程度、消费者对品牌的联想等。从这一角度评估品牌的主要目的是识别品牌在哪些方面处于强势，在哪些方面处于弱势，然后据此实施有效的营销策略，以提高品牌的市场影响力或市场地位。目前西方市场营销学术界主要侧重于从这一角度评估品牌。

第二类是从公司或财务的角度赋予品牌以某种价值。在公司并购、商标使用许可与特许、合资谈判、税收缴纳、商标侵权诉讼及索赔等许多场合都涉及或要求对品牌作价。出于这种需要，许多资产评估公司纷纷涉足品牌评估，并发展出各种评估方法。

品牌是企业的无形资产，是企业经过多年的发展积累与沉淀下来的宝贵资源，也是企业实现可持续发展的重要保证。这其中的道理很简单：品牌既然是资产，那么它就和厂房、机器设备等资产一样，需要经常的投入和维护，而品牌评估实际上就是对企业品牌的投入和维护过程。这一点是大多数企业忽略的问题。

8.3.3　品牌评估思路

现在，品牌评估在实践中广泛运用是依据品牌评估的先驱——英国伦敦的InterBrand公司所倡导的"Interbrand"方法。它在进行品牌评估前存在一个基本假定，即品牌的价值并不完全是因为创造品牌所付出的成本,也不完全是有品牌产品比无品牌产品可以获得更高的溢价,而是在于品牌可以使其所有者在未来获得较稳定的收益。就短期而言,一个企业使用品牌与否对其总体收益的影响可能并不是很大。然而,从长期来看,在需求的安全性方面,有品牌产品与无品牌产品,品牌影响力大的产品与品牌影响力小的产品会存在明显的差异。比如在饮料市场,可口可乐、百事可乐等知名品牌会较一些小品牌具有更为稳定的市场需求。原因是这次购买这些知名品牌的消费者很可能下次还会继续选择这些品牌,而购买那些影响力较小的品牌的消费者则更有可能转换品牌。需求稳定性越大,意味着知名品牌的未来收益也越高,由此不难看出知名品牌与非知名品牌在价值上的区别。

因此,应该以未来收益为基础结合收益来评估品牌资产。确定品牌的未来收益的办法,主要是进行相关的财务分析和市场分析。由于品牌的未来收益是基于对品牌的近期和过去业绩以及市场未来的可能变动而做出的估计,品牌的强度越大,所估计的未来收益成为现实收益的可能性就越大,因此,在对未来收益贴现时,对强度大的品牌应采用较低的贴现率;反之,则应采用较高的贴现率。结合品牌所创造的未来收益和依据品牌强度所确定的贴现率,就可计算出品牌的现时价值。

(1) 重视市场分析,以此确定品牌对所评定产品或产品所在行业的作用,在产品沉淀收益中,一部分应归功于品牌因素,另一部分应归功于非品牌因素。对于某些行业的产品,如酒类、饮料、化妆品等,品牌对消费者的选择行为产生的影响较大,其沉淀收益的大部分甚至全部应归功于品牌因素的影响。对于另外一些产品,如时装、高技术产品和许多工业用品,品牌的作用相对较小,此时,产品沉淀收益中的相当一部分可能应归功于像专利、技术、客户数据库、分销协议等非品牌无形资产。非品牌无形资产所创造的未来收益无疑应从产品沉淀收益中扣除。InterBrand 公司常采用一种叫"品牌作用指数"的方法来决定非品牌无形资产所创造的收益在沉淀收益中的比重。其基本想法是从多个层面审视哪些因素影响产品的沉淀收益,以及品牌在多大程度上促进了沉淀收益的形成。"品牌作用指数"虽然带有一定成分的主观和经验的因素,但 InterBrand 公司认为,它仍不失为一种较系统的品牌作用评价方法,通过对综合品牌在业务中的作用和业务所产生的沉淀收益加以分析,就很容易对品牌的评估进行一定程度的量化。

(2) 注重财务分析,它是为了估计某个产品或某项业务的沉淀收入,即从产品或业务的未来收益中扣除有形资产创造的收益后的余额。很明显,沉淀收益反映的是无形资产,其中包括品牌所创造的全部收益。估计沉淀收益时,需特别注意如下因素。

1) 限定使用品牌所创造收益的范围,为此,应将非品牌产品或不在该品牌名下销售的产品所创造的收益排除在外。实际上,在企业所销售的产品中,可能大部分使用该品牌,也有一部分不使用该品牌或使用副品牌,因此,若不这样做,就很容易夸大品牌所创造的未来收益,从而使得品牌评估的指数过高。

2) 限定有形资产所创造的收益。对与产品或业务相联系的有形资产(如存货、分销系统、工厂与设备投资等)应合理界定,对这些资产所创造的收益做出估计,并从总收益中扣除。

3) 将税后收益作为沉淀收益。这样做一方面可使品牌收益计算具有一致的基础,另一方面也符合品牌作为企业资产的本性。

（3）品牌风险分析，就是确定被评估品牌与同行业其他品牌比较之后的地位。其目的是衡量品牌在将其未来收益变为现实收益过程中的风险，用 InterBrand 公司的术语就是据此确定适用于将未来收益贴现时的贴现率。如果两个品牌创造的未来收益相同，但其中一个是老字号，在其所属行业居于领导地位，而另一个是近些年发展起来但受到广泛青睐的品牌，那么前一个品牌的价值通常比后一个品牌的价值高。

8.3.4　品牌价值评估的步骤

品牌价值评估是一个新的评估体系，它虽然源于财务评价指标，但是在建立自己独特的评估体系后，应当努力去克服使用财务指标时的不足。因为品牌属于长期性资产，而销售量、成本分析、边际报酬、利润以及资产回报率等指标多半是短期性数据，而且都是"自给自足"的，因此，以短期性指标评价品牌绩效，往往会给品牌投资决策造成某种伤害。在认识上，首先，要明白品牌评估着重的是价值，而不是成本，品牌的真正价值来源于未来的市场竞争力。其次，要注意的是为了克服收益现值法中未来各年现金流量的不确定性因素，要将品牌现在的超额利润作为评估品牌价值的基数。同时，为了避免在评估过程中漏缺价值构成要素的情况，应当建立品牌市场力量的指标体系，采取将现有超额利润与市场力量指标相结合的办法，将现有的获利能力调整为未来的市场竞争力。最后，为了确保评估结果的可靠性和有效性，应进行必要的信度和效度的分析与检查。

为此，必须建立一套科学的评估体系，设定合理的评估步骤，选择适当的评估方法。

1. 评估品牌的现时获利状况

首先，由一些专门且独立的评估师、经济师、工程师和其他专家确定品牌所标识的产品年销售收入、成本、税金，以及税后净利。具体方法是利用公式：

税后净利 = 该品牌产品销售收入 – 对应成本 – 对应的产品销售税金 – 对应所得税

其次，从产品的净利中扣除行业平均净利，得出品牌的现有获利能力，用 P 表示。

该方法计算的指标是净利，而不是利税总额，因为我们用净利计算的品牌价值剔除了不同品牌所驱动的不同产品的不同税率的影响，这样才具有可比性；其次，该方法计算的是产品净利，而不是企业净利，原因是品牌是用来区别产品的，而不是用来区别企业的。

2. 建立品牌综合能力的指标评价体系，计算品牌的综合力量系数（L）

这些指标包括市场占有率、品牌的保护情况、品牌的支持情况、品牌的市场特性、品牌本身所表示的趋势感、品牌的国际化力量和品牌的寿命。

在这一步采用的方法主要是专家打分法，即首先设各指标的现有基数值为 1，然后通过专家团来评判各指标在未来寿命年内的变动率。如果某年以前评定六项指标变动率分别为 A_i、B_i、C_i、D_i、E_i、F_i，则该年的市场力量系数为：

$$L_i = (1 + A_i) \times (1 + B_i) \times (1 + C_i) \times (1 + D_i) \times (1 + E_i) \times (1 + F_i)$$

各年市场力量因子系数之和 S，即未来寿命期内总的市场力量系数。所以，用市场力量系数来调整未来的市场竞争力，是基于市场力量指标和超额利润指标，从不同的方面来反映市场竞争力的。但由于现实因素的复杂性，二者并不一致，所以为了提高评估结果的客观性和准确度，应从两个角度来评定一个问题。

采用此种方法时，关键在于挑选的专家对品牌未来市场力量的各项指标要有一个清楚地把握，这样评判的品牌未来市场力量指标才具有可行性。但是由于我国市场经济起步较晚，我们对市场条件下的某些经济方法还没有充分的认识，因此，实际上在市场经济的运行中，大多数模型和信息都是由评估师、营销人员和数学家通过判断的方式得到的。对于所设定的权重应由有相当市场经验的评估事务所来确定，因为它们对问题规律的把握要准确得多，再结合经验丰富、知识渊博的专家团对未来品牌市场力量指标变化的估计，完全可以使这个评估体系很好地执行下去。

3. 测定品牌的价值（V）

这是最关键也是最见效益且最简单的一步，只需用公式 $V = P \times L$ 计算出最终结果即可。

4. 检验测试结果

任何一项评估结果都可能有偏差，因此为了做到真实有效、公正客观地反映被评资产的价值，在所有评估工作基本完成之后，要进行信度和效度检验的反馈测试。经过多次计算，如果结果相近或相同，说明评估信度较高，评估结果较可靠。按照统计资料和调整的因素进行效度验证是保证评估结果有效性、客观性的常用方法。鉴于目前我国品牌评估的历史资料很少，所以我们可以借鉴外国的经验，如国外品牌的价值与销售额之比是1:1，我们可以以此作为验证评估工作效度的参考。该方法既注重了品牌的获利能力，又平衡了各种因素。把品牌的现有获利能力作为基数，使品牌的价值建立在客观的基础上，有了真实的现在，才会有客观的未来；通过对品牌市场力量系数的计算和分析，把品牌利润指标以外的价值内容（市场力量指标）反映出来，并且延伸到未来，将未来的获利能力涵盖其中，把一个问题从两个角度互相补充地考察，保证了品牌价值的完整性，并使品牌价值体现未来的市场竞争力。全面、客观、现实，并与未来相结合，是本方法的特点。

8.3.5 品牌评估方法

对于具体的评估方法，大致可以从企业的成本、盈利、市值等方面去考虑。总体而言，对于我国现在的企业品牌评估，可以着重参照如下几种方法。

1. 成本计量法

对于一个企业品牌而言，其资产的原始成本占着不可替代的重要地位，因此，我们对一个企业品牌的评估应从品牌资产的购置或开发的全部原始价值，以及品牌再开发成本与各项损耗价值之差两个方面来考虑，前一种方法又称为历史成本法，后一种方法又称为重置成本法。

评估品牌最直接的方法莫过于计算其历史成本，而历史成本法考虑的就是直接依据企业品牌资产的购置或开发的全部原始价值进行估价。最直接的做法是计算对该品牌的投资，包括设计、创意、广告、促销、研究、开发、分销、商标注册，甚至专属于创建该品牌的专利申请费等一系列开支。对于一个品牌，其成功主要归因于公司各方面的配合，我们很难计算出真正的成本。因为我们已经把这些费用计入了产品成本或期间费用，怎样把这些费用再区分出来是一个颇费周折的事情，而且没有考察投资的质量和成果，即使可以区分，历史成本法也存在一个很大的问题，它无法反映现在的价值，因为它未曾将过去投资的质量和成效考虑进去。因此，使用这种方法会高估失败或较不成功的品牌价值。应用这种方法的主要问题是如何确定哪些成本需要考虑进去，例如管理时间费用的计算、具体计算方法等都是难题。另外，这种方法也没有涵盖品牌未来的获利能力。

重置成本法的主要考虑因素：品牌重置成本和成新率，此二者的乘积即是品牌价值。重置成本是第三者愿意出的钱，相当于重新建立一个全新品牌所需的成本。按来源渠道，品牌可能是自创或外购的。其重置成本的构成是不同的。企业自创品牌由于财会制度的制约，一般没有账面价值，只能按照现时费用的标准估算其重置的价格总额。外购品牌的重置成本一般以可靠品牌的账面价值为依据，用物价指数计算。成新率是反映品牌的现行价值与全新状态重置价值的比率。企业一般采用专家鉴定法和剩余经济寿命预测法来计算品牌成新率。

重置成本法的基本计算公式为：

$$品牌评估价值 = 品牌重置成本 \times 品牌成新率$$

式中，品牌重置成本 = 品牌账面原值 ×（评估时物价指数÷品牌购置时物价指数）；品牌成新率 = 剩余使用年限÷（已使用年限 + 剩余使用年限）×100%。

使用这种方法的一个最大弊端是：重新模拟创建一个与被评估品牌相同或相似品牌的可能性很小，可行性不大。其中的理由很简单，这样做太浪费时间，因为品牌的创建受多种因素的影响。

此外，对于评估品牌，更注重的应是其价值，而不是成本。由于重置成本法没有把市场竞争力作为评定品牌价值的对象，因此，目前已经很少使用重置成本法来评估品牌了。

2. 市价计量法

这种方法是资产评估中最方便的方法，如今也有企业将其用于品牌评估之中。它是通过市场调查，选择一个或几个与评估品牌相似的品牌作为比较对象，分析比较对象的成交价格和交易条件，进行对比调整，估算出品牌价值。参考的数据有市场占有率、知名度、形象或偏好度等。应用市价计量法必须具备两个前提条件：一是要有一个活跃、公开、公平的市场；二是必须有一个近期、可比的交易对照物。

采用这种方法时最大的困难在于执行，因为对市场的定义不同，所产生的市场占有率也就不同，且品牌的获利情况和市场占有率、普及率、重复购买率等因素并没有必然的相关性。这些市场资料虽然有价值，但对品牌的财务价值计算却用处不大。目前我国还没有一个品牌交易市场，品牌交易成功只是买卖双方协商的结果，而且某个品牌的实施许可、使用权转让受其他品牌交易的影响不大，被评估资产的参照物及可比较的指标、技术参数资料也很难找到，还没有人专门从事这类工作，这些都使得用市价计量法评估品牌的价值在目前很难行得通。

3. 收益计量法

收益计量法又称收益现值法，是通过估算未来的预期收益（一般是"税后利润"指标），并采用适宜的贴现率折算成现值，然后累加求和，借以确定品牌价值的一种方法。

其主要影响因素如下：

$$G = \sum_{t=1}^{n} B_t (1+i)^{-t}$$

式中，G 是品牌的超额利润；B 是年金；i 是折现系数或本金化率；t 是收益期限。

收益计量法是目前应用最广泛的方法，因为对于品牌的拥有者来说，未来的获利能力才是真正的价值，他们试图计算品牌的未来收益或现金流量。因此，采用这种方法时，通常是根据品牌的收益趋势，将未来每年的预算利润加以折现，具体则是先制定业务量（生产量或销售量）计划，然后根据单价计算出收入，再扣除成本费用，得到利润，最后折现相加。

在对品牌未来收益的评估中，有两个相互独立的过程：一是分离出品牌的净收益；二是预测品牌的未来收益。

采用收益计量法计算的品牌价值由两部分组成：一是品牌过去的终值（过去某时间段上产生收益价值的总和）；二是品牌未来的现值（将来某时间段上产生收益价值的总和）。其计算公式为这两部分的相加。

然而，对于收益计量法，存在的问题是：它在预计现金流量时，虽然重视了品牌竞争力的因素，但没有考虑外部因素影响收益的变化，从而无法将竞争对手新开发的优秀产品考虑在内，而且我们无法将被评估品牌的未来现金流量从该企业其他品牌的现金流量中分离出来，原因有三个：一是它们共享一个生产、分销资源；二是贴现率选取和时间段选取的主观性较大；三是在目前的情况下，不存在评估品牌的市场力量因素。

4. 十要素综合评估法

此方法是由戴维·阿克提出的。他将涉及品牌的诸多要素分为 5 组 10 类，并做了新的综合，从而提出了品牌资产评估十要素的指标系统。该系统兼顾了两套评估标准，即基于长期发展的品牌强度指标，以及短期性的财务指标。在这 5 个组中，前 4 组代表消费者对品牌的认知，即忠诚度、品质认知、联想度、知名度。第 5 组则是两种市场状况，代表来自市场而非消费者的信息。

5. 市场结构模型法

这种方法是美国《金融世界》主要使用的方法。其思路是在已知某相同或类似行业品牌价值的前提下，通过比较得出自己品牌的价值。它认为，任何品牌的价值都必须通过市场竞争得以体现，不同品牌的价值与该品牌的市场占有能力、市场创利能力和市场发展能力成正相关关系，同时还要考虑市场上不确定因素对品牌价值的影响，以便准确地评估品牌的价值。

6. InterBrand 价值评估模型

InterBrand 模型是由 InterBrand 公司设计的一种品牌价值评估模型。其假设品牌创造的价值在未来一段时间内是稳定的，可以通过计算品牌收益与品牌的强度系数来确定品牌的价值。其计算方法为：

$$V = I \times G$$

式中，V 是品牌价值；I 是品牌给企业带来的年平均利润；G 是品牌强度系数。

在使用时，一般要考虑以下三个问题。

（1）剔除非评估品牌创造的利润和同一品牌中其他因素创造的利润。

（2）平均利润的确定。

(3) 强度系数的确定。InterBrand 公司通过调查给出了一个品牌强度影响因素的量表，通过专家打分的方式来确定品牌强度系数。

7. 品牌累积价值(V_1)

品牌累积价值（V_1）称为品牌媒介注意力价值，是以货币形式量化表达品牌所获得的各种媒介的注意力总和。媒介注意力总和并不是媒介广告投放量和软文投放量，而是可测量的在一定时间范围内累积的媒介资源上的品牌痕迹，是公众对品牌的印象在媒介上的投影值。

8. 品牌转化价值

品牌转化价值是指由于品牌存在而为企业带来的预期总收益的增值。这种预期总收益包括一定年限内品牌获得的行业销售额增值（S_1）和品牌个体销售额增值（S_2）两部分。

$$\text{品牌获得的行业销售额增值}(S_1) = \text{行业销售额增值}(S) \times \text{行业成熟度}(M_1) \times \frac{\text{该品牌的品牌指数得分}(D_1)}{\text{行业品牌指数总分}(D_0)}$$

$$\text{品牌个体销售额增值}(S_2) = \text{行业年度销售额}(S_0) \times \frac{\text{该品牌的品牌指数得分}(D_1) - \text{行业品牌指数平均分}(D_2)}{\text{行业品牌指数总分}(D_0)}$$

预期总收益年限（Y）根据实际情况取 6~20 年不等。

最后，我们获得品牌转化价值的计算公式：

$$\text{品牌转化价值}(T) = [\text{品牌获得的行业销售额增值}(S_1) + \text{品牌个体销售额增值}(S_2)] \times \text{预期总收益年限}(Y)$$

8.3.6 品牌价值评估程序

品牌价值评估是一个系统化过程，必须严格按照既定的程序进行。

1. 明确评估业务基本事项

评估机构和注册资产评估师与委托方、产权持有者就评估目的、评估对象和评估范围、价值类型、评估基准日、评估报告使用限制、评估报告提交时间及方式、评估服务费总额、支付时间与方式等业务基本事项，以及委托方和产权持有者工作配合和协助等事项进行了解和沟通，并对自身的专业胜任能力、独立性和业务风险进行综合分析与评价，决定承接评估业务。

2. 签订业务约定书

评估机构在决定承接评估业务后，与委托方签订业务约定书。

3. 编制评估计划

根据评估业务的具体内容，制订评估计划，评估计划应报评估机构相关负责人审核、批准。

4. 进行现场调查

根据评估业务的具体情况对评估对象进行现场调查。

5. 收集评估资料

根据评估业务的具体情况，向委托方和被评估企业提供搜集资料清单，搜集资产评估所需资料，了解评估对象现状并关注评估对象法律权属。

根据评估业务的具体情况，查询有关媒体，获取宏观经济、行业资讯、行业竞争状况等价值评估所需资料和数据，并对取得的资料和数据进行分析、整理。

6. 评定估算

对搜集到的资料和数据进行分析、归纳和整理，形成评定估算的依据。

根据评估对象、价值类型、评估资料收集情况等相关条件，恰当选择评估方法。

根据所采用的评估方法，选取相应的公式和参数进行分析、计算和判断，形成初步评估结论。

对形成的初步评估结论进行综合分析，形成最终评估结论。

7. 编制和提交评估报告

在执行评定估算程序后，根据法律、法规和资产评估准则的要求编制评估报告。

根据相关法律、法规、资产评估准则和评估机构内部质量控制制度，对评估报告及评估程序执行情况进行必要的内部审核。

在完成上述评估程序后，出具评估报告，向委托方提交评估报告。

8. 将工作底稿归档

在提交评估报告后，按照法律、法规和资产评估准则的要求对工作底稿进行整理，与评估报告一起及时形成评估档案。

8.3.7 品牌价值评估应注意的几个问题

品牌价值评估所面临的内外部环境具有多变性，问题也具有不确定性，应该在尊重现实情况的基础上，实事求是地加以解决。

（1）建立一支结合营销和财务资深经理人、分析师的团队。总指挥可由较中立的第三方担任，或委请公司以外的专业人士负责。

（2）重新检视财务与营销部门评估品牌价值的方法，最好是找出过去的相关文献，同时参考国际上的评估标准。

（3）必须采取以财务和消费者调查为导向的评估方法，只有取得共识后，才能使评估工作顺利进行，并最终完成任务。

（4）既进行财务方面的评估，也进行必要的市场研究调查，综合考虑两者所得出来的必须是合理的、有相容性的结果。

（5）确认评估品牌的可行方法，并找出每个方法的不同之处，如此才能试算出最合理、最没有争议的品牌价值。

（6）根据既定的资产价值去设定营销活动目标，让营销策略成为可以测算出来的策略。

同时要先确定相似品牌的可比许可使用费交易案例；评价被评估品牌相对于其他类似或竞争性商标或品牌的坚挺程度；将从可比交易中发现的有关信息资料与被评估品牌的坚挺程

度进行比较，其结果是筛选出品牌的具体许可使用费率或可归属商标的收入；确定该品牌的扩展和发展潜力，将许可使用费率应用到这种发展潜力中；估计代品牌资产的剩余生命周期；确定一个适当的能给品牌带来的收入；确定一个能反映购买或拥有该资产而带来的风险贴现率。

本章小结

1. 从管理学的角度来说，品牌资产是一种超越生产、商品等所有有形资产的价值，是企业因从事生产经营活动而垫付在品牌的投入及其可能带来的产出。品牌资产是一种无形资产，它是品牌知名度、品质认知度、品牌联想度以及品牌忠诚度等各种要素的集合体。另外，从财务管理的角度来说，品牌资产是将商品或服务冠上品牌后所产生的额外收益。同样的产品因品牌的不同而带来额外的现金流入，这种额外的现金流入就是品牌资产。
2. 品牌价值是企业和消费者相互联系与作用而形成的一个系统概念。它体现在企业通过对品牌的专有和垄断而获得的物质文化等综合价值，以及消费者通过对品牌的购买和使用而获得的功能与情感价值上。
3. 品牌资产评估的内容包含品牌价值评估的内容：品牌寿命、品牌名称、产品或服务的商标、品牌个性和意象、品牌产品或服务的类别、品牌产品或服务的功能、品牌产品或服务的质量、消费者态度、品牌认知、品牌连续性、消费者购买倾向、品牌媒体支持、品牌产品的市场表现、品牌更新程度、品牌忠诚度、品牌联想度、专利权价值。
4. 品牌价值评估的步骤是：第一步，评估品牌的现时获利状况；第二步，建立品牌综合能力的指标评价体系，计算品牌的综合力量系数（L）；第三步，测定品牌的价值（V）；第四步，检验测试结果。
5. 品牌价值评估的方法主要有成本计量法、市价计量法、收益计量法、十要素综合评估法、市场结构模型法、Inter Brand 价值评估模型等。

自测题

一、单项选择题

1. 从财务管理的角度来说，品牌资产是将商品或服务冠上品牌后所产生的（　　）。
   A. 额外收益　　　　　B. 表外收入　　　　　C. 表内收入　　　　　D. 预算收入
2. 要形成品牌资产，首先要建立（　　），关键是创造品牌显著性。
   A. 品牌文化　　　　　B. 品牌标识　　　　　C. 品牌意识　　　　　D. 品牌方向
3. 消费者的（　　）是品牌资产形成的关键。
   A. 市场策略　　　　　B. 消费体验　　　　　C. 产品经验　　　　　D. 消费心理
4. 品牌能够提升顾客的（　　），反过来，它也可促进品牌价值的提升。
   A. 知识价值　　　　　B. 内在价值　　　　　C. 产品价值　　　　　D. 感知价值
5. 维持现有顾客品牌忠诚度的意义同样重大，因为培养一个新顾客的成本是维持一个老顾客成本的（　　）。
   A. 3 倍　　　　　　　B. 5 倍　　　　　　　C. 2 倍　　　　　　　D. 1 倍

6. 根据新古典主义价值理论：品牌价值是人们是否继续购买某一品牌的意愿，可由顾客（　　）以及细分市场等指标测度。
   A. 美誉度　　　　　B. 满意度　　　　　C. 忠诚度　　　　　D. 知名度
7. 在品牌战略的原则下，围绕品牌资产目标，可以创造性地策划（　　）提升品牌资产的营销传播策略。
   A. 低利润　　　　　B. 低投入　　　　　C. 高产出　　　　　D. 低成本
8. （　　）认为品牌的溢价能力只有在品牌提炼时比竞争对手有功能上、情感上的利益区间，才能增加品牌的竞争力。
   A. 超值论　　　　　B. 超利论　　　　　C. 增值论　　　　　D. 增价论
9. 品牌核心价值提炼的原则（　　）。
   A. 高度的一致性　　B. 高度的市场化　　C. 高度的数字化　　D. 高度的差异化
10. 结合品牌所创造的（　　）和依据品牌强度所确定的贴现率，就可计算出品牌的现时价值。
    A. 现行收益　　　　B. 预期收益　　　　C. 未来收益　　　　D. 当期收益

二、多项选择题
1. 品牌价值评估的内容包括（　　）。
   A. 品牌寿命　　　　B. 品牌名称　　　　C. 产品或服务的商标
   D. 品牌个性和意象　E. 品牌产品或服务的类别
2. 品牌价值评估的步骤是（　　）。
   A. 评估品牌的现时获利状况　　　　　B. 计算品牌的综合力量系数（L）
   C. 测定品牌的价值（V）　　　　　　D. 检验测试结果　　　E. 检验成效
3. 品牌评估的方法包括（　　）。
   A. 成本计量法　　　B. 市价计量法　　　C. 收益计量法
   D. 十要素综合评估法　E. 等效平衡法
4. 品牌资产的特点在于（　　）。
   A. 品牌资产是无形的　　　　　　　　B. 品牌资产是以品牌名称为核心的
   C. 品牌资产大小会影响消费者的行为，包括购买行为
   D. 品牌资产大小会影响消费者对营销活动的反应
   E. 品牌资产决定于消费者
5. 品牌资产的形成包括（　　）。
   A. 品牌命名是品牌资产形成的前提　　B. 营销和传播活动是品牌资产形成的保障
   C. 消费者的产品经验是品牌资产形成的关键　D. 产品质量是品牌资产的基础
   E. 市场容量是品牌发展的条件
6. 提升品牌资产价值的策略包括（　　）。
   A. 提高品牌资产的差异化价值　　　　B. 走外延提升品牌资产之路
   C. 通过品牌叙事提升品牌资产价值　　D. 通过加强企业内部管理来提升品牌资产价值
   E. 通过加入国际组织来提升品牌影响力
7. 品牌资产管理的一般方法包括（　　）。
   A. 建立品牌知名度　B. 维持品牌忠诚度　C. 建立品质认知度
   D. 建立品牌联想　　E. 构建品牌信息平台

8. 品牌核心价值提炼的原则有（　　）。
   A. 高度的差异化　　B. 富有感染力　　C. 核心价值与企业资源能力相匹配
   D. 具备广阔的包容力　　E. 有利于获得较高的溢价
9. 品牌价值评估的主要内容有（　　）。
   A. 品牌寿命　　B. 品牌名称　　C. 产品或服务的商标
   D. 品牌个性和意象　　E. 品牌产品或服务的类别
10. 品牌评估的思路包括（　　）。
    A. 重视市场分析　　B. 注重财务分析　　C. 进行品牌风险分析
    D. 关注网络品牌　　E. 实现品牌数字化

三、简答题

1. 品牌资产管理的含义是什么？它包括哪些最基本的品牌资产理论？
2. 什么是品牌资产价值？它具有哪些特征？
3. 品牌资产评估的目的和要求是什么？
4. 品牌资产评估的主要步骤是什么？
5. 品牌资产评估的基本程序是什么？举例说明评估过程中需要注意的问题。

✓ 案例分析

休闲食品品牌策划的三大战略性品牌资产打造

休闲食品行业一直是国内比较成熟的消费品行业，成熟的行业有成熟的资产价值，更有成熟的系列优质产品。众多的休闲食品厂家，庞大的休闲食品消费市场，使行业竞争日趋激烈，也使休闲食品品牌策划营销持续创新。各休闲食品企业的"核心竞争优势"主要基于产品口味、规格细分、休闲场景活化等影响品牌营销策划，以此来提升休闲食品消费者的营销策划参与度和互动价值感。只有这样，战略性品牌资产才能最大化集聚，休闲食品的品牌竞争力也由此而生。

休闲食品的品类特性卓著，战略性品牌资产将引领企业不断成长。纵观国内休闲食品品牌的品牌资产，多数集中在产品口味好、品质可靠等层面，对于品牌IP的印象是不多的，产品的品质感知度比较强烈，而由品牌策划营销创新引发的品牌忠诚度比较弱，无法支撑企业品牌营销策划的立体式创新。

休闲食品品牌策划的三大战略性品牌资产值得关注。

1. 以独特复合式口味价值铸造"美味记忆"，强化优质品牌"质量感知"

休闲食品本质上依旧是食品，"口味"依然是消费者的第一品质感知，是消费者关注的真正价值。休闲食品以休闲活动为食品的主要消费场景，其价格普遍不高，30元以下是其主流价格段位，消费渠道分布比较广泛，品牌定位的差异性不大，多数明星产品通过口味、特产及规格等产品特性吸引休闲食品消费者购买。

优秀的休闲食品品牌持续发展的关键就是要打造自己优质的感知质量，基于明星休闲食品做产品突破，通过食品工艺改良，提升消费者的产品认同感，通过差异化的口味特色、规格细分等区隔定位，实现定向销售，在经营好商超、小店等传统销售渠道的同时，活化线上电商、外卖拼单、社交拼团等多元化食品渠道销售。

每一种食品都有自己的味道记忆，每一种食品品种都有自己的消费场景，因此，可以基于产品的产地味道、品质特色及口味复合性等复原消费者的记忆，以地产食品传递"食品情怀"，以"休闲型""乐趣型""情怀型"食品凸显休闲食品的不同价值区隔。根据这个思路，休闲食品企业的品牌策划营销创新，可以走出不一样的路径。

2. 根植于正宗产地，唤醒消费记忆，活化食品的特色认知，使人产生优质的品牌联想

多数休闲食品都有优质的食品消费特性，"口味""特色""价格"等成为消费者对休闲食品品牌的强烈感知核心因素，也应该成为休闲食品企业进行品牌营销策划创新的优质路径。腾讯数据、东北证券等综合资讯表明，48.66%的中国人最喜爱的口味是"辣"，而泡卤制食品多具有香、酸、辣和爽口的特点，其风味基本符合消费者对辣味的偏好。

根据休闲食品的特点，消费者可获取的信息渠道大多来自品牌活动、内容资讯、促销互动、终端物料、消费评价等，这些也是休闲食品品牌强化品牌记忆的绝佳路径。优质的休闲食品品牌可以强化产品的规范生产、历史工艺等，凸显品质高、价格适中、对比鲜明等竞争优势，进一步规范休闲食品的品类范围及有效的延伸方式，从而全面优化休闲食品的品牌联想。

3. 诉求于独特的加工工艺，将工艺、未来、价值三者合一，创造持续的"品牌忠诚度"

休闲食品行业是产品驱动增长的行业，产品口感、性价比、终端陈列情况等深度影响着企业的市场销售量，而优质的加工工艺在提升休闲食品口感的同时，也可凸显产品特色，提升产品的品牌溢价，全面增强品牌的竞争优势，为产品销售量加持，为品牌形象加分。

对于休闲食品企业来说，实现持续的销售增长的唯一路径就是立足于产品价值，刷新客户的口感认知和品牌消费意识，凸显品牌特色，维护老客户的口味感知、品牌化消费意识，使老客户放心，使新客户开心，以此实现休闲食品加工工艺的价值，这也是休闲食品品牌策划营销的重点。

目前，休闲食品行业依然处于自由竞争时代，大量的休闲食品企业竞争激烈，创新的数字品牌策划营销可以激发消费者的消费热情，整合休闲、娱乐、社交等多元化的休闲食品消费场景，不断刷新休闲食品企业的品牌营销策划内容，而认知、口味、品质等产品要素则不断驱动着数字营销策划活动的发展。休闲食品行业的新产品每天都在涌现，而基于产品口味的品牌忠诚度建设、基于产品品质的品牌联想力建设和基于用户口碑的品牌知名度建设，则是一项长期的系统性工程。这三个推动品牌发展的重要内容，构建起休闲食品品牌的战略性品牌资产。

资料来源：https://baijiahao.baidu.com/s?id=1681786504754588326&wfr=spider&for=pc.

问 题： 1. 休闲食品战略性品牌资产打造的背景如何？战略性品牌资产打造的意义何在？
2. 休闲食品三大战略性品牌资产打造的具体内容是什么？"味道记忆"具有何种品牌价值？
3. 从优质品牌"质量感知"到优质品牌联想，再到创造持续的"品牌忠诚度"，在这个过程中，品牌价值是如何产生的？

南下资金抱团核心资产的当下，京东品牌被严重低估

2021年1月高盛发布的研究报告显示，将京东（09618）目标价由393港元上调13.2%，至445港元，重申其"确信买入"名单。高盛称，京东（09618）仍是该行在2020年中国互联网板块中的一个首选股，由此可见，京东在电子、电器、超级市场及制药领域的零售规模具有相对领先优势，相信其能持续借助独特的"1P在线直销+市场模型"，并辅以行业领先的内部仓库和物

流供应链功能，来展现利用这种复合经营模式的力量。

在品牌估值方面，横向对比截止到2021年1月31日，拼多多市值为2 032亿美元，阿里巴巴市值为6 868亿美元，京东市值为1 388亿美元。无论是当下市场的利润规模还是企业的战略布局，京东均远优秀于拼多多。如果拼多多在未来两年内能维持2 000亿美元以上的市场估值，京东在两年内市值超越2 000亿美元（其潜在升值空间为44%）是极大概率的灰犀牛事件，而且在未来的三年内，京东跑赢拼多多亦是大概率的灰犀牛事件。如果拼多多市值能够保持同步提升，那么京东潜在品牌估值空间将更大。

品牌自身估值截止到2021年1月31日，京东集团-SW（09618）TTM市盈率达到33.06倍，品牌估值合理偏低，在南下资金持续抱团，未来核心资产将被重新估值的情况下，50倍以下的京东都谈不上泡沫。

1. 供应链能力是京东的最核心竞争力

进入2021年，无论是平台、品牌还是消费者，都越来越重视供应链能力在商品销售、履约、购物体验中的重要意义，而且在线上流量红利日趋见顶以及线下消费需求仍在缓慢恢复的大趋势下，将线上流量和线下供应链相结合是形成核心竞争力的关键。

京东物流完善的基础设施以及履约能力，吸引了更多的第三方商家以及外部渠道商家，物流外单占比持续提升（2019年已超40%）。2020年第三季度，京东物流收入同比大幅提升，占收入比重提升至6.0%。未来，随着物流服务市场的不断开放，京东仍有望保持较高的增速。

截至2020年9月底，京东物流运营超过800个仓库，包含京东物流管理的云仓面积在内，京东物流仓储总面积约2 000万平方米。京东继续加大与小米有品、网易严选、cdf等平台方以及格力、雀巢等KA客户的合作力度，同时积极开拓其他平台的中小商户，并加快开放个人件业务步伐。

2. 聚合社区团购核心玩家

供应链能力强大的京东在社区团购上进行了一系列布局。2018年开发设立友家铺子平台；2020年12月，将7亿美元战略投资于兴盛优选，实现双方的数据、技术、仓储和短链物流等领域的紧密整合，并进行深度合作；2020年12月，用8亿港元认购中国地利5.37%的股份，将中国地利作为农产品流通优质服务商，在国内7个城市拥有10个大型农产品批发市场，与中国地利共同打造生鲜供应链体系，与此同时，地利集团旗下的滴哩集市也归入京东麾下；2021年1月，京东自身的社区团购平台"京喜拼拼"小程序顺利上线，该项目依托京东供应链体系提供次日达服务，目前已经在13个省份或地区运营。

京东在下沉市场拥有京喜App、京喜拼拼（社区团购）、京喜通（B2B平台）和京喜快递等营销模式，且战略投资者热投兴盛，有助于京东完善对下沉市场的战略布局，从而为京东进一步打开零售市场提供了中长期增长空间。

京东主站以"秒杀"方式瞄准下沉市场。京东主站通过社交电商京喜以及京东极速版开拓低线城市市场。京喜于2019年9月上线后，到2020年3月，其日活用户数已经达到41万。Q2京喜新用户环比增速超过100%，而新用户中的70%来自三线及以下城市。

2020年4月，京东进一步推出京东极速版。此外，京东也在实施产业带厂直销优品计划，以下沉市场用户为主要目标用户群，涵盖工厂直供、产地溯源、出口转内销，打造数字化产业带动渠道服务，并提供性价比高的产品。

资料来源：https://baijiahao.baidu.com/s?id=1690372392185943981&wfr=spider&for=pc.

问 题： 1. 京东供应链能力的最核心竞争力是什么？能对品牌资产价值增值产生何种影响？
2. 京东如何在社区团购上进行一系列战略布局？京东与中国地利共同打造的生鲜供应链体系具有的品牌价值是什么？
3. 京东在下沉市场的其他布局是什么？其涵盖的主要目标客户群有哪些？

第 9 章　CHAPTER 9

品牌整合管理

教学目标

品牌资源的最大限度运用体现出企业品牌管理的水平，品牌管理过程中的核心问题就是整合资源，实现品牌最大价值。企业在竞争中应学会运用科学的方法，可以通过互联网对品牌的价值要素有机匹配，以实现其价值提高的目的。通过本章的学习，学生能够掌握品牌整合的基本概念和理论，能够帮助企业进行有效的要素组合。

学习任务

通过本章的学习，学生主要掌握和理解：
1. 品牌整合和品牌整合管理的含义；
2. 品牌整合中的构成因素及特征；
3. 品牌整合管理的目的及意义；
4. 品牌整合的主要要求及内容；
5. 品牌整合的一般过程。

案例导入

爱奇艺整合教育业务，与萌状元成立遍知教育

2021 年 1 月 27 日，爱奇艺将旗下的教育品牌爱奇艺教育频道、爱奇艺知识、电视果与萌状元等，整合为一个独立的在线教育公司，并命名为遍知教育。该教育公司将在爱奇艺之外实施独立运营，爱奇艺将提供流量、技术等资源支持。

这是爱奇艺经过慎重思考的一个战略，也是爱奇艺的重要战略步骤。至 2021 年，爱奇艺市值达到 163 亿美元，此次将教育公司剥离独立，可以视作爱奇艺在教育赛道的进一步加码。

爱奇艺作为一家擅长整合娱乐内容的公司，已在教育赛道尝试了一段时间。2012 年，爱奇艺教育频道开始上线，2018 年爱奇艺知识顺利上线，而电视果则诞生于 2015 年，2018 年爱奇艺知识上线，萌状元诞生。

新成立的遍知教育 CEO 为周柳青，同时也是萌状元的创始人。周柳青此前创业时做过硬件销售和教育服务，将硬件销售给一家上市公司，经过几年的历练后，周柳青沉淀了丰厚的创业型企业家精神。

在线教育是爱奇艺看好的一个赛道，是互联网给未来十年、二十年留的大型市场空间的支点，线上教育则是一个巨大的发展空间。2020年因为疫情，在线教育成为全世界范围内的巨大风口，这个风口不是简单宣传而已，而是各种数字相机增长、未来理性的财务模型以至于商业模型构建都很巨大的市场空间。

在教育公司成立之前，爱奇艺旗下的教育品牌有超过5万门课，2 000多家机构和老师，但对比蓬勃发展的在线教育，其发展速度仍然较慢。龚宇因此决定将教育公司剥离并让其独立发展，"与其自己慢慢地做，还不如出去做"。

周柳青提到，在线教育行业目前仍有很多痛点：一是教育机构获客需要花高价钱买流量；二是相比线下教育，在线教育的交易结构复杂，同时带来的体验感大幅降低。据他了解，在线教育的普及率依然很低，K12正价课用户只有5%~10%的渗透率。

新成立的遍知教育公司主要做在线教育内容和分发平台，服务老师和教育MCN机构。目前，爱奇艺有上亿付费会员，可以匹配给老师。周柳青称，通过技术化的手段，让老师直接与学生连接，可以把目前在线教育的渠道成本降低一半。

资料来源：https://baijiahao.baidu.com/s?id=1690044604489235225&wfr=spider&for=pc.

9.1 资源整合概述

9.1.1 资源整合

资源整合是企业进行战略调整的手段，也是企业经营管理的日常工作。整合就是要优化资源配置，就是要有进有退、有取有舍，就是要获得整体的最优。在资源整合规程中，企业可以对不同来源、不同层次、不同结构、不同内容的资源进行识别与选择、汲取与配置、激活和有机融合，使其具有较强的柔性、条理性、系统性和价值性，并创造出新的资源，这本身是一个复杂的动态过程。在实际操作中，企业可以使用资源整合过程模型，对企业资源整合能力进行分析，从而提升资源整合能力，增强企业竞争优势。

1. 资源整合的概念

资源整合的概念可以从两个方面理解，即战略层面和战术层面。

（1）在战略思维的层面上，资源整合是系统论的思维方式，就是要通过组织和协调，把企业内部彼此相关又彼此分离的职能，把企业外部既参与共同的使命又拥有独立经济利益的合作伙伴整合成一个为客户服务的系统，取得"1+1>2"的效果。

（2）在战术选择的层面上，资源整合是优化配置的决策，就是根据企业的发展战略和市场需求对有关的资源进行重新配置，以凸显企业的核心竞争力，并寻求资源配置与客户需求的最佳结合点。其目的是要通过组织制度安排和管理运作协调来增强企业的竞争优势，提高客户服务水平。

2. 资源整合的方法

资源整合的方法包括组织资源整合、能力资源整合、客户资源整合、信息资源整合。

9.1.2 品牌整合

优质品牌是企业的无形资源,在企业资源体系中的地位越来越重要。其整合的思路和方法与一般资源整合相比,既有共性又有其独特之处。

1. 品牌整合概念

美国市场营销协会认为,所谓品牌整合,是指为了维持和提高企业的长期竞争优势,把品牌管理的重点放在建立公司"旗帜品牌"上;明确企业品牌或"旗帜品牌"与其他品牌的关系,使品牌家族成员能够相互支持;充分利用企业现有品牌的价值和影响力进行品牌扩张。营销大师菲利普·科特勒认为:"品牌整合是一种品牌组合运用,其目的是提升核心竞争力。"品牌整合注重企业在视觉、情感、理念和文化等方面的综合形象的提升,主要是通过品牌实力的积累,塑造良好的品牌形象,通过对市场资源的合理分配提升品牌对市场的适应能力,从而建立顾客忠诚度,形成品牌优势;再通过品牌优势的维持与强化,最终实现名利双收。

我们认为品牌整合概念应该从广义和狭义两个方面理解,只有这样才能在一定领域内科学、有效地实施品牌整合管理。广义的品牌整合是指企业品牌本身以及围绕品牌的创建、传播、培育、维护、创新等方面所涉及的一切可利用资源,包括品牌本身、企业内部可利用资源和企业外部可利用资源。品牌是目标消费者及公众对于某一特定事物心理的、生理的、综合性的肯定性感受和评价的结晶物。所以,人和风景、艺术家、企业组织、地区、产品、商标甚至某项公益活动等都可以发展成为品牌对应物。我们在市场营销中说的品牌,指的是狭义的商业性品牌,即公众对于某一特定商业对应物,包括产品、商标、文化、组织四大类型品牌要素的综合感受和评价结晶物。我们从品牌资源的角度理解,是希望能够为企业竞争提供一种新的观察视角。所以,狭义的品牌整合主要包括三层含义:第一,企业要从培育核心竞争力的高度对全部品牌产品进行战略定位;第二,根据企业内外部环境的变化,适度压缩品牌数量,优先建设旗帜品牌;第三,明确旗帜品牌与其他品牌、品牌与品牌之间的内在关系,使它们能够相互配合和支持,形成一个有机的品牌体系。我们对品牌整合进行研究时,既以狭义的品牌整合概念为基础,又注重广义品牌的拓展性,适当延伸品牌整合的资源范围。

2. 品牌资源的整合要求

品牌资源的整合就是对品牌整合过程中的有形和无形的要素进行优化配置,以实现整合后的最大效益。品牌资源整合所面临的一个首要问题便是企业竞争中的先期选择,即要不要实施品牌化运作,这些都必须根据企业和市场现实做出判断,而做出选择的依据就是看品牌是否具有资源优势。如果相对于整个价值链中的其他价值要素,采用品牌资源更加具有竞争优势,同时品牌本身也具有相应的统合能力,通过挖掘品牌资源能够给企业及其产品带来更多的利益,那么就适合进行品牌化经营,可以考虑实施有效的品牌资源整合。

3. 品牌整合的基本思想

品牌整合在决定实施品牌化经营之后展开,就必须明确品牌与不同价值要素之间的各种关联,以及与品牌效应提高相关的各类要素的价值定位,在此基础上确定品牌的基本价值系统。品牌整合包括两个方向：从不同层面明确品牌的基本精神和意义所在，建立品牌基本内涵并据此形成初步的品牌认同；根据品牌内在要求，寻求品牌的感觉外化形式，即设计相应的品牌符号体系。应该说品牌传播从这一刻起就已经开始了，在这个过程中已经明晰了品牌形象、确定了品牌定位，并且选择了品牌化的发展方向。其中最重要的一点就是，通过品牌找到了与各种价值关系之间的具体连接点，所以进一步的策略发展就集中在两个方面：积极传播和协同管理。

品牌整合管理的角度已经超越了单纯营销传播的范畴，而品牌不仅涉及传播和沟通，还涉及整个企业的管理和运营。因此，品牌经营也就不是一般意义上的营销传播所能够完成的任务了，它还涉及整个企业管理体制的适应与变革。事实上，品牌概念由于内涵丰富的包容性，以及几乎可以无限伸展的外延性，使不同专家对它的理解并不完全一致。比如，戴维·阿克所理解的品牌就是基于品牌认同所建立的品牌框架，而在汤姆·邓肯的理念中的品牌则代表了企业一切价值追求的总和。邓肯的整合营销传播宏观构架就是建立在这个认识之上的。当品牌经营超越了一般营销传播意义，而上升为一种企业的竞争优势战略之时，也许不同企业都具有自己多样化的竞争选择，正是从这个意义上，我们说进行品牌经营并不是每个企业都适合的，也许对于很多企业而言，这个选择所要付出的成本更大。因此，与其说品牌是一种刻意的追求，不如说它是企业在完成竞争优势创造过程中所自然衍生的一种现象。

9.2 品牌整合策略

品牌整合是进入20世纪以来出现的一种新的品牌管理方法，是指为了维持和提高企业的长期竞争优势而开展以下工作：把品牌管理的重点放在建立企业"旗帜品牌"上；明确企业品牌或"旗帜品牌"与其他品牌的关系，使品牌家族成员能够相互支持；充分利用企业现有品牌的价值和影响力进行品牌扩张。

9.2.1 品牌整合的具体内容

具体来说，品牌整合包括以下四个方面的内容：①企业高层管理者应该从战略高度对品牌进行管理；②应建立企业"旗帜品牌"与"产品品牌"之间的合理关系，并将现有成功品牌扩展到新的产品或新的市场上，力争拓展品牌的作用范围；③将更多的资源投向"旗帜品牌"的建设，同时要保证整个品牌家族有统一的形象；④建立"旗帜品牌"的关键是使企业品牌形象能够代表品牌的实质，并且这种品牌实质能够在产品品牌中得到体现并传达给企业的利益相关者。

品牌资源整合示意如图9-1所示。

进入21世纪，为了应对日益加剧的竞争，国际上著名的大公司纷纷采取品牌整合措施。例如，汇源果汁在果汁饮料领域收缩品牌战线，将"汇源"品牌作为旗舰品牌；阿里巴巴公司为了谋求品牌集中所带来的长远发展空间，将腾讯这样的在消费互联网领域中的著名品牌整合到自己的业务中；宝洁公司近年来也开始缩减品牌数量，将资源集中到自己的优势品牌上，以取得更大的发展；吉列无论是在手动、电动还是在传感剃具，甚至在女性刮毛刀方面

都采取了严整的"吉列"品牌。成功的品牌战略使吉列在美国、欧洲和拉美市场分别达到了68%、73%和91%的惊人占有率。⊖

图 9-1　品牌资源整合示意

品牌资源要素整合网络如图 9-2 所示。

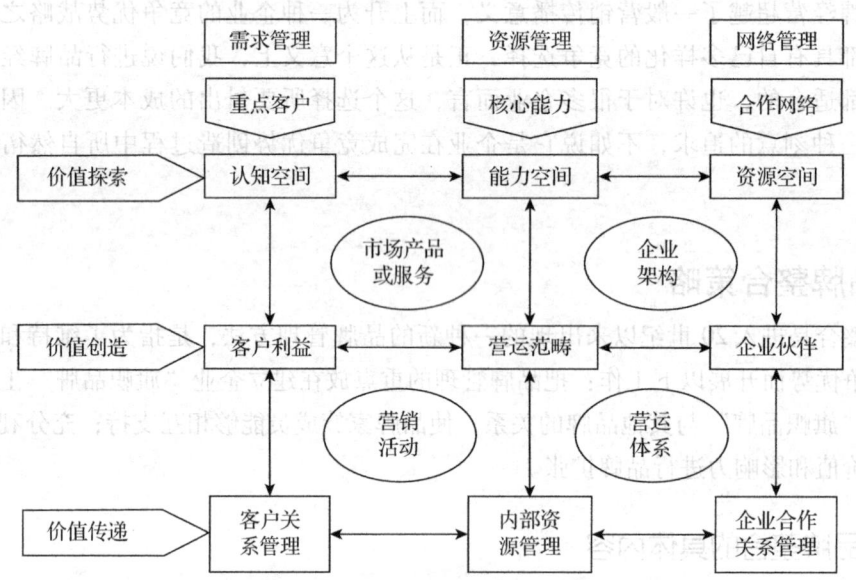

图 9-2　品牌资源要素整合网络

资料来源：有效营销，www.em-cn.com。

9.2.2　品牌整合的原因

品牌整合是世界上很多拥有知名品牌的企业乐于采用的营销策略，和一般企业相比，已经拥有品牌优势的企业选择"品牌整合"策略的成效尤为显著。世界著名的咨询公司麦肯锡曾以 130 家公司为样本、股东总报酬率为衡量指标研究品牌力量与公司整体业绩的关系。研究发现，拥有强势品牌的公司的股东总报酬率比社会平均值高 1.9%。进一步研究发现，在单一产品市场上运用单一品牌策略或虽采用多品牌策略，但企业旗帜品牌不具有涵盖性的公

⊖ 选自博锐邓正红专栏。

司的股东总报酬率仅比平均值高 0.9%，而采用多品牌策略并且企业旗帜品牌具有一定涵盖性的公司的股东总报酬率比平均值高 5%。

成功的品牌整合能够提升品牌的知名度和美誉度，保持顾客忠诚度，扩大市场份额；反之，则不仅会造成顾客流失，还会损害原有品牌的影响力。

所以，品牌整合对企业来说是十分必要的。品牌整合的出现有其必然性，原因如下。

第一，市场竞争的压力加大。随着技术尤其是信息技术的发展，企业所面临的外部环境发生了重大的变化。一方面，市场上竞争品牌的数量急剧增多；另一方面，渠道顾客通常只选择那些强势品牌的产品。因此，建立一个强有力的品牌体系变得刻不容缓。

第二，创建和维持品牌的费用昂贵。创建和维持品牌的费用越来越高，迫使企业集中于企业的"旗帜品牌"，重点培育少数品牌。培育企业的"旗帜品牌"是企业在现代市场经济条件下取得竞争优势的有力手段。

第三，顾客不仅关注产品本身，而且关心提供产品的企业。从顾客角度看，"旗帜品牌"是顾客购买信心的重要来源；从企业角度看，"旗帜品牌"最能体现企业文化的精髓，是企业培养忠诚顾客、与顾客建立长期关系的纽带。

第四，品牌家族需要协同作战与有序发展。品牌是使整个营销传播过程联系在一起的黏合剂，只有创建企业的"旗帜品牌"，并适当建立起"旗帜品牌"与产品品牌之间的联系，才有利于企业品牌家族形成共同的目标和战略。

9.2.3 品牌整合的思路

品牌整合是一种品牌资源的组合运用，其目的是提升核心竞争力。品牌整合是一种新的品牌管理方法，目前尚未形成成熟的理论体系。但总结现有的各种成功和失败的案例，可以把握品牌整合成功的关键要素，发现一些基本规律。

1. 抓住关键

（1）确定品牌目标。企业品牌通常有主品牌和分类品牌，由此可形成品牌系统，这就需要对品牌系统中的品牌进行有效管理，明确每个品牌的角色，形成品牌合力。

（2）创建企业主品牌。企业主品牌是品牌系统的核心，是企业价值观的体现，因此主品牌应由企业最高决策层从全局和战略的高度进行管理，并投入企业的大部分资源加以培育。企业主品牌的确立应根据品牌的市场前景和消费者认知度以及品牌的涵盖性对所有品牌进行科学评价后确定。

（3）建立主品牌与子品牌之间的关联。主品牌和子品牌保持密切的关联有助于发挥品牌的协同效应，降低企业的推广费用，并提高推广的成功率。主品牌与子品牌共享的识别要素包括价值观、文化、创新能力、资金与技术、成功和社会责任、对顾客的关注等。

2. 走出误区

品牌整合要避免以下三个误区。

（1）只注重传播手段，忽视整体策略。品牌整合是企业资源的重新配置和优化，加大对主品牌的宣传力度是十分必要的，也是非常有效的。但应该注意的是，除了广告等传播手段以外，还应选择正确的品牌建设策略。

（2）只注重外部宣传，忽视内部培育。品牌建设是每个员工都应该关心的大事。企业内部缺乏品牌意识，就很难有优质完美的产品，更不会有好的口碑。

（3）品牌管理形式化。很多企业虽然在形式上建立了品牌管理，但了解品牌的状况仅局限于具体负责的几个人。事实上，品牌应得到营销过程的每个环节的重视，这才是企业品牌建设的根本。

3. 品牌整合的长期策略

品牌管理是企业管理的最新形式，是企业管理水平的提升，是一项复杂的系统工程，需要企业制定长期的品牌战略。企业应树立全员品牌意识。品牌建设是企业管理的大事，体现在企业营销的各个环节，不仅仅是品牌管理部门或几个管理人员的任务。因此，企业从上到下应高度重视、反复动员、统一思想，务必使每个员工都树立正确的品牌意识。传统的企业组织结构往往不适应品牌战略管理的需要，因此企业在内部建立强有力的品牌管理部门就是十分必要的。

（1）建立品牌管理的业绩考核机制。企业应建立品牌业绩管理体系，将公司总体的、长远的目标与战略层层分解、落实到人，将各部门和个人利益与公司的品牌建设目标结合起来，以形成强大的品牌战略执行力。

（2）建立专业的品牌管理队伍。品牌管理是一项比较复杂、专业性较强的工作，对管理队伍是一个新的挑战，因此，加强队伍建设是推进品牌整合的重要环节。

4. 品牌的未来在于品牌的国际化

凡是品牌强势企业无一例外地都拥有知名的国际化品牌。品牌的国际化是其品牌增值的重要原因。因此，已进行品牌整合的大型企业在进入国际市场时，应适时采取品牌国际化战略。品牌国际化战略的关键环节包括品牌核心价值的打造和传递。品牌核心价值的形成，是企业通过长期的品牌建设不断积累取得的，并得到消费者的广泛认可。企业在进行跨国经营时，有三种可能的品牌战略：

（1）针对每一市场建立不同的品牌，品牌具有浓郁的地方特色；

（2）在不同的市场使用相同的品牌名称，但包装、销售渠道、品牌策略等完全不同；

（3）全球使用统一的品牌形象。

企业要注重品牌的差异化。品牌核心价值的重要内容就是向消费者提供差异化的产品和服务，国际化品牌更应如此。企业还要解决"国家品牌问题"。"国家品牌问题"是指在市场中，国家品牌的价值远远高于企业品牌的价值，而在国际市场中，虽然我国的出口规模已跃居世界前列，但国家品牌却依然默默无闻。目前全世界有90%以上的发明专利和世界著名品牌都掌握在发达国家手中。我国企业在世界知名品牌企业中所占的比例虽不高，但其市场出口份额却高达40%。面对这一客观现实，我们唯有一步步地突破他们在品牌与技术上的壁垒，通过不断在产品技术、品牌经营与管理上创新，才能打造中国企业在国际市场上的品牌形象。

5. 品牌整合的意义

目前很多企业存在着品牌形象混乱或者不佳的现象，比如，企业标志不能代表企业真实面貌；与竞争者相比，自己的视觉形象处于下风；小到一张名片，大到大型广告，各有五花八门的表现，难以让人看出它们出自一家。以上这些问题，需要通过专业的品牌形象梳理及执行才能得以解决。

当产品发展到一定阶段后，为迎合市场、提升竞争力，企业决策层应下决心对现有品牌形象进行重新规划、整合优化，使品牌形象得以提升及实现视觉统一化。所以，对产品进行科学系统的视觉诊断、分析、评估、整合优化，建立起一套完整的形象系统，是一个必然的发展趋势。

整合后的品牌是企业人格的象征和企业生存的符号，企业未来的生存依赖品牌，而品牌的生命力在于品牌价值和品牌形象的持续提升；企业未来的竞争性是由资源和文化决定的，品牌是市场资源和企业文化的结合体，整合品牌就是为了企业未来的生存与发展，使企业在未来的竞争中处于不败之地。

9.2.4 品牌整合与品牌国际化的关系

品牌整合和品牌国际化不是孤立的两个概念，而是可以相互影响、彼此推动的。两者的密切联系体现在以下几个方面。

一方面，品牌整合是品牌国际化的基础与必经途径。品牌整合的目的是建立统一的品牌形象以做大做强品牌，没有合理的品牌整合途径，企业是不可能有效实施品牌国际化战略的。因为国际品牌要适应全球顾客需求日益趋同的要求，为了能够尽快占领全球市场，企业首先要在全球建立一种统一的品牌形象。品牌整合管理最重要的是打造本企业的旗舰品牌，这是建立统一的品牌形象的必经途径。只有打造了本企业的旗舰品牌，同时做大了自己的品牌，企业才具备与国际品牌进行竞争的实力。

另一方面，品牌国际化反过来又会促进品牌整合的有效实施。因为品牌国际化要求各品牌具有同样的、鲜明的品牌特征和价值观，使用同样的战略原则和市场定位，提供的产品或服务基本上相同，并尽可能使用相似的营销组合。这就要求品牌经营者在国际化过程中具有整合的思想，为自己的产品建立统一的品牌形象。因此，在国际化进程中，拥有品牌的企业会逐步发现自身品牌的缺陷，从而不断完善和清晰品牌层次，特别是强化企业的旗舰品牌，打造统一的品牌形象，以扩大在全球市场的影响范围，使本品牌在国际传播中更加容易和迅速。

9.3 品牌整合形式

品牌整合作为品牌战略管理的方法，必须通过特定的科学方式具体实施。这些方式往往都是企业通过自身品牌管理的实际经验总结并加以系统化的结果。

9.3.1 组织资源整合

1. 品牌管理的组织形式

（1）职能性组织形式。这是一种适合单一品牌的组织形式。其核心是将同一个品牌扩展到不同的市场，着眼点在于发挥各种营销职能的专业优势。这种形式很普遍，通常包括市场部和销售部两种职能，分别承担起对品牌的推广、传播以及维护工作。其优点在于专业化，但是对市场的适应性不够。

（2）以市场为标准的组织形式。这是一种多品牌的组织形式，其重点在于为不同的市场提供相应的产品和品牌，使品牌能充分满足不同市场的需求。这种组织形式是一种矩阵式的结构，品牌管理和市场管理相互交叉且比较复杂。其优点在于能够兼顾产品和市场，但是组织的效率不高，需要进行充分的沟通。

（3）以产品为标准的组织形式。通常表现为营销部门下的品牌经理管理体制，是由世界著名的消费品企业宝洁公司创立的。其侧重点在于有效利用企业资源为特定的产品或品牌服务，保证多种品牌都能得到足够的重视；同时又能充分引发各品牌之间的内部竞争，以促进品牌的整体发展。此种形式的优点在于充分考虑了产品或品牌的需要，而缺点在于需要与企业各部门进行太多的沟通和协调，效率较低，而且容易发生各个品牌为抢夺资源而产生矛盾的现象。采取这种组织形式的国内企业有上海家化集团，包括美加净、六神等品牌。

（4）以类别为标准的组织形式。这是品牌经营管理形式的变形，通常被称为品类管理。其特点为依据不同类别或性质的产品分别设置管理部门，目的在于减轻由于品牌过多而产生的内部矛盾，提高资源的有效利用及管理的效率，同时也能适应经销渠道及零售渠道对同类别产品采购的要求。采取该形式的国内企业曾有广东乐百氏集团，其对下属乳酸奶、纯净水、牛奶、果冻、茶五大类产品都分别设置了品类管理部门。

（5）品牌管理组织形式的发展。随着市场的不断发展，品牌管理的组织形式将在以上几种形式的基础上逐渐相互融合，走上一条综合发展的道路。有不少公司已经在品牌管理的基础上设置渠道管理部门，对不同的渠道进行专业管理；另外还设置了顾客管理部门，为不同的顾客提供产品和专业的服务，以表达对以顾客为中心理念的重视。但不论采取何种形式，原则都是对品牌进行良好的管理，要以此对各种组合形式进行有效的整合。

2. 组织职能资源整合作用

（1）品牌打造职能：布局高端，谋定深远，既具战略高度又具市场深度，既做品牌又做销量，为企业打造 CBS 品牌系统，全面提升品牌的销售力、形象力和竞争力，打造持久品牌。例如，国药集团作为以生命健康产业为主业的中央企业，在疫情之下首担其责，坚决贯彻党中央、国务院疫情防控的决策部署，在国务院国资委直接领导下，急国家之所急，急人民之所盼，在疫情防控的人民战争总体战、阻击战中，打了一系列大仗、硬仗、漂亮仗，出色完成了党和国家赋予的各项任务，夺取了疫情防控和经营发展的"双胜利"。

（2）营销外包职能：以战略的高度规划全局，以终端的提升决战市场，以全面的管理保驾护航，为企业强势打造样板市场，通过实战性的操作经验、爆炸式的突破技巧，实现销售突破。例如，国药集团成功控股上市公司太极集团，实现强强联合，为进一步做强中成药板块打下了基础；完成对辽宁成大方圆零售连锁药房的并购，增加零售门店 1 000 多家，强化了零售板块在东北地区的战略地位；成功入股上市公司九强生物并成为第一大股东，在体外诊断试剂领域中占据着重要一席。

（3）专业制作代理：企业可以围绕品牌系统的设计、制作、发布与传播，网罗全国设计精英、专业的制作团队，拒绝平庸的设计理念，使才华横溢的创意迸发，让企业与品牌形象异彩绽放。例如，国药集团与通用电气（GE）公司达成合作意向，围绕着医药器械品牌系统的设计、制作、发布与传播，建立了医疗影像设备零部件生产基地，实现了进军中高端医疗器械制造领域的重大突破。此外，国药集团成功中标三亚离岛免税店项目，使免税经营业务迎来大发展的机遇，并实现了跨业跨界的品牌系统资源整合。

（4）咨询培训职能：目前，国内外知名企业都注重对实战操盘，通过数十年一线市场历练，本地市场多年研究掌控，大量成功项目经验，针对企业实际，打造具有针对性的实效咨询顾问与企业培训服务。

例如，国药集团全系统的1 500余家企业相互协同、各展所长，在物资供应、药品研发、应急生产、医疗救治、综合保障等方面全线发力，形成了集团一盘棋、同心抗疫情的强大合力。其中，物资供应板块率先出色地完成了中央医药储备调拨任务。药品研发板块敢为人先，取得了一个又一个重大突破。应急生产板块克服了物流运输不畅、生产线人员不足、上游产品供应不足等困难，加班加点地生产抗疫急需药品。国家卫健委前七版《诊疗方案》共推荐使用药物105个品种，国药集团全部能够保障供应，其中91个品种能自主研发生产，并提供专业化的临床咨询服务。其产品覆盖全国129家医疗机构，经过短期培训的2万多名医护人员也全部进入应急状态。

9.3.2 服务能力资源整合

对服务能力资源的整合是我们最熟悉的，但也可能是我们最容易出现失误的地方。所谓服务能力资源，既包括服务所需的有形的实体资源，如必要的服务设施和服务设备等，又包括服务所需的无形的技能资源，如商品组织方式和供应控制能力等，还包括服务所需的知识资源，如拥有丰富的品牌管理知识和对具体产品的运作有透彻的了解等，更包括一个有效的品牌管理团队等。

目前企业品牌能力资源整合方面所出现的偏差主要有以下几点。

（1）过于看重有形的实体能力资源的建设（不是重新配置），却忽视了无形的组织管理能力资源的整合。我们的企业必须在品牌服务理念、客户需求分析、组织管理模式、横向协作联盟等方面下功夫。

（2）服务创新是能力资源整合的有效方式。

1）品牌打造：如CBS品牌系统、品牌诊断与研究、品牌战略规划、年度品牌整合传播、品牌形象设计系统、品牌推广策划。

2）营销策划：如市场调查与研究、新产品上市策划、老产品市场挖掘、促销与推广活动策划、招商规划、渠道建设、区域营销辅导、样板市场打造。

3）制作代理：如平面设计、影视制作、品牌视觉识别、产品包装设计、三维动画设计、各类广告代理发布。

4）咨询培训：如品牌咨询、营销咨询、企业文化或人力资源咨询、企业内训、拓展训练营和大型公开课。

9.3.3 客户资源整合

企业品牌最后的评判者是客户，客户对品牌最具有发言权，所以在品牌整合中必须考虑到客户的诉求和利益。

1. 服务是企业的产品

毫无疑问，商业企业的产品就是服务。确切地说，是管理服务。众所周知，服务产品的生产和消费是在供需双方的互动过程中完成的。所以，企业的资源整合不能没有客户的直接参与。

2. 客户是企业的重要资产

一般认为，客户资源整合主要是指根据客户价值为其提供差别化的产品和服务，并努力与客户建立长期合作的战略伙伴关系。因此，首先是客户价值的识别和判断。

其次是客户价值评价标准的问题。如果把客户价值的评价标准定位在能够为企业带来利润的多少，进而把客户分成所谓的"高端客户"和"低端客户"，这样的理念未免过于"功利主义"了。这与客户关系管理——谋求跟客户建立长期合作的战略联盟关系、培养客户的忠诚度、合作共赢（win-win cooperation）的理念也是不相符的。

品牌营销资源要素整合网络如图9-3所示。

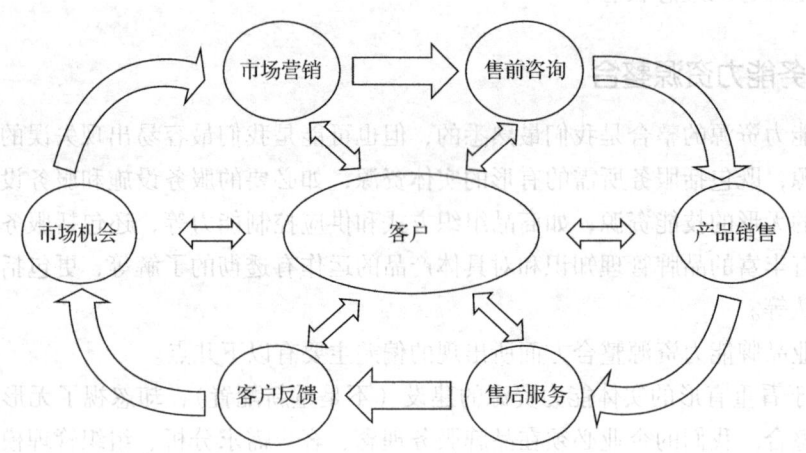

图9-3　品牌营销资源要素整合网络

实际上，企业以什么样的标准来评价客户价值，取决于它对客户的基本看法。一般来说，企业对于客户的基本看法有：一是看作企业的竞争对手；二是看作企业的重要资产；三是重点关注老客户；四是为客户提供全方位服务。

（1）看作企业的竞争对手。

在传统意义上，同行业企业之间互为竞争对手，就是认为企业与其客户之间是纯粹的"一单一结"和"价格博弈"关系。

但是，纵观当下快消品零售行业的发展可知，在不断变化的零售环境下，零售业转型、升级成为主导，传统零售模式的重塑以及电商模式突飞猛进的发展，都为消费者带来了全新的零售体验。这些变化向我们证明，一个注重消费者体验和服务升级的时代正以势不可挡的姿态走来，全渠道零售时代已悄然而至。

（2）看作企业的重要资产，企业必须善待客户，必须创建并维护良好的客户关系，延长客户的"使用寿命"，必须通过自己所提供的服务增强客户的市场竞争力，提高客户的经营绩效。所以，企业的客户价值是指客户所要求的服务对它自身的价值。这种价值往往可以用服务对客户市场竞争战略的重要度来衡量。

随着零供之间关系的变化，我们在对2014年至2018年中国商业合作关系的研究中发现，2018年至2019年零供双方对彼此的满意度评价互为一致，并逐年上升，但在2019年至2020年发生了反转，供应商对零售商的满意度仍继续上升，但零售商对供应商的满意度却连续两年下降，出现了不对称博弈。其原因主要有两方面：一方面，随着电商的发展，更多的供应商将资源转入线上，减少了消费者营销以及线下渠道的投入；另一方面，由于渠道增多，零售商与供应商合作时的话语权减弱。因此，零售商需要不断加强与供应商的战略协同以及提高人员服务水平。

从长远的观点来看，企业的使命就是不仅要使客户的当前价值最大化，而且要使客户的生命周期价值最大化。所以，企业实施客户关系管理，培养客户忠诚度是一个长期的投资行为，必须要有企业长期发展战略来指导。

当然，投资是要有回报的。但这种回报是建立在双方对长期合作绩效预期基础之上的。正如企业是在帮助客户降低物流总成本的过程中获得自己的那份收益一样，企业也是在使客户价值最大化的过程中实现自身的价值和收取回报的。所以，就发达国家服务合同期来看，一般都在5~7年。战略联盟关系在本质上就是长期合作关系，企业对客户关系的基本定位将决定其客户资源整合的基本思路和途径。

3. 老客户是企业客户资源整合的重点

客户资源整合的终极目标是争取客户，扩大市场份额。但是，企业的"客户投资"与我们通常所了解的固定资产投资和研发投资不同。"客户投资"具有不可积累性，或者说具有不可储存性。一旦企业的服务不再满足客户的需求，客户就会"用脚投票"，以往的"客户投资"也就很可能荡然无存了。要把流失的客户再找回来，"投资"又必须重新开始。

因此，企业的客户资源整合在操作层面上就是两件事：一是留住老客户；二是发展新客户。由于开发新客户的成本常常是留住老客户的5倍，所以客户资源整合的重点应放在老客户方面，而且老客户的示范效应对新客户的开发具有促进作用。有专家认为：如果企业的年客户流失率达到20%，就要好好找一找自身的原因了。

必须指出，虽然帕累托的20/80法则同样适用于一般企业，但并不是说重点关注高价值客户就要把优势资源全部集中用于那些能够产生企业80%利润的20%客户身上，或者说只为那20%的客户服务。事实上，不管是"高端客户"还是"低端客户"，在市场细分的情况下，企业仍将面对其客户结构的帕累托法则。因为20/80法则是企业经营的结果，是"有趣的现象"，而不是经营的准则和市场定位的依据，由于目前行业的长尾效应十分明显，如果不懂得这一点，就本末倒置了。

所以，正确的做法应当是根据管理运作自身的技术经济特点，结合企业的服务能力，对服务市场进行细分，然后在特定的服务领域中将市场再细分为高价值产品和低价值产品物流，或确定普通服务和特殊服务的分类。应当根据客户需求，在统一配置资源的基础上，为不同的客户提供不同的服务解决方案。当然，企业的专业化经营是不言而喻的。

4. 全方位的服务是客户资源整合的最佳途径

虽然建立客户资料、分析客户的购买行为、经常走访客户、对客户实施分类管理、实施专家营销、帮助客户重整业务流程等都是整合客户资源的有效方法，但全方位的服务将是留住老客户和发展新客户的最佳途径，也是一个拓展空间的服务创新理念。

例如，中国邮政通过与华为实现资源整合，既实现了为客户的全方位服务，又保证了最大限度地实现社会资源的合理利用。华为 IPCC 解决方案具有完善的系统安全策略及良好的兼容性、高可靠性、可扩展性、组网灵活等特点，满足了中国邮政 11185 系统对安全、稳定、复杂组网等方面的高要求。基于华为 IPCC 解决方案，中国邮政 11185 系统开办的业务种类已逐步向票务、注册、呼出、外包等方向发展，已经从单纯的"服务型"向"服务+经营型"转变。

9.3.4 信息资源整合

信息资源整合对企业资源整合的重要性无论怎样强调也不过分。实际上，IT 系统本身就是整合客户资源和能力资源的有效技术手段。具体来说，信息资源整合包括以下几个主要内容。

1. 建立信息共享机制

众所周知，由信息共享而实现物流服务全过程的可控性，由可控性而实现物流系统的适应性，由适应性而实现物流系统输出的一致性和产品的可得性，以至于使客户满意，这就是信息资源整合的基本逻辑。

可以说，随着 IT 技术的发展及其在服务领域的广泛应用，许多传统物流企业对配置 IT 系统的认识程度是很高的，但往往忽视了信息资源整合的另一个重要内容，即信息共享机制的建立。

如果在企业与客户之间，或供应链成员企业之间不能够建立起相互信任、相互依赖，长期合作和共同发展的战略联盟伙伴关系，则再先进的 IT 系统都不可能保证跨边界管理的无缝性。所以说，信息资源整合的关键就是建立跨企业边界的信息分享机制。说到底，企业的信息资源整合不是一个技术问题，而是一个管理问题。

2. 决策机制的变革

信息共享意味着管理决策权的分散。这与 IT 系统整合管理信息的路径正好相反。从运作的总体来看，物流管理决策必须由参与各方共同来做；从企业和客户的个体来看，管理的决策必须分级授权。这是由客户服务需求的多样化和个性化特点所决定的。因此，以满足客户需求为价值导向的管理就要求决策权限分散和前移，要求企业组织结构的扁平化。实际上，所谓企业组织结构的扁平化并不是简单地取消中间管理层，而是要让企业的决策层更贴近市场、更贴近客户，要让企业在市场一线的营销人员拥有充分的决策授权。

在信息整合的同时要求分散决策权限是有效管理的辩证法使然，IT 系统则为总体的协调提供了技术手段。

3. 做好知识管理

知识就是力量，运作没有相应的管理知识来支持是难以满足客户服务需求的。发达国家的企业主之所以能够将其基本的管理模式在全球复制，就是因为拥有丰富的管理知识。没有知识管理，就不能将企业在服务过程中获得的有价值的信息和经验转化为能够支持企业持久发展的资源。

知识管理在不知不觉中已悄然产生并渐成气候。从调查分析来看，这并不是一个孤立的现象，它与我们的市场形势、相关政策、社会风气等都有千丝万缕的关系。说它是环境逼迫下的无奈选择也好，是企业在停产、裁员等被动应对之外的一种主动出击也好，我们或许无须急于对它给予这样或那样的结论，但应该对它在总体上有一个确切的了解，对其发展走势有稍为正确一点的把握，从而找到适合自己发展的方向。

源于信息集成的信息整合及其重要性已被越来越多的人认识，随着信息技术的不断飞跃以及应用领域的不断拓展，品牌信息整合在应用时其范围、视角、目标、层级以及涉及的要素等方面早已超出信息集成的范畴。品牌信息整合是依据信息化发展趋势，借助先进的互联网技术，在一定组织的领导下，实现对品牌信息资源序列化、共享化，进而实现信息资源配置最优化、拓宽信息资源应用领域和最大化挖掘信息价值的管理过程。从品牌信息系统所涵盖的要素来看，品牌信息整合源于众多原因，可以从不同视角来审视。品牌信息整合的意义如下。

（1）信息整合已经从组织行为上升到国家信息化发展战略。信息渗透被应用到社会的各个层面，信息化水平高低已经成为衡量一个国家现代化水平和综合国力的重要标志。电子政府成为公共管理通往信息社会的标界，品牌信息整合是全面推进各领域信息整合的最佳机遇。英国政府的互操作框架（EIF）中指出：联合的政府需要联合的信息系统，为实现政府部门的互操作，政府的政策和标准涵盖了四个方面：①互联性；②数据集成；③信息访问；④内容管理。此外，英国政府还制定了元数据标准、元数据框架。我国新发布的《区块链政务应用白皮书》指出，2019年10月，党中央和国务院将区块链发展提升为国家战略。我国各级党委和政府对区块链产业发展高度重视，区块链已助力我国数字政务建设从1.0提升到2.0阶段。目前，在上海、浙江、江苏、江西等省份，正在融合应用区块链、人工智能等技术，基本实现了数字政务向智慧化3.0阶段的跨越。各级各地党政机关以示范应用为主，积极探索并构建"区块链+"在政务、出行、医疗、司法、智慧城市等领域的应用，推动了数字政务向智能化、智慧化方向跨越式发展。

（2）通过门户建设进行品牌信息服务平台的整合。门户已经成为互联网中最流行的术语，诸如企业门户（EIP）、城市门户（UIP）、政府门户（GIP）、知识门户（KP），通过集中式门户网站将分散于各组织机构的信息服务的入口整合成一个统一的，为公民、部分机构和政府提供多访问渠道的，直达各政府机构的服务。门户建设已经成为各类组织整合品牌信息和服务信息的重要策略。

（3）元数据技术成为信息整合的重要机制。如果存在对WEB资源的发现解决方案，那么它一定是基于分布式元数据著录模型的。元数据是关于数据的数据，经过几十年的发展，元数据超越了最初对信息对象的描述和抽象，能够支持对数字信息对象的长期保存，借助于元数据技术已经能够实现对信息和资源的评鉴，支持数字权益管理，支持信息使用的政策控制和隐私保护，支持不同系统之间的语义转换，进而实现不同系统之间的互操作等。在异质数据库和信息系统集成或各种数据源的互操作中需要各数据源的结构和含义，元数据提供的语义和属性被用来建立系统之间映射的翻译规则。此外，元数据在整合过程中被用作内容管理工具，构建在信息系统之上的元信息系统所管理的内容是信息系统的元数据及元数据构成的信息模型，主要供系统分析、设计、开发、布置及维护与管理人员使用。加强元信息系统注册管理，可以加速重大或复杂信息整合项目的建设进程。

9.3.5 我国企业品牌资源整合

自改革开放以来，国外跨国公司在中国各地开疆拓土、兴办实业，占据了相当比例的市场份额，迫使我国市场逐步全面实现国际化，外企竞争利器就是名牌。在21世纪，国与国以及企业与企业之间的竞争实质上是名牌之间的竞争。

某节目品牌资源供应链整合网络如图9-4所示。

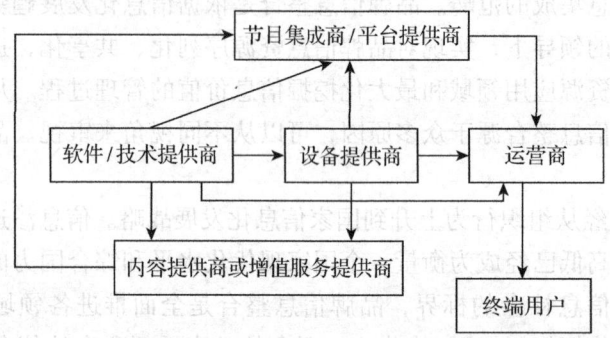

图9-4 某节目品牌资源供应链整合网络

1. 品牌整合的重要性

目前，世界500强已有400多家进入中国市场，许多外国品牌已成为我国家喻户晓的名词。然而，中国众多企业却缺少名牌，尤其是世界名牌，以致在这场全球化市场竞争中处于不利地位。面对这种情况，中国企业有必要参与国际竞争，创建国际品牌。然而，中国许多企业目前还不具备国际化的实力，和外国企业相比较，在规模及影响力方面都很小。即使如此，许多企业内部仍衍生出众多的品牌，将本就不丰裕的资源浪费在相互的竞争和内耗中。只有将更多的资源有效整合，才能有足够强大的力量进行品牌的国际化建设。建立本土优势，是中国品牌国际化的必经之路，而建立本土优势必须实施品牌整合管理。在与拥有技术与品牌优势的国际企业的竞争中，品牌整合是中国品牌与众多外国品牌抗衡的有效武器。

在外国品牌大举进入中国的形势下，把中国本土守住其实就是国际化。对于拥有多个品牌而实力相对较弱的中国企业来说，当务之急是实施品牌整合，在国内把品牌做大做强做优，为创建国际品牌打下坚实的基础。进行品牌的整合与集中，建立一个强而有力的品牌体系，对于一个具有长远抱负的中国本土型企业而言是一项刻不容缓的工程。

2. 品牌整合的可行性

只有集中资源，讲求品牌营销的投资效率，树立统一的品牌形象，才能打造出中国自己优质的旗舰品牌，才能建立起深度的竞争优势。品牌整合是为做大做强品牌打基础的，从这一点上讲，品牌整合对企业打造国际品牌是极为有利的。例如中国石油在品牌整合上提出了"主品牌+商品系列名称"模式，"昆仑"品牌从原众多品牌中脱颖而出，使品牌的国际影响力大大提高，并获得了奔驰、宝马、沃尔沃等世界著名汽车厂家的质量认证。另外，品牌整合能给企业带来节约成本的巨大空间，这就为其实施品牌国际化战略提供了充足的资金保障。

9.4 品牌整合管理实务

9.4.1 品牌的形象整合

由于日益激烈的竞争，消费者已经很难从日趋同质化的产品信息中感受到产品的独特魅力，因此，企业之间的竞争已不再是单一层面上的局部竞争，而是升华到了企业内部与外部的各个层次上——全方位的整体实力竞争，也就是企业形象力的竞争。

1. 品牌形象的梳理与执行

目前很多企业存在着品牌形象混乱、弱势等现象，如：企业标志不能代表企业真实面貌；与竞争者相比，自己的视觉形象处于下风；小到一张名片，大到大型广告，各有不同形式的表现，却难以让人看出它们独特的品牌风格等问题。这些问题通过专业的品牌形象梳理及执行，将得以解决。

当企业或产品发展到一定阶段后，为适应市场、面对竞争等，企业决策层会下决心对现有的品牌形象进行重新规划、整合优化，使品牌形象得以提升及实现视觉统一化。而对于这么重要的事情，如把其项目分拆并交给不同的设计单位去完成，不但没法建立起一套完整统一的强势形象系统，而且将导致无效投入和人力成本的增加。将所有的规划设计都委托给一家值得信赖的品牌设计公司，对企业或产品进行科学系统的视觉诊断、分析、评估、整合优化，建立起一套完整的形象系统，这是一个必然的结果。

品牌形象梳理涉及以下项目：

（1）品牌命名；
（2）品牌理念；
（3）品牌形象VIS建立或改造设计；
（4）品牌画册等物料形象设计；
（5）品牌网络识别；
（6）商品包装系统；
（7）品牌商业空间。

2. 整合服务的两种方式

品牌设计公司具有丰富的项目战略规划、设计及服务的成功经验，能围绕一个战略性整合设计项目，从品牌形象和产品营销等多个角度进行品牌形象塑造、全方位的广告主题策划、创意设计和推广执行，协助品牌在商业战场上取得最大的胜利。整合服务有以下两种方式。

（1）年费项目：签订全年合同、全面品牌广告规划与战略设计服务。此模式适合企业或品牌的全年形象推广计划比较大的客户，能省去双方不断谈合同、费用等琐碎事务，从而节省精力。

（2）全案整合：将所有单个项目整合为一个项目来操作。比如，新产品上市，当企业的品牌标志创作完成后，还需要设计多种包装、画册、展示等项目，这个时候就应该采用整合服务模式，形成一个项目，签署一份合同。此模式适合需要多个项目设计的客户。我们的整合服务模式将为企业带来诸多实质优势：减少因分成多个单独项目操作所浪费的时间，缩短工作周期，提高效率；品牌形象因统一操作而更具识别统一性，品牌完整性；整合操作减少了流通环节的成本，费用更加优惠。

9.4.2 客户资源整合

企业如何留住老客户呢？最根本的是要掌握客户服务理念。通常企业会设定以下问卷。

——客户是否对现有的服务有不满意的地方？
——是否有客户提出的服务要求企业现在做不到的？
——现有服务能力与客户要求的差距在哪里？其原因是什么？
——客户是否已经调整了自己的发展战略？
——客户是否要进行营销渠道的结构调整？
——客户的产品品种是增加了还是减少了？
——客户是不是又开辟了新的市场？
——是否了解客户的生产组织和营销管理方式？
——是否对客户的服务需求有透彻的理解？
——是否对客户产品的市场运作特性有充分的了解？
——是否对客户所属行业的竞争态势有充分的了解？
——是否了解客户的客户和其供应商的供应商？
——是否对服务的法律环境有充分的了解？
——自己与竞争对手的差距在哪里？
——去年的客户今年还有多少仍然在册？
——本企业是否有一个服务创新的计划？
……

这些问卷既要规范化，也要个性化，即随时跟踪主要客户和特定市场的发展。

人们发现，在华为体验店不仅可以获得饮用水提供、WiFi 提供、自助充电等服务，还可以通过支付押金的方式，无偿使用门店提供的雨伞。

华为之所以如此用心做产品、用心做服务，就是秉承了"以消费者为中心"的服务体系建设的指导思想。这样不仅能让顾客的满意度不断提升，增强了品牌忠诚度，而且能使老顾客的重复购买率不断提升，线下门店客流量不断提升，其品牌口碑也得到了广泛传播，并逐步树立起国际品牌新形象。这也是作为市场领导者的华为的成功之道。

本章小结

1. 资源整合是指企业对不同来源、不同层次、不同结构、不同内容的资源进行识别与选择、汲取与配置、激活和有机融合，使其具有较强的柔性、条理性、系统性和价值性，并创造出新的资源的一个复杂的动态过程。在介绍资源整合内涵的基础上，本章提出了企业资源整合过程模型，分析了企业资源整合能力，旨在为企业提供如何提升资源整合能力的策略。
2. 广义的品牌整合是指企业品牌本身以及围绕品牌的创建、传播、培育、维护、创新等方面所涉及的一切可利用资源，包括品牌本身、企业内部可利用资源和企业外部可利用资源。
3. 品牌整合的原因：第一，市场竞争的压力加大；第二，创建和维持品牌的费用昂贵；第三，顾客不仅关注产品本身,而且关心提供产品的企业;第四,品牌家族需要协同作战与有序发展。
4. 品牌整合形式:组织资源整合、服务能力资源整合、客户资源整合、信息资源整合。

自测题

一、单项选择题

1. 在战略思维的层面上,资源整合是(　　)的思维方式。
   A. 信息论　　　　　B. 控制论　　　　　C. 协同论　　　　　D. 系统论
2. 广义的品牌整合是指(　　)以及围绕品牌的创建、传播、培育、维护、创新等方面所涉及的一切可利用资源。
   A. 产品品牌本身　　B. 企业品牌本身　　C. 渠道品牌本身　　D. 网络品牌本身
3. 品牌资源的整合就是对品牌整合过程中的有形和无形的要素进行优化配置,以实现整合后的(　　)。
   A. 最小成本　　　　B. 最大流量　　　　C. 最大效益　　　　D. 最小费用
4. 整合后的品牌是企业人格的象征和企业生存的符号,企业未来的生存依赖品牌,而品牌的生命力在于品牌价值和(　　)的持续提升。
   A. 品牌形象　　　　B. 品牌名望　　　　C. 品牌价格　　　　D. 品牌文化
5. (　　)组织形式是一种适合单一品牌的组织形式。其核心是将同一个品牌扩展到不同的市场,着眼点在于发挥各种营销职能的专业优势。
   A. 职能性　　　　　B. 直线式　　　　　C. 项目式　　　　　D. 区域式
6. (　　)组织形式是品牌经营管理形式的变形,通常被称为品类管理。
   A. 归属性　　　　　B. 类别性　　　　　C. 差别性　　　　　D. 差异性
7. 服务能力资源既包括服务所需的有形的实体资源,又包括服务所需的无形的(　　)。
   A. 工艺资源　　　　B. 物流资源　　　　C. 技能资源　　　　D. 原料资源
8. 客户资源整合说到底是为了争取客户,扩大(　　)。
   A. 市场容量　　　　B. 市场占比　　　　C. 市场利基　　　　D. 市场份额
9. 在品牌信息整合中,以满足客户需求为价值导向的管理就要求决策权限分散和前移,要求企业组织结构的(　　)。
   A. 扁平化　　　　　B. 高耸化　　　　　C. 集中化　　　　　D. 集聚化
10. 企业之间的竞争已不再是单一层面上的局部竞争,而是升华到了企业内部与外部的各个层次上——全方位的整体实力竞争。这说明企业(　　)的竞争更加重要。
    A. 局部形象　　　　B. 整体形象　　　　C. 社会形象　　　　D. 国际形象

二、多项选择题

1. 资源整合的方法包括(　　)。
   A. 组织资源整合　　B. 能力资源整合　　C. 客户资源整合
   D. 信息资源整合　　E. 平台信息资源整合
2. 狭义的品牌整合主要包括三层含义(　　)。
   A. 对全部品牌产品进行战略定位　　　　B. 优先建设旗帜品牌
   C. 形成一个有机的品牌体系　　　　　　D. 构建全球化资源网络

E. 打造跨业态的品牌系统
3. 品牌整合对企业来说是十分必要的。品牌整合的出现有其必然性，这是因为（　　）。
　　A. 市场竞争的压力加大　　　　　　B. 创建和维持品牌的费用昂贵
　　C. 顾客关心提供产品的企业　　　　D. 品牌家族需要协同作战与有序发展
　　E. 品牌价值不断增加
4. 品牌整合的基本思路包括（　　）。
　　A. 抓住关键　　　B. 走出误区　　　C. 品牌整合的长期策略
　　D. 品牌的国际化　E. 品牌的网络化
5. 品牌管理包括（　　）的组织形式。
　　A. 职能性　　　　B. 以市场为标准　C. 以产品为标准
　　D. 以类别为标准　E. 以用户为标准
6. 组织职能资源整合作用包括（　　）。
　　A. 品牌打造职能　B. 营销外包职能　C. 专业制作代理
　　D. 咨询培训职能　E. 教育激励智能
7. 客户资源整合的基本思想是（　　）。
　　A. 服务是企业的产品　　　　　　　B. 客户是企业的重要资产
　　C. 老客户是整合的重点　　　　　　D. 全方位的服务是整合的最佳途径
　　E. 市场是整合的依托
8. 信息资源整合包括以下（　　）主要内容。
　　A. 建立信息共享机制　　　　　　　B. 决策机制的变革
　　C. 做好知识管理　　　　　　　　　D. 政府品牌信息平台的建设
　　E. 国际品牌信息网络的建立
9. 品牌形象梳理涉及的项目有（　　）。
　　A. 品牌命名　　　B. 品牌理念　　　C. 品牌形象VIS建立
　　D. 品牌形象改造设计　E. 品牌画册
10. 资源整合是指企业对（　　）的资源进行识别与选择、汲取与配置、激活和有机融合。
　　A. 不同来源　　　B. 不同层次　　　C. 不同结构
　　D. 不同内容　　　E. 不同方向

三、简答题

1. 资源整合的含义是什么？它包括哪些最基本的特征？
2. 什么是品牌整合？它具有哪些形式？
3. 品牌整合的原因是什么？如何有效地实施品牌整合？
4. 客户关系整合的具体内容是什么？
5. 资源整合与品牌整合的关系是什么？列举出品牌整合所需要的主要资源。

案例分析

国资强势入场，白酒行业大整合提速

　　我国国企在经过混改之后，地方政府对于企业陆续降低了控股比例。白酒行业也是如此。但

随着地方经济需求和白酒企业自身发展需求的产生，白酒行业中业务的深度融合，逐渐形成了一个新现象，即国资对于白酒企业的捆绑更牢，尤其是随着行业的不断分化，区域白酒企业更期望通过国有资本将"护城河"开掘得更深、更宽。

不仅如此，自2019年以来，包括贵州茅台、五粮液、泸州老窖、古井贡酒、老白干等在内的白酒上市企业，不断通过无偿划转国有股权输血地方财政。所以，白酒行业专家肖竹青表示，"国资企业收购酒厂的动力在于：培养税源，拉动上下游产业链联动。"

品牌大整合难题

日前，舍得股份对原控股股东天洋集团持有的70%股权进行公开拍卖，最后被复星系旗下的豫园股份以45.3亿元收入囊中。业内人士注意到，在股权争夺战中，也有川酒集团的身影。

据川酒集团介绍，目前该集团已整合了四川省内外260多家中小酒企，不仅并购了川酒"六朵银花"中的叙府、二峨，还使得集团旗下品牌古川、三溪、玉蝉、叙府、仙潭均入选"十朵小金花"，形成了16个品牌的矩阵。此外，该集团还布局酒仓旗舰店40个，代理和销售国内外各种白酒、红酒、洋酒产品达10 000余个，并成为茅台、五粮液等知名酒企的经销商。"未来力争达到400家，探索出酒类企业抱团发展的'川酒模式'。"该集团负责人曾对外如此表示。

"四川的白酒曾呈现出百花齐放的局面，但是随着竞争的加剧，有些中小品牌已经开始没落。如何提升它们的核心竞争力？如何提升小酒企的抗风险能力？"朱丹蓬表示，由国家来牵头整合资源，这一模式非常匹配行业的良性发展，匹配国资自身的需求，也匹配小酒企的生存以及发展模式。

目前，白酒全国化的红利已经消失，现在地方酒企更多的是要保利基市场，因此国资的进入对于中小型区域品牌而言能起到屏障作用，同时依托政策红利可以把它们的"护城河"挖得更深、挖得更宽。国资的整合应以本地区中小酒企为主，跨地区整合目前来说并不适合。如果有龙头名酒企业来牵头做整合，地方政府做背书，也是一个很好的改革思路。

有业内人士注意到，由四川发展（控股）有限责任公司与泸州老窖集团共同出资组建的川发展酒业，其侧重于投资和收购白酒产业链上各类优势企业的股权和酒类优质资产。目前，川发展酒业持有重庆诗仙太白泸渝酒类销售有限公司75%的股权。显然，这种跨区域的收购仍面临诸多整合方面的难题。

除了国资企业，其他资本在近些年也纷纷进入白酒行业，但是娃哈哈、联想集团、维维股份等都在白酒行业的整合中铩羽而归。此外，环球佳酿集团目前有川酒、国粹、1915、衡昌烧坊、稽山鉴水、卡沙沙等多个白酒、黄酒、红酒品牌，计划投资超过70亿元。即使如此，目前环球佳酿也只孵化出了衡昌烧坊。这是年销售额超过5亿元的品牌。

资料来源：//www.cb.com.cn/index/show/bzyc/cv/cv13493901640。

问题： 1. 白酒行业品牌整合的切入点在哪里？国企实施品牌大整合的难点在哪里？
2. 白酒行业的跨区域品牌整合为什么不适合？根据自己理解说出理由。
3. 酒业之外的国有资本进入，对现有白酒品牌资源整合而言有何优缺点？环球佳酿的成功是否说明跨业整合就一定有优势？

品牌将完成整合，满记甜品发力多场景和全时段

无论市场对2021年如何评判，2021年都以最强音如约而至。在餐饮行业，具有25年历史的品牌不多，满记甜品是其中的佼佼者。满记甜品见证了25年市场浮躁，见过消费者的非理性疯狂，但是，在行业的野蛮生长中，满记甜品始终保持初心，专注于甜品品牌打造，最终发展成甜品品类的头部品牌，全国直营门店达400多家。

在疫情下，餐饮行业停摆，逼迫所有餐饮人停下来思考。满记甜品却没有暂停，2021年满记甜品将完成华南和华东地区品牌的整合，以更加年轻化的形象积极拥抱新时代的消费者。

(1) 回顾2020年整个餐饮行业，变化最大的是什么？

2020年新冠肺炎疫情发生之后，除了造成负面影响之外，还带来了一个正面的、积极的因素，就是所有的餐饮人都会适当地放慢脚步，市场少了很多焦躁。过去的行业增长是单一的，是简单重复性的。很多人就是想怎么去开更多的店，怎么去拉更多的客户，这是一种粗放型增长模式。但是疫情之后，大家会静下心来观察，各行各业都会去尝试一些新的商业模式，其实这对整个行业和整个产业的进步是有帮助的。

而且在这个时代，2020年以及之后的年份，行业发展思路会更加清晰，不可能面面俱到，只要把能做的事情做好，把自己的客群服务好就足够了。

(2) 甜品品类的第一梯队站位是否已出现多次更替？曾经的竞品还在吗？

对于甜品品类第一梯队来说，会受到冲击，在绝对值上的影响会比别人大，但是甜品品类的抗风险能力也比别人强一些。从数据上看，虽然整个餐饮行业的店铺数在逐渐递减，但是头部品牌包括满记甜品在内，其实还是处于上升期的，所以这里有一个品牌集聚的问题。

(3) 当下品牌行业以及自身业态正处于怎样的时代？有怎样的标志或特点？

历史进程是螺旋式上升、波浪式前进的，一代人有一代人的问题，反映到人群上，可能是80后、90后、00后。满记甜品认为也有第一代的网红店经历过现在所有网红店经历过的事情，只是当时传播媒体尚未如此发达而已。

现在，由于社交媒体发生了改变，所以人和人之间的交流和互动也发生了改变，但是餐饮的本质、食物本身并没有太大变化。虽然外部环境在变化，但从企业角度来说并没有变化，该做的事情还是那些事情。

(4) 今天的企业和10年前、5年前、2年前设定的规划有什么不一样？

满记甜品的管理者站在10年前看，这个市场一定是一个模式发挥到极致，就是单一模式的简单重复。不管是因为现在消费者变化了，还是因为疫情的出现，打断了这种过程，大家都会进行多维度的尝试，重新寻找自己的定位，并进行迭代转型。

所以满记甜品之前就已经不做5年规划了，当时就只做了3年规划，现在一年预算能做清楚就已经很好了。组织架构调整、人员调整，以前是一年一次，现在满记甜品的管理者觉得可能会变成半年一次。

(5) 2021年企业会往哪个方向发展？重点希望达成的目标是什么？2021年有哪些重点事件将会发生？

原来满记甜品品牌分成华东和华南两部分，2021年两个公司会合并，合并之后整个品牌就统一了。这其实对满记甜品品牌来说是一个比较重大的事件。品牌统一之后要考虑品牌整体的运作，包括店铺形象的变化、会员体系的打通、海外市场的宣传工作等。现在的满记甜品门店都是以直营为主的，未来可能会有合作店。这一整套的事件都会在2021年落地实施，基本上是在二季度到三季度。

(6) 抛开财务指标等要素不谈，希望企业成为一家如何被外界评价的公司？

商家希望大家对满记甜品的品牌有更多的认同。现在出去谈到满记甜品有25年的历史，行业内的人都会说很不容易，我国餐饮行业中能够存续25年的品牌确实不多。

从满记甜品管理者的角度看，除了受尊重之外，更加希望满记甜品能够给更多的品牌做一些有意义的事情。行业迭代当中会有重新整合的机会，其实很多新创品牌发现要靠自己往前走，难度其实非常大。接下来，在把自己的事情做好的同时，满记甜品还愿意帮助一些想要从事这个行业，并且已经完成了0到1的积累，但是不想或者没有能力去完成1到100的人，无论是在开店选址方面，还是在供应链或者运营培训方面，抑或是在IT系统上提供一些支持和帮助。

（7）如果要给高管们留一道思考题，会是哪个问题？

为了适应不断变化的市场环境，满记甜品的管理者希望团队能够有不断快速迭代的能力。这种快速迭代不是浪费公司的资源，而是公司给团队资源，团队得把事情做出来，做不出来的也不行。

就整体而言，团队的危机意识都是比较强的。这个世界变化太快，怎样有效地吸取知识、做出正确的判断，其实是需要大家去学习和探索的。

（8）人才已经成为衡量企业发展的重要因素，企业如何为年轻员工创造舞台？

满记甜品希望给员工创造一个能够发挥他们能力的平台。满记甜品现在正在准备一些小的项目，让年轻人去做，包括产品、装修、设计等，让小团队自己去决定。这种模式很像合伙人制度。满记甜品希望在这个团队当中，每个人都能充分施展自己的强项，发挥自己的能力。

在这个过程中，满记甜品的团队需要学会去甄选谁有这个能力。满记甜品培养复合型人才，跟阿里是一样的，要有"p"专业化道路和"m"管理类路径，在餐饮行业中也需要慢慢地实施这个路径。每个人管好满记甜品的"一块"，其实就是很好的发展道路。

（9）对未来的满记甜品有怎样的期待或是愿景？

既然疫情已经是一个新常态了，那么满记甜品也要调整好心态。既然想干的事情不能太多，就要集中资源，然后进行有效尝试，以满足消费者的需求。虽然满记甜品是甜品类的第一品牌，但是也要有危机感，将自身的心态调整好。

资料来源：http://news.winshang.com/html/068/1189.html.

问　题： 1. 疫情之下，整个餐饮行业的店铺格局发生了哪些变化？社交媒体对餐饮业品牌的影响如何？

2. 疫情之下，品牌整合规划的应对策略如何变化？满记甜品的品牌整合目标是什么？

3. 满记甜品能够为更多的品牌做哪些有意义的事情？企业如何为年轻员工创新团队、创造舞台？

第 10 章 CHAPTER 10

品牌关系管理

教学目标

品牌关系是企业品牌建设中涉及范围很大的一项管理内容，其中包括企业与消费者、与上下游企业的关系等。消费者、供应商是品牌关系管理中的核心要素。企业为使品牌具有更广阔的发展空间，会通过各种活动或努力，建立、维持以及增强品牌与顾客、品牌与零售商和供应商之间的关系，并且通过互动方式进行有效增加品牌价值的活动。通过本章的学习，学生能够掌握品牌关系管理的基本概念和理论，从而为有效实施品牌关系管理奠定基础。

学习任务

通过本章的学习，学生主要掌握和理解：
1. 品牌关系及其对企业品牌管理的意义；
2. 品牌关系的构成因素及特征；
3. 品牌关系管理的内容；
4. 关系营销的含义及其内容。

案例导入

围绕产品、聚焦品牌、搭建合作关系，金种子酒交出 2020 年最优成绩单

依托精准的品牌定位、强大的研发实力、新颖的营销策略，金种子酒业自成立以来，历经了 70 多年的沉淀，已经成为市场上家喻户晓的名酒品牌，同时也是安徽白酒中坚力量。2020 年是金种子酒业开启变革征程的第一年，依靠产品与品牌双维提升，催生出金种子酒业新的增长活力。

1. 产品品牌创新步伐加快

在产品层面，金种子酒业在独特的品牌元素基础上，优化产品设计，提升产品形象，先后推出醉三秋 1507、高线光瓶酒种子清纯以及金种子馥合香，在优化产品结构的同时，逐步实现向中高端市场靠拢。尤其是 2020 年 8 月推出的金种子馥合香，该品牌酒一经发布，便以全新的产品形象和创新品类锁定高端精英消费圈层。而金种子馥合香在延续金种子酒品牌优质内核、品质基因的同时，紧密结合品牌战略及宏观市场需求，对金种子酒从区域市场走向全国市场具有重要战略意义。

2. 加大品牌建设力度

在品牌建设层面，通过馥香盛宴与消费者进行互动和沟通，深化品牌市场传播，提升品牌客户温度。在三个多月的时间里，馥香盛宴先后在阜阳、全椒、合肥、宿州等地区进行了20多场品牌宣传活动，累计参与人数超万人。馥香盛宴品鉴活动得到了各地经销商的大力支持，实现了对市场目标消费人群的精准营销，提高了终端用户黏度和品牌美誉度。与此同时，金种子馥合香积极做好品牌的社会化推广，并通过赞助徽商奥斯卡、冠名《中国徽菜大师》，联动文化IP，提升品牌社会曝光度。

3. 构建新型的厂商合作关系

金种子酒业的厂商关系构建与维护在2020年也有了新的突破。这种突破不仅表现在稳固原有经销商关系上，还表现在不断吸收新合作伙伴的加入上。金种子酒业在新一届领导班子上台后，首先对各地经销商进行普遍实地走访，切实了解经销商的实际诉求，并迅速制定相关惠利政策，加强与厂商之间的关系建设。同时，金种子酒业还本着"共生共赢"的合作理念，不断拓宽横向"朋友圈"，先后与天韵集团、华联商厦等实力企业形成战略合作关系，携手共谋品牌大业。

对金种子酒业来说，2020年是开启变革征程的第一年，意味着这个有着70多年生命力的老品牌将迎来全新的时期。而在崭新的2021年，金种子酒业将持续深化改革，优化产业结构，向着5年50亿元的经营目标砥砺前行。

资料来源：http://cn.chinadaily.com.cn/a/202102/07/WS601f5dd7a3101e7ce973eee3.html。

10.1 品牌关系管理概述

随着全球经济多元化、区域化的浪潮高涨，尤其是在我国加入"区域全面经济伙伴关系协定"（Regional Comprehensive Economic Partnership，RCEP）以来，我国企业的经营环境日趋复杂。如何使我国企业在激烈的竞争中立于不败之地，是业内外研究的重点课题。这一重大课题包含的内容很广，包括企业的人才、科技、质量、管理、环境等各方面。从品牌关系管理来探讨如何增强我国企业竞争力是一个新的视角。品牌关系管理是指一种活动或努力，通过这种活动或努力，建立、维持以及增强品牌与顾客之间、品牌与零售商之间的关系，并且通过互动的、个性化的、长期的、以增加价值为目的的接触、交流与沟通，以及对承诺的履行，来持续地增强这种关系。

10.1.1 对传统品牌管理的分析

传统品牌管理的出发点或指导思想在于提供产品、吸引和争取顾客，通过每次交易的价值最大化来提升品牌资产。此时，顾客的含义仅仅是商品终端使用者。可见，这种品牌与顾客之间的关系实质上是一种短期的交易关系，是一种对象局限的单向价值转移关系。随着企业的经营环境迅速、急剧地发生变化，传统的品牌管理方式已经越来越显得力不从心。经营环境的变化及传统品牌管理思想落伍的原因主要表现在以下几个方面。

（1）顾客的价值寻求行为。人们在购买商品时，越来越多地依赖于"当前的交易价格"，而不是专注于选择一个著名的品牌。对价格越来越敏感的消费者要求他们所购买的商品在价格既定的情况下能够提供最大的价值，即价值与价格的比值要大。即使是著名的万宝路牌香烟，为了抵御廉价的、无品牌的竞争对手对市场的侵蚀，也不得不降低价格。在这种形势下，企业唯一的选择就是提供更多的服务和更高的产品质量，也就是说，在同样的价格下，要为顾客提供更多的价值。2020年凯度消费者指数指出：2019年中国快速消费品市场竞争依然激烈。新锐品牌的崛起和壮大，进一步加剧了市场竞争，也给品类格局带来了新的活力。中国消费者继续渴望具有高品质及高性价比的产品，如何赢得下线城市的消费者仍然是品牌取得价值增量的关键。

（2）顾客期望持续地提升。在产品消费向情感体验转变的过程中，顾客期望一直持续地升高，顾客变得越来越成熟、老练、精明，对创新的、定制化的产品和服务越来越感兴趣，同时，顾客的偏好和需求变得越来越不可预知。顾客持续地期望品牌能够带来更多的价值。如果顾客感觉不到某品牌所带来的额外价值，他们就不愿意为该品牌付出溢价。不言而喻，只有给顾客带来更多价值的品牌才能占得市场先机，赢得竞争优势。而现实情况是，传统的品牌管理已使得企业在面对持续升高的顾客期望时感到力不从心。

（3）品牌的衍生。品牌衍生的结果是品牌化的信用正在被腐蚀。在市场上，每一种类的产品都有许多品牌，而这些品牌之间的区别仅仅在于名称的不同。无本质差别的品牌为了争夺顾客，不惜重金投资于广告，于是消费者整天被无数营销信息轰炸，这就给消费者增添了混乱感觉，因而品牌的一个重要功能——区别功能就会降低或消失。可见，作为一种营销工具，品牌的作用正在逐步退化。

（4）零售商权力的增长。在新的"零供关系"上，市场权力正从制造商向零售商转移，制造商品牌的权力被削弱了。过去，制造商品牌经理用市场调研信息来估计消费者的需要，与零售商相比，拥有信息优势。现在，越来越多的零售商尤其是电商用尖端的计算机系统跟踪购买者行为，其在消费者信息方面已不再处于劣势。同时，制造商通常不直接与最终消费者接触，顾客关系与品牌资产逐渐被腐蚀；相反，零售商与最终消费者直接接触，而且零售商强调并专注于建立它们自己的品牌，因此，其顾客关系与品牌资产在日益增强和提高。零售商越来越多地使用自有品牌，并且因能够保证产品和服务的质量，为消费者提供更多的价值，使得消费者不再像以前一样专注于制造商的强大品牌。在某些产品类别中，零售商品牌已经占据了统治地位。有些营销专家甚至宣称，照此下去，消费者将最终为零售商所拥有。

（5）对媒体的颠覆和逆反。由于诉求对象对媒体的颠覆和逆反，所以品牌将其信息传递给目标顾客变得越来越困难和昂贵，要将有关信息传递给目标顾客，需要更多的媒体展露。例如，作为品牌促销主要媒体的电视的效果降低了，其中一个重要原因就是电视观众人数的下降，以及电视频道的增加分流了每个频道的观众。尽管媒体成本不断上升，但影响力却越来越小。

（6）电子商务的出现。电子商务的出现使得消费者能够通过互联网进行购物。许多网上商店本身就成了品牌，它们用自身的品牌销售来自各地的产品。例如，亚马逊书店用自己的品牌卖书、音乐、玩具、体育用品、软件等。

(7) 大规模定制营销的兴起。随着大规模定制营销的出现，企业的品牌扩张已经失去了相关性。随着媒体的高度碎裂，以及广告本身相互作用模式的改变，品牌也已经失去了内容上的相关性。将来，除了企业品牌之外，将不再有任何其他品牌。例如，当一家企业能够通过售卖机器出售定制的液体肥皂，以满足每个顾客的需要时，它为什么还需要产品品牌？大规模定制营销不仅能够有效地满足顾客需要，还可以为企业带来巨大节余（减少了市场调研费用、促销费用和交易成本）。

(8) 产品品类管理的兴起。从传统的"品牌管理"到"品类管理"，品类管理是一个主动的过程，包括品类监督、产品或服务的财务和运营价值提升等。品类管理识别贯穿整个组织的资源投入，形成并标准化供应管理流程。同时，品类管理是一种由数据驱动的、主动的方法，用于在总水平上制定与实施采购和供应管理战略。品类管理流程如图10-1所示。

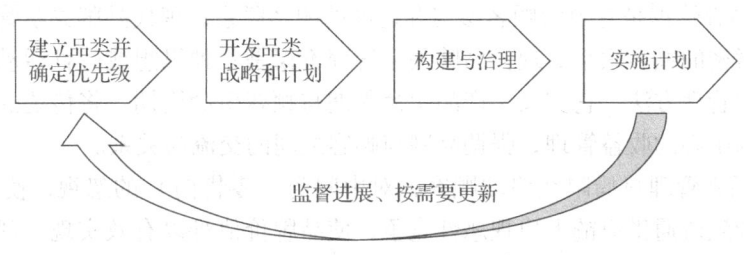

图 10-1　品类管理流程

总之，品牌关系管理是指一种活动或努力，通过这种活动或努力，能建立、维持以及增强品牌与其顾客之间的关系，并且通过互动的、个性化的、长期的方式，以增加价值为目的的接触、交流与沟通，以及对承诺的履行，来持续地增强品牌与其顾客之间的关系。

品牌关系管理的核心是在产品市场上能够划分出不同的顾客亚群体，并且在处理与零售商关系的问题上应该介入准顾客关系。这种划分的结果是使企业与消费者（零售商）产生相互关联，即在消费者（零售商）的特殊群体与某种品牌之间建立起一种个性化的关系链，促使这些消费者（零售商）能用一个更加强有力的个性方式来体验品牌。

10.1.2　品牌关系管理的特征

品牌与顾客之间的关系实质上是一种短期的交易关系。传统的品牌管理以产品和交易为中心，强调品牌资产；品牌关系管理以顾客为中心，强调顾客资产。品牌资产强调产品销售、吸引顾客和与顾客进行交易；顾客资产强调顾客超过产品，强调关系超过交易，强调保持顾客超过吸引顾客。与传统品牌管理相比，现代品牌关系管理的特征主要表现在以下几个方面。

(1) 传统品牌管理的核心是交易，企业通过与顾客发生交易活动从中获利，是以交易为导向的；现代品牌关系管理的核心是关系，企业从顾客与其品牌的良好关系中获利，是以关系为导向的。

(2) 传统品牌管理围绕着如何争夺新顾客和获得更多的顾客进行；现代品牌关系管理则更为强调以更少的成本留住顾客或保持顾客。

（3）传统品牌管理强调大传播、大交流、促销和分销渠道；现代品牌关系管理强调顾客价值和顾客资产。

（4）传统品牌管理强调高市场份额，认为高市场份额代表高品牌忠诚度。现代品牌关系管理则着重强调顾客占有率和范围经济。顾客占有率是指企业赢得一个顾客终身购买物品的百分比，测度的是同一顾客是否持续购买；范围经济是指同一顾客向同一企业购买相关零配件、其他产品和新产品给企业创造的利润。

（5）传统品牌管理的指导思想是大规模营销；现代品牌关系管理的指导思想是一对一营销和大规模定制营销。

（6）传统品牌管理考虑的是使每笔交易的收益最大化；现代品牌关系管理则考虑与顾客保持长期关系所带来的收益和贡献，即通过使顾客满意并同顾客建立关系，开发顾客的终身价值。

（7）传统品牌管理是有限的顾客参与和适度的顾客联系；现代品牌关系管理则强调高度的顾客参与和紧密的顾客联系。现代品牌关系管理不仅是一种思想或一种活动与努力，还是一种全新的品牌管理方法。它交叉了产品生命周期与顾客生命周期，将传统的纯粹收益管理转变为以顾客为中心的收益管理，强调品牌与顾客之间的交流与关系。

（8）传统品牌管理只局限在终端顾客，对中间商（零售商）的忽视，使得"零供"关系紧张，甚至导致流通供应链上出现恶性竞争，使品牌价值难以有效实现。现代品牌关系管理更加注重与供应商的合作，消除渠道障碍，加快品牌价值的实现速度。所以，顾客的含义已经推延到整个品牌价值链上的所有成员。

10.1.3　品牌关系管理的核心内容

品牌关系管理以顾客为中心，强调顾客资产。所谓顾客资产，是指最有价值顾客在其生命周期内给企业带来的价值增值能力。顾客资产由三个要素组成，即价值资产、品牌资产和关系资产。品牌关系管理的落脚点是品牌关系营销。品牌关系营销可以分为内部营销和外部营销两个部分。内部营销的对象是员工，是企业的内部顾客，重点是如何构建公司与员工间围绕品牌所形成的共同愿景。品牌开发的原则是向内部员工营销品牌，即进行内部品牌开发，相关研究表明，在确定顾客品牌偏好方面，对所提供服务的质量最具有影响力的因素是服务员工的行为。因此，企业需要帮助员工理解他们在品牌开发中的作用，而且让员工感受到公司对他们的尊重。在管理中，特别是那些认为一线人员无足轻重的人，是无法感受员工在品牌方面的重要角色意义的。只有让员工感受到他们在达成顾客满意的过程中的作用，才能促使他们创造一流的服务质量。

外部营销侧重于大众定制化和市场顾客亚群体划分两个方面。几乎所有的品牌概念或者思想都是基于大众需求而产生和发展的，因为大众化需求可以形成群体共同体验的内在需求，从而促使消费者形成一个相对稳定的团体。显然，在开发品牌过程中消费者熟知、了解和积极接受的东西，使品牌在一定群体中具有吸引力，这是形成关系营销效果的关键。

因此，在品牌的关系营销中，注重大众化品牌的营销实际上是承认品牌关系管理的本质在于大众的认可和群体消费，品牌的吸引力源于在品牌中融入能够给更多消费者带来人性化或个性化的体验的要素。

10.1.4 品牌关系管理的基本策略

由于信息技术的突飞猛进和人们传播沟通意识的加强，如今各种新的传播媒体不断涌现。一方面，每一受众被越来越多的媒体包围；另一方面，单一媒体所拥有的受众却越来越少，媒体的分众解构使单一媒体的沟通效果急剧下降。同时，品牌关系也从单向沟通转为双向沟通，从大众市场转向分众市场。为了有效地实施品牌关系管理，企业一般采取以下基本策略。

1. 选择最有价值顾客

企业实施品牌关系管理的对象并不是所有可能的顾客，而是最有价值顾客，因为来自企业的经验证明，企业利润的绝大多数来自其20%的顾客，但是对某些行业而言，长尾效应则是关注低价值的80%的客户。企业在与顾客建立关系之前，应进行顾客潜在的成本与利益的对比分析，并在潜在关系对象中确定真正的有利可图者。建立、维持和发展顾客关系，势必牵涉到大量投资，若企业从这种关系中的获益不能弥补投资并获取合理利润，则建立关系是不明智的。因此，企业不应与所有对象都建立长期关系，即使在建立关系的对象中，也应有不同的层次差别。对顾客进行选择和区别的标准是顾客终身价值（顾客在其生命周期内为企业提供的价值总额的折现值），比照这个标准，企业就可以有效地确定关系对象和关系层次。只有与最有价值顾客建立关系，企业稀缺的营销资源才会得到最有效的配置和利用。当营销资源只配置在一部分顾客身上时，就能够明显地提高收益和利润。

2. 建立和管理顾客数据库

通过建立和管理比较完全的顾客数据库，企业可以更深刻地理解顾客的期望、态度和行为，从而可以更好地为顾客提供服务，增加顾客的价值。顾客数据库包含的信息有：顾客的年龄、职业、婚姻状况、收入，顾客的期望、偏好和行为方式，顾客的投诉、服务咨询；顾客所处的地理位置；顾客所在的细分市场；顾客购买产品的频率、种类和数量；顾客最后一次购买的时间和地点，顾客如何购买产品；零售商在供应链上的地位及实力；等等。获取顾客资料的途径有：营销部门；顾客服务部门；电话、互联网、邮件、微信、公众号、营销人员等营销媒介和渠道；零售商及其他商业伙伴；等等。建立和管理顾客数据库本身只是一种手段，而不是目的，企业的目的是将顾客资料转变为有效的营销决策支持信息，特别是获得有助于识别高价值顾客群的信息和顾客知识，进而将其转化为竞争优势。数据库信息要不断更新，这样企业才会随时掌握随时间变化而变化的顾客期望、态度和行为，同时还可以开展顾客流失原因的调查。

品牌与消费者深度关系图如图10-2所示。

3. 建立学习关系

企业必须与它们的最有价值顾客建立学习关系，唯有这样，才能保持并增强品牌力量，才能获得、保持和发展最有价值顾客。学习关系表现为：顾客说出他们的需要，企业根据顾客的需要定制产品、服务或相关信息。顾客数据库和企业与顾客间的相互作用是建立学习关系的关键。通过向顾客学习，并对顾客知识做出恰当的反应，企业就为顾客设置了品牌转移的障碍。这是因为，顾客在说明其需要时已经投入了时间和精力，假如再从其他企业处获得同样的产品或者服务，就必须重新建立关系，这就使得顾客在获得的产品或服务价值不变的情况下，增加了品牌转换成本。目前，企业的社区群或服务中心是企业向顾客学习的重要场所，所以，企业应该鼓励顾客在任何时候，以各种途径，如电话、电子邮件、微信、公众号、QQ 群等，进入其社区群或服务中心，参与互动活动。

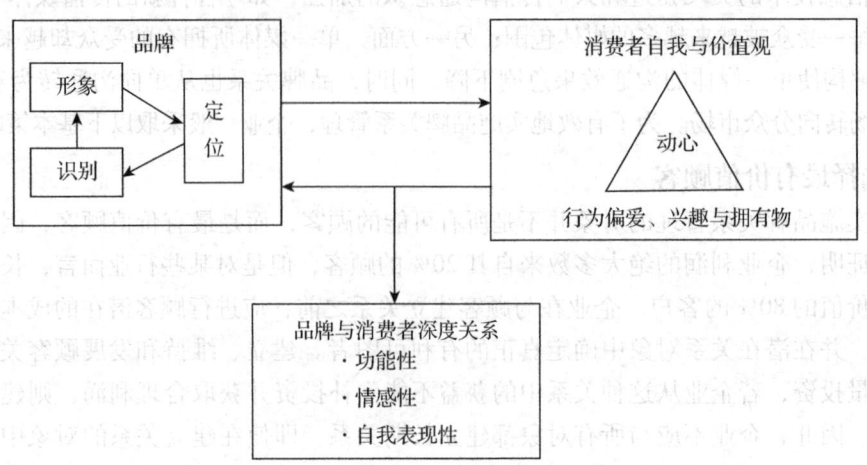

图 10-2　品牌与消费者深度关系图

4. 认真对待最有价值顾客

因为现代品牌关系管理是以顾客为中心的品牌管理方法，其实质是由过去的交易范式向关系范式的转变，所以，企业要实行品牌关系管理，就必须认真对待最有价值顾客。认真对待最有价值顾客的方法有很多，我们在这里只举例说明两种。第一种是保留一些非营利的产品和服务，以满足最有价值顾客的需要，这会使得顾客产生无缝隙的品牌体验，从而有利于保持最有价值顾客。例如，传统药店的生意逻辑是以药品销售为导向，围绕药品销售进行业绩考核和客户服务。但现在部分地区的药品市场需求几近饱和，药品普遍供大于求，购药渠道多元化，因此，传统的药品零售生意逻辑正遭受考验。此外，消费者及其需求也在发生新变化，包括国民健康观念发生变化、慢性病治疗需求成为最大矛盾、年轻消费力量崛起等。未来的药店服务必将以健康管理为导向，但健康管理服务的价值导向与药品销售提升并非正相关，消费者预防保健的加强并不能带来更多的药品消费，这种现象会导致如何将非商品化的健康服务转化成价值的问题。这是药店未来突破瓶颈的关键问题所在。

向以顾客为中心的健康服务终端转型已势在必行。但药店想要实现健康服务变现，还需要一个循序渐进的过程，无法一蹴而就。当下最为实际的做法还是立足于商品本身，叠加专业医疗保健服务，实现吸客、留客的目标，这也就是 2020 美思会药业提倡地从价值动销破局的基本理念。

顾客让渡价值如图 10-3 所示。

5. 重构企业的组织结构

传统组织结构的设计以职能为基础，在实施品牌关系管理时，组织结构的设计要以顾客为基础，建立以顾客和顾客关系为导向的企业文化；建立包含顾客保持率、顾客终身价值等指标内容的员工奖励制度；加强企业间的合作，如实行供应链管理，目的是向顾客提供最大的价值；等等。

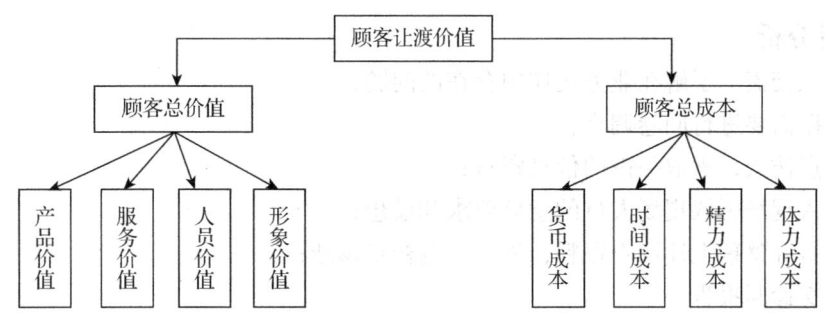

图 10-3　顾客让渡价值

一个成功的客户关系，就等于一个成功的品牌。良好的品牌关系是品牌成长壮大的乳汁，日益流离的品牌关系，则是品牌资产的终极杀手。以顾客为中心，"由外而内"的品牌关系管理势在必行。

10.1.5　品牌关系管理的过程

2020 年以来，国家提出了"双循环"的发展战略，以国内大循环为主体、国内国际"双循环"相互促进的新发展格局，着力发挥中国超大规模的市场优势，持续释放内需潜力，促进整体经济循环发展。在新冠肺炎疫情冲击之下，中国经济恢复进度领跑全球，加之超大规模市场优势及内需潜力凸显，吸引着海外优质品牌纷纷入华发展，寻求新增长点。基于此，ACCESS 品牌管理集团作为世界级的品牌管理公司，致力于为海外品牌搭建入华信息桥梁，力促品牌进军中国市场。

BRM 是一套以品牌资产增值为目的，以品牌战略定位与传播为基础，以系统管理为手段的品牌管理思想体系。BRM 是以品牌关系管理理念为核心，并在此基础上形成的一套为企业量身定做的品牌战略、品牌管理、视觉识别的系统管理解决方案。品牌关系管理的工作流程包括以下几个方面。

1. 前期准备

（1）拜访客户，了解客户需求；
（2）企业负责人介绍企业情况，就存在的管理问题提出咨询要求；
（3）双方确定课题和项目框架，并达成共识；
（4）根据客户需要提出项目建议书；
（5）在客户反馈的基础上对项目建议书进行完善；
（6）双方认可项目建议书，签订项目合同。

2. 项目启动

（1）确定项目管理的组织机构，建立项目小组，确定项目负责人；
（2）制订详细的项目实施计划（项目总体目标、分阶段目标、时间进度、人员要求和项目支援事宜）；
（3）与客户建立联合项目工作小组，明确小组成员的职责分工，拟订相应的工作计划。

3. 调研分析

（1）深入交流，了解在业务运作中存在的问题；
（2）根据需要进行问卷调查；
（3）重点访谈，索取关键的信息资料；
（4）深入现场听取现场人员的意见要求和设想；
（5）分析并整理上述调查资料，进行问题初步诊断；
（6）提交诊断报告。

4. 方案设计

（1）在同客户就主要问题达成共识的基础上进行方案设计；
（2）分别就各主题模块与相应的业务职能部门进行沟通；
（3）举办专题研讨会，提交最终的方案报告，举行报告发布会，并对报告内容进行答疑解释；
（4）拟订方案的实施计划。

5. 实施支持

（1）向客户提供方案的实施培训；
（2）根据方案实施状况对实施计划做局部调整和细化；
（3）帮助客户解决实施中的难点问题；
（4）监控和支持实施过程，确保实施效果；
（5）服务效果：通过提供专业咨询服务，我们的客户品牌竞争力和品牌资产可以得到提升和增值。

10.2 关系品牌

关系品牌开发是一个实现使消费者感到与品牌有一种关系或个人联系目的的战略方法。通过对比，客户关系管理在很大程度上是关系品牌开发的一个操作性方法。企业可以通过划分顾客亚群体的过程把客户关系管理和关系品牌开发两者有机地结合起来。

10.2.1 关系品牌概述

关系品牌开发一般可以从大众定制化和市场顾客群体两个方面来定义。关系品牌是专为某个小群体的消费者定制的一种服务。经市场验证，该说法具有一定的正确性，并且关系品牌开发的需求越来越多。在许多方面，对大众定制化和目标顾客小群体（或者甚至一个顾客小群体中的一部分）的描述，即使使用任何优美的语言，有时也显得过于简单、苍白。为了发挥关系品牌开发的真正潜力，我们对关系品牌开发的方法进行深入思考是非常必要的。

（1）把关系品牌开发这一简单概念作为对大众定制化的描述所产生的问题是，几乎所有的品牌概念或者思想至少在某种程度上都是基于大众需求的，它们依靠的全部都是大众群体共享体验的内在需求。人们需要这种食品的部分原因是专家说"蒸的食品最有营养"。最近在养生大军中，这些养生的人就像是加入一个俱乐部一样，变成了社会团体的一部分。共同的消费需求是怎样把消费者组成一个团体的，这是我们"下一步需要考虑的事情"。品牌真正的内在思想是它对大众的吸引力。品牌一旦失去这种对大众的吸引力，就不再是这种"食品"，而变成另外一种"食品"了。但是，大多数品牌对大众的吸引力并非像这个食品例子那样显而易见。我们可以考虑一个品牌的例子如拼多多。拼多多这一品牌具有吸引力的部分原因是它已经完全被大多数消费者熟知、了解和接受，消费者由于对拼多多的积极体验而分享了拼多多品牌共同的东西。

因此，在某种程度上，即使不是全部的品牌，绝大多数品牌从本质上来说都是大众化品牌，它们对消费者的吸引力部分是由于它们对消费者的共同吸引力。这就意味着，围绕着品牌定制化的一些活动是有意义的，但是，在进行品牌定制化时必须要小心，以免削弱品牌外在或者内在的大众吸引力。例如，素食饮食可以为不同的顾客提供不同的膳食，但该品牌的真正吸引力并不在于它的定制化，而在于消费者拥有的这一品牌的知识，因为这些消费者恰好就是众多吃过这种减肥食品的人群中的一部分。

（2）关系品牌开发不仅是对顾客群体的定制化问题，还包含更深的含义，主要观点如下：一个关系品牌应该具有共享的大众吸引力，消费者可以用一个更加人性化的或特殊的方法体验出该关系品牌的这种大众吸引力。

21世纪以来，随着人们的健康需求不断升级，以优质茗茶、新鲜水果牛奶为原料的新式茶饮逐渐取代了以奶精、茶精为原料的街头奶茶。新式茶饮行业迎来了黄金时代。《2020新式茶饮白皮书》显示，2020年新式茶饮市场规模已经超过1 000亿元，预计到2021年将突破1 100亿元。新式品牌茶饮通过口味和品质的升级，满足了当代年轻人解压和追求健康的需求。其中，高端现制茶饮头部品牌奈雪的茶凭借高品质、优质健康的产品，受到众多消费者的喜爱和追捧，逐渐成为新式茶饮行业中推行健康理念的先行者。在天然、高品质的茶底基础上，奈雪的茶也进一步把现代健康理念注入产品创新过程中，带给消费者更多元化的健康产品体验。同时，现在年轻人因为健康需求而形成了稳定的消费群体，这一消费群体就是企业关系品牌构建的平台，也是进一步推进关系品牌向品牌价值转变的关键。

关系品牌开发的关键在于我们是否允许消费者中的亚群体可以用更加个性化的方式来体验这一品牌。这样可能会直接导致如何对每个消费者亚群体使用不同的接触点来创造他们的不同品牌体验问题，因而关系品牌开发与客户关系管理密切相关。到目前为止，关系品牌开发作为一个过程是非常好的思想。在顾客亚群体层次上，在使用客户关系管理的操作性结构来设计品牌关联的过程中，应该确定使用品牌的目标顾客亚群体。需要记住的是，顾客亚群体与顾客群体两者之间存在着很大的不同。品牌应该始终以顾客群体为目标，而划分顾客亚群体则是为了实现关系品牌开发这一目的，即把一个顾客群体划分成更小群体的过程。

10.2.2　关系品牌的开发过程

基于顾客亚群体层次，在使用客户关系管理的操作性结构设计品牌关联的过程中，确定和使用顾客亚群体的一般过程是：设计和绘制顾客亚群体剖面图、为每个顾客亚群体设定测量目标、设计和执行所建立的品牌关联、评价结果。

1. 设计和绘制顾客亚群体剖面图

划分顾客亚群体的过程，首先是把公司的消费者或者顾客分成若干亚群体，然后对这些亚群体进行剖析。划分顾客亚群体的方法主要有两种。第一种方法是使用新颖性、消费次数和货币价值等变量来划分顾客亚群体。

（1）新颖性。新颖性指的是消费者从最近购物开始到现在为止的时间长度。新颖性通常是一个重要的变量，因为它表明一个顾客是否已经流失。例如，在一个定期航线上有关飞行频率记录的数据库中，两年内没有在这条航线上飞行过的顾客一般被认为是无效顾客，但这些无效顾客比那些频繁飞行的人需要更多不同的关联。对于这条定期航线来说，人们也许会问，为什么这些顾客会变成无效顾客呢？为什么无论使用什么样的特殊关联都不能使这些无效顾客变成有效顾客呢？一个原因可能是与最近的飞行者没有什么关联。

（2）消费次数。消费次数表示的是顾客过去购买品牌产品的次数。次数是对顾客行为忠诚度的一个自然测量。通常来说，至少按照顾客的购买行为，一个顾客从一家公司购买的商品越多，这个顾客对这家公司就越忠诚（态度忠诚指的是顾客对公司是如何感受的，通常它与以购买次数为基础的行为忠诚有着显著的区别）。一个第一次购买某家公司商品的顾客通常比一个经常购买该公司商品的顾客要求更多不同的关联。一些宾馆的顾客忠诚度项目的做法是，送给新顾客一个欢迎光顾的组合关联，而这种关联明显与经常光顾该宾馆的顾客没有什么关联。

（3）货币价值。货币价值是一个顾客过去在该公司所消费的货币总数。货币价值也是一个非常重要的变量，因为货币价值通常是最好（最有效）地预测顾客未来消费的指标。新颖性和消费次数是预测顾客未来对公司是否有价值的非常好的衡量指标，而货币价值则可以预测如果顾客对公司是有价值的，他们未来会在公司消费多少。航空公司和宾馆通常都会给予高端顾客（即那些在最近时期花费金钱数额较大或者花费次数较多的顾客）比普通顾客更高贵的安排。超级市场以及网店已经开始尝试对一些顾客给予"销售点数"。

第二种方法是根据社会人口统计学变量，如年龄、婚姻状况、是否有孩子、受教育水平、收入等，以及心理学和地理等变量，还包括顾客反应所涉及的相关变量来定义顾客亚群体。这种方法通常相对容易。根据社会人口统计学信息或者公司人口学信息划分顾客亚群体很容易实施，因为这种方法对数据分析的要求最少（与要求分析消费者过去购买类型的巨大工作量相比较），而且把顾客划分成不同的顾客亚群体的商业规则也容易进行定义。例如，如果一个顾客有一个或者更多年幼的孩子生活在一个家庭里，而且其年龄范围为20～35岁，那么该顾客就是"年轻家庭"这个亚群体中的一员；如果顾客的年龄超过65岁，也没有年幼的孩子，那么该顾客就是"年长家庭"这个亚群体中的一员；那些单身且年龄范围为20～30岁的顾客构成了"年轻单身"的顾客亚群体。公司可以利用顾客反应的分支变量划分出多种可以涵盖整个公司数据库的顾客亚群体。

2. 为每个顾客亚群体设定测量目标

根据一个顾客过去所购买商品的类型也可以定义顾客亚群体。在划分顾客亚群体时，使用传统的市场研究方法也可以确定。通常使用的方法是设计评价消费者对某个特殊商品的兴趣量表，即超级市场所使用过的一种方法。例如，量表评价的是一个顾客是否经常购买新型食品，如超纯度橄榄油或者含咖喱的食品，总而言之，对顾客亚群体的有效划分创造了许多独特的吸引特定顾客亚群体的关联。因此，清楚地界定顾客亚群体和制定针对这些顾客的公司目标是非常重要的。

3. 设计和执行所建立的品牌关联

在目标建立以后，下一步就是发展实现这些目标的关联。一个关联是消费者与品牌之间进行的所有交互作用，包括传统的市场营销传播等方式。除此之外，关联还包括许多其他的活动。与一个品牌相联系并能够表达顾客品牌体验的任何事情都是一个潜在的关联。下面我们以一个旅游度假宾馆为例进行说明。假如在某城市的机场聚集了许多游客，某个宾馆的班车把这些游客带回了宾馆，这样宾馆班车就与游客产生了一个关联。在办理入住手续时，在服务台的服务员会与游客产生另一个关联。这个服务员的行为与服装打扮传达出该宾馆的某些信息。此外，宾馆房间的装饰格调、宾馆的餐厅和其他设施甚至看门人员都是关联。所有这些关联的积累最终在消费者的头脑中形成了对该宾馆的体验。所有这些关联可以针对不同的顾客亚群体进行不同的设计。

4. 评价结果

对于一个以客户关系管理为基础的关联，其优点之一是它可以对结果进行测量和评价。假设我们想确定给一个测试者亚群体发送一封带有特殊封面信的有效性如何，我们首先把测试者分为两个亚群体，一个亚群体收到这封特殊的信，而另一个亚群体却只收到一封普通的信（控制组），这样我们就可以测量与所划分的测试者亚群体关联的结果。这两个亚群体在反应率、反馈的数量等方面的差异反映了这种关联的有效性如何。然后，我们可以根据制作这种特殊信件的花费来评价成本的有效性。

一旦评价完毕，这个完整的四步骤关联过程就可以被看作一个不断循环往复的过程。在评价完一个关联的结果后，公司可以回到前面的任何一个步骤上。例如，一些关联对一些顾客亚群体比对另外一些顾客亚群体可能更有效，因而重新设计那些对某一顾客亚群体较差的关联是非常必要的（第三步）。一旦公司发现一些关联非常有效，就应该探索是否可以通过进一步改善，将其延伸到另外的亚群体（第一步）。也许这些关联会使另外的顾客亚群体产生额外的费用，但是，它们可以使这些顾客获得更个性化的相关体验，因而它们对于公司来说是非常有价值的。

品牌策划评价网络如图 10-4 所示。

10.2.3 品牌关系

在产品广告中经常会用到"品牌关系"这个词汇，而在广告中，品牌关系主要关注的是"问题"，在这里，通过解决问题，广告成为品牌与消费者沟通的方式之一。因此，在营销传播的所有领域，品牌关系都有一个广阔的应用范围。

第一个也是最明显的延伸就是直销或关系营销，它对消费者的营销目标就是"一次一个人"。与消费者的理想关系的清晰表达能为品牌提供指导，指导它在与消费者的各种各样的交易中都采取恰当的行为。同样，通过包装、促销和公共关系来表达的品牌态度和行为，都应该与它们的关系一致。

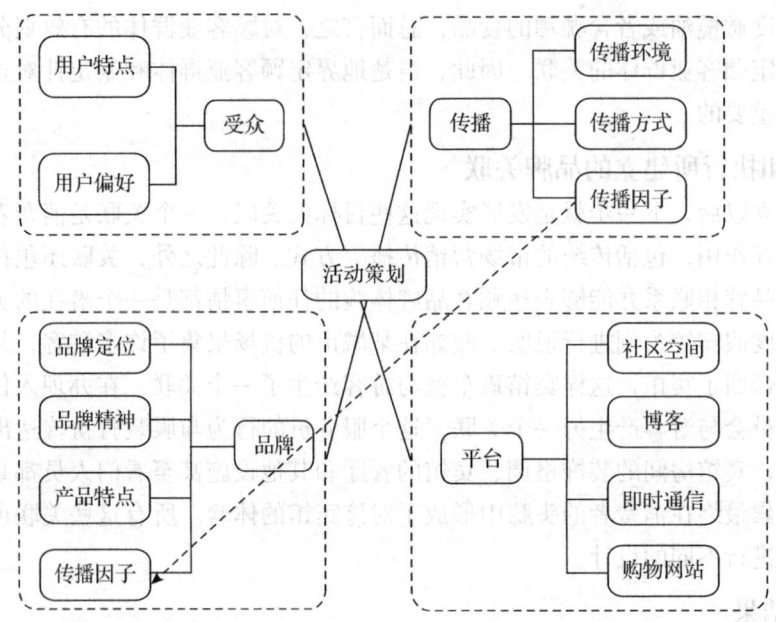

图 10-4　品牌策划评价网络

就更深层次而言，当公司品牌开始成为品牌树上越来越重要的一个特征时，品牌态度和行为的传播方式将回归消费者本身。一个公司品牌的员工代表的既是品牌态度的一种传播方式，也是完整品牌的一部分。因此，轮子转的将是一整圈；开始时作为人与人之间关系的一种类比也将回到它的源头。

如果我们让教师代表品牌，那么学生对教师的态度就代表学生对教师"品牌个性"的认知。教师有高超的教学能力，有事业心、爱心，并且风趣——听起来像是我们所有人都希望有的一个教师，同时我们也预期学生将喜欢这个教师。然而，当我们揭露出学生认为教师是如何看待他——一个有点厌学的后进学生，至关重要的这一点信息时，我们对关系本质的理解就完全改变了。在关系里，教师对学生态度的感知至少和学生对教师态度的感知一样重要。

这就是一维品牌形象与品牌关系之间的区别。同时，我们必须找到的是消费者脑海里的两个独立的集合：品牌作为态度的对象和主观的有一组"自己"态度的品牌。这意味着，在设计和策划品牌时，必须超越传统的品牌偏见。这种偏见就是只注重"客观的"品牌形象传达。

品牌的态度是什么样决定了品牌的性质。下面是某一品牌的忠诚网民对品牌态度感知的具有代表性的描述：

"你必须不断地努力提高自己，如果你想成为最好的，你就只能使用最好的。"

"你需要我的帮助来让你看起来成功。"

"我知道你认为我是一个性情古怪的人，但你仍旧非常妒忌我。"

对这些用户来讲，这个品牌依然吸引着他们。他们使用这个品牌并不是将其视为一个时尚的标签，而是作为他们个人成功和取得成就的符号。对那些非使用者来说，其反应是完全不同的。这个品牌对他们说：

"我完全不属于你们的阶级。"
"你是谁?我认识你吗?"
"你不适合我。"

因此,尽管同使用者一样能认知到同样高端的品牌个性,但是非使用者感知到的个性与他们发生的关系却大不相同。即便他们仰慕品牌中那些高质量的东西,但很清楚的是,他们发现品牌对他们来说是完全不可接近的。他们拒绝这个品牌是因为他们感觉被品牌拒绝了。因此,类似地,要理解品牌与消费者间的关系,需要对这两个东西进行观察和分析。首先,我们需要考虑消费者对品牌的态度和行为等传统内容。其次,我们也必须考虑品牌对消费者的态度和行为。

10.3 品牌渠道营销

品牌渠道营销因在企业品牌推广过程中涉及与中间商的关系而受到重视。品牌渠道营销是指企业通过利用消费者的品牌需求,创造品牌价值,最终形成品牌效益的营销策略和过程。它是通过市场营销运用各种营销策略使目标客户形成对企业品牌和产品、服务的认知过程。品牌渠道营销从高层次上把企业的形象、知名度、良好的信誉等展示给消费者或者顾客,从而在消费者或顾客的心目中形成对企业的产品或者服务品牌形象。品牌渠道营销说得简单些就是把企业的品牌深刻地映入消费者的心中。

品牌渠道营销的前提是产品要有质量上的保证,这样才能得到消费者、零售商的认可。品牌形象是建立在有形产品和无形服务基础上的。有形是指产品的新颖包装、独特设计以及富有象征吸引力的名称等,而服务是在销售过程中或售后服务中给顾客、零售商满意的感觉,让他们体验到做真正的"上帝"的幸福感。企业要让顾客始终觉得买这种产品的决策是对的,买得开心,用得放心,要让零售商觉得经销你的商品可以获得稳定的利润回报。纵观行情,从现在的技术手段推广来看,目前市场上的产品质量其实差不多;从消费者的立场来看,他们看重的往往是商家所能提供的服务多寡和效果如何;从长期竞争来看,建立品牌关系营销是企业长期发展的必要途径。对企业而言,既要满足自己的利益,也要顾及顾客的满意度。

10.3.1 品牌渠道营销的四个策略

与传统营销渠道一样,以互联网作为支撑的网络营销渠道不仅具备传统营销渠道的功能,而且按照互联网营销的规律,实施有效的品牌渠道营销,涉及信息沟通、资金转移和事物转移。品牌渠道营销的策略包括四个:品牌个性、品牌传播、品牌销售、品牌管理。

(1)品牌个性:包括品牌命名、包装设计、产品价格、品牌概念、品牌代言人、形象风格、品牌适用对象等。

(2)品牌传播:包括广告风格、传播对象、媒体策略、广告活动、公关活动、口碑形象、终端展示等。在传播上,品牌管理与整合营销传播所不同的是,品牌管理的媒体可以是单一媒体，也可以是几种媒体组合，完全根据市场需要决定。

（3）品牌销售：包括通路策略、人员推销、店员促销、网上促销、广告促销、事件行销、优惠酬宾等。

（4）品牌管理：包括队伍建设、网上社区管理、营销制度、品牌维护、终端建设、士气激励、渠道管理、经销商管理等。

品牌渠道问题诊断图如图 10-5 所示。

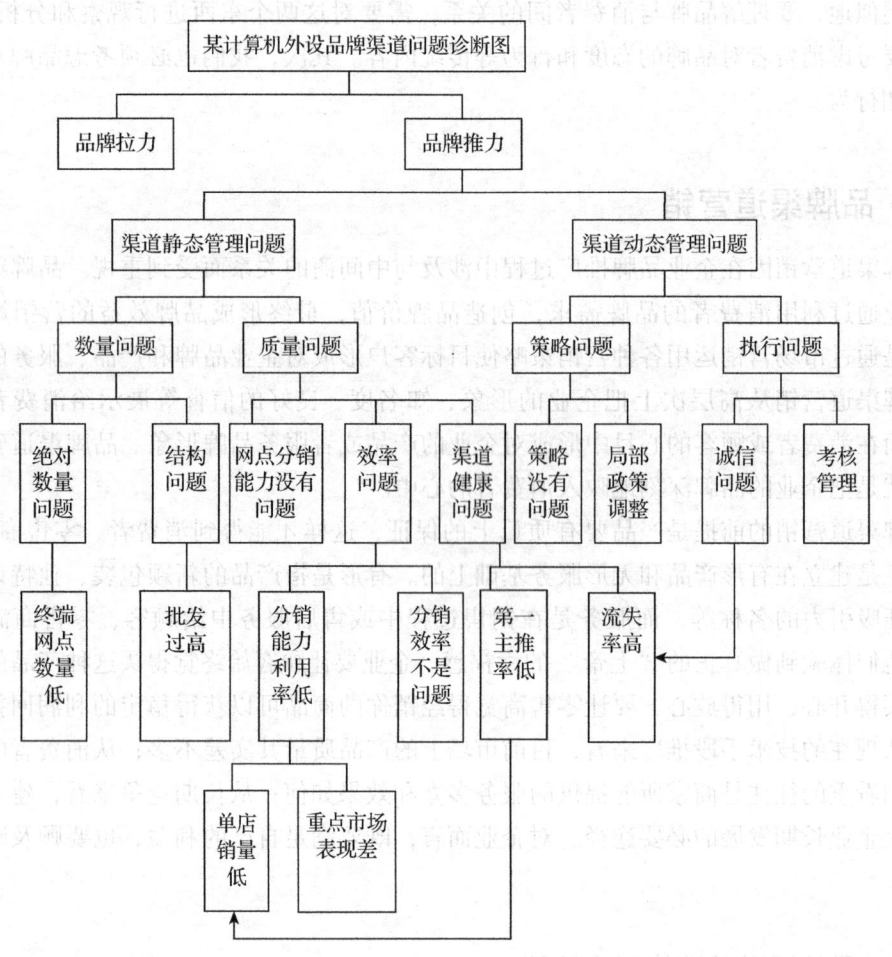

图 10-5　品牌渠道问题诊断图

10.3.2　品牌渠道营销的五个要素

如果说概念营销对于产品价值的提升总是徘徊在若有若无之中的话，那么品牌营销便是实实在在的表现了。InterBrand 推出的 2020 年"全球最具价值品牌榜单"中，苹果公司以 3 229.99 亿美元的品牌价值蝉联榜首，而可口可乐只是屈居第六位。这充分说明了实施品牌营销能带来怎样的直接经济效益。现在的问题是人们的生活进入了一个信息化空间，对于大多数企业来说，产品的同质化和广告宣传的诸多限制，使得数不胜数、大同小异的所谓"品牌"信息频繁轰炸消费者。怎样才能让消费者在这泥沙俱下、纷繁杂乱的信息海洋中发现并看好自己的品牌,确实是摆在每个企业面前的重要课题。

从一般意义上讲,产品竞争要经历产量竞争、质量竞争、价格竞争、服务竞争到品牌竞争,前四个方面的竞争其实就是品牌营销的前期过程,当然也是品牌竞争的基础。从这一角度出发,要做好品牌营销,以下五个方面不可等闲视之。

1. 质量第一

对于任何产品,持久、旺盛的生命力无不来自稳定、可靠的质量。产品是能给顾客带来价值的实体,消费者对其质量的期望值是相当高的,因此会导致消费者对品牌的忠诚度也相当高。比如药品,患者一旦认可一种药品,其购买和使用的行为将有可能是长期的。又如,可口可乐这一品牌的价值来自消费者记忆中关于可口可乐的一切,而不是其他别的东西。2020年位居《财富》世界500强第7位的大众汽车,其品牌Volks在德语中的意思为"国民",Wagen在德语中的意思为"汽车",全名的意思即"国民的汽车",故又常简称为"VW"。其品牌形象深入人心,具有持久的魅力。

2. 诚信至上

人无信不立,同理,品牌失去诚信,终将行之不远。为什么同仁堂、胡庆余堂、九芝堂等的品牌形象能历久不衰?为什么曾经红极一时的天狮、祥康、太阳神等都只各领风骚三五年?除了产品的市场属性和生命周期等因素外,更重要的原因就是前者靠脚踏实地、诚信为本,后者靠华而不实的广告吹嘘和虚拟概念炒作。时间是检验诚信与否的标尺。长期以来,我们能经常听到达仁堂、同仁堂、九芝堂等的产品悬壶济世、妙手回春的美谈,而对靠炒作出名的药品(保健品),除了其自吹自擂的"疗效"外,最后都免不了落个被消费者弃之如敝屣的结局,有的甚至因为疗效不佳而吃了官司,最后败走麦城。

3. 定位准确

著名的营销大师菲利普·科特勒曾经说过:市场定位是整个市场营销的灵魂。的确,成功的品牌都有一个特征,就是以始终如一的形式将品牌的功能与消费者的心理需要联结起来,并将品牌定位的信息准确传达给消费者。比如同是洗衣机,由于市场定位不同,有较高经济收入者首先想到的可能是海尔全自动滚筒洗衣机,而经济状况较为拮据者则首先可能会想到金帅波轮洗衣机;同样,一个真正关爱妻子,并力求营造一点浪漫氛围的富有的中年男士,在首饰与服装之外一般是不会忘记买上几盒太太口服液的。它就是这些品牌一以贯之的定位和准确、贴切、适当的诉求表达的效应。

市场定位并不是对产品本身采取什么行动,而是针对现有产品的创造性思维活动,是对潜在消费者的心理采取行动。因此,提炼对目标人群最有吸引力的优势竞争点,并通过一定的手段传达给消费者,然后转化为消费者的心理认知,是品牌营销的一个关键环节。

4. 个性鲜明

一个真正的品牌产品绝不会高低通吃、人人皆宜、价值绝对。就像吉普车适于越野、轿车适于坦途、赛车适于运动比赛一样,对于品牌的功效诉求和目标靶向,一定要在充分体现独特个性的基础上力求实现单一和准确。单一可以赢得目标群体较为稳定的忠诚度和专一偏爱;准确能提升诚信指数,成为品牌营销的着力支点。

我们经常看到的"更稳定""多功能""高品质""价格平"等广告诉求语言,根本谈不上是有个性的语言,自然就不可能准确地描述计算机品牌的个性。而像"不到长城非好汉?不去长城准遗憾""它能帮你处理最棘手的难题""轻、薄、强劲,纤毫之间,隐藏澎湃威力"等个性十足、鲜明独特的诉求,就较容易得到消费者的认同,品牌形象也伴随着这些朗朗上口的广告语而迅速建立。

5. 巧妙传播

有"整合营销传播先驱"之称的舒尔茨说:在同质化的市场竞争中,唯有传播能够创造出差异化的品牌竞争优势。医药产品与其他产品相比,同质化现象尤为突出。在 20 世纪 80 年代,简单的广告传播便足以树立一个品牌;到 90 年代,铺天盖地的广告投入也可以撑起一个品牌;时至 21 世纪,品牌的创立就远没有那么简单了。除了需将前述四个方面作为坚实基础外,独特的产品设计、优秀的广告创意、合理的表现形式、恰当的传播媒体、最佳的投入时机、完美的促销组合等诸多方面都是密不可分的。同时,对于医药产品的市场传播还必须考虑其持续性和全面性。

为什么像巨人、乐视那样的企业尽管极尽传播之能事,但最终却竹篮打水一场空?主要原因就是产品或者创意是虚弱的,无法支持其传播的持续性。为什么不少中小企业的一些产品确实不错却难以打动更多的消费者?主要原因就是营销策划缺乏周密的整合思路,自然也就无法收到市场传播的效果。品牌有不同的层次,在品牌到达消费者的过程中,任何一个环节出问题都将影响品牌价值的实现,渠道中的经销商就是很重要的一环。如果不能取得经销商的认同,品牌价值是不可能实现的,而如果取得他们的认同,即便品牌缺乏消费者的认同,品牌价值也能在一定程度上实现。这种认同可以理解为"客户品牌"。

经销商客户对某个品牌的认可,将决定着该品牌在通路中的影响力,在国内的批发市场中,不乏众多经销商认可的品牌,市场覆盖率也较高,可惜的是其没有将这种认同感转化为品牌的价值。没有建立客户忠诚度的品牌,即便拥有消费者忠诚度,也可能处于一种危险的状态。例如,某品牌食品尽管消费者忠诚度很高,但是由于没有处理好与经销商的关系,渠道中充满了抱怨,从而受到了中低档品牌的攻击,丢失了客户;又如,某洗发水生产商实施零售商基金计划后,引起了中间商的反感,他们纷纷将货架空间转给竞争品牌,从而削弱了该企业的竞争力。

品牌不仅是企业、产品、服务的标识,还是一种反映企业综合实力和经营水平的无形资产,在商战中具有举足轻重的地位和作用。对于一个企业而言,唯有运用品牌、操作品牌,才能赢得市场。加入 WTO 后,国外跨国公司与知名品牌大举进入我国市场,我国企业和产品与世界知名品牌的企业和产品在同一市场中角逐,产品的竞争实际上已过渡到品牌的竞争。因此,积极开展品牌营销,对于我国企业而言是当务之急。

10.3.3 渠道规划的原则

渠道规划的原则如图 10-6 所示。

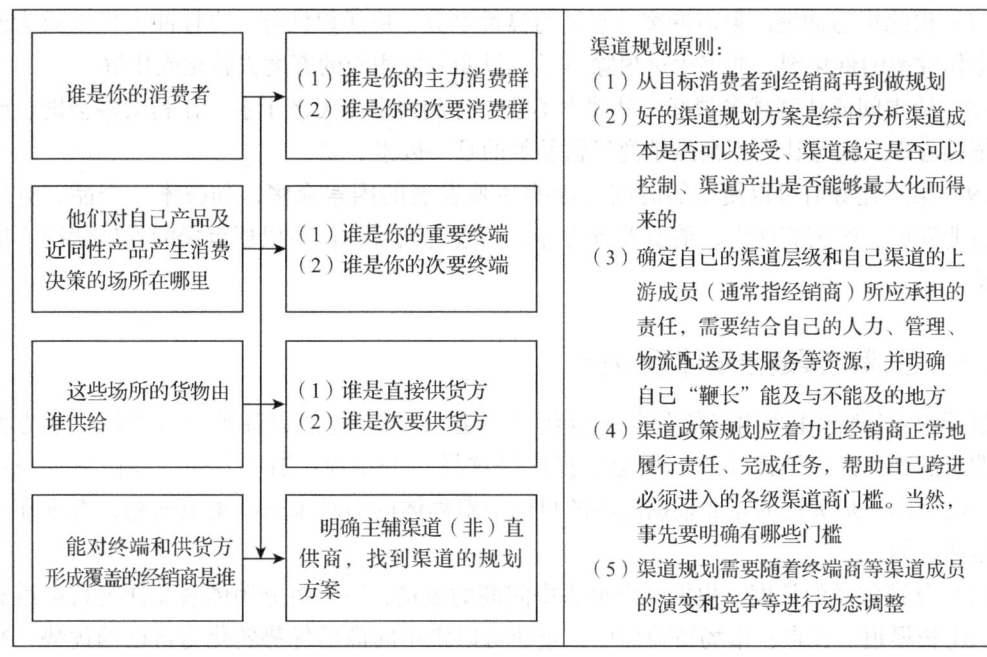

图 10-6　渠道规划的原则

10.3.4　品牌渠道管理的误区

品牌渠道管理的九大误区如下。

(1) 认为降低销售重心就是要自建销售网络。其不良表现是：专业化程度不高，效率低下；摊子太大，反应缓慢；管理成本较高；人员开支、行政费用、广告费用、推广费用、仓储配送费用巨大。

(2) 中间商数量越多越好。其结果是：市场狭小，易发生冲突；渠道政策难以统一；服务标准难以规范。

(3) 渠道越长越好。其表现是：管理难度加大；延长了到达消费者的时间；环节过多，增加了产品的损耗；企业难以有效掌握终端市场的供求关系；企业利润被分流。

(4) 网络覆盖面越广越好。企业有无足够的资源和能力去关注每个区域的运作？是自建网络还是借助中间商网络？渠道管理水平能否跟上？如何应对竞争对手对薄弱环节的重点进攻？

(5) 经销商的实力越强越好。实力强的经销商同时也会经营竞争品牌，并以此作为讨价还价的筹码。实力强的经销商不会花很大精力去销售一个小品牌。企业可能会失去对产品销售的控制权。

(6) 选好经销商就万事大吉了。中间商的选择，只是渠道建设的第一步。品牌畅销不仅与中间商的经销力有关，还需要其他因素的配合。"无利不起早"是个别经销商的行事准则，厂家要监控渠道运作。对于缺乏积极性的经销商要经常加以引导。对经销商开展技术指导和提供售后服务是绝对必要的。

（7）根除渠道冲突。渠道冲突有恶性与良性之分，应予以区分。良性冲突可以成为改善渠道运作效率的催化剂。冲突永远根除不了，只能采取积极的态度去转化或化解。

（8）给中间商让利越多越好。品牌力不强，让利再多也无济于事。让利太多会助长经销商的依赖心理，而且让利不是经销商经营品牌的唯一因素。

（9）渠道建好后可以使用的时间。影响品牌发展的因素众多，如技术、产品、竞争结构、行业发展、经销商能力、消费者行为等，渠道建成后，仍要根据市场的发展状况不断加以调整。

10.3.5 品牌的渠道分销体系设计

最新的4C理念主张用"便利"来取代"渠道"，核心思想是让消费者可以在最方便的地点购买品牌商品，因此品牌的渠道选择应是这样一个流程：消费者──→零售商──→批发商──→经销商，最关键的是要根据品牌的目标消费群体的需求来选择渠道通路，否则在策略上就是错误的。

（1）分销体系的长度。根据纵向渠道中间商的数量，可以将分销体系设计为长渠道和短渠道。①长渠道。优点：市场覆盖面广，企业可以将中间商的优势转化为自己的优势，减轻企业费用的压力，一般比较适合快速流通消费品采用。缺点：企业对渠道的控制程度较低，增加了服务水平的差异性，加大了对中间商进行协调的工作量。②短渠道。优点：企业对渠道的控制程度较高，专用品、时尚品及顾客密度大的市场区域较为适宜采用。缺点：企业要承担大部分或全部渠道的功能，必须具备足够的资源，且市场覆盖面较窄。

（2）分销体系的宽度。根据渠道同一层级中的中间商数量、竞争程度及市场覆盖密度，可以将分销体系设计为宽渠道与窄渠道。①宽渠道：同层级中的中间商数量多，竞争程度较强，市场覆盖密度高。②窄渠道：同层级中的中间商数量少，竞争程度较弱，市场覆盖密度低。

（3）分销体系的形式。根据渠道宽度，可以将分销体系的形式设计为三种：独家性分销、密集性分销和选择性分销。①独家性分销：在既定市场区域内，每一渠道层次只有一个中间商经营品牌。优点：市场竞争程度低，企业与经销商关系较密切，适用于专用品牌分销。缺点：经销商缺乏竞争激励，不一定能达到市场覆盖的要求，同时经销商对企业的反控制力较强。②密集性分销：在同级市场中符合企业最低要求的中间商都可以经营品牌。优点：市场覆盖率高，适用于日用消费品分销。缺点：中间商之间容易发生冲突并导致市场混乱，企业的渠道管理成本较高。③选择性分销：在同级市场中企业只选择少数几家中间商经营品牌。优点：主动权掌握在企业手中，可根据市场变化和经销商的表现做出选择。缺点：部分经销商之间仍然会发生冲突。

10.4 品牌渠道管理策略

企业将品牌作为战略结盟的纽带。如何通过品牌资源共享，建立长期的战略合作关系，是企业关注的重点。

10.4.1 品牌一体化策略

品牌一体化思想源于任何事物都有共生、共存、共荣的倾向，同时，事物都以自己的对立面为存在前提，双方依据一定的条件处于同一体中，并在一定条件下相互转化，形成新的同一体。品牌一体化策略包括以下策略。

（1）共生型品牌一体化。两家或两家以上的公司通过某种形式的协作，共同开发新的市场机会而形成的渠道关系，目的是通过联合发挥资源的协同作用来规避风险并获得品牌利益。

（2）管理型品牌一体化。企业与经销商之间不是单纯的买卖交易关系，而是要承担起共同发展的责任和义务，其中的关键是企业要利用品牌来整合双方的利益，例如评选优秀经销商、设立品牌联销体、为经销商提供培训等附加价值。

（3）公司型品牌一体化。企业与中间商合作设立销售分公司、建立分支机构或兼并商业机构，采用工商一体化的战略形成销售网络，掌控销售的各个环节，使市场交易内部化，减少流通费用。

（4）契约型品牌一体化。在以批发商为核心的自愿连锁销售网络中，批发商将独立的零售商组织起来，统一为他们提供各种货物和销售支持，如统一采购、库存管理、配送货等。

（5）特许型品牌一体化。特许经营销售网络是指由生产商组织的零售商特许专营网络，由生产商组织的批发商特许专营网络，由服务型企业倡办的特许专营网络。

渠道规划设计的九项目标如图 10-7 所示。

1.顺畅	2.增大流量	3.便利	4.开拓市场	5.提高市场占有率	6.扩大品牌知名度	7.经济性	8.市场覆盖面积及密度	9.控制渠道
最基本的功能，直销或短渠道较为适宜	追求铺货率，广泛布局，多路并进	应最大限度地贴近消费者，广泛布点，灵活经营	一般较多地倚重经销商、代理商，待站稳脚跟之后，再组建自己的网络	渠道保养至关重要	实际上就是争取和维系客户对品牌的信任度与忠诚度	要考虑渠道的建设成本、维系成本、替代成本及收益	多家分销和密集分销	厂家应扎扎实实地培养自身能力，以管理、资金、经验、品牌或所有权来掌握渠道主动权

图 10-7 渠道规划设计的九项目标

(6) 网络品牌一体化。随着经济和科技的不断发展，社会格局逐渐实现网络一体化，而无论是线上还是线下的产品或服务，网络品牌都需要在网络一体化的格局下，获得更为广阔的发展空间，需要以网络为平台来提升产品的知名度和品牌价值。

10.4.2　品牌渠道管理面临的挑战

传统的分销渠道通常是以下的模式：厂家——→分销商——→下级分销商——→用户。但是近年来，在新零售、新消费的影响下，品牌营销要因时而变，终端的产品形态、营销方式、渠道构建也发生了巨大的变化。企业在充分利用微信生态圈打卡裂变的同时，也逐渐扩大宣传范围，如抖音、小红书等当红社交平台显然更能吸引到广泛的意向客户，乃至理念追捧者和拥护者，通过借助新媒体渠道，助力品牌形成营销的立体化合围形式。例如，虽然戴尔公司的直销模式曾取得过辉煌成就，但是渠道扁平化、销售场景化趋势越发明显，拉近了与用户的距离。在我国，一段时间里经济基础薄弱，市场服务手段单一，人们的思想意识还比较保守，因此采用直销的方式对国内企业来说尚不现实。但是，顺应平台经济与共享经济，实现分销渠道扁平化，缩短供应链，降低成本，获取本已不丰厚的利润应是今后企业的共同追求。目前市场上的诸多因素使得传统的渠道面临严峻的挑战。

1. 产品多样化

为抵御分销单一产品所面临的巨大市场风险，分销商一般都经营多种产品，以保证收益的稳定性。但是多样化的产品势必会分散分销商的精力，而终端市场的开拓在很大程度上还必须依赖分销商人力、财力、物力的投入；分销产品的种类多，单一产品的投入就少；投入少，销量就会萎缩，厂家的市场地位就会动摇。

2. "搬箱子"与客户需求满足之间的差异

所谓"搬箱子"是对当前分销商业务的形象写照，即分销商从企业搬回"箱子"——产品，然后通过销售把"箱子"转移给用户，这是简单的销售。随着人们消费心理的日益成熟，人们对产品本身以外的非产品部分的要求会越来越高，对产品的售后服务、产品的个性化和时尚化的需求越来越强烈，而分销商还停留在以往"搬箱子"的水平上，他们所能提供的服务与顾客想得到的服务之间就存在巨大的缺口。

3. 产品微利和企业回报的降低

高利润行业会吸引行业外厂家进入并最终使行业利润率下降，达到社会平均利润水平，因而成熟的市场是微利的市场，过多的销售环节会摊薄利润，使企业的收益降低。

10.4.3　品牌渠道对分销商的冲击

我们熟知的传统消费品品牌大多数都是靠授权渠道经销商完成销售的，表面上是零售形式，实则是批发模式。品牌商用广告拉动品牌，经销商通过深度分销，铺货进终端网点，网点利用各种促销活动推动销售，经销商承载的功能是垫资、配送、分销，仅仅依靠获取商品进销差价以及品牌商的返点盈利，品牌商和渠道商各司其职，上下游通力合作。这种模式在互联网盛行之前获得了传统时代的最佳红利。

1. 场景升级，链路重构

消费场景升级迫使经销渠道面临着产销链重构。经过近几十年的市场积淀，以快销品如日化、饮料、食品、美妆等，以及鞋服、家居建材等耐用消费品为代表的品牌商在传统渠道的建设上，已经逐步形成了非常稳固的渠道铺货和终端销售能力。

在当下的移动互联网时代，随着技术升级和消费升级，消费者触达商品的方式越来越丰富，购物场景也在不断升级演化，销售渠道逐渐开始分化，新的数字技术在重塑营销渠道。

技术推动消费端的场景不断升级。例如，除了天猫、京东、唯品会等平台电商之外，社群电商、全员零售、电商直播、明星带货、团购、KOL种草等各种新场景也纷纷崛起。

而在传统线下，渠道商的分销网点之间在空间上是相互割裂的，渠道商的业务代表又是一个个分散移动的个体，他们之间的业务相互独立且相互分割，从品牌到渠道再到网点，在纵向上是断层的，从业务代表到网点，在横向上是独立的，因此纵横向断裂后出现了很多散点颗粒，导致品牌弥散化。

2. 平台入局，渠道解构

由于经济颗粒之间信息不透明、传递不及时、市场反应缓慢、品类流通效率低下，因此会导致市场全渠道业务无法高效协同，新营销与新消费下的各种新场景的玩法也难以进入终端网点。在此背景下，拼多多旗下的多多买菜、滴滴旗下的橙心优选等互联网巨头进场社区团购，对传统经销体系进行了新一轮的重构，特别是食品、快消、生鲜等传统经销渠道尤为明显。通过平台集合，将散乱的经济颗粒加以凝聚和整合，能够消除信息隧道效应，消除流通壁垒，形成全链路高效协同，并将其推进终端网点。

目前平台电商已携百亿资金入局补贴用户，导致渠道彻底解构，在很多区域市场，它们的零售价比从传统经销渠道的进货价还要低。

这些巨头的玩法打破了传统经销渠道从厂家或品牌商到一批、二批、销地市场，再到末端网点的流通链路过长的局面，推动传统经销渠道实现扁平化，打通了从厂家基地到平台，再到消费者的全流通通路。这些平台入局的最终目的是掌控用户，掌握渠道的定价权。

不论是场景升级，还是行业外跨界颠覆所带来的冲击，在一定程度上都解构了品牌商和厂家以往建立的传统经销体系，带来了新一轮的渠道重构。

3. 数字化赋能，助力渠道商成为运营商

渠道的数字化为品牌商管理、链接渠道商提供了一条通达捷径。渠道的数字化就是为整个渠道，包括批发商、分销商、终端零售网点赋能助力，把他们的所有业务线上化、信息化。厂家想获得终端消费者市场，就需要去扶持经销商和门店，通过提升其连接消费者的能力，最终反哺品牌商对于终端消费者市场的把控。

数字化将给处在中间的渠道商带来革命性的变化，越来越多的品牌商的业绩增长开始受困于原本最熟悉的渠道，并在渠道的增长和扩张上遇到新的瓶颈，中间的渠道商也面临着诸多的挑战。

卖方市场向买方市场的转变使顾客拥有了自主权，顾客的目标成为企业交易的价值所在，因而现代营销的核心也已经由对产品功能的诉求转变为对顾客价值的诉求。渠道扁平化作为一种销售模式，简化了销售过程，缩减了销售成本，使企业有较大的利润空间。但扁平化并不是简单地减少哪一个销售环节，而是要对原有的供应链进行优化，剔除供应链中没有增值的环节，使供应链向价值链转变。

供应链管理最优化将是未来厂商、分销商、电子商务运营商经营成功的关键之一。那么，如何优化供应链呢？这就要做到将营销网、物流网、信息网、客户服务网、互联网五网合一，借助互联网把产品销售、物流控制、信息沟通、客户管理及意见反馈有机结合起来，使传统分销模式向电子分销模式转化，利用电子商务来解决传统渠道在操作中由于主观或客观的原因所造成的低效率运作问题，以求以最短的供应链、最快的反应链、最低的成本来进行运作。具体来说，企业应从以下几个方面着手。

（1）供应链上的每个节点（环节）均存在服务需求，通过对该环节的服务，可以实现产品的增值，同时应剔除没有服务需求、不能实现增值的环节。

（2）公司业务部门是公司对外经营的供应链节点，要按供应链来组织，应不断完善并提升自己在供应链中的位置；职能部门是业务部门作为供应链节点所承担服务的实施者，要按服务链来组织，必须具备服务意识。同时，职能部门内部也应按服务链来组织。业务与职能部门要相互协调、统一。

（3）厂家要引导分销商，使之主动地开拓市场。增值渠道要把增值清楚地引导到市场上，使分销商切实发挥自身优势，依据其对所在区域市场及客户的了解，挖掘利润增长点。

（4）实施电子商务化，提高信息收集和沟通手段的先进程度。建立信息中心，形成一套较为完善的信息收集、反馈、整理和处理运作体系，及时为公司决策层的决策和业务部门制定营销策略提供依据。将渠道重心下移，缩减渠道环节，如在二三类城市直接设立分销商，使分销渠道由厂家──→一级分销商──→二级分销商──→用户转变为厂家──→分销商──→用户。有步骤、分阶段地推进电子化进程，在企业内实行传统分销系统和电子分销系统并行的运作方法，并不断强化电子分销，在时机成熟时使其全面替代传统分销。未来区块链的去中心、去中介的云推广模式，可能会对当下的品牌渠道带来一次革命。

本章小结

1. 品牌关系管理是指企业的一种活动或努力，通过这种活动或努力，建立、维持以及增强品牌与顾客之间、品牌与零售商之间的关系，并且通过互动的、个性化的、长期的、以增加价值为目的的接触、交流与沟通，以及对承诺的履行，来持续地增强这种关系。
2. 品牌关系管理的过程是指企业确定其使命，根据组织外部环境和内部条件设定企业的战略目标，为保证目标的正确落实和实现进度谋划，并依靠企业内部能力将这种谋划和决策付诸实施，以及在实施过程中进行控制的一个动态管理过程。
3. 品牌关系管理的基本策略：选择最有价值顾客、建立和管理顾客数据库、建立学习关系、认真对待最有价值顾客、重构企业的组织结构。
4. 关系品牌的开发过程：第一步，设计和绘制顾客亚群体剖面图；第二步，为每个顾客亚群体设定测量目标；第三步，设计和执行所建立的品牌关联；第四步，评价结果。
5. 品牌一体化策略：共生型品牌一体化、管理型品牌一体化、公司型品牌一体化、契约型品牌一体化、特许型品牌一体化。

自测题

一、单项选择题

1. 品牌关系管理以（　　）为中心，强调顾客资产。
   A. 产品　　　　　　B. 市场　　　　　　C. 企业　　　　　　D. 顾客
2. 品牌关系管理的核心是（　　），企业从顾客与其品牌的良好关系中获利，是以关系为导向的。
   A. 关联　　　　　　B. 价值　　　　　　C. 关系　　　　　　D. 质量
3. 品牌关系管理的落脚点是（　　）。它可以分为内部营销和外部营销两个部分。
   A. 品牌价格体系　　B. 品牌关系营销　　C. 品牌核心理念　　D. 品牌文化体系
4. 企业实施品牌关系管理的对象并不是所有可能的顾客，而是最有价值顾客，因为来自企业的经验证明，企业利润的绝大多数来自其（　　）的最有价值顾客。
   A. 20%　　　　　　B. 10%　　　　　　C. 5%　　　　　　D. 30%
5. 因为现代品牌关系管理是以顾客为中心的品牌管理方法，其实质是由过去的（　　）范式向关系范式的转变。
   A. 沟通　　　　　　B. 协作　　　　　　C. 交流　　　　　　D. 交易
6. BRM 是一套以品牌资产增值为目的，以品牌战略定位与传播为基础，以（　　）为手段的品牌管理思想体系。
   A. 知识管理　　　　B. 价值管理　　　　C. 系统管理　　　　D. 资源管理
7. 关系品牌是专为某个（　　）的消费者定制的一种服务。
   A. 亚群体　　　　　B. 大群体　　　　　C. 小群体　　　　　D. 总群体
8. 划分顾客亚群体过程的第一步是把公司的消费者或者顾客分成若干（　　），然后对其进行剖析。
   A. 亚群体　　　　　B. 大群体　　　　　C. 小群体　　　　　D. 总群体
9. 品牌渠道营销因在企业品牌推广过程中涉及与（　　）的关系而受到重视。
   A. 中间商　　　　　B. 供应商　　　　　C. 渠道商　　　　　D. 供货商
10. 品牌的渠道选择应是这样一个流程：消费者——→零售商——→批发商——→经销商，最关键的是要根据品牌（　　）的需求来选择渠道通路。
    A. 目标投资群体　　B. 目标利益群体　　C. 目标消费群体　　D. 目标收益群体

二、多项选择题

1. 品牌一体化策略包括（　　）。
   A. 共生型品牌一体化　B. 管理型品牌一体化　C. 公司型品牌一体化
   D. 特许型品牌一体化　E. 网络品牌一体化
2. 关系品牌的开发过程包括（　　）。
   A. 设计和绘制顾客亚群体剖面图　　　　B. 为每个顾客亚群体设定测量目标
   C. 设计和执行所建立的品牌关联　　　　D. 评价结果　　　　E. 测试质量
3. 品牌关系管理的基本策略包括（　　）。
   A. 选择最有价值顾客　　　　　　　　　B. 建立和管理顾客数据库
   C. 建立学习关系　　　　　　　　　　　D. 认真对待最有价值顾客

E. 重构企业的组织结构
4. 顾客资产由三个要素组成，即（　　）。
   A. 价值资产　　　　B. 品牌资产　　　　C. 关系资产
   D. 协议资产　　　　E. 关联资产
5. 品牌关系管理的工作流程包括（　　）。
   A. 前期准备　　　　B. 项目启动　　　　C. 调研分析
   D. 方案设计　　　　E. 实施支持
6. 划分顾客亚群体的方法主要有（　　）。
   A. 新颖性　　　　　B. 消费次数　　　　C. 货币价值
   D. 市场归属　　　　E. 细分领域
7. 品牌渠道营销的策略包括（　　）。
   A. 品牌个性　　　　B. 品牌传播　　　　C. 品牌销售
   D. 品牌管理　　　　E. 品牌策略
8. 品牌的渠道分销体系设计包括分销体系的（　　）。
   A. 长度　　　　　　B. 宽度　　　　　　C. 形式
   D. 内容　　　　　　E. 方向
9. 品牌分销渠道体系面临的严峻挑战包括（　　）。
   A. 产品多样化　　　　　　　　　　　B. 产品微利和企业回报的降低
   C. "搬箱子"与客户需求满足之间的差异
   D. 线下与线上品牌的融合　　　　　　E. 数字化技术的推进
10. 渠道的供应链管理最优化途径包括（　　）。
    A. 供应链节点上的增值　　　　　　　B. 明确业务部门的定位
    C. 引导经销商开发市场　　　　　　　D. 实施电子商务　　　E. 推行数字化技术

三、简答题

1. 品牌关系管理的主要理论是什么？它对品牌管理观念更新有何意义？
2. 什么是新的"顾客"关系？新的"顾客"应该延伸到哪些基本方面？
3. 品牌关系管理的基本策略是什么？其构成要素及相互之间的关系是怎样的？
4. 关系品牌开发的过程是什么？
5. 目前我国品牌渠道管理面临的挑战是什么？如何科学地处理好"零供"关系？

📍 案例分析

品牌矩阵背后的渠道生态

在瞬息万变的市场中，企业从来就没有永恒的制胜法宝。面对激烈的竞争和消费升级，企业只有通过顺势提升能力、调整经营策略，才有可能脱颖而出，最终成为互联网时代的新锐。

1. 抓住机遇，理清思路，重塑形象

目前，中国清洁洗护用品企业普遍意识到，在这个充满变数的时代，渠道的本质就是市场需求，如何通过渠道多重共生满足终端消费是品牌扩张发展的关键，而白猫品牌矩阵背后的渠道生态链打造，无疑给日化行业品牌重生带来了启示。

在清洁洗护用品领域，上海和黄白猫有限公司（简称"和黄白猫"）在半个多世纪以来，引领和见证了中国日化行业的繁荣与发展，甚至构成了几代国人共同的"洗护记忆"。随着"白猫"牌洗衣粉的影响力遍及大江南北，"和黄白猫"便确立了针对国内清洁洗护用品市场、不同消费阶层用户的多品牌经营与品牌关系发展的新思路。

据了解，白猫品牌经过70年的发展，逐渐形成了"白猫""佳美""威煌""凯玛仕"等多品牌矩阵，涉及餐具清洁、织物洗涤、居家清洁、辅洗剂、厕所清洁、卫生消毒等领域。其产品以优良的质量和值得信赖的品质，在消费者心中树立了良好的形象。

2. 推出新品，注重内涵，组建团队

"和黄白猫"在产品端也不断创新，推出了细分日化品牌"小白猫"，将目光瞄准年轻一代消费人群。"小白猫"不仅丰富了"和黄白猫"的品牌矩阵，而且在包装上通过"萌鸡小队"卡通形象的授权，将经典产品与流行IP相结合，赋予了清洁洗护产品品牌丰富的文化内涵。

据此分析可知，"和黄白猫"多品牌经营无疑是正确的，能够衍生出最大化的竞争优势。值得一提的是，"和黄白猫"依托多品牌经营，通过组建销售团队，建立了涵盖全国范围的品牌渠道体系，在各线城市都拥有优秀的销售团队。这也是"和黄白猫"多年来能稳健发展的原因。

3. 明确战略及策略，升级关系品牌，构建渠道生态

在如何架构、管理渠道和扶持渠道等方面，每个厂商都有着自己的理念和策略。"和黄白猫"将"品质为先，客户至上"作为渠道战略的根本立足点，并在此基础上，制定了稳定、高效的渠道政策和支持策略，同时根据市场和需求的变化以及品牌推广渠道的变革，随时在渠道政策上进行优化和创新。

在消费升级浪潮推动下，商业的本质从买卖关系过渡到服务关系。品牌形象建立也过渡到品牌关系构建。"和黄白猫"在拥有了成熟且稳健的线下渠道后，通过打好的基础，更快地去构建全新渠道生态，完成了线上与线下的品牌全面融合，通过消费沟通、产品开发、功能诉求、场景体验、社会服务体系，形成了生态链渠道模式，实现了真正的营销全闭环，为广大的中国家庭带来了高品质的洗涤产品和服务。

在未来新一轮的品牌发展阶段，"和黄白猫"的管理层认为：他们肩负着复兴"白猫"这个民族品牌的责任与使命。虽然渠道方式是市场决定的，但他们坚持寻求更好的策略，去实现平台共享和流量互通，继续通过多渠道去触达终端消费者，让他们了解白猫、信赖白猫。"和黄白猫"通过聚合多方力量来推动市场共赢，围绕多品牌矩阵，一面加强洗涤用品行业信息共享，一面深入了解市场环境，形成自身差异化的竞争优势，构建出了自己的渠道生态。

资料来源：https://rich.online.sh.cn/content/2021-02/05/content_9714359.html.

问 题： 1. 品牌渠道多重共生与白猫品牌矩阵的关系如何？"和黄白猫"的品牌发展思路与品牌矩阵架构如何？
2. "和黄白猫"多年来能稳健发展的主要原因是什么？在品牌细分领域的主要做法是什么？
3. "和黄白猫"的品牌渠道政策和支持策略如何？品牌生态链渠道模式构建的主要内容是什么？未来渠道生态对"和黄白猫"品牌矩阵的形成将产生何种作用？

万家乐推动家电服务数字化，让品牌与消费者更贴近

2020年是不平凡的一年，市场度过了最艰难的时刻，迎来了后疫情时代。但是，对于大多数

人来说，疫情不仅是一次身心考验，还带来了健康和生活理念的改革，比如消费者越来越依赖线上服务，在全民宅家的日子里，线上会议、直播课程、无接触购物等以往需要几年甚至几十年才能推进普及的线上服务模式，现在一年左右就让人们体会到其便利性，并欣然接受了这种数字技术带来的福祉，同时也推动了企业加速数字化服务的进程。

1. 万家乐推动数字化进程，满足后疫情时代的新需求

在后疫情时代，在众多企业按下数字化进程加速键的同时，万家乐当机立断地加快数字化转型，为万家乐的消费者提供更及时、更便捷的服务，在近期开启了线上公众平台服务入口，设置了在线服务方式。通过"直播讲解""线上工程师服务""公众号在线报修"这些功能，让人们无论在何处购买了万家乐品牌的产品，都能够通过线上方式了解并享受到品牌的专业服务。自1985年成立以来，万家乐就坚持这一策略，并保证理念以技术升级为导向，从而为万千中国家庭创造更舒适、科技、智能的厨卫生态。目前，海量的数据可以让万家乐全流程应变能力更强，万家乐也打好了科技这张牌，为中国家电产业的结构性重塑增添自己的力量。

2. 精准定位需求，直击距离痛点，提供贴心服务

万家乐不仅将"立足科技制高点，屡创研发新高度"品牌建设指导方针视为产品研发和生产的重点，而且关注利用数字化解决品牌售前与售后的服务需求。在后疫情时代，由于人与人之间为求保持安全距离，使得许多上门服务无法正常进行，所以万家乐就拍摄产品使用、故障判断、简单维修等小视频，上传至各视频平台，方便消费者了解，轻松解决家电小问题。当消费者遇到无法解决的问题时，万家乐还安排了服务工程师进行直播，向用户在线传授产品的正确操作方法，实现"一对一"的指导使用。在当前政府建议"保持安全距离"的大环境下，万家乐的数字化服务却让品牌与消费者走得更近。

3. 瞄准数字技术，关注用户需求，提升服务水准

在服务系统数字化建设过程中，万家乐进一步完善了线上服务功能，系统可自动判定用户需求的难易程度，并进行计算、筛选、分级处理。数字化技术不仅能为用户提供需求定制化服务，还能大幅提高整个服务系统的效率。

早在2020年年初，万家乐就引领行业推出了安检清洗厨卫产品的标准化流程，以及无接触式的线上预约方式。落到实处的贴心服务才是真正的企业社会责任感的体现。万家乐为业界推广健康概念、为精耕垂直细分服务领域指明了新的方向。万家乐总部在全国范围内设立了400多个服务点，组织培训了近万名服务工程师，凭借一流的服务水准，切实解决了消费者安装难、维修难、咨询难等售后难题。他们共同构成了行业内规模庞大的服务网络。

在未来，万家乐会将服务系统数字化进行到底，以民心所向的品牌拉力，推动万家乐厨卫市场长足发展。

资料来源：http://it.shangdu.com/it/2021/0204/020477320.html。

问题： 1. 企业加速数字化服务的背景如何？万家乐推动数字化的主要举措是什么？

2. 在疫情下，数字化解决品牌售前与售后服务需求的主要方式是什么？为什么线上方式可以提高服务效率？

3. 万家乐线下服务是如何与线上相互配合的？数字化服务能否成为未来包括家电行业在内的服务业发展方向？为什么？

CHAPTER 11 第 11 章

当代品牌管理实战

教学目标

企业的可持续发展是建立在不断创新的基础上的,品牌管理从初级到高级的发展过程就是不断输入新的元素、促进品牌管理思维不断更新的过程。通过本章的学习,学生能够灵活掌握品牌特许经营管理、品牌生态管理以及品牌战略管理等全新的管理理念及管理方式,同时借助最新研究成果——品牌管理模型,对企业品牌进行科学的行业流程细分和量化管理,为品牌的增值奠定基础。

学习任务

通过本章的学习,学生主要掌握和理解:
1. 当代品牌管理的主要理论成果及科学含义;
2. 品牌特许经营的创新点以及主要内容;
3. 品牌生态管理的应用价值及实施要点;
4. 品牌战略管理的层次及其内容;
5. 品牌盈利模型的基本内涵及其主要分类。

案例导入

2020 年的连锁加盟市场回顾

2020 年,对于连锁加盟企业和加盟投资人来说,真是实"鼠"不易的一年,不过也是加速进化的一年。线上线下融合、数字化转型、全链路营销等许多原本行家研究的概念,或主动或被动地成了所有人必须面对的新现实和新机遇。作为"中国加盟市场风向标"的中国特许加盟展提炼出 5 个关键词,以此来总结 2020 年的连锁加盟市场的演变,并指出这些关键词带来的影响很可能会持续到 2021 年乃至其后的几年。

关键词一:抗疫

年初突如其来的疫情黑天鹅事件,对连锁加盟企业集中的餐饮、零售、教育培训、生活服务等行业都造成了不小的负面冲击,"抗疫"成为各行各业的共同关键词。各连锁加盟总部纷纷出台各种形式的扶持政策，来助力加盟商共渡难关。中国特许加盟展和中国特许加盟网也在第一时间上线"共抗疫情，聚力前行"网络专题，并为参展企业提供三大经济补贴措施，与连锁加盟企业同舟共济。

中国特许加盟展方指出，比起个体小店和直营连锁，加盟模式在此次疫情中展现出了更为优越的抗风险能力，不仅增加了加盟投资人和连锁加盟企业的信心，而且让更多直营企业开始考虑采取加盟模式，为特许经营行业带来更多潜在的新生力量。

关键词二：直播

"直播+"崛起，这是2020年连锁加盟企业数字化转型的一大集中趋势。中国特许加盟展也与中国特许加盟网在2020年2月初就启动"品牌面对面"线上直播招商会，通过大数据遴选优质品牌、微信社群私域流量运营、百万加盟投资人大数据库推流等多重组合拳，帮助连锁加盟企业化身特许品牌"主播"，与加盟投资人实现突破时空限制的精准连接。之后还尝试进行中韩跨国直播，为国外企业提供无障碍拓展中国特许市场的解决方案。

关键词三：坚持

在市场的风浪中，只有坚持才能继续前进。面对疫情带来的冲击，许多连锁加盟企业选择了坚持。中国特许加盟展在积极探索线上直播的同时，也从未放弃对线下展会的支持。2020北京站主题"逆风无畏，更能远航"，2020上海站主题"来上海，当面谈"，都展示出当时市场、企业及加盟投资人所处的状态，以及展会对行业、对市场的高瞻预见和诚恳态度，为市场注入了"强心针"和"定心剂"。

关键词四：创新

创新行动是贯穿2020年全年行业发展的主旋律。面对突发事件，只有拥有更强应变能力的企业才能成为行业洗牌中的赢家。从产品、服务到运营、渠道、业务模式，面对市场的新需求、新变化，各连锁加盟企业纷纷做好品牌迭代升级。例如，火锅、烧烤等原本被认为不适合发展外卖业务的行业，也补齐了短板，以外卖力促销售。许多企业开始拥抱小店、拥抱新零售、拥抱线上化，通过更多元化的业务模块完善消费场景、挖掘流量价值，以抵御市场风险。

关键词五：希望

面对困难，信心比黄金更珍贵。2020年，中国在世界范围内率先走出疫情灰色地带，成为全球唯一实现经济正增长的主要经济体。在海内外投资人的一致看好下，中国市场将迎来进一步的发展，品牌化、连锁化、规模化浪潮席卷，连锁加盟模式也将成为更多企业和投资人的选择。

2021年，中国特许加盟展将继续巡展北京、上海、广州三地，用实际行动为企业提供更规范、更公平的招商展示平台，为加盟投资人提供更靠谱、更具投资价值的加盟品牌。

资料来源：http://tech.ynet.com/2021/01/19/3107256t3264.html。

11.1　品牌特许经营概述

品牌特许经营是指企业把品牌作为知识产权转让的对象，在签订合同的基础上，通过加盟方式向受许人收取一定的品牌使用费和权益金，以此来扩大品牌影响范围，提升品牌价值，获得市场份额。当前，特许经营扮演的不仅是一种"新"角色、"新"潮流，而且是创建强势品牌和积累品牌资产的有力工具。在世界 500 强企业和中国的优秀企业中，特许经营方式被广泛采用，麦当劳、肯德基、沃尔玛、家乐福等商业巨头，杨国福麻辣烫、美宜佳、好利来、特百惠、小肥羊等强劲企业，都凭借独到的特许经营模式，使其一流的品牌深入人心、影响深远。

目前，品牌特许经营已经成为药业、快餐、门窗、动漫、零售业、服装业等多个行业进行品牌扩张的制胜法宝。世界一流品牌企业借助品牌特许经营在全球扩张、称霸，中国的许多企业也在积极运作并发展自己。如国外的 7-11、赛百味和国内的李宁、北大青鸟都说明特许经营对于成就品牌的重要作用。

11.1.1 品牌授权与特许经营

特许经营是指特许经营授权商将其产品和运作模式传授给特许经营体加盟商获权经营一种产品或服务。

1. 品牌授权与特许经营的概念

品牌授权又称品牌许可，是指授权者将自己所拥有或者代理的商标或者品牌等以合同的形式授予被授权者使用，被授权者按合同规定从事经营活动（通常是指生产、销售某种产品或者提供某种服务），并向授权者支付相应的费用——权益金；同时授权者给予人员培训、组织设计、经营管理等方面的指导和协助。特许经营是特许授权方拓展业务、销售商品和服务的一种营业模式，同时也是特许经营方利用知名品牌运作公司的一个机会，还是最为人们所熟悉的授权经营方式。

品牌授权和特许经营的核心都在于首先建立"特"，要有独特的产品、服务、经营模式或者独特的可被消费者识别的品牌形象，然后进行"许"，即通过授权的方式拓展，实现低成本的快速扩张。"特"是前提，"许"是目的。

由于品牌授权给予被授权方的自由度较大、适应的行业较广，因而更容易达成品牌授权方和被授权方之间的优势互补，而且由于被授权方提供的产品或服务条件不同，由此产生冲突的可能性和协调的难度较小。从总体上看，特许经营发展势头十分强劲，给与民生相关的各行业带来了新的门店规模增长和业务扩张，刺激了实体经济的全面复苏与繁荣。

2. 品牌授权与特许经营的关系

虽然品牌授权与特许经营在组织形式上非常相似，但从品牌授权方和被授权方、特许经营许可方与被许可方的本质关系上看，二者又有着较大的区别。品牌授权的操作更灵活，更容易形成授权双方的合作关系。

（1）"特"的不同。

1）授权的内容。特许经营的授权内容一般有两种：商品销售特许经营和经营模式特许经营。授权给经营人的是产品或服务，甚至包括整套经营模式。例如可口可乐、固特异轮胎属于商品销售特许经营，WENDY、MAACO、UNIGLOBE 和 GNC 公司采用经营模式特许经营。

品牌授权是授权方将自己的品牌授权给经营商，由经营商按约定的条件开发、生产、销售授权品牌的产品。例如日本城百货有限公司获得迪士尼公司的授权生产销售米奇、小熊维尼品牌形象的文具用品。

品牌授权强调授权方和被授权方的纽带是品牌，而特许经营许可方和被许可方的纽带则是一种产品或服务以及一套经营系统。

2）品牌的开发。品牌是特许经营系统中最重要的资产，在顾客眼中，品牌就是公司的声誉——他们所期望得到的感受和体验。品牌认知是特许经营人购买特许经营权时希望拥有的一个部分。品牌的成名并非与生俱来，几乎所有的特许经营授权人都是首先确立在当地的品牌认知（可能只是临近的各街区），然后逐步确立地区或全国范围内的地位。特许经营先需要一个原始模型的企业，或者说是母公司，再进行复制开发。在美国，有个名字叫熊猫快餐的中式连锁餐饮企业。它已经在包括美国在内的世界各地开了2 000多家餐厅，在实力上不亚于肯德基和麦当劳。它的创始人名叫程正昌。熊猫快餐有两道招牌菜，那就是陈皮鸡和宫保鸡丁，是创始人倾力开发的招牌产品。

品牌是品牌授权业最重要的资产，但品牌的创立则完全不同。品牌授权人一般会根据广为流传的传统故事结合现代流行元素开发品牌形象，如英国女作家罗琳创作的《哈利·波特》，首先是系列书在全球热卖，改拍成电影的第一集与第二集也在全球市场告捷，哈利·波特的人气也急剧增加，为作者、书商、电影商及相关授权商品生产者带来了连绵不断的市场商机。品牌授权业推广的重点在于不断培育品牌形象，提醒消费者这些品牌的存在，维持品牌的知名度，像米老鼠、加菲猫等形象已经成为人们生活的一部分。品牌授权商则不需要有品牌商品的生产制造实体。

(2)"许"的区别。

1）运营的基础不同。特许经营的基础是商品或服务的标准化，它的营业系统提供的是从创建公司之日起的几乎所有的经营细节计划，诸如特许经营人如何管理建筑物的建设、订购适当的设备，甚至包括如何竖立标牌。所有健全的特许经营系统都努力创造最高程度的和谐统一，在世界上任何一个地方的所有特许经营店都要看上去一样、感觉一样。特许经营强调严格规范化的管理原则，要求加盟店的经营管理模式与特许人相同，而且产品和服务的质量标准也必须统一。每一份Biggie公司的油煎食品都是一致的，每一间Marriott Court Yards的旅馆房间都有一个午餐柜、一张长沙发和几部统一的电话。

品牌授权的基础是开发品牌形象并维持该品牌形象的知名度和地位，凭借消费者对该品牌形象的喜爱而产生对其代表产品的购买欲望去授权制造商使用该品牌开发系列商品。品牌授权方对被授权方的管理主要是授权商品的品质控制，不能让低劣的商品影响品牌的形象。另外，对被授权方可以生产销售的授权的商品种类、授权商品的销售区域也会在合同中确定清楚。例如，广州有茶特许经营模式并不是仅仅授予品牌使用权，而是介入门店经营，为特许经营方提供一站式的服务支持。在开业前，加盟商主要负责门店的选址，有茶团队辅助筹备。开业后，加盟商只需维护门店日常运营即可，有茶则帮助建立完善的供应链系统、运营培训系统、市场营销系统、信息数字化系统、会员体系、财务系统等服务支持。

为了保证门店的品牌形象统一，有茶还成立了一家工程公司和设计公司，提供精确的门店施工图样，加盟商可按照图样找人施工，也可选择有茶的工程服务。门店设施竣工后，加盟商提供第三方监理报告,确保门店形象的一致性。

相对于特许经营,品牌授权给予被授权方更大的自由度,适应的行业较广,更容易达成品牌授权方和被授权方之间的优势互补。授权商专注于品牌经营,无须投资生产线、人员等要素就可以获得丰富的商品种类;被授权商专注于生产和分销,无须投资大量的广告用于品牌建设就可以获得知名品牌带来的优势。

特许经营的成功在于一致性,即授权人和经营人都在用同样的模式从事同样产品或服务的经营活动。

品牌授权的特色则是在统一品牌下授权人经营的产品或服务的不一致性,不同的授权人拥有不同的授权商品类别。例如,迪士尼公司在全球拥有 4 000 多家品牌授权企业,其产品包含从最普通的圆珠笔到价值 2 万美元一块的手表。正因为这种不一致性,被授权方之间产生冲突的可能性和协调的难度较小,而且可以相互补充。通过同一品牌下多种授权商品在市场上的密集渗透,易于形成消费者族群效应。

2)拓展方式的区别。特许经营授权人通常为经营人划出一定的区域,在这一区域不允许公司总部或其他特许经营人开办其他相关的经营店。一个好的特许经营系统通过不断地在适当的区域建立适量的经营店,能确保品牌认知,进行品牌渗透,实现业务拓展。

品牌授权业务拓展的第一步是品牌拓展,不断地拓展品牌的知名度和品牌影响的区域,比如哆啦 A 梦首先在日本流行,再风行我国港台地区,又进入我国内地。第二步是不断地通过授权进行商品种类的开发。授权商品的开发是品牌授权业的核心环节,一般是根据品牌的特点和适合目标消费群体开发相关系列产品,通过品牌形象的带动和丰富的商品种类形成消费者族群效应,创造良好的业绩。授权商品通常种类丰富,如多莱宝公司的卡通授权商品项目就包括玩具、文具、衣服、鞋、书包、袋类、钟表、陶瓷杯、水晶杯、家用精品等,主要以 5~20 岁的青少年及家长为消费对象。

总之,特许经营与品牌经营有着密切的内在联系。首先,从内容实质来看,特许经营是将注册商标、企业标志、专有技术等经营资源进行许可使用的一种商业模式。这些经营资源都属于无形资产的范畴,其实质就是品牌。其次,从表现形式来看,被特许人(加盟者)须按照特许经营合同规定,在统一的经营模式下开展经营,包括经营理念的统一、店面形象的统一、操作流程的统一和产品服务的统一。这种统一化规则与品牌的"一个声音、一个形象、一个标准"的运营规则完全一致。诚信是特许经营品牌营销的根本。

3. 品牌特许经营特许权的主要内容

(1)品牌名称;

(2)品牌标识(颜色、图形、代表物等);

(3)品牌标语;

(4)品牌形象代表;

(5)品牌定位;

(6)品牌代表的品质;

(7)品牌代表的实力;

(8)品牌代表的发展趋势。

11.1.2 品牌特许经营的运行

品牌特许经营是通过品牌关系的利益相关者的互动实现的,通过品牌知识产权专属关系,用契约搭建利益共同体。

1. 品牌特许经营运行的主要参与者

品牌特许经营运行的主要参与者包括特许方、受许方和顾客,根据会计系统、市场反馈系统、监控系统将三方联合起来就形成了品牌特许经营框架。

(1)特许方。特许方只在产品的营销(品牌建立)上进行投资,对商业扩张负责,让品牌形象深入顾客心中。特许方授予受许方商标使用权,同时提供必要的培训支持。特许方根据受许方的反馈报告和顾客提供的反馈信息,对受许方的品牌运营在质量上进行一定的监督和控制,对受许方的营销行为给予一定的限制,这也是建立完善的危机预警机制的重要环节。

(2)受许方。品牌特许经营的受许方在产品的研发、生产、销售以及售后服务上进行投资并辅以相应的销售宣传,产品或服务从受许方转移到顾客,受许方获得顾客支付的服务费用,同时也获得顾客反馈的信息。受许方的行为使特许方的品牌形象得到进一步加强。

在整个品牌特许经营框架中,必须保证反馈系统和监控系统的正常运转,这对品牌特许经营模式的双方(尤其是对特许方)意义重大。

2. 品牌特许经营的运行特点

(1)对品牌受许方(品牌租赁者)来说,品牌特许经营模式同样存在着一定的利益诱因。

(2)降低品牌经营成本。品牌的建设是一个漫长的过程,需要投入大量的人力和财力,而通过品牌特许经营来租赁品牌,则成本要小得多,风险也要小得多。

(3)借助品牌优势能够迅速将产品或服务推向市场。品牌从建立、维护直至成熟需要花费较长的时间,并且存在较大的风险,而借助已有品牌的市场优势,受许方的产品或服务较容易得到市场的认可。

(4)能够迅速获得短期利益。如果企业只通过传统自创品牌的经营模式来运营,那么它的产品或服务是很难迅速占领市场的,因为成熟品牌的建设是需要花费时间和成本的,且有一定的风险,而品牌特许经营却能使受许方从市场上迅速获得产品收益,且短期利益明显。

3. 品牌特许经营模式的要点

品牌特许经营模式的成功运用固然能够给特许方和受许方且带来预期的收益,但是如何才能成功地运用品牌特许经营模式,以下几点是值得注意的。

(1)特许方提升品牌管理能力。特许方特许品牌给予受许方使用,实质上是品牌规模的扩大、品牌市场反馈信息的搜集、品牌产品的质量监控、品牌使用者营销行为的限制,这些都要求特许方有很强的品牌管理能力。

(2)特许方(品牌所有者)必须巩固品牌的核心产品。一个品牌固然需要与其相称的产品群来支撑,但品牌的核心产品是品牌得以发展和成熟的关键。当品牌的主导产品不突出时,盲目地进行品牌扩张,极易造成品牌形象的弱化,对品牌的长期建设极为不利。

（3）要对受许方所在产业或行业进行市场考察。在国外，许多国家的特许经营已遍布几乎所有的零售业和服务业，但并不是所有的行业或领域都适合品牌特许经营，竞争异常激烈而（行业）利润并不高的市场就应该避免品牌租赁或授权。

（4）考察受许方企业。受许方企业必须有足够的条件和能力运作一个知名品牌，具体到经营能力上要求生产的产品或服务质量、企业的财务状况、企业的诚信状况等都要达到特许方的要求，特别是在品牌特许之后，更要加强对受许方品牌运营的监督与控制。

（5）租赁品牌考虑业务专长。如果受许方不是新办企业，而是原来就有产品生产线，那么欲租赁品牌生产的产品最好与原业务相关，这样不仅可以降低经营成本，还可以降低经营风险，对特许方来说同样也降低了风险。

（6）了解内在缺陷。在这种模式中，品牌特许方和受许方在对待品牌利益期限上存在明显的不匹配，特许方不仅考虑短期利益，同时也会注重长期利益，而受许方更关注的是短期利益的最大化。利益分歧导致了这种制度安排的内在矛盾，同时由于特许方以契约方式对受许方实施间接监控存在一定的难度，因而进一步增大了品牌特许经营模式的内在缺陷。

（7）品牌特许经营是一种品牌快速扩张的商业模式，避其弊端、用其长处对满足条件的企业双方来说都不失为一种明智的选择。随着市场经济体制改革的深入与发展，品牌特许经营模式在我国也必将迎来更广阔的市场空间。

11.2 战略性品牌管理

"战略性品牌管理"是营销学者凯文·莱恩·凯勒首先提出的观点。凯勒教授的代表作《战略品牌管理》被誉为"品牌圣经"。在他看来，随着竞争的加剧，不同企业之间相互模仿和借鉴对方成功的做法，使市场的同质化趋势日益明显，品牌成为企业引导顾客识别自己并使自己的产品与竞争对手区别开来的重要标志。

11.2.1 战略性品牌管理的内涵

凯勒教授认为战略性品牌管理首先要形成一个开放的品牌管理视角与理念，它是品牌管理战略的基础。品牌是一种错综复杂的象征，是对商品属性、名称、包装、价格、历史、声誉、广告形式的整合。在当代社会中，品牌及其意义可能更加具有象征性、感性、体验性，是无形的，即与品牌代表的观念、精神有关。它表达的是企业的产品或服务与消费者之间的关系。战略性品牌管理是对建立、维护和巩固品牌这一全过程的管理。其核心思想就是有效监控品牌与消费者关系的发展，只有通过品牌管理才能实现品牌的愿景。

在 21 世纪，消费者可以通过不同的品牌来评价相同的产品。消费者通过过去用这种产品的经验和它的销售计划了解该品牌。他们分析品牌，找出满意和不满意的。特别是当消费者的生活变得更加错综复杂、紧急和时间紧迫时，一个品牌简化购买决策和降低风险的能力可能是无价的。凯勒教授这一全新的基于顾客的品牌资产理论视野，为其品牌管理思想的确定奠定了坚实的心理学基础。凯勒教授的战略品牌管理理论告诉我们，未来的品牌管理战略就是要管理好"顾客的大脑"，因为企业的品牌是经过消费者认可才建立起来的。

11.2.2 战略性品牌管理设计

战略性品牌管理与品牌战略管理的落脚点有所不同，品牌战略是企业对其品牌未来发展的基本判断与规划，而战略性品牌管理则是一项品牌营销活动，具体包括选择品牌要素、设计营销方案、整合营销沟通、利用次级品牌杠杆以及评估品牌资产的来源等。其重点在于品牌要素选择与甄别。

1. 品牌要素选择与甄别

品牌要素选择是战略管理中的重要一环。所谓品牌要素是指那些能标记和区分品牌的要素，主要有品牌名称、URL、标志、图标、形象代表、广告语、广告曲以及包装等。企业可以通过选择品牌要素来提高消费者的品牌认知，进而形成强有力的、偏好的、独特的品牌联想。在品牌要素选择与设计时要遵循以下标准。

（1）品牌要素的组合要有内在的可记忆性，能使消费者回忆或容易识别。

（2）品牌要素的组合要有内在的含义，能告诉消费者该产品门类的性质或该品牌的特别之处及优越之处。品牌要素所传递的信息，不一定仅仅与该产品相关，还可以体现该品牌的个性，反映使用者的形象或展现一种情感。

（3）品牌要素表达的信息并不一定与产品本身有联系，也许仅仅是一种内在的吸引力或可爱性。

（4）品牌要素的组合要在产品大类内和产品大类间具有可转换性，也能跨越地域和文化界限以及不同的细分市场。

（5）品牌要素的组合要能灵活地适应一个时段的变化。

（6）品牌要素的组合要能获得法律的保护，且能在竞争中最大限度地进行自我保护。

2. 战略性品牌管理任务的确定

品牌管理任务主要集中在设计（或加强）品牌视觉形象方面，以及进行品牌联想和建立深度的消费者与品牌关系方面。然而众多企业在品牌视觉设计上的力量又经常被低估，像华为、京东和银联卡等品牌单凭它们的外观形象就已经占据了市场的主导地位。这些品牌无处不在，其外观形象不仅在每次购买时能激发人们展开联想，还影响了人们的品牌认知。像英特尔这样的品牌，在很大程度上因为视觉形象，就已经让人们给予它们领导者、成功者、高品质，甚至激情和动力的评价。所以，对一个主导品牌，品牌心理认知结构中的首选位置是至关重要的，在战略性品牌构建中的地位不容小觑。

3. 战略性品牌管理的过程及阶段

战略性品牌管理需要经过系统过程来实现其品牌战略目标。这个过程设计中必须采取科学态度和理性化思维（见图 11-1）。

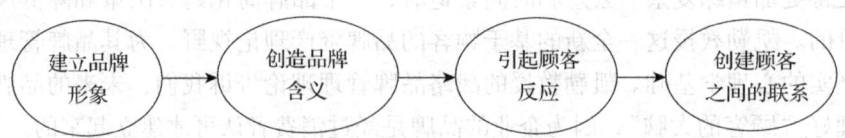

图 11-1　战略性品牌管理的过程

战略性品牌管理的过程反映出核心品牌构建的基本流程和重要环节，在这个过程中，通过相互之间有效的输入与输出，完成相互衔接、彼此依存的活动。这个过程不仅是战略性品牌内在运作的表象，而且反映出战略性品牌自身完善的基本规律。图 11-1 中的品牌流程只是一种简单描述，每个环节其实还包括更为复杂的分支活动。

同时，战略性品牌还可以通过品牌出现、品牌性能、品牌形象、品牌判断、品牌感受和品牌共鸣六个阶段实现强势品牌的建立。

11.2.3 战略性品牌定位

战略性品牌定位主要涉及以下四方面的内容：研究使用品牌的目标消费者；确立参照系，即对品牌消费终点目标的描述；找准差异点，即要说明自己的品牌优秀的理由；相信理由，即对参照系和差异点提供支持性证据。

根据上述内容，战略性品牌定位的具体步骤如下。

1. 确定目标市场和竞争的性质

其中确定合适的竞争参照结构取决于对消费者行为和消费者观念集合的理解，这里的观念是指消费者在进行市场品牌选择时所进行的考虑。目标市场是战略性品牌定位的基础和前提，竞争的性质则是企业实施品牌定位的逻辑起点。

2. 理想的差异点和共同点联想

差异点是指那些品牌所独有的，同时也是强有力的、受消费者偏好影响的品牌联想。差异点联想的确定基于吸引力和可传达性标准，这些综合起来决定了品牌营销的水平和期望的品牌定位所需要的成本。

共同点则是指那些不一定是品牌所独有的或事实上与其他品牌所共有的品牌联想。产品大类共同点联想是指消费者认为作为某特定产品大类中正规的、可信任的产品所必须具有的品牌联想。竞争性共同点联想是指专为抵消竞争对手差异点而设计的品牌联想。品牌定位正是基于这四个因素来确定的，并据此决定理想的品牌知识结构。要实现战略品牌管理，最重要的目标是如何在消费者头脑中进行品牌定位。

综上所述，战略品牌管理理论为品牌管理决策提供了更全面、更长远的视角。其理论的创新点是从艺术与科学统一的战略高度，提出了建设和管理品牌的理论架构，同时这一理论架构又有坚实的现代心理学基础，使我们能够深入地解析消费者品牌知识的结构及其激活规律，这正是品牌资产增值的关键。这也为我国的品牌建设研究提供了努力的方向。这正是我们对品牌理论研究所缺少的，也是我们与西方管理理论的差距之所在。

11.2.4 品牌建设的再分析

基于战略性品牌管理的品牌建设具有更强的针对性和定向性。在品牌建设分析之初同样必须对品牌所处的内外部环境进行理性分析，而"3EIB model"是有效实现战略品牌分析的模型。在这个模型中，E 指的是 external（外部环境）、I 指的是 internal（内部环境）、B 指的是 brand（品牌），而数字 3 则指的是 external、internal 和 brand 中的每一项都包括三个子分析模块。外部环境因素包括行业特征、顾客需求、竞争性质；内部环境因素包括经营战略、组织领导、企业文化；品牌价值因素包括品牌强度、品牌匹配、品牌组合。

品牌建设分析的目的是评价对品牌战略的投资是否创造了足够的价值。它包括品牌资产分析、品牌组合分析和品牌管理分析这三个子模块。

1. 品牌资产分析

对核心品牌就其知名度的高低，品质认知的水准，识别联想的强度、吸引力和独特性，忠诚度的基础以及相关的品牌资产，应进行定性乃至定量的全面评估。除此之外，品牌资产向顾客提供的价值和向公司提供的价值也应该得到全面的审查。

2. 品牌组合分析

对与核心品牌相关联的品牌组合就其结构是否合理，品牌范围是否恰当，品牌的内外部角色是否正确，品牌之间的关系是否清晰，应进行全面细致的评估，另外也要审查品牌和品牌组合的相互支撑情况。品牌组合分析的目的是评价对战略性品牌的投资是否创造了足够的价值。

（1）品牌价值组合分析：战略性品牌的价值构成以及顾客资产价值的内涵发生质的变化。从构成要素上看，专利等无形资产比例上升，资产负债表中的资产价值项目需重新界定或更新；从价值认定及形成上看，其顾客认定的权重增加，形成过程中的波动性和跳跃性增强。分析的方法和手段也需要不断提升和创新。

（2）品牌对比分析：因为公司品牌能够起到改善和优化品牌组合的作用，所以应就加入公司品牌之后与未加入之前进行对比分析，对品牌组合的结构是否更加合理、品牌的范围是否更加恰当、品牌的内外部角色是否更加科学，以及品牌之间的关系是否更加清晰等问题，进行全面而细致的评估。只有当能够提高品牌组合的健康度，如协同性得到增加、杠杆力获得加强、清晰度得以提高时，公司品牌模式才有选择的理由。

3. 品牌管理分析

品牌管理的组织平台是否功能集中而强大、工作流程是否标准规范且制度化、绩评系统是否能科学衡量成果且落实责任，这些内容决定了品牌管理能力的高低，另外在集团品牌管理的情况下，还应分析品牌管控模式的内容。

11.3 品牌生态管理

世界是由生命体与非生命体构建的生态系统，该系统是一个相互依赖、共存共荣的有机体，生态系统分析法在品牌管理中同样适用。品牌生态管理就是要以系统的观念，从影响品牌的宏观、微观生态要素出发，建立一种系统、深层次、全方位、互动的品牌管理理论体系，为企业品牌管理提供一个系统工作的结果体系。品牌生态管理系统大致如图 11-2 所示。

从图 11-2 中可以看出，品牌生态管理就是对整个品牌生态系统的管理。品牌生态管理除了构造企业内部品牌系统的战略外，还要通过精心地组建相互关联、相互促进的品牌群来创造可持续的竞争优势。其目的不是向孤立的企业品牌系统进行投资，而是发展结构合理的品牌生态系统及其品牌关系，以便能够通过良好的合作与沟通产生生态协同效应，去创造远高于资本成本的收益，并带来持久的品牌价值和品牌力。

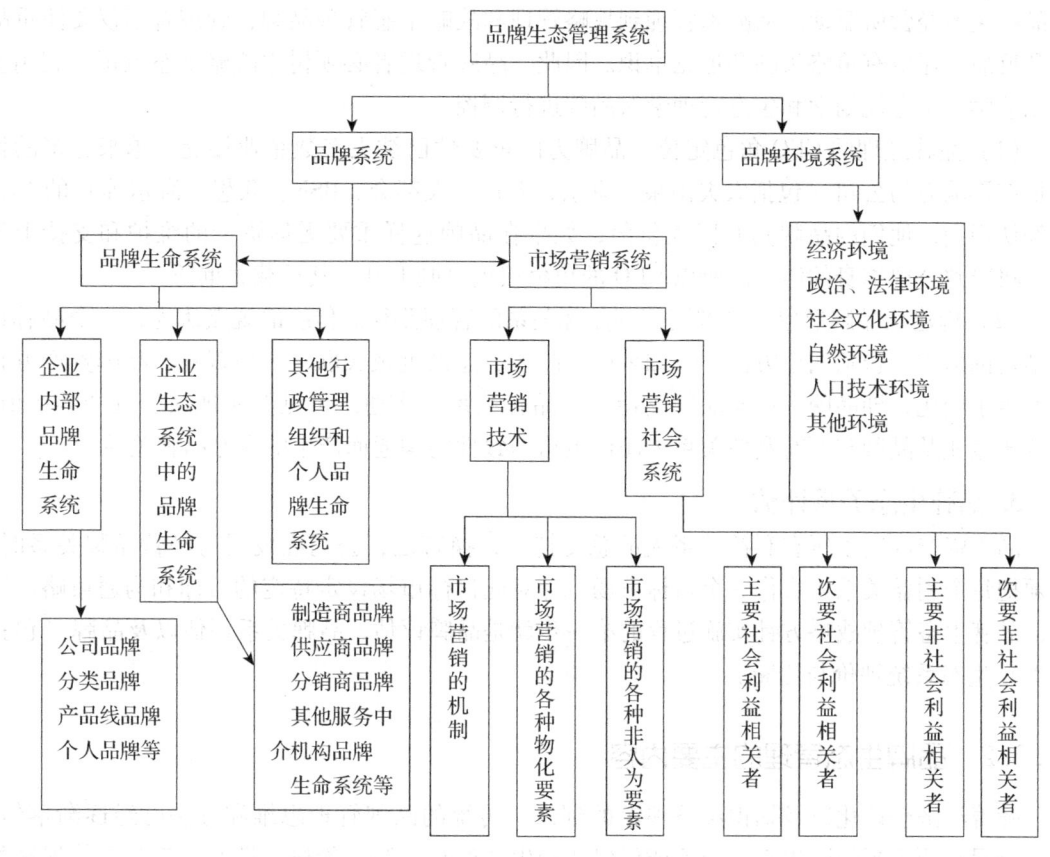

图 11-2 品牌生态管理系统

11.3.1 品牌生态管理的内涵

品牌作为企业核心竞争力的集中体现，其本身也是一种系统，即品牌系统。它是由一个企业的各类产品的不同品牌和同类产品的多个品牌所组成的整体策略、经营、管理体系。它是整个社会经济系统中的子系统。

1. 品牌生态管理的本质要素

从产品角度上说，品牌生态体系是一个包括产品的整体概念，消费者、股东、员工、供应商、分销商、竞争对手和公众的心理和经济要素（如对企业及其产品和服务的认知、感受、态度、体验等），社会、政府的经济和政治要素等在内的多维综合体。

品牌生态体系一般由以下几个要素组成：组织和流程、品牌结构、品牌识别、品牌经济（资产）、品牌信息、品牌文化等。品牌生态管理的实质就是要与利益相关者群体建立一种和谐共生的关系。当然这并不排除品牌间的竞赛、争夺与对抗。品牌培育的过程也包括生态系统内同一层次的品牌、不同层次的品牌之间的全方位竞争与协同的过程。

2. 品牌生态系统管理的特点

以深层品牌、品牌生态系统等概念为基础而发展起来的品牌生态管理，注重战术，更注重战略、生态关系，其视野更开阔，不但为销售产品、品牌识别，而且为品牌生态系统识别和品牌关系经营所驱动。从战术管理到战略管理和战略生态管理品牌，管理者不仅要注重战术和反应，还要有策略头脑和远见卓识。因此，品牌管理者必须树立战略生态意识，利用生态工艺学、生态规划学和生态管理学对品牌进行调控。

（1）品牌经理的 CEO 角色定位。品牌力的重要性已被大多数企业接受，越来越多的世界最有影响力的公司（包括农夫山泉、京东、万达、大都会、BSN、联想、海尔等）的 CEO 已经认识到，他们的品牌具有巨大价值，如果在品牌这样重要无形资产的维护和支持上失败，将导致公司本身的浩劫。所以 CEO 的角色权重急剧上升，其承载着重任。

（2）构建从品牌形象、品牌资产到品牌关系的管理路径。传统的观点认为，一个品牌价值结构的形成，包括四个方面——知名度、品质、忠诚度及关联性。但现在，品牌资产方程式发生了变化，即品牌资产＝品牌支持度＋品牌关系＋沟通。可见要实现品牌资产的增值，有赖于企业及品牌与所有利益关系人团体策略一致性的沟通而产生的良好品牌关系。

3. 品牌生态关系评估

品牌资产取决于所有利益关系人的总支持度，换言之，公司在发展与经营品牌关系时，必须把每个利益关系人看作一个目标市场，针对此目标市场设定特定的目标和沟通策略。因此，品牌生态管理战略方针实施过程的第一步就是品牌评估、品牌关系评估以及品牌（包括名牌）生态系统评价与诊断。

11.3.2　品牌生态管理的主要内容

随着经济全球化以及知识经济浪潮的到来，传统的品牌管理思维和方法已经逐渐落伍，一个公司必须不断推陈出新，而不能仅仅依赖生产产品、制定价格、批发销售及宣传促销的手法来维持生存，目前由内到外的直线思考方式已不合时宜。品牌生态管理就是要从影响品牌的宏观、中观、微观生态要素出发，建立一种系统、深层次、全方位、互动的品牌关系管理模式。品牌生态管理为公司经营其品牌提供了一个系统工作框架。

1. 品牌生态管理的宏观内容

从宏观管理层次上看，企业品牌生态管理系统是由以强势品牌（即名牌）或强势品牌群为核心的品牌群落及其生态环境、资源组成的。一个品牌既有企业品牌系统的大环境，又是这个品牌大系统的一员，是整个企业品牌系统的一个子系统。更进一步说，品牌是在市场上、在社会生态系统、全球环境（或生物圈）下生存的，品牌的外部直接环境是商业生态系统，它为品牌的生存、企业的存在提供了必要的生存空间或生存环境。一旦环境被破坏，品牌也就无法生存，企业亦不复存在。同时，商业生态系统又是整个社会生态系统的一个子系统，或者说它是以社会生态系统为生存环境的，一旦社会不稳定或崩溃，商业生态系统就失去了自己的活力，也就不存在了。因此，品牌生态系统的宏观管理就是使品牌与整个商业生态系统、社会生态系统和企业品牌系统保持协同性和适应性。

2. 品牌生态管理的中观内容

它也可以称为抽象品牌生态管理系统结构。把宏观层次结构稍加展开，从总体上讨论品牌生态系统的结构，即可以按系统论观点将品牌生态管理系统看作一个有机整体，从比较抽象的角度去分析品牌生态管理系统结构，则品牌生态管理系统是由品牌存在子系统和品牌意识子系统组成的，而品牌存在可以分为商业生产方式和物质资料生产方式，品牌意识可分为占主导地位的品牌意识和其他品牌意识，物质资料生产方式与相应的品牌意识是相互作用转化的。

物质资料生产方式又是以产品和服务为核心的品牌生产力和品牌生产关系（目前以供应链管理模式进行探讨）两个子系统组成的，相应的品牌意识又是建立在企业文化、组织结构、管理体制、管理资源和经营哲学之上的。商业生产方式则是从品牌生存的角度考虑其生存环境的自身生产方式，包括商业生态系统和社会生态系统的主要要素，如政治、经济、法律、科技、文化、自然、社会、人力资源、金融资源、物质资源、信息资源、关系资源、政策资源、供应商市场、竞争者市场、分销商市场、顾客市场、影响者市场、品牌内部市场等，也可称为品牌生存环境的再生产系统或商业生产系统。这为品牌生态管理提供了中观层次的内容。

3. 品牌生态管理的具体子内容

把以上抽象系统与现实系统加以对应，品牌生态管理系统可以分为五大品牌子系统，即品牌自身生产系统、物质资料生产系统、精神生产系统、政治生产系统和商业生产系统。品牌自身生产系统是品牌发展的根本动力系统。物质资料生产系统是为品牌生存、品牌发展提供产品和服务（即物质）基础的生产系统。它的存在形式、科技生产和服务水平、品质、成本、时间是衡量品牌进步的基础性标志。精神生产系统是品牌识别和商业改造的精神成果。政治生产系统则是品牌拥有者和管理者为了维护自身利益，协调品牌和顾客及利益关系人之间的各种关系，维护品牌持续稳定发展的有效手段。商业生产系统是由企业生存环境中各种因素在组织（如政府及职能部门、新闻界等）与人干扰和自然发生条件下的商业再生手段。因此，品牌生态管理必须同时抓好这五个方面的具体生产系统，缺一不可。

4. 品牌生态管理的微观内容

为了维持品牌自身的再生产，为产品和服务系统提供品牌支撑，发展品牌资产，必须要有正常的发展延伸系统，还要有预警系统、危机处理系统、诊断评价系统以及"医疗保健"系统以抵御疾病，维持生命。因此，为了保持品牌健康，需要不断投资。另外，为了提高品牌群体抵御风险的能力，还要有经营管理政策方面的保障体系。与此同时，为了不断推动品牌发展，还必须不断创造、丰富品牌产品和服务。

随着科技的不断发展，社会分工越来越细，总体上可分为物流开发、产品生产、服务开发、研究开发，以及延伸出的资金流、商流、信息流开发。其中，物流、产品、服务、研发等又可以分为许多具体的部门，每个部门就是一个微观管理子系统。精神生产系统又可以分为经营信念和行为、价值观体系、品牌文化、教育和培训、伦理道德等，每个系统下面又有许多微子系统。

11.3.3 品牌生态管理体系

品牌生态管理是一项系统工程，其涉及的要素、层次、流程本身就是一个科学完整的体系。

传统管理理论认为，企业的管理效益是使股东利润最大化。在生态时代，利润最大化是企业的第二位目标。企业的第一位目标是保证自身的生存。企业自身赖以生存的自然生态环境是保证企业生存的第一要义。管理效益不仅是指生产的直接成果，还指这些成果对整个社会利益、对社会发展的长远影响。忽视生态效益，对个别企业而言虽然会产生极丰硕的成果，甚至获得超额利润，但对整个社会、自然界就会产生更大的"负效益"。具体来讲，品牌生态管理的对象层次包括以下方面。

1. 产品生态化设计

生态化设计不仅考虑产品如何进入消费领域，还延伸到产品使用寿命终期。生态化设计首先应考虑如何以低耗、低污染的材料去满足客户的"绿色需要"，其次应考虑残余产品的分解、拆卸和重新使用，产品废弃后对生态的影响和将破坏降至最低。自 2018 年开始，新零售潮流所带来的变革，使得家居业迎来了一个全新的竞争时代，设计师生态日益成为品牌商家推广得更为高效的新型渠道。例如，2020 年"SneakerCon 上海"的潮流展携手"天猫潮 LIVE"全品类潮流联合布局。此次"SneakerCon 上海"携手作为中国最有影响力的线上购物平台的天猫，就是深度洞察时下年轻人潮流观之后的结果。HCK 哈士奇也将依托其平台优势，赋能和以优质资源加持 SneakerCon 球鞋潮流展，重磅入局品牌潮流领域，打造全新潮流品牌阵地，进一步整合并完善潮流品牌生态版图。

产品生产生态化的基本内容至少应有生产环境的绿色化，最有效地利用资源，生产中尽量使用无毒无害、低毒低害的原材料，采用无污染、少污染的高新技术设备，采取一系列对废弃物合理处置的措施。

2. 产品生态化销售

随着环保意识的加强，人们对生活质量要求的提高，对绿色产品的需求也不断增长。英国威尔斯大学的毕泰教授在其所著的《绿色市场营销——化危机为商机的经营趋势》一书中指出，"绿色营销是一种能辨识、预期及符合消费者与社会需求，并且可能带来利润及永续经营的管理过程"。营销的生态化就是要求企业在包装产品时减少产品包装物或产品使用剩余物的污染，积极引导消费者在产品消费、使用、废弃物处置等方面尽量减少环境污染。例如，时代华纳杂志 EPN 用纸、邦迪创可贴包装盒都已经采用利于环保的纸张，使废弃物能转化为再生纸。

3. 方法层次上运用生态方法

品牌生态管理的方法层次就是生态方法在企业品牌管理中的应用，主要是指生态模拟研究，即把特定的品牌对象模拟为生态系统，称为品牌生态系统，同时把品牌管理环境模拟成生态环境，称为品牌生态环境，然后用生态学的理论和方法来分析品牌生态系统的层次结构、功能结构、协同进化及其与企业环境之间的动态交换等。

11.3.4 品牌生态管理与传统品牌管理的区别

以整合营销传播（IMC）、资料库营销、直销（DM）、关系营销（RM）、整合营销（IM）、供应链管理（SCM）和商业生态系统（business ecosystem）等理论为基础而发展起来的品牌生态管理模式（brand ecology management mode，BEMM）与传统品牌管理模式不同。如表 11-1 所归纳的，品牌生态管理注重战术，更注重战略和生态关系的改善，其视野更开阔，不但为销售、品牌识别，更为品牌生态系统识别和品牌关系经营所驱动。

表 11-1 传统品牌管理模式与品牌生态管理模式的区别

传统单一品牌管理模式	传统多品牌管理模式	品牌生态管理模式
从战术管理到战略生态管理		
战术型、及时反应；品牌经理资历浅、经验少；概念模式——品牌形象；着眼于短期效益	战略型、具有远见；品牌经理资历深、处于企业高层；概念模式——品牌资产；发展品牌资产评估	战略型、生态型、具有远见；品牌经理就是 CEO；概念模式——品牌关系；发展品牌关系生态评估
着眼于单一产品和市场；单一的品牌结构；着眼于单一品牌；多国化——每个国家配备一个品牌；管理小组；品牌经理协调传播团队；品牌处在一个职能化的组织中；外向型视野	跨产品和跨市场管理；复杂的品牌架构；多元品牌——目录管理；全球概念；传播团队有专门领导；品牌由个人或跨职能部门进行管理；依附于企业的文化和价值观	多样化的品牌生态系统结构、功能、动态和关系管理；开放复杂的品牌生态系统架构；多元品牌生态系统——整合营销和集成管理；全球观念；跨职能品牌资产部门；整合营销传播团队由高层管理（团队）领导；基于品牌的企业文化、组织结构、管理体制、资源管理和经营哲学
战略的推动者由销售转为品牌识别、品牌生态系统识别和品牌关系经营		
由销售和市场份额推动	由品牌识别推动	由品牌识别、品牌生态系统识别和品牌关系经营共同推动

11.4 品牌整体塑造

在品牌管理活动中，品牌整体塑造是最为艰难和持久的工作，也是品牌要素价值实现的前提与基础。所以说品牌塑造是一个长期的系统性工程，而品牌知名度、美誉度和忠诚度是品牌塑造的核心内容与终极结果，企业可以凭借自身的财力、物力通过炒作、广告轰炸、大规模的公益和赞助等循序渐进地进行品牌塑造，通过建立品牌优势来刺激和吸引消费者购买。

11.4.1 现代品牌塑造的含义

品牌塑造是指给品牌以某种定位并为此付诸行动的过程或活动。为品牌塑造的文化是否合适，有两个主要衡量标准。一是这种文化要符合产品特征。产品都有自己的特性，如在什么样的场景下使用，产品能给消费者带来什么利益等。二是这种文化要符合目标市场消费群体的特征。品牌文化要从目标市场消费群体中去寻找，要通过充分考察消费者的思想心态和行为方式而获得。只有如此，这种品牌文化才容易被目标市场消费者认同，才能增强品牌竞争力。

品牌塑造也可以借助外包形式完成，目前网络上有众多品牌推广宣传公司，国内著名网络营销机构可以为企业及个人提供整合营销、品牌推广、新闻营销、新产品推广等服务；顶级营销策划人员、专业技术背景及庞大媒体资源使得易推传媒成为网络营销行业领军者。针对中小企业及个人特推出新闻稿发布、新闻排名优化、百科营销、关键词排名优化、微博营销、论坛推广、公众号营销等单项服务，让客户真实而清晰地看到了品牌塑造的效果。

11.4.2 品牌内涵的塑造过程

品牌内涵的塑造过程包括品牌内涵的确立、品牌内涵的传播和品牌内涵的维护与创新等几个方面。

1. 品牌内涵的确立

这是塑造品牌内涵的第一步，在这个方面，企业首先要做的事情就是收集市场信息，包括竞争对手品牌的内涵及被接受程度、市场上品牌分布状况、产品特点、档次等；然后根据自己公司或产品特点确定合适的品牌内涵。

在这一过程中，企业应遵循的最重要原则是防止"跟风"原则。这是因为改变消费者的心智非常困难。2020年年初，吉利控股集团与梅赛德斯-奔驰股份公司合作组建了smart品牌全球合资公司"智马达汽车有限公司"，在全球范围内联合运营和推动smart品牌的转型升级。目前，smart面临着自身品牌知名度低、影响力差、传播声量小，且产品认知相对模糊等痛点。所以，在2020年9月的品牌发布会上，公司对smart品牌进行重新梳理，并公布更加详细的品牌发展规划。smart会率先推出代号为HX11和HC11的两款新车，海外媒体表示HX11预计定位于小型纯电动SUV，车长超过4米，尺寸与MINI COUNTRYMAN相当，将是有史以来最大的smart，续航里程将有望超过400千米。由于smart新车型将会全部国产化，且基于吉利SEA架构打造，因此整体成本将下降，最终有望反映在售价方面，从而大幅降低车迷的购车门槛。

2. 品牌内涵的传播

一旦内涵被确定，企业就需要制定合适的方案去传播，包括传播的时间、地点、途径，以及是否请明星代言、广告如何制定等，不同的传播途径会覆盖不同的消费群体，企业需要根据自身品牌和产品特点及公司实际情况做出合理安排，切不可过分依赖广告。

在品牌传播过程中，很多企业通常会遗漏的，也是需要遵守的一个原则是"避免品牌内涵与产品、服务或公司形象等不符合、不统一"。在现实中，很多品牌投入了很多资金在大做广告，却在产品的设计或研发上十分落后，这都极大地影响了品牌在公众心目中的形象。我们看到有很多企业为了追求"一夜成名"，花巨资买来所谓的"标王"，但是，产品却创新滞后、研发不足、渠道建设不到位。

3. 品牌内涵的维护与创新

随着社会的发展，消费者需求也会随着时代的变化而变化，特别是竞争者会利用对方的弱点占领市场。只有不断关注并满足消费者需求，才能使企业持续发展。品牌内涵的维护与创新，同样来自消费者的需求，如新产品开发、消费者组织、创新营销、企业公益形象等。需要指出的是，如果要抛弃原有形象而塑造全新的内涵，则需要企业重新做各方面战略上的部署，同时还可能会冒一定的风险。

11.4.3 品牌塑造的核心点

如图11-3所示，品牌塑造过程中涉及的要素众多，品牌塑造是从这些品牌的众多元素及现实消费情况入手,并结合品牌标准化体系构建过程,使品牌塑造逐渐完成由低级到高级的演变过程。

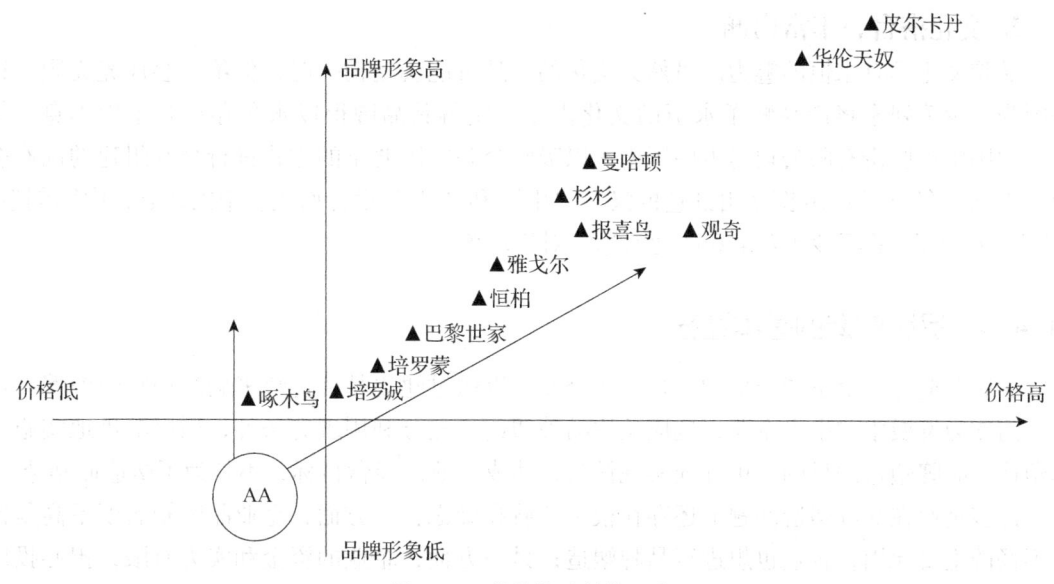

图 11-3　品牌塑造的核心点

1. 注重产品与服务的高品质

产品质量直接关系到企业的生存与发展。产品的高质量是竞争者手中的王牌,具有核心技术和知识产权的产品也是竞争对手较难模仿的竞争利器,因为它是借助企业整体系统管理能力来保障的,它比任何形式的促销手段都更能让顾客信服。从另一个角度来说,由于具有高品质,它不但能为消费者带来品牌价值,而且能带来较大的使用附加值和体验价值。在品牌塑造之初就要对融合在产品品牌中的品质要素给予高度关注。

2. 为品牌注入更多的个性

虽然每个知名品牌都是高品质的代名词,但其有各自的独特性。正是这种不同造就了各种各样的知名品牌。它们各自的社会资源及独特的成长经历都能转化为企业自身的秘密武器或企业的核心竞争力。如同全世界有 70 多亿人口,要找到两个面孔一模一样的人极难,找到两个面孔加成长经历一模一样的人更是不可能的事情。

3. 不断开拓,勇于争先

永远保持某个领域的领先地位,是许多知名品牌成名的法宝。这可以分为两类形态:一是靠先行者之利的"百年老店",代表企业如中国中信集团,其具有深厚的文化底蕴,品牌价值高居全国榜首,是生命周期长、辐射范围广的品牌;二是将品牌构建网络作为高端的品牌互动平台,为优质品牌输入正能量,这需要勇气和信心。

4. 系统思考,关注整体

企业除了整体的综合竞争力之外,绝大多数时间比拼的是整体营销能力,这是一种最原始、最直接的竞争方式,并且是一个此消彼长的过程。这是一个"一箭双雕"的过程,营销做得好,既可增加企业的市场份额,提升利润,增强企业的竞争力及抗风险能力,又可挤压竞争对手的市场生存空间，培养顾客的忠诚度，提升品牌知名度。这样企业才能争得更大的生存空间和发展机会，活得好、活得长。

5. 文化搭台，丰富内涵

品牌文化具有永恒的魅力。虽然无文化的产品可能会畅销一时，但绝不会风光无限，这是因为不少策划家将产品赋予永恒的文化内涵，使得其品牌得以永久存在和生生不息。例如，中国中车股份有限公司是由中国南车以吸收合并中国北车的方式进行合并组建的国有企业。中国中车的新 Logo 图案由红色的汉字"中"和"車"设计而成。中国之心，中国创造，"中"与"車"的巧妙融合寓意四通八达、对称均衡。

11.4.4 品牌塑造的基本过程

品牌塑造是一个系统长期的工程。大企业可以通过建立品牌优势来刺激和吸引消费者购买，而作为发展中的中小企业，也应关注品牌塑造，充分利用现有条件，循序渐进地实施品牌塑造。品牌塑造的目的是更好地实现销售，达成企业的经营目标，不是为了塑造而塑造。

许多企业在品牌塑造问题上还存在很多矛盾和疑虑：一方面，企业品牌知名度不高是销售不畅的主要原因，企业也想进行品牌塑造；另一方面，企业的资金和实力有限，担心投广告万一打了水漂，那么企业就更是进退两难，这种情况在中小企业中表现得尤为明显。其实，对企业来说，市场推广销售的过程就是品牌塑造的过程，只不过许多企业缺乏有效的认知和规划。在企业品牌塑造实践中总结出的"三部曲"是引导企业科学实施品牌塑造的航标。

1. 注重终端的表现力

企业之所以强化最后"一公里"的终端，是因为只有终端最接近消费者，最容易在消费者心目中形成品牌形象。企业对品牌的认知，大多开始于终端，所以，企业为了提升品牌知名度和展现良好的品牌形象，必须在终端表现力上多下功夫（见图11-4）。终端表现力包括终端能见度、终端陈列规范、终端人员的素质等。终端表现力的好坏，对品牌塑造将会产生直接的影响。许多新兴品牌，虽然在报纸、电视等上没见到广告，却依然在市场上畅销，比如天能电池终端门店不只是终端市场服务的提供者，更是电池的检验者。对电动车用户来说，终端门店能够接收众多用户的使用反馈，通过门店认可的产品更值得信赖，终端门店是最具权威、最让人放心的推荐者。通过终端表现来进行品牌塑造，主要有以下几点。

（1）保持良好的产品品牌终端能见度，让消费者在不同的终端售点都能够看到自己的品牌。比如，在不同的卖场、超市、社区便利店、批发市场等，在不同的消费环境下接触到的该品牌次数多了，消费者就会潜移默化地记住这个品牌，同时逐渐对品牌产生好奇感和兴趣，进而产生购买行动。仔细回忆一下，日常生活中的客户是不是也有这样的消费行为呢？良好的品牌终端能见度是中小企业提高品牌知名度最有效的一种方式。为了实现最大化的品牌终端能见度，就需要企业在一定的市场范围内尽可能多地实现产品铺货。当然，铺货不是盲目的，必须有计划、有步骤地进行。铺货的区域和终端数量以及在什么样的终端铺货，需要根据企业的营销策略来制定，同时也要考虑到窜货和价格竞争的因素。

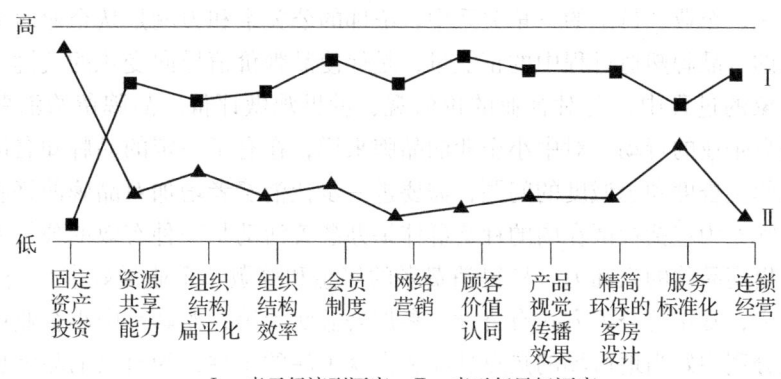

图 11-4 酒店品牌战略差异化布局图

（2）终端店铺设计是产品品牌塑造的延伸，不同的装修会给人留下不同的印象。品牌的终端陈列犹如品牌是想以"衣着得体"，还是以"蓬头垢面"的方式与消费者近距离接触，这会直接影响到消费者对品牌的评价。良好的终端陈列不仅有助于销售，而且更容易获得消费者对品牌的好感，这也是提高品牌美誉度的方式之一。企业即使在获得终端陈列面有限的情况下，也要尽可能地保持终端陈列的美观度，并且在不同的终端售点，品牌要始终保持统一的"西装革履的绅士风度"，以强化消费者对品牌形象的好感和认知，不能一会儿西装革履，一会儿蓬头垢面，那就让消费者对品牌形象摸不着头脑了。

（3）终端促销人员的素质和形象是消费者对品牌形象认知的一部分，促销人员本身代表的是企业的形象，良好的言谈举止更容易赢得消费者对品牌的好感，所以，企业在选择促销人员时，必须要考虑到促销人员的形象对产品品牌形象的影响。消费者会把对促销人员的形象评价转移到对品牌形象的评价上去。"浓妆艳抹、花枝招展"的促销人员会让消费者感到这个品牌比较轻浮；"翩翩风度、彬彬有礼"的促销人员会让消费者感到这个品牌沉稳务实，买了这个品牌的产品心里也踏实。

2. 利用广告的提升力

终端铺好货了，陈列也相对规范了，这时就进入品牌广告阶段了，广告可以进一步提升品牌的知名度和美誉度，但广告也是企业最纠结的事情。企业虽然知道在如今激烈竞争的市场上投放广告的重要性，但资金有限，哪有大企业那种向电视台"一掷千金"的魄力呢？可是，到达彼岸的路有千万条，消费者接触的广告宣传媒体也有千百种，中小企业也不需要"一根筋"地去考虑电视广告等大媒体，低成本并有效的宣传媒体其实有很多，比如终端 POP 广告、网络广告、公交车体广告、横幅广告、墙体广告、经销商门头广告、直邮广告、报纸挂牌广告、短信广告等，甚至可以借助电视广告效应，在一些地方电视媒体上发布节目挂角广告和游动字幕广告等。这些低成本的广告媒体只要整合运用好了，一样能发挥"炸弹"的威力。无论是叫卖式的产品销售广告还是品牌形象广告，都能提高产品品牌知名度，具体的广告策略要根据企业现状、竞争状况和消费需求动态来制定。

3. 浓郁的公关亲和力

品牌就像人一样，有其独特的个性和内涵。人们的相互交流本身就具有一定的广告性质，在构建顾客、企业、员工的三角关系中，浓郁的公关亲和力就是从企业内部关系向外部逐渐渗透扩散的。品牌塑造过程中的正能量，是促使品牌价值导向变化的关键。消费者在接受企业品牌形象的过程中，会对企业的价值观、世界观做评价。品牌留给消费者的形象认知，更多地来自企业的行动。对中小企业的品牌来说，在有了一定的品牌知名度后，就要考虑如何提升品牌美誉度和忠诚度的问题，需要进一步让消费者增加对品牌的好感和认知，那么如何去行动呢？为包括社区在内的社会群体举办慈善活动是一种有效的公关方式。公关活动可以更好地提高品牌的亲和力，赢得消费者的好感和尊敬。企业做好事（公关），可以吸引大众的注意力，常用的公关方式有赞助、参加公益活动等，尤其是中小企业更要善于发现公关机会，充分利用好当地市场的热点新闻和大众关注的事件，为自己的品牌加分，让自己的品牌更深地植入消费者的消费意识中。

11.4.5 品牌塑造的关键点

在经济全球化的浪潮下，企业对品牌意义的认识更加深刻，未来竞争的强者是优质品牌，尤其是全球性品牌。品牌塑造的过程就是企业增强自身竞争实力的过程，世界上最富有国家的经济是建立在优质品牌之上的，而非建立在商品之上（见图11-5）。

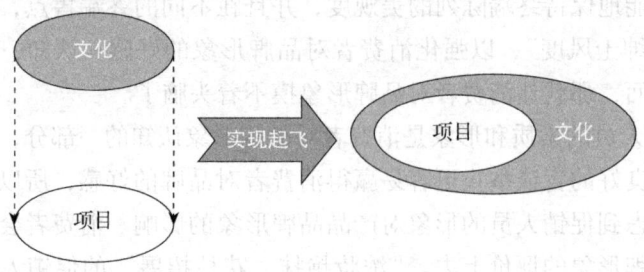

图 11-5　品牌塑造的关键点

1. 把握品牌塑造的切入点

品牌塑造的切入点在于品牌形象的构建，而品牌形象联想是品牌塑造的先导，比如说真功夫，看到李小龙造型，就会联想到真功夫品牌的形象；品牌的性能，即品牌的内在使用价值；品牌在消费者心中的潜意识。潜意识的难以言传性决定其形成的过程有心理密码和构建机理：品牌的价值描述与量化，品牌在目标客户心里的定位考量，品牌与消费者的共同路径与模式，品牌形象对消费者的情感启动能量等。

2. 掌握科学的方法

品牌塑造是一个艰难的长期过程，不可能一蹴而就。许多企业的品牌建设方法的成效不佳，显然缺乏品牌的哲理性思维观念是主要问题，但更为重要的是缺乏品牌塑造的科学方法，哲理性思维就是世界观与方法论的有机结合。作为一个现代品牌塑造的参与者，必须要有一定的哲学头脑和科学思维模式，在瞬息万变的经济环境中，探索品牌塑造规律，总结出适合自身品牌塑造的科学方法。

3. 适度投入，保持收支平衡

品牌塑造需要巨大的资金投入，无论企业处于何种情况下，都需要进行详细的成本核算，若财务管理不到位就会陷入"品牌塑造成本偏高、销量大但利润很低、高度同质化竞争、品牌短命、缺乏可持续竞争优势"的困境。

企业的品牌塑造是一个系统化工程，必须采取项目化运作方式来完成，以整合品牌塑造的各种相关要素。2021年，世界品牌实验室（World Brand Lab）发布了2020年度（第十七届）"世界品牌500强"排行榜。中国市场本土品牌的竞争力不断增强，已经开始超过一些全球巨头。世界品牌实验室发布了2020年"亚洲品牌500强"排行榜，其中"北大荒"品牌位居第90位。北大荒集团正围绕"三大一航母"战略目标，大力实施"1213"工程体系，打造了"北大荒绿色智慧厨房"，努力践行中国农业第一品牌的企业使命与责任担当，深挖农业品牌内涵价值，持续发挥品牌引领作用，打造农产品的品牌体系，不断提升品牌影响力，为保障国家粮食安全和食品安全积极贡献力量。

11.5 品牌盈利流模型

现代企业经营的终极目标是实现股东利益的最大化，这就要求企业在品牌管理方面更加关注品牌的盈利模型设计。这是促使品牌为企业目标服务的关键所在。

品牌盈利流模型是界定企业品牌战略对增值目标贡献程度的关键财务指标，也是形成企业业务策略和管理机制与战略的基础。厘清利润增值链所涉及的四大业务模块与关键增值指标之间的直接和间接关系以及显性和隐性关系，可以形成构建业务之间共通的基础结构；厘清构建管理机制与关键财务指标之间的关系，可以形成管理机制与战略和业务共同的基础结构。基于企业经营和品牌经营的增值目的，以及增值运营过程中所涉及的要素，SRPD利润流模型对经营过程中增值影响最显著的关键要素进行了深入的基础研究和应用体系的开发，并在实践中对基础原理和简单方便的应用不断进行验证与优化。

11.5.1 SRPD 模式的基本框架

SRPD模式是一种动态模式，是量化品牌盈利模型的体系框架，根据具体企业的个性化目标，提炼达成阶段性最优ROI的业务模型，形成让企业可以清楚理解，并可直接应用的业务管控模型。SRPD是提炼和总结了大量经营规律、应用方法和技巧，方便各业务环节使用、浓缩成长过程的工具箱。

1. SRPD 的内在含义

S（support）是英文"支持"的简写，代表支持企业运营的外部和内部环境。

外部环境包括市场需求环境、竞争环境、政策环境、技术环境、资源环境、人文环境、地理环境等，是判断企业利润和相关目标的认知支持体系。

内部环境包括企业文化、团队管理、信息管理、流程管理、财务管理、协作关系管理等一系列业务管理和公司治理机制，是支持利润及相关目标实现的企业内部环境。

R是result——目标，P是plan——计划，D是do——执行。

R、P、D是英文result、plan、do的简写，分别代表目标、计划、执行，是企业内部的循环作业链管理。其模型的原型是美国著名质量管理学家戴明的PDCA环。概括来讲，它包括两个重点：一是内部的分级和分环节目标设置；二是以目标为导向的组织管理和实施。二者组成企业内部作业链循环圈，持续达成新的目标。SRPD 模式是由认知和方法两部分组成的应用体系。

2. SRPD 品牌盈利流模型的形成基础

SRPD 利润流模型吸收了营销不断持续更新的理论和应用成果，如 SRPD 商业设计增值管理的基础研究成果，行为心理学对于认知模式和动机的实验科学成果以及东西方认知比较的差异而形成的企业应用体系，并以成果实现和持续更新为目标，以著名质量管理学家戴明的 PDCA 环为强化执行落实的基础，通过其创始人杜夏近 50 个不同运营模式和行业的企业咨询实践，不断优化和更新的企业应用模型（见图 11-6）。

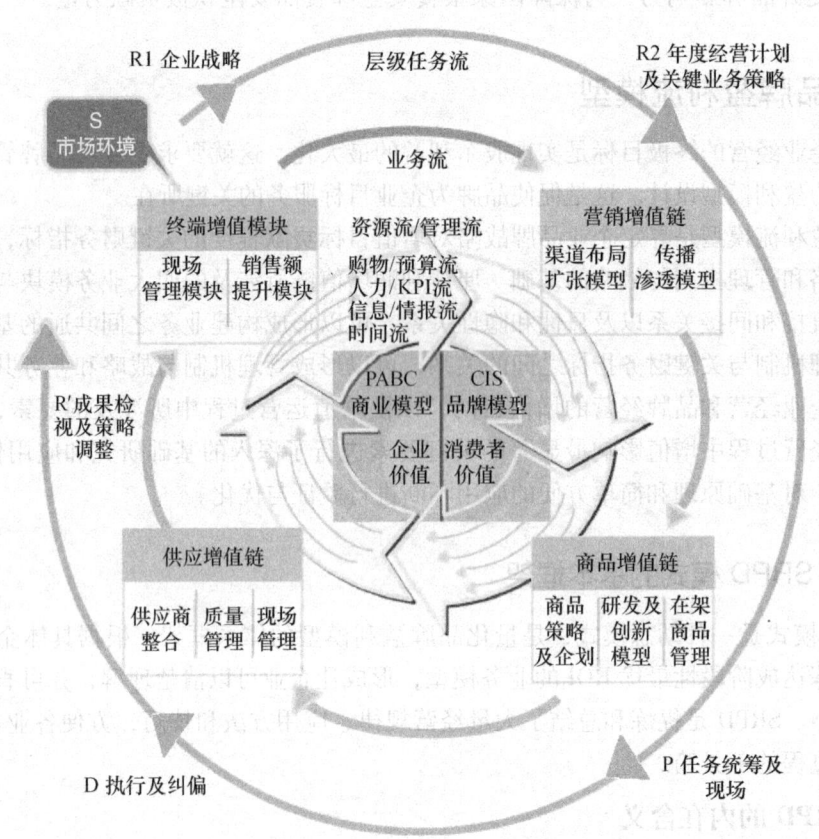

图 11-6　SRPD 利润流模型构成

资料来源：百度百科。

SRPD 应用工具箱不仅包含大量企业在不同环境下的各类个性化方法和技巧，还包括创始人杜夏女士独有的基础研究成果，并会持续不断地更新。

11.5.2　SRPD 利润流模型的基础方法

在了解 SRPD 利润流模型的基础方法时必须把握三个界定。

（1）定性区分和界定行业性、区域性、企业生命周期，形成有关认知和判断的基础三维坐标。

（2）以定性或定量方式区分与界定长中短期三个阶段目标。

（3）以定性或定量方式区分与界定结构性、重复性、随机性三类问题。

11.5.3　路径、原则与要素构成

1. 一条路径

利润循环是通过决策、统筹、操作三层执行力，聚焦营销、产品、生产三项关键业务，分配和统筹人力、资金、时间、信息等基础资源并以增值为目的的作业链。实现增值的关键是厘清三者之间的关联，形成一条可执行的作业路径，且作业路径的输出归于总目标。

2. 两个重要原则

原则一：终端倒推原则。每个环节的工作标准都是让下一个环节可以方便快速地使用上一个环节的工作成果，下一个环节是本环节的终端。

原则二：二八定律。忽略细节失误，不犯关键性错误；放弃小的诱惑，抓好重点机遇。

3. 三个构成要素

以构成心理学和商业要素为基础的 SRPD 品牌构成体系，基于构成心理学、神经语言学和行为心理学的 SRPD 沟通模型，由沟通元素、路径、检视整合三部分构成。

11.5.4　SRPD 的主要商业模式

1. 企业经营模型

（1）SRPD 行业生命期模型；

（2）SRPD 分行业盈利驱动力模型；

（3）SRPD 经营元素表；

（4）SRPD 经营倾向界定模型；

（5）综合商业模型与经营元素表等的运营应用模型——SRPD 业务联动静态控制模型；

（6）SRPD 动态运营链模型，由包括产品、营销、品牌、资金、人力、情报、沟通、时间在内的 8 条运营链构成。

目前正在完善基于互联网的技术链的相关研究和应用模型开发。

2. 企业销售模式

（1）SRPD 渠道开发应用模型；

（2）2009 年开发的 SRPD 终端盈利静态模型；

（3）SRPD 终端群盈利流模型；

（4）推广+渠道+终端的完整 SRPD 营销业务链模型；

（5）规划+管理+执行的完整 SRPD 营销运营链模型。

3. 设计与设计管理模型

（1）SRPD 设计风格元素表；

（2）SRPD 设计层次模型。

4. 基于完形心理学的 SRPD 设计完形模型
（1）基于构成心理学的 SRPD 视觉设计判断和沟通模型；
（2）SRPD 区域视觉驱动力模型；
（3）SRPD 视觉元素利润空间分析模型；
（4）基于行为心理学和 PDCA 的个人设计模型。

5. 基于设计组织管理的 SRPD 设计管理模型
（1）设计执行流程；
（2）设计检视流程。

6. 商品管理模型
（1）商品盈利评估模型；
（2）商品运营评估模型；
（3）视觉评估标准指标；
（4）商业设计评估模型；
（5）商品规划模型；
（6）在线商品管理模型；
（7）生产接口管理模型。

7. 执行力管理模型
（1）SRPD 决策执行力模型；
（2）SRPD 管理执行力模型；
（3）SRPD 操作执行力模型。

8. 企业资源管理模型
（1）SRPD 企业资源流转模型；
（2）人力资源增值模型；
（3）时间管理模型；
（4）情报与数据应用模型；
（5）资金与业务联动管理模型。

另外，基于 SRPD 品牌价值构成模型、评估应用体系，可以嵌入 SRPD 传播与公关策略模型。

综合品牌 BI 与组织管理的内部整合应用模型，是企业文化提炼、执行文化提炼、关联业务接口、KPI 落实、内部培训、BI 优化等构成的 BI 应用链。

11.5.5 SRPD 利润流模型的最新应用

未来全球范围内互联网技术的广泛应用，必将在三方面对变革和创新整体利润模型带来革命性影响。

（1）互联网具有集媒体、实物交易、技术应用需求于一身的特征，互联网终端的形成基于用户数量资源，能融合以多种属性盈利模式为一体的复杂盈利模型，随着互联网企业的成熟，将可能出现不可思议的巨大的复合式盈利体。

（2）互联网通过营销策略和技术实现并引发客户的行为和交易，意味着互联网交易是一种自动运行的流程式互相输入与输出。这一属性使得电子商务呈现出与传统地面店不同的三个差异。

1）线下营销的可控性更强；
2）整合全程动态营销策略的依赖性更高；
3）对预判的要求更高，互联网的营销更纯粹。

（3）从确定策略到实现交易的过程更短，电子商务与地面营销相比，周期大大缩减，电子商务呈现出与地面营销模式频率完全不同的有效盈利周期和更新周期。

本章小结

1. 品牌特许经营是指企业把品牌作为知识产权转让的对象，通过加盟方式向受许人收取一定的品牌使用费和权益金，以此来扩大品牌影响范围，提升品牌价值，获得市场份额。当前，特许经营扮演的不仅是一种"新"角色、"新"潮流，而且是创建强势品牌和积累品牌资产的有力工具。
2. 战略性品牌管理是一项品牌营销活动，包括选择品牌要素、设计营销方案、整合营销沟通、利用次级品牌杠杆以及评估品牌资产的来源等。
3. 品牌生态体系的组成：组织和流程、品牌结构、品牌识别、品牌经济（资产）、品牌信息、品牌文化等。品牌生态管理的实质就是要与利益相关者群体建立一种和谐共生的关系。
4. 品牌塑造是一个系统长期的工程，品牌知名度、美誉度和忠诚度是品牌塑造的核心内容，从实战角度看，包括塑造的要点、塑造三部曲、塑造过程等。
5. SRPD 模式包括基本框架、品牌盈利流模型以及商业模式等。

自测题

一、单项选择题

1. 品牌授权和特许经营的核心都在于首先建立"特"，要有独特的产品、服务、经营模式或者独特的可被消费者识别的（   ）。
   A. 品牌文化   B. 品牌形式   C. 品牌内涵   D. 品牌形象
2. 品牌授权方对被授权方的管理主要是授权商品的（   ），不能让低劣的商品影响品牌的形象。
   A. 价格控制   B. 市场控制   C. 品质控制   D. 价值控制
3. 战略性品牌管理是对建立、维护和巩固品牌这一全过程的管理。其核心思想就是有效监控品牌与（   ）关系的发展。
   A. 经营者   B. 消费者   C. 设计者   D. 开发者
4. 品牌战略是企业对其品牌未来发展的基本判断与规划，而战略性品牌管理则是一项（   ）活动。
   A. 品牌营销   B. 品牌设计   C. 品牌嫁接   D. 品牌延伸
5. 品牌管理的任务主要集中在设计品牌视觉形象方面，以及进行品牌联想和建立深度的（   ）

关系方面。

　　A. 消费者与品牌　　B. 生产者与品牌　　C. 经营者与品牌　　D. 设计者与品牌

6. 品牌生态管理就是要以（　　），从影响品牌的宏观、微观生态要素出发，建立一种系统、深层次、全方位、互动的品牌管理理论体系。

　　A. 控制的观念　　B. 系统的观念　　C. 协同的观念　　D. 数字的观念

7. 从宏观管理层次上看，企业品牌生态管理系统是由以强势品牌（即名牌）或强势品牌群为核心的品牌群落及其（　　）、资源组成的。

　　A. 投资环境　　B. 生存环境　　C. 生态环境　　D. 再生环境

8. （　　）是塑造品牌内涵的第一步，在这个方面，企业首先要做的事情就是收集市场信息，包括竞争对手品牌的内涵及被接受程度、市场上品牌分布状况、产品特点、档次等。

　　A. 内涵的传播　　B. 内涵的维护　　C. 内涵的创新　　D. 内涵的确立

9. 品牌塑造的切入点在于（　　）的构建，而其联想是品牌塑造的先导。

　　A. 品牌形象　　B. 品牌价值　　C. 品牌效应　　D. 品牌格局

10. 品牌盈利流模型是界定企业品牌战略对增值目标贡献程度的关键（　　），也是形成企业业务策略和管理机制与战略的基础。

　　A. 质量指标　　B. 财务指标　　C. 市场指标　　D. 生产指标

二、多项选择题

1. 品牌生态体系的组成包括（　　）。

　　A. 组织和流程　　B. 品牌结构　　C. 品牌识别
　　D. 品牌经济　　E. 品牌信息

2. 战略性品牌管理是一项品牌营销活动，包括（　　）。

　　A. 选择品牌要素　　B. 设计营销方案　　C. 整合营销沟通
　　D. 利用次级品牌杠杆　　E. 评估品牌资产的来源

3. 品牌塑造是一个系统长期的工程。品牌（　　）是品牌塑造的核心内容。

　　A. 知名度　　B. 美誉度　　C. 忠诚度
　　D. 满意度　　E. 认可度

4. 品牌特许经营运行的主要参与者包括（　　）。

　　A. 特许方　　B. 受许方　　C. 顾客
　　D. 产品设计者　　E. 市场管理者

5. 品牌建设分析的目的是评价对品牌战略的投资是否创造了足够的价值。它包括品牌（　　）等子模块。

　　A. 资产分析　　B. 组合分析　　C. 管理分析
　　D. 价值分析　　E. 市场分析

6. 品牌生态管理的对象层次包括（　　）。

　　A. 产品生态化设计　　B. 产品生态化销售　　C. 方法层次上运用生态方法
　　D. 产品技术更新　　E. 产品专利设计

7. 品牌内涵的塑造过程包括（　　）。

　　A. 品牌内涵的确立　　B. 品牌内涵的传播　　C. 品牌内涵的创新
　　D. 品牌内涵的扩张　　E. 品牌内涵的推广

8. 品牌塑造的核心点包括（　　）。
   A. 注重产品与服务的高品质
   B. 为品牌注入更多的个性
   C. 不断开拓，勇于争先
   D. 系统思考，关注整体
   E. 文化搭台，丰富内涵
9. 利润循环是通过（　　）三层执行力，聚焦三项关键业务。
   A. 决策　　　　　　B. 统筹　　　　　　C. 操作
   D. 推广　　　　　　E. 延伸
10. 综合品牌 BI 与组织管理的内部整合应用模型，是（　　）等构成的 BI 应用链。
    A. 企业文化提炼　　B. 执行文化提炼　　C. 关联业务接口
    D. KPI 落实　　　　E. 内部培训及 BI 优化

三、简答题

1. 什么是品牌特许经营？它具有哪些特征？
2. 举例说明品牌特许经营模式的经营特点是什么。
3. 简述品牌生态管理的主要内容。
4. 品牌塑造的"三部曲"是什么？
5. 品牌盈利流模型的基本构成是什么？

案例分析

从暴龙投放电梯广告看品牌塑造的新逻辑

假日的一天，在乘坐电梯时，遇到的一个事情给我留下了深刻的印象。一个 20 岁出头的小姑娘一上电梯就拿着手机对着暴龙眼镜的框架广告一个劲地拍，完全无视我的存在，最后嘟着嘴和广告来了个合影。我在一旁看得差一点就笑出声来。

原来，这个广告上的代言人是王俊凯。作为专业营销人士，我对眼前这一幕不可能不敏感。于是，我专门上网查了一下暴龙眼镜及这个广告的受众情况。王俊凯是在与暴龙合作三年后，成为后者最新的全球代言人的。而暴龙投放分众广告，好像还是头一次。

透过现象看本质，由暴龙电梯广告这个小故事，或许我们可以进一步探索新品牌的塑造逻辑。

1. 品牌的网络陷阱

暴龙眼镜投放分众广告让人想到的第一个关键词就是：品牌的"网络陷阱"。这里讲的"网络陷阱"是针对品牌塑造而言的，本意是虽然一个品牌在网络上有大量的广告、曝光度，但是不一定能促使其成为真正的品牌。

暴龙眼镜投放分众广告与品牌的"网络陷阱"有什么关系？原来，暴龙眼镜过去是从未投放过分众广告的，而是主要投放网络广告。

暴龙眼镜投放分众广告是基于需求的，投放分众广告首要的目的是面向城市 3 亿主流人群建立起品牌认知。但是以往暴龙主要将广告投放在网络上，尤其是投放在加盟代理招商上。据了解，暴龙眼镜创立于 2003 年，目前在全国有 40 000 家门店，最初是以直营为主的，后期则以特许连锁加盟的方式复制特许体系。

这意味着当下的暴龙正迎来需要强化品牌建设的阶段，也说明过去的投放模式并未形成对核心消费群体的有效的品牌认知。所以，暴龙开始通过投放分众广告补品牌建设课。

与暴龙眼镜一样，其实还有很多新品牌需要补足品牌建设课。从某种程度上讲，这些新品牌其实陷入"网络陷阱"里。一是重度依赖于平台广告、促销等营销活动来建立与消费者之间的联系；二是几乎所有的网络广告都是销售转化导向的。网络的特点决定碎片化的曝光无法使人形成品牌记忆，只能"抓住一次算一次"地进行交易。时间越久，品牌对平台和网络的依赖性就越大。

因此，品牌要真正出圈，不能限于某一个平台，更不能远离消费者的现实生活触点。但是目前的情况是，除了网络广告，电视广告离主流人群越来越远，电梯广告成为为数不多的有效品牌曝光方式。

2. 新品牌的"三角法则"

通过日常观察人们会发现，活跃在分众上的都是不同领域的龙头品牌或头部品牌，比如做瓜子的洽洽，做牙膏的云南白药，做奶粉的飞鹤，搬运"水"的农夫山泉，做在线教育的猿辅导等。

它们有些是经营了几十年的老品牌，有些是崛起于电商起步时期的新品牌，还有些是直接发迹于最近几年的移动互联网品牌。其中，一些老品牌通过转型升级或品牌重新定位，借助在电商和梯媒核心阵地的投放，让老树开出新花。而一些在互联网新经济下诞生的品牌，都把电梯广告投放当成是突破用户规模、实现品牌站位的必经之路。无论是哪一种品牌，对梯媒阵地的选择都传递出了一个品牌建设的路径共识：选择中心化程度最强的载体。

选择中心化程度最强的媒介是获得成功的第一个核心原则。在线下，中心化程度最强的媒介是分众；在电视中，中心化程度最强的渠道是央视。前者引爆主流人群，后者是权威信用背书。在互联网平台的品牌中，我们会发现，B站（哔哩哔哩）和快手做强了都得去央视打广告。而新品牌经过最初的积累阶段后，一旦资金允许以及到了必须进行品牌站位时，就会通过投放分众广告进行品牌宣传。

拥抱主流人群是获得成功的第二个核心原则。这就是新品牌崛起过程中必经的"中心化"引爆之路。但是，归根结底，多数大众化品牌都将目光瞄准了当下3至5亿的城市主流消费人群。当然，小众领域或者下沉市场并非就出不了品牌，这是对主要的想拥有大众知名度的品牌而言的。

提供可持续的产品或服务解决方案是获得成功的第三个核心原则，就是要求提供真正满足消费者需求的有竞争力的解决方案。这是拥抱主流人群和"中心化"引爆的基础条件。以品牌来举例，小鲜炖必须要确保真的是燕窝，同时还解决了食用不便的痛点问题；天鹅到家则必须能够为用户提供优质、价格透明且适中、高效反应的家政服务。

如此一来，"需求解决方案＋拥抱主流客群＋中心化引爆"共同推动一个新品牌崛起，也成为大众知名品牌建设的黄金"三角法则"。这个法则虽未必具有普适性，但适用于大多数品牌。

资料来源：https://new.qq.com/omn/20210204/20210204A02NK100.html。

问 题： 1. 暴龙眼镜广告的"品牌塑造逻辑"是什么？暴龙眼镜以投放分众广告来替代网络广告有何用意？

2. 什么是品牌的"网络陷阱"？新品牌的"网络陷阱"主要表现在哪些方面？

3. 品牌的黄金"三角法则"是什么？各品牌对电梯媒体阵地的共识如何？为什么？

卡萨帝在成为行业第二后换道场景生态

卡萨帝虽然已经成为家电高端品牌排名第一，行业综合评价排名第二，但是并没有停止前进的步伐，目前正在把发力场景生态品牌作为新的战略。

卡萨帝最新交出的成绩单便是如此。2020年，卡萨帝实现了持续两位数的高速增长，卡萨帝冰箱和洗衣机分别进入行业TOP2、TOP3序列，厨电实现翻番增长，冰吧酒柜行业占据超过六成市场。

这背后足可见卡萨帝的行业扩展战略——先做强，坐稳高端家电第一的位置；再做大，成为行业第二，将高端优势延伸到行业引领层面。

卡萨帝在策划实现目标路径上，采取了响应的策略，在行业第二的基础之上，从绝对高端领域换道场景生态品牌，通过场景创新和生态服务为高端家庭用户提供智慧、优雅的一站式生活解决方案。这种领先于行业甚至超前于时代的品牌战略目标，是卡萨帝向高端生活方式进阶的新方向。

1. 不止于高端，卡萨帝的生态进阶之路

在家电市场的销售持续低迷的行情中，卡萨帝始终处于另一条独立的高增长通道。从2017年到2020年，卡萨帝保持了4年持续增长，在高端家电市场中增速排名第一。根据中怡康2021年第3周的数据，在1.5万元以上的高端市场中，卡萨帝冰箱以50.1%的市场份额稳居首位；而在1万元以上的市场中，卡萨帝洗衣机的市场份额占比达到了73.8%，形成绝对领先优势。

这种品牌影响力正在向更大范围辐射，优势区间逐步下探。卡萨帝冰箱在延续2020年高端家电排名第一的基础上，以15.78%的市场份额占据行业第二；卡萨帝洗衣机在1万元以上的市场遥遥领先后，在8 000元至9 999元价格段也拿下了39.4%的市场份额。

在外界看来，在行业第一的海尔之后，卡萨帝拿下行业第二，证明其在产品端与品牌力方面已实现行业领先，这已实属不易，因此应选择保守策略，在既有优势领域继续深耕，保持针对高端人群的领先位置。

但卡萨帝却选择了更有挑战性的进阶之路，从高端家电品牌第一转向发展场景品牌、生态品牌。由全球25个团队历时3年打造的卡萨帝指挥家高端智慧成套家电，突破了10多项制造极限，拥有35项全球领先的独创技术和近百项国家专利，不仅打造了顶级制造与创新的爆款单品，而且以高端智慧家庭场景解决方案为支撑，向家庭用户提供一站式服务。

这种生态战略成功形成了从"买产品"转为"买场景"的新局面，越来越多的家庭选择在卡萨帝购买成套家电、后续生态服务以及家装配套服务。2020年，卡萨帝售出的家电产品中有超过20%是成套下单的，而其中厨电套购比例达到39.17%，家用空调套购比例达到36.69%。

2. 换道超车，用智慧场景打造高端未来生活

市场上提供的所谓"全套智慧方案"的品牌并不罕见，为何只有卡萨帝能取得高端用户的全面认可？究其根本，卡萨帝打造的智慧场景不是单纯将"高科技"或"多功能"作为卖点，而是真正从家庭用户的多元化、个性化需求出发，打造品牌推广全链条，提供一站式的品牌产品生态服务。

目前，卡萨帝的全场景高端生态方案已经覆盖了包括智慧护理、健康饮食、舒适住居、娱乐互娱在内的四维生态，可以说充分满足不同阶段生活方式家庭的全方位需求，而这是其他停留在推广单品或小范围场景的品牌难以实现的。

通过智慧护理生态，用户可以轻松护理高端衣物和选择穿搭；健康饮食生态则涵盖了购买、

存储、烹饪、饮食、清洁的全流程；舒适住居生态可根据用户的生活习惯来调节空调、热水器等；娱乐互娱生态让家变成一个大型娱乐场，用户在洗澡、做饭时也能享受影音等服务，坐在电视机前就能查看各个智慧场景的使用情况。

卡萨帝四维生态将用户从繁杂的家庭事务中解放出来，不仅满足了对家居生活的品质要求，而且带来了健康、智慧的全场景高端体验。正是这种全方位的智能生活体验，让卡萨帝获得了明星大咖、政企领袖、商界精英等高端人士的普遍信赖。

3. 从做强到做大，创新与体验才是赢得市场的正道

外界能够观察到的是卡萨帝持续扩大的市场份额，但实际上，需求市场排名并非这个高端品牌的最终目标，而只是卡萨帝面对未来发展趋势持续创新的阶段性成果。

企业如果执着于市场排名，则难免为了拼销量而陷入价格战的窠臼，难以长期维持品牌的竞争力。只有抛开杂念，专注于为用户提供健康、智慧的全场景高端体验，并以科技创新不断打破既有的产业瓶颈，刷新品质标准，才能走上持久长胜之路，而这也是每一个品牌真正取信于用户的正道。

这就是卡萨帝的技术与产品总是被模仿，但它的成功却难以复制的原因。随着越来越多的家庭感知到全场景智慧生活的美好，相信卡萨帝的高增长通道在未来会行稳致远。

资料来源：https://baijiahao.baidu.com/s?id=1691015761832066618&wfr=spider&for=pc.

问　题：
1. 卡萨帝为何将"场景创新和生态服务"作为打造生态品牌体系的切入点？卡萨帝选择从高端家电品牌第一跃向场景品牌、生态品牌的战略路径的初衷是什么？
2. 全场景高端生态四维方案的基本内涵是什么？是如何运作的？
3. 为什么说卡萨帝的技术与产品总是被模仿，但它的成功却难以复制？卡萨帝赢得市场的正道是什么？

CHAPTER 12　第 12 章

网络品牌管理

教学目标

通过本章的学习，学生能够系统掌握网络品牌的基本概念、网络品牌管理的基础与层次、网络品牌管理策略、网络品牌价值提升的方法、网络品牌发展趋势等互联网经济条件下的品牌管理全新理念，了解互联网经济条件下的品牌管理新思维、新方法，并能借助互联网为企业品牌增值。

学习任务

通过本章的学习，学生主要掌握和理解：
1. 网络品牌的科学含义；
2. 网络品牌的特点及层次；
3. 网络品牌价值提升的方法；
4. 网络品牌管理实施的策略；
5. 网络品牌管理发展的趋势。

案例导入

"黔网帮"网络扶贫公益品牌示范项目

为深入实施国家乡村振兴战略和"宣传促消费扶贫"十大行动计划，加大贫困地区"互联网+"的扶贫力度，贵州省委网信办组织实施"黔网帮"网络扶贫公益品牌示范项目。该项目充分整合省内外知名互联网企业、新媒体平台、网络社会组织、自媒体网络大V等社会资源，积极促进"黔货出山"，探索"网信统筹指导、协会组织协调、平台流量助推、地方服务保障、企业增收反哺、群众奋力脱贫"的贵州网络扶贫新模式，确保高质量打好扶贫收官战，奋力开创乡村百姓富、生态美的多彩贵州农村新未来。

1. 做法与成效

（1）品牌塑造，增强凝聚力。

"黔网帮"通过"设计、推广、协作、提升"四步走的发展战略，重点实施网上形象提升工程、"地方产地方造"带货计划、消费扶贫行动、"抖音生态网红县""正能量网红培训计划"等五大工程，努力打造国内网络扶贫知名品牌。一是品牌注册先行。由省互联网发展协会先行设计专属品牌logo、品牌包装，成功注册"黔网帮"品牌商标，并系统塑造品牌形象。二是推广使用逐步发力。明确在省内重要农产品宣传活动、"贵州省网络扶贫公益广告"、扶贫产品包装等方面，统一冠名"黔网帮"或植入品牌logo，整合全省以及省外部分网络传播渠道，大力进行宣传推广，持续扩大农产品品牌影响范围，使品牌取得了较好的认知度和曝光度。三是协作体系助推。在新浪集团、北京五八公益基金会、贵州日报当代融媒体集团、贵州广播电视台等20余家知名企业搭建联盟平台的基础上，积极吸纳互联网京黔会、粤黔会、长黔会、成渝黔会等协会成员企业加入，虚拟组织倾力帮扶、倾心帮助、倾情奉献，共促发展。四是品牌提升致远。"黔网帮"除助力脱贫攻坚、促进扶贫农产品在省内外销售外，还积极参与数字乡村试点，积极推介新文旅、新农家，培育农村等新产业，培训熟练应用互联网的新农民，带动农村产业革命，全面助力乡村振兴。

（2）点面齐进，增强整合力。

为稳妥推进网络扶贫公益品牌示范项目实施，贵州省委网信办会同联盟成员企业、协会组织，以点为突破，先期在遵义市正安县启动。

一是在现场与正安县签署网络扶贫公益帮扶协议。二是由贵州云图时代信息技术有限公司等三家企业牵头，共同向正安县捐赠网络扶贫公益助学金100万元，上线"黔网帮"首个县域电商馆"正安馆"。三是开展"网聚力量，携手小康——2020年网络扶贫贵州十大创新案例"征集工作。四是启动实施"黔网帮·正能量网红培训计划"。该活动由贵州省网络文化发展协会、贵州省互联网发展协会、北京字节跳动公司、新浪集团联合主办，组织省内百名新媒体代表人士参加，重点培训新媒体内容设计、内容传播和平台运营等前沿课题，旨在培养新媒体人才，扶持新媒体账号。同时，贵州省委网信办会同联盟成员企业、协会组织，以面铺开，重点实施"结对帮扶、消费扶贫、流量扶贫"三步走策略，扎实帮扶，做到结对帮扶走前列、消费扶贫助增收、流量扶贫再发力，并最终形成整体合力。

2. 经验与创新

（1）网信抓好统筹指导。为持续打造好"黔网帮"网络扶贫品牌，贵州省委网信办充分发挥统筹指导作用，主要负责同志牵头抓总，分管负责同志和相关业务处、驻村工作队协调组织，协会企业帮助具体实施。贵州省互联网发展协会积极做好资源对接、平台搭建、体系完善、联盟建立、督促调度、信息报送等项目落地工作。各知名互联网企业结合自身优势，扎实制订网络扶贫示范项目推进落实具体方案，有力且有效地推进项目在贫困县实施增效。

（2）品牌用好行业资源。组建"黔网帮·网络扶贫公益联盟"，引导互联网企业、网络媒体等单位，积极发挥自身特点，先期在正安县实施网上品牌形象提升、在网上公开推荐与销售农特产品、启动抖音"直播电商+短视频运营培训+直播内容"工程等项目，努力增加帮扶项目的载体和渠道，支持当地延伸产业链，并陆续向其他贫困县铺开实施。

资料来源：http://www.china.com.cn/opinion/2021-01/10/content_77099764.html。

12.1 网络品牌概述

网络品牌又称网络商标，是指公司名称、产品或者线下品牌在互联网上的延伸和保护，就是企业线下商标、品牌词注册后，为了能够在商标法保护下健康发展，防止品牌运营因超过一定空间范畴而失去行为约束和利益保护，从而使品牌价值受到损失。在网络经济背景下，企业或者公司如在互联网上发展和营销品牌，就需要在互联网中心登记注册网络品牌，以保证线下品牌在互联网上的安全使用。

为了适应现代品牌管理的全网保护模式，企业应该加强网络知识产权的全面保护，避免网络品牌价值流失，使品牌在线下和线上都得到保护。由于网络品牌具有唯一性、稀缺性、权威性等特点，所以保护网络品牌，就可以避免品牌被复制，从而提高网络品牌自身的独有价值。

目前，网络品牌已经成为药业、快餐、门窗、动漫、零售业、服装业等多个行业进行品牌扩张的主要渠道。而世界一流品牌企业都开始借助网络在全球扩张、称霸，中国许多企业也在积极运作互联网来发展自己的网络品牌。如李宁、北大青鸟、支付宝等网络品牌纷纷加入网络品牌推广与保护行列，取得了巨大的经济效益和社会效益，这说明网络对于成就品牌的意义非凡。

12.1.1 网络品牌的内涵

网络经济的主要标志就是市场商业竞争从线下转向线上，传统品牌与网络品牌的竞争成为另一种全新模式。同时，依托互联网而建立的网络品牌从品牌创建到品牌延伸管理，以及不同品牌的创新模式表现，与线下在表现形式上有相同性，也有差异性。目前，网络品牌管理逐步从初级进入高级的发展阶段，另外也在不断输入新的互联网元素，实现网络品牌管理模式的不断更新。

1. 网络品牌的概念

品牌是联结企业与消费者的纽带，对于企业和消费者都具有重要的作用与意义。而网络品牌是传统品牌在网上的衍生，它不仅具有传统品牌的功能，还具有十分鲜明的网络特色。网络品牌更加强调消费者的个性化、互动性和体验性，与品牌理论在现阶段的发展成果不谋而合。而且根据网络的特点，网络将更加有助于品牌发挥其功能及作用。

狭义的网络品牌主要指企业注册的产品或服务的商标在互联网上一一对应注册，是企业的无形资产。它是指企业注册在通用网址的域名与企业名称及商标一起构成企业的铭牌。

广义的网络品牌是指"一个企业、个人或者组织在网络上建立的一切美好产品或者服务在人们心目中树立的形象"。

由此可见，网络品牌有两个方面的含义：一是通过互联网手段建立起来的品牌；二是互联网对线下既有品牌的影响。虽然两者对品牌建设和推广的方式与侧重点有所不同，但目标是一致的，都是通过网络创建和提升企业整体形象的。

2. 网络品牌产生的背景

从20世纪90年代开始，我国市场营销迎来了网络品牌时代。媒体分化终结了独占市场促销渠道的电视广告，与这一时期相对应的就是网络品牌的诞生，即基于互联网技术而推出的网络门户。虽然我国网络门户刚刚起步，尚不如传统品牌那样历史长、知名度高，但是目前已经具有广泛的忠实客户，这对推进我国品牌市场营销的进程具有里程碑的意义。

网络品牌成为投资未来的新方向，一开始建立网络品牌就是投入资产，具有资产运作的痕迹。作为全新的商业模式，网络品牌是基于网络而建立的品牌，不单纯依靠实际业绩取得回报，而是通过投资市场，依靠市场的扩张与人气的聚集来实现价值的。这一财富积累的方式完全打破了以往工业时代必须凭借实业或股市长期积累的模式，品牌成为迅速积累资本的手段。它借助互联网经济重新进行了定义，不再仅对企业和消费者有意义，现实的承诺变为长远投资者的期待。

在某种程度上看，网络品牌的盈利模式发生变化，在网络上提供的服务几乎是免费的，用户使用和获得品牌的服务不再付费，这一点就从根本上区别于传统意义上品牌存在的价值。总之，网络品牌完全打破了传统品牌特别是产品品牌建立的模式。

3. 网络品牌的组成

网络品牌依托全新的营销推广理念实现了产品或服务品牌效应的急剧扩张。其主要构成要素如下。

（1）网络名片，包括名称、logo、网站域名、移动网站域名、第三方平台形象、网络关键品牌词等。

（2）企业具体的网站，包括 PC 端、移动端、App 等，具体如网站名称、网站 logo、风格、主色调、更新等。

（3）网站的 PR 值：PR 值是谷歌创立的评价一个网站优劣的工具，提升网站的 PR 值，可以帮助我们从导航站获取大流量，可以帮助我们与较为知名的网站交换链接，从而提升网站品牌形象。

（4）企业搜索引擎表现，如付费广告、搜索结果排名等。

（5）网络上关于公司的软文、舆情和评价等。

4. 网络品牌的层次

品牌是极有效率的一个推广手段，品牌形象具有极大的经济价值。网络品牌包含以下三个层次。

（1）网络品牌要有一定的表现形态。网络品牌通过外部可感知、可视化形象吸引消费者注意，以完成从消费感知到实际购买的过程。

（2）网络品牌需要一定的信息传递手段。品牌形象依靠信息作为载体，大数据技术的应用是对市场反应实施精准分析的关键。

（3）网络品牌价值的转化。品牌营销的终极目标是完成产品与服务的价值转移，为企业带来可观的利润。网络品牌价值的转化使网络品牌管理进入良性循环。

总之，品牌是无形价值的保证形式，在网上购物品牌更重要，网络销售成功的秘诀就在于创造了一个市场知名的网络品牌。所以，企业必须时刻关注自身需求，进行企业形象现状评估；对企业形象做出整体规划与设计；及时处理品牌不良信息；重视维护品牌口碑。

12.1.2 网络品牌的特点

依托互联网而建立的网络品牌虽然处于萌芽阶段，体系尚不成熟，但它产生的意义在于不仅彻底改变了传统的市场营销模式，而且为品牌经营和品牌资产管理提出了一系列新的课题。未来，网络品牌将借助互联网技术的推广与成熟，愈发显出独有的特点。从目前看，网络品牌的特点可以归纳为以下几点。

1. 市场效果的综合性

网络营销的各个环节都与网络品牌有直接或间接的关系，因此，可以认为网络品牌的建设和维护存在于网络营销的各个环节，从网站策划、网站建设，到网站推广、顾客关系和在线销售，无不与网络品牌相关，即网络品牌是网络营销综合效果的体现，是网络营销理念在网络环境下的创新呈现，如网络广告策略、搜索引擎营销、供求信息发布以及各种网络营销方法等均会对网络品牌产生综合性影响。

2. 网络排名的重要性

在网络上排名意义特殊，使用的技术指标是网页 PR 值。PR 值是网页的级别技术，取自 Google 的创始人拉里·佩奇（Larry Page），全称为 PageRank，是 Google 搜索排名算法中的一个组成部分，级别从 1 到 10 级，10 级为满分。PR 值越高，说明该网页在搜索排名中的地位越重要，对应的网络品牌也就更有影响力和普及率。

提高 PR 值的主要方法如下。

（1）提高网站内容质量，不仅要保持原创性，而且要保证质量。良好的内容不仅有利于用户体验，而且有助于提升搜索引擎对网站的友好度、内容的收录和网站权重。

（2）登录搜索引擎和分类目录，以及友情链接。如果能获得来自 PR 值不低于 4 并与你的主题相关或互补的网站的友情链接，且很少导出链接，则效果更好。

（3）撰写高质量的软文，将其发布到大型网站上，如果得到买家的认可，企业的网址就会被无数网站转载，这种方法对于提高 PR 值的效果最好。

（4）搜索引擎能收录一个网站的页面数量，收录的比例越高，对提高 PR 值越有利。

（5）提供有价值的网站内容，并进行搜索引擎优化（SEO），对提高 PR 值也非常重要。

（6）最好使网站被三大知名网络目录 DMOZ、Yahoo 和 Looksmart 收录，如果能被收录，对 PR 值的提高将非常有利。

（7）与高 PR 值网站链接，最好找同行业网站进行友情链接，并要防止链接欺骗以及 PR 值劫持的网站。

3. 网络价值与客户关系的对接性

网络品牌管理与 CRM 的有效对接，实现了互联网＋营销的新革命。正如科特勒在《营销管理》一书中所言"每一个强有力的品牌实际上代表了一组忠诚的顾客"，网络品牌的价值就体现在企业与互联网用户之间建立起来的和谐关系上。

由于网络品牌是建立用户忠诚的一种手段，因此对于顾客关系有效的网络营销方法对网络品牌打造同样是有效的，如集中了相同品牌爱好者的网络社区，在一些大型企业（如化妆品、保健品、汽车行业、航空公司等）中比较常见，网站的电子刊物、会员通信等也是创建网络品牌的有效方法。所以网络品牌价值只有通过网络用户才能体现出来，而持续的价值呈现正在于互联网与 CRM 的无缝衔接上。

4. 信息和服务的长效性

网络品牌的客户价值在于为用户提供的信息和服务。有价值的信息和服务才是网络品牌的核心内容。如 Google 是成功的网络品牌之一，当我们想到 Google 这个品牌时，头脑中的印象不仅是那个非常简单的网站界面，更主要的是它在搜索方面的优异表现，Google 可以给我们带来满意的搜索效果。与网站推广、信息发布、在线调研等网络营销活动不同，网络品牌建设不是通过一次活动就可以完成的，不要期望获得立竿见影的效果，从这个角度也可以说明，网络品牌营销是一项长期的营销策略，用一些短期目标并不能全面衡量网络品牌营销效果。

5. 网络品牌定位的个性化

网络品牌生存的唯一性在服务范畴表现出的特性就是信息服务的个性化，或者说是网络门户的个性化。网络品牌定位要求企业必须将全部资源集中在某专业领域，同时，为了保持这种唯一性的市场定位，还必须具备源源不断的资金和各种资源保障，否则个性化的服务定位就无法实现。这是因为网络门户是投资未来的，网络品牌要成为行业里的翘楚，不仅取决于其独特的定位，还依赖于资金的投入。网络经济的自然法则就是资源的集中与社会分工的高度专业化，只有顺应了这一法则的网络门户才能得以生存。传统品牌延伸的策略在这里受到了极大的挑战，如果认识不到网络品牌的这一特殊变化，建立网络门户就有可能重走传统品牌的老路。

由于网络的特点是开放性、实时性、互动性、海量性，所以由此得出网络品牌与传统品牌的主要区别是：唯一性——一旦某个网站形成一种强势品牌之后，就不可能有另外一个品牌与之竞争；交互性——通过网站的设计内容来体现；全球性——网络品牌面向全球；时间性——网站的更新会导致用户对品牌感知的改变。

12.2 网络品牌价值的提升方法

网络品牌目标与传统品牌管理目标一样重在价值实现与提升，科学的方法是提升网络品牌价值的关键。在互联网时代，信息技术的飞速发展使企业的营销环境发生了很大的改变。由于网络的开放性、共享性等特点，消费者与企业之间的信息不对称逐渐减弱。智推网着重论述了在互联网时代，如何利用互联网建立网络品牌以提升整体品牌价值。结合网络的特点提出了网络品牌推广的策略，比如企业网站、E-mail、网络广告、虚拟社区、联盟合作等。

12.2.1 企业网站建设

企业网站建设是网络营销的基础，也是网络品牌建设和推广的前提，在企业网站中有许多可以展示和传播品牌的机会，如网站上的企业标识、网页上的内部网络广告、网站上的公司介绍和企业新闻等有关内容。企业网站建设是网络品牌价值实现的物质基础和技术支撑，优秀的企业网站为网络品牌的宣传与推广提供平台和媒介。企业网站的构成要素如下。

1. 域名

域名与网络品牌之间存在密切的关系。英文域名（或汉语拼音）与中文品牌之间并非一一对应的关系，使得域名并不一定能完全反映网络品牌，这是中文网络品牌的特点。一个中文品牌可能并非只对应一个域名，如联想集团中文商标为"联想"，其英文商标却为"Lenovo"。联想的汉语拼音所对应的域名也对联想的网络品牌有一定影响，但汉语拼音"Lianxiang"所对应的中文并不是唯一的，除了联想之外，还有"恋乡"等也有一定意义的词汇。这给网络品牌推广带来一定的麻烦，同时也出现了域名保护问题。尽管从用户网站访问的角度来看，一个域名就够了，但实际上，由于域名有不同的后缀，如.com、.net、.cn等，以及品牌谐音的问题，为了不至于造成混乱，对于一些相关的域名采取保护性注册是必要的，尤其是知名企业。但过多的保护性注册，也增加了企业的费用支出，加重了企业的经营成本，这些网络品牌资产虽然也有其存在的价值，但却无法转化为收益。

（1）企业必须选择一个好的域名，由于英文（或汉语拼音）域名与中文品牌之间并非一一对应关系，使得域名并不一定能完全反映网络品牌，所以我们在取域名时，最好选择一个短小、念得响亮、不拗口的域名，同时我们也必须做好域名保护工作。

（2）做好网络实名申请工作。网络实名以人工智能技术为基础，独创了智能推测功能，保证客户可以用多种输入方式自由查找，可以直接输入拼音、拼音缩写查找企业，即使有错字、多字、少字、字序颠倒的情况，也可能找到企业网站。这样既方便了客户，又大大增加了企业网站被找到的机会。企业可以将与自身品牌关联性强的企业、产品、商标名及其简称，以中文、英文、数字、符号等多种形式，结合与这些词组关联性强的词语申请网络实名，方便客户查找。

2. 搜索引擎

搜索引擎常被作为网站推广和产品促销的主要手段，但搜索引擎的作用并非仅限于此，它还有更多的网络营销价值。根据 SEMPO 的调查结果，在北美地区的搜索引擎营销应用中，61% 的企业认为采用搜索引擎营销的首要目标是品牌认知，尤其是大型企业，更加注重搜索引擎对品牌推广的价值。根据 SEMPO 的最新数据，2020 年全球搜索排名第四的是百度搜索，这也是中国唯一上榜的搜索引擎品牌。虽然百度搜索占据全球搜索市场 1.36% 的市场份额，但是，相比国内的市场份额来看，百度搜索在全球依然是小众搜索品牌。

搜索引擎具有网络品牌价值已经成为不争的事实，对其价值实现的机制加以研究则成为企业需要关注的问题。搜索引擎的网络营销价值不仅体现在网站推广和产品促销等基本层面，还表现在企业的网络品牌价值等方面。合理利用搜索引擎可以达到提升企业品牌价值的目的，如果对此不够重视或者方法使用不当，则有可能让企业品牌形象受到损害，因此有必要对利用搜索引擎提升网络品牌的基本方法有较系统的认识。利用搜索引擎提升网络品牌价值的基本方法如下。

（1）尽可能增加网页被搜索引擎收录的数量。

（2）通过网站优化设计提高网页在搜索引擎检索结果中的效果（包括重要关键词检索的排名位置和标题、摘要信息对用户的吸引力等），获得比竞争者更有利的地位。

（3）利用关键词竞价广告提高网站搜索引擎可见度。

（4）利用搜索引擎固定位置排名方式进行品牌宣传。

（5）采用多品牌、多产品系列的分散化网络品牌策略等。

这些方法实质上都是为了增加网站在搜索引擎上的可见度，因此如何提高网站搜索引擎可见度成为利用搜索引擎提升网络品牌价值的必由之路。

提高网站搜索引擎可见度也就是让用户在多个主要搜索引擎，利用相关关键词进行检索时可以方便地获得企业的信息。其主要措施包括基于影响搜索引擎自然检索结果的搜索引擎优化，以及在搜索引擎检索结果页面出现的不同形式的关键词广告等。

（1）优化的方法。搜索引擎优化是通过对网站栏目结构、网站内容等基本要素的合理设计，使得网站内容更容易被搜索引擎检索，并且呈现给用户相关度最高的信息。利用搜索引擎自然检索方式增加网站搜索引擎可见度的基础，是让网站中尽可能多的网页被主要搜索引擎收录，这也是搜索引擎营销目标层次中的第一个层次。

这里有必要提出的是，在实施搜索引擎优化方案时，如果采用不合理的方式，如被搜索引擎视为作弊的手段，则有可能造成网站被搜索引擎惩罚。此行为不仅被视为低质量网页而在用户检索时发挥不了任何优势，更为严重的是网站会被搜索引擎彻底清除。如果网站出现了这种情况，那么将严重影响企业的品牌形象，对整个网络营销策略也将是沉重的打击。

（2）注意的问题。搜索引擎优化是一个比较容易引起误解的概念，往往与搜索引擎排名混为一谈，尤其是采用不正当手段的垃圾SEO。行业专家对在网络媒体上发布的观点应该给予重视和借鉴。如网上营销新观察在"搜索引擎优化应该重视什么"等文章中对此进行过说明，并且在"搜索引擎优化是非问题辨析"专题中用多篇文章分析了一些错误认识和不科学的手段。

除了对网站进行必要的优化设计之外，通过付费广告的方式让企业信息出现在搜索结果页面的显著位置，也是扩大品牌知名度的一种常用方式，并且它具有更多的优点，作为自然检索的补充，可以方便地在更大范围内、以更灵活的方式展示企业的品牌形象和产品信息。

做好搜索引擎的申请工作。搜索引擎是提高网站访问率，增强网站自我搜索功能的重要手段。搜索引擎有助于开发潜在消费群体，扩大企业网站的影响力。搜索引擎得到广泛的应用有两方面原因：一方面原因是其强大的搜索指向功能，能帮助访问者很容易访问到企业的网站；另一方面原因是访问者不愿意花更多的时间来记忆企业的域名，以及希望用最简单的方式获得所需要的信息资源。所有企业建立网站后一定不要为节省开支，而不去做搜索引擎的申请工作。

搜索引擎和网络品牌的联系十分紧密，网站建设应该被提升到很重要的位置上。但是，许多企业并没有真正认识到网站建设和网络品牌建设之间联系的重要性。它们从网站策划、设计到网站建设完毕，始终没有和网络营销很好地联系起来。打开许多公司的网页，是一个很精美的图片或者是莫名其妙的Flash动画，许多网络设计者强调这可以体现企业精神或企业文化。但实际上，这种做法却使得搜索引擎因检索不到企业的信息而使网络营销价值大打折扣。因此，网站的搜索引擎可见度要对网络品牌产生直接影响，尤其对于大型企业和知名企业而言，有必要对网站在搜索引擎中的表现给予充分关注。

总之，企业网站是有志于建立网络品牌的企业必须使用的工具，是企业在网上的门面，消费者往往通过访问企业网站而得到对企业网络品牌的初步认识。企业网站也是开展其他网络营销工作的基础，这里可以有许多展示和传播品牌的机会，如网站上的企业标识、网页上的内部网络广告，以及网站上的公司介绍和企业新闻等有关内容。

12.2.2 网络品牌的 E-mail 营销

为了满足市场推广的需要，企业每天都可能发送大量的电子邮件，其中有一对一的顾客服务邮件，也有一对多的产品推广或顾客关系信息，通过电子邮件向用户传递信息，也成为传递网络品牌的一种重要手段。

1. E-mail 营销正面效应

调查公司 Quris 的一项调查表明，56% 的被调查者认为高质量的许可 E-mail 营销活动对于企业品牌有正面影响；67% 的被调查者反映，他们对于自己信任的公司开展的 E-mail 营销活动有良好印象；58% 的用户表示，经常打开这些公司发来的 E-mail；54% 的用户对于这些公司的信任要高于其竞争者。该研究表明，在顾客关系维护中利用 E-mail 进行沟通并让顾客保持满意度，对增加销售有直接的促进作用。许可 E-mail 信息的长期接收者经常会点击邮件中的信息，并且实现在线购买，这说明邮件列表对于企业的品牌认知会产生积极的效果。除了产品/服务促销邮件之外，顾客服务邮件、确认信息，以及顾客定制邮件都很重要，在一定程度上会对企业品牌产生影响。

2. E-mail 营销的负面效应

在 E-mail 营销获得认可的同时，企业也应考虑可能出现的负面效果。Quris 的调查表明，如果一个公司的 E-mail 营销或者 CRM 活动开展得不专业，可能会对品牌产生负面影响，尤其对于知名企业而言，更应该用专业的手段开展 E-mail 营销，因为 2/3 以上的被调查者对知名企业比一般企业有更高的期望。

12.2.3 网络品牌推广

在网络品牌推广的过程中，人们发现网络广告对网络品牌推广具有特殊意义。网络广告的作用主要表现在两个方面：品牌推广和产品促销。相对于其他网络品牌推广方法，网络广告在网络品牌推广方面具有针对性和灵活性，可以根据营销策略需要设计和投放相应的网络广告，如根据不同节日设计相关的形象广告，并采用多种表现形式将其投放于不同的网络媒体。

1. "病毒"性营销

传统的"病毒"性营销对于网络品牌推广同样有效。例如，Flash 幽默小品是很多上网的用户喜欢的内容之一，一则优秀的作品往往会在很多同事和网友中互相传播。在这种传播过程中，浏览者在欣赏画面内容的同时也会注意到该作品所在网站的信息和创作者的个人信息，这样就达到了品牌传播的目的。社交电商素店多采用"病毒"性营销的模式。如素店刚开始运营的时候，积分这部分是现金而不是分值，后来才换成了分值，还有一个礼包佣金，消费者分享后即可拿到分享佣金奖励，这主要是靠消费口碑打造出来的，因为商品价值高，消费者有话语权，价格也合理，因而实现了口碑效应病毒式的传播，一传十，十传百，营销效果明显。总之，一个优质产品的营销推广，最直接的就是口碑力量。要让用户说话，把赞誉的权利交给用户。

2. 建立网络虚拟社区

网络虚拟社区是指在互联网上开展公开讲座并相互交流信息的、具有共同兴趣和需求的群体集合。网络虚拟社区的核心是吸引消费者进行互动与沟通，并借此让消费者真正成为品牌的主人，从而促使消费者接受品牌所传递的信息，并产生消费的引力，塑造品牌形象，建立品牌忠诚。

伴随网络社交模式的创新，网络社区营销已经逐渐成为网站推广方法，但网络虚拟社区的网络营销价值并没有消失，尤其是建立企业自己的网络社区，如论坛、聊天室等的时候。企业网站建立网络社区，对网络营销的直接效果是有一定争议的，因为大多数企业网站的访问量本来就很小，参与社区并且重复访问者更少，因此网络社区的价值便体现不出来。但对于大型企业，尤其是有较高品牌知名度并且用户具有相似爱好特征的企业来说就不一样了，如大型化妆品公司、房地产公司、汽车公司和音像公司等，由于有大量的用户需要从企业网站获取产品知识，并且与同一品牌的消费者相互交流经验，因此，这时网络社区对网络品牌的价值就表现出来了。

需要指出的是，网络虚拟社区建设的技术问题已经得到逐步解决，下一步的重点就是经营理念与指导思想的创新与变革。建立网络社区的指导思想应清晰明确，企业的网络社区就是为了建立网络品牌、提供顾客服务，以及增进顾客关系的，同时更重要的是，对于网络社区要有合理的经营管理方式，只有吸引用户关注和参与的网络社区才具有网络营销价值。

12.2.4 创造双赢的联盟合作

未来，类似菜鸟驿站、蜂巢等联盟模式将逐步得到市场认可，也会成为网络品牌扩张的又一个利器。

（1）策略联盟。策略联盟是通过丰富企业自有网站的资讯内容和强化共同服务来提升品牌竞争力的。在提高网站内容品质方面，打破网络消费者的第一道防线是给他们奖赏，接下来他们想要的就是内容丰富的资讯，而成功的网站要能够提供"深度的信息"，也就是说能够给消费者尽可能深入的内容，这样能提升品牌认同度。

（2）代理商形式。代理商形式的运用有两种不同形态：第一种是联盟网站，主要目的是增加网络品牌的能见度，通过与其他网站合作，使自己的网站曝光率提高，能够快速打响品牌知名度；第二种是联盟伙伴，这种是更直接的商业关系合作、结盟经营，主要目的是创造更高的销售量。

（3）专案合作。专案合作是营销人员与其他网站或实体企业双方推出的营销活动，通常都会设定一段活动期间，随着活动期间结束，双方的专案合作就终止了。在网络上，专案合作通常都会在首页以广告方式告知消费者，点选之后，则会有专门设计的专案合作营销网页。专案活动开始时，广告会出现在首页明显且重要的位置上，经过一段时间后，专案活动的广告就会移到较不重要的位置。有时专案活动会出现在双方的网站上，有时只出现在主要举办的一方网站上，要视双方营销人员洽谈的情况而定。

除了上述几种建立和传播网络品牌的方法之外，还有多种对网络品牌传播有效的方法，如发布企业新闻、以企业为背景的成功案例、博客等。例如，丰巢作为开放平台链接物流企业、物业、快递员、消费者，串联上下游，构建信息服务平台。通过与物流企业进行数据互通，保证所有在丰巢的收件、寄件业务全程数据共享、可监控，且已为多物业场景提供定制化的线上解决方案，实现了末端物流服务的全时段覆盖。与网下的企业品牌建设一样，网络品牌建设是一项长期工作，重要的是充分认识网络品牌的价值，并在各种有效的网络营销活动中全力做好网络品牌的推广。

12.3 网络品牌实施策略

网络品牌管理是借助网络技术与信息技术手段在更高层面上实施的品牌管理。网络品牌策略的实施同样要依托网络信息技术，要尽快完成传统品牌管理到现代网络品牌管理的飞跃。

12.3.1 做好企业网络品牌定位

成功的网络品牌是针对网络虚拟市场采取了成功的经营策略的结果，尤其对于我国的中小企业而言，网络品牌的定位非常重要。我们可以从以下两个方面做好网络品牌定位。

(1) 定位网络品牌的目标客群。对中小企业来说，企业的产品体量可能不会太大，所以可以通过分析企业产品或服务的目标客群与网络用户的关联，得出企业的网络业务主要面向的网络用户，即网络品牌营销的目标客群范围。任何一个企业都不可能向所有人提供所需的全部服务，因此，选出企业正在努力做的和能够做得最好的那部分，以最有效的方式提供给企业所选定的目标客群，这是最重要的。企业需要对自己所面对的网络客群进行筛选和定位，最终确定对于企业业务来说最主要的网络客群，进而考虑采取怎样的品牌策略与这部分客群建立和发展良好的关系。

(2) 定位网络品牌的利益或价值。在确定了网络品牌的目标客群之后，企业需要进一步分析，通过网络企业能够向这些目标用户提供哪些有价值的信息或服务，这实际上是定位网络品牌利益的内容。企业的网络品牌应该明确消费者诉求或利益主张，并能够在第一时间向用户传递这种主张。一个有明确定位的网络品牌，能够让接触它的网络用户很快明白网络品牌能够带给他们的利益，这不仅能够节省用户的时间，也有助于用户深入了解品牌以及品牌所提供服务的价值。

12.3.2 加大网络品牌的维护

企业在加大网络品牌基础性工作实施的同时，需要将建设与维护并举，不能只抓建设，忽视维护。网络品牌建设与维护不仅要同步进行，而且在资源保障上要平衡。网络品牌建设需要时间和过程，网络品牌维护则更需要时间和过程。在网络品牌维护中可以更深层次地了解网络品牌的真正内涵。网络品牌维护需要考虑网络品牌的各个部分，比如域名什么时候到期，空间什么时候到期，网站上最新的会员反馈，网络上关于公司的最新关注和报道，以及网络里网民对公司产品和公司宣传等各个方面的反馈信息的收集与整理。只有把各个环节都做好，才能让客户满意。随着网络的普及，许多人通过网络了解新产品和企业，假如企业不能充分利用这个窗口,而一味只认同传统媒体,恐怕会失去巨大的发展商机。

网络品牌维护中的一项重要工作是优秀品牌文化的弘扬与守护问题,品牌文化是网络品牌的底蕴和根基,网络品牌的更高级阶段就是网络品牌的文化含量以及品牌文化的价值观。网络品牌不仅代表着企业物质文化中的精品,还代表着凝聚于精品内的优秀文化。没有文化优势的网络品牌是不可能拥有永恒的市场地位的,也是没有持久度的。所以,企业要从品牌网站信息结构的安排、企业文化元素设计等方面做足文章。文化价值的提供涉及消费者的每一次网上经历和体验,无不渗透出品牌所倡导的理念和文化。拥有优秀文化的品牌才有生命力,才能通过互联网走向世界,创造消费者所接受的世界级品牌。

12.3.3 做好网络品牌策划

网络品牌策划是网络策略中的一部分,主要指为企业产品、公司、店铺、网站等在网络上树立品牌形象和品牌定位所进行的一系列策划,是在网络时代高速发展后的今天所产生的新生代产物,在网络市场日益发展的今天,有着不可预知的发展潜力。

行业人士的共识是,在网络上进行营销行为,产品的特点越多越好,诉求点越宽越好,因为网络最大的特点就是可以像报纸一样把产品说清楚,甚至比报纸还有优势,可以进行整合,不会受到发行区域和数量的限制。然而,在做了几个网络产品品牌后发现,在网络上进行产品品牌提升,特别是概念的提升,并非越多越好,也不是越宽越好,更不是拉的战线越长越有利。要想让产品在很短的时间内成为目标客群所知道的产品品牌概念,应当使概念越集中越好,说得越少越好,将产品特点总结得越窄越好,使其网络运行的整合越短越有利,只有这样,产品品牌的概念才能在最短的时间内让目标客群接受。

产品质量优质、功能独特、品牌被消费者追捧是品牌策划的先决条件,但是品牌的扩张效应可以通过企业的推广策划创造出来,所以推广策划是争创品牌的重要一环。那么企业应如何推广策划企业品牌呢?网络品牌策划的核心点主要有以下几个。

1. 寻找最佳切入点

网络品牌不是单纯依靠先天禀赋的,最初进入市场的企业品牌大多都是默默无闻的,在市场上没有席位,在竞争中也没有优势。企业若想在竞争激烈的市场中立于不败之地,就必须要创造品牌,寻找最佳切入点。企业可以通过以下两种做法寻找最佳切入点。

(1) 钻空子。所谓钻空子就是开创一个崭新的市场。美国硅谷的营销专家里吉斯·麦克纳说:在变化迅速的行业中,营销者需要有一种新的方法,他们应该考虑的不是分享市场,而是开创市场;不是获得一块馅饼的较大份额,而是必须努力制造更大的馅饼。更好的办法是制出一块新品种的馅饼。

(2) 楔钉子。所谓楔钉子就是后起企业面对先入市的企业部分或全部地占领了市场。在这一情况下,企业寻求市场缝隙,像楔钉子一样挤进市场。当然,挤进市场不是硬碰硬,而是以己之长攻彼之短,同时,在取得成效后,企业不可盲目转移目标,而是要集中兵力,进一步完善自身的特色。

2. 选择科学的分销渠道

当新产品切入市场时,在品牌推广方面必须认真选择分销渠道。分销渠道不畅,不可能成长为知名品牌产品。可供企业选择的分销渠道有直线型和曲线型两种。所谓直线型分销渠道，就是不通过任何中间商而是自我销售品牌产品。自我销售有各种方法，如邮购销售、电话销售、电视销售、上门推销和租柜台等。所谓曲线型分销渠道，就是借助中间商来营造声势，提高知名度，打开市场。其具体做法有选厂商作为中间商、借用代理商、选用网络百货商店、挤进网络专业商店等。

3. 借机提高知名度

新产品切入市场后，离不开借机造势。造势的直接效应是使消费者理解品牌、偏爱品牌，逐渐取得品牌地位。借机造势的方式主要有以下几种。

（1）广告先导。新产品入市时，绝大多数离不开广告的配合。广告是提高知名度、塑造品牌个性的有力工具。网络广告与电视广告相似，能够以全面性的外观以及内容上的感觉来传达产品的品牌；网络广告类似于平面媒体广告，能够以低廉的方式在一件产品的利益背后传达一个非常详细的基本理论。另外，网络广告就像直接邮件一样，网络数据库的使用，可让企业锁定特定的消费者，并且解决他们所察觉到的需求。然而，网络广告与所有这些媒介全然不同，互联网可以让广告刊登者建立即时的对话。消费者在采取购买行动之前就可以询问问题，更重要的是，他们可让广告刊登者来为他们解惑，这样可以建立起紧密的立即资讯流动，并且无论消费者处于销售周期的哪个阶段，都可以把他们直接带进营销过程中。

（2）公关助威。尽管广告在新产品入市时的作用甚大，但局限性也越来越明显。主要原因是各种广告已使人目不暇接，几百万元的广告投入常常石沉大海。一些品牌的入市成功，主要是因为借用公关手段引起了新闻效应，从而迅速提高知名度。可供企业选用的公关手段包括制造新闻，如就公众关注的热点，有意识地把名人与企业组织或品牌联系起来并以此制造新闻，巧借传统节日开展网络公关活动并制造新闻等。

（3）网络配合。网络品牌推广自然离不开网络媒体宣传，网络媒体宣传有别于广告与公关助威，具有消费低、成效大的效果，现今的消费方式逐渐向网络发展，要进行品牌推广就离不开网络的宣传。网络媒体宣传可利用新闻宣传、构建网站、制造话题等方式进行。

网络品牌的成熟从来都不是偶然实现的，而是需要精心策划推广的。现今人们获取信息更多地趋向于网络渠道，消费的方向从实体店消费往网络消费发展，网络品牌推广要适应消费模式的变化。

12.4 网络品牌的发展趋势

实践证明，网络是品牌极有效率的推广手段，对品牌形象的树立具有极大的经济价值。尤其在互联网经济时代，网络品牌的影响力更加不容忽视。微世界工作室创始人林杰介绍说，"品牌是无形价值的保证形式，在网上购物品牌更为重要"。网络品牌的价值也就意味着企业与互联网用户之间建立起来的和谐关系。

12.4.1 网络口碑营销

越来越多的企业开始注重品牌网络口碑的建立，在网络新媒体时代，任何一个人都有可能是传播的发起者，任何一个人都有可能是新闻源。因此，在每天大量接触海量信息的情况下,网络已经为传播者提供了广泛的、可供选择的渠道。很多网友有意或无意间成为营销的推动者,很多消费者有意或无意间帮助企业和品牌做了营销传播,这就是网络口碑。由于网络营销的广泛开展,网络口碑发挥的作用越来越明显:一方面,网络媒体的丰富性使信息的传播呈现出爆发式的增长;另一方面,互联网已经从过去的虚拟世界转化为实实在在的世界。正面的网络口碑可以影响一个人的决策,正是在这样的情况下,网络口碑越来越受到重视,它已经成为影响消费者市场的重要因素。

口碑营销无疑是当今世界上最廉价的信息传播工具,基本上只需要企业的智力支持,不需要其他更多的投入,节省了大量的广告宣传费用。所以企业与其耗费巨资投放广告,进行促销活动、公关活动等来吸引潜在消费者的目光,以产生"眼球经济"效应,还不如通过口碑这样廉价且简单奏效的方式来达到这一目的。

12.4.2 网络整合营销

从20世纪90年代中期开始,国内跨入了网络时代,网络在人们生活中的地位越来越重要。在整个人类历史上,只出现了五种大众传媒:书籍、期刊、广播、电视和互联网。互联网迅速占领了传统传媒所占据的阵地,根据调查,45%的上网者认为上网占用了他们以前用来看电视的时间,而电视在以前是品牌传播的最重要的媒介。随着经济的发展,企业营销策略的渠道和窗口将逐步向网络发展,网络品牌传播使得品牌的诉求更加明确、传递更加迅速,网上的品牌塑造对企业来说将变得越来越重要。

传统企业营销通常是把广告与品牌整合为一体,过度强调与关注效果,忽视了过程中每个关键节点对目标消费者的影响,最终导致客户流失率高、转化率低等问题。从2019年的营销市场发展变化来看,网络营销接下来在很大程度上会出现"关键节点链路营销"的趋势。

这是因为,在网络营销中,企业要让消费者在有限的时间内快速认识品牌,认同企业输出的品牌价值,从而直接或间接地完成消费者转化,这是非常不容易的。而链路营销可以将消费者接触到产品或品牌的每个节点进行连接,在这些关键节点上对消费者实施潜移默化的影响,并最终形成对消费者的强转化。同时,2020年多生态的引流整合营销势在必行,企业要想在各大公域生态里进行引流,实现自己私域里的转化,通过多生态搭建引流矩阵势在必行。

12.4.3 网络体验营销

随着激烈的市场竞争,消费者的消费行为日益表现出个性化、情感化和直接参与性等偏好。消费者从注重产品本身转移到注重接受和使用品牌时的感受,对彰显个性的产品或服务品牌的需求越来越高。同时,消费者在接受产品或服务时的"非从众"心理日益增强,相信自己判断和感觉的趋势日益明显。这就使得现代人在消费时不仅关注得到怎样的产品,而且关注在使用或消费产品时的体验及感受。同时AR、VR等技术的不断成熟,也将使提供不同的消费体验成为可能。

在互联网时代,信息非但不是稀缺资源,相反是过剩的。相对于过剩的信息,只有人们的注意力才是稀缺资源。目前正在崛起中的以网络为基础的"新经济",从本质上说就是"注意力经济"。在这种状态下,最重要的资源既不是传统意义上的货币资本,也不是信息本身,而是注意力。体验营销也会在注意力方面增强消费者的心理感受,尤其是更多消费群体对品牌的关注。

消费者的心理体验式感受也通过信息的传递而得到进一步强化。网络信息的对称性是相对于信息不对称而产生的。网络发展到今天,信息不对称的局面已经有了极大的改变。网络上信息的丰富性、网络传递信息的及时性、网络言论的透明性都使得原本隐藏在冰山背后的信息浮出水面,消费者有什么疑问,只要不是涉及个人隐私和国家机密,几乎都可以在网络上找到想要的答案。正如百度的广告语所说的"百度一下,你就知道",利用搜索引擎可以找到想知道的任何问题的答案,这对消费者做出理性购买决策是个重要参考。

12.4.4 网络内容营销

目前,在企业网络品牌建设中,直播营销所能给企业带来的价值得到最大规模的凸显。在互联网时代,企业力图通过一种新的模式将直播、图文、短视频进行三方协调联动,实现内容的整合以及营销新模式的探索,体现了当前市场对于网络品牌内容营销的重视程度。内容营销可以归为三类。

一是侧重于自媒体和电商平台的内容营销。这类内容营销的主要特点以及终极目标是直接通过卖货来实现的。从理论上讲,行业倾向于把这种品牌内容营销称为内容电商。

二是侧重于社交媒体的自媒体创业。这一派以新榜为代表。这种内容营销主要通过微信或微博等社交媒体的公众账号持续输出品牌内容,形成独特的魅力人格体后吸引一批粉丝,最终通过媒体广告或者其他形式的变现达成销售结果。

三是设计让消费者或用户喜欢并且乐于互动的内容。这一类别的使用者是传统的企业,在新的媒介和消费环境下,对传统的基于广告思维的营销思路、逻辑、流程和做法进行整合与调整,将符合品牌调性的价值观,通过底层逻辑链持续输出,设计让消费者或用户喜欢并且乐于互动的内容,从而达到促进销售的目的。

一般来说,内容营销包含的内容有图文、短视频和直播三个方面。

1. 图文营销

图文作为最初网络品牌推广的内容载体,随着直播电商进入精细化运营时代,品牌内容的边界逐渐模糊,品牌内容的形式更加多元化,用户对品牌内容的需求也与日俱增,因此,强化品牌内容生态已经成为促进电商发展的新增长点。

2. 短视频营销

短视频作为网络营销板块的一种新业态,已成为当下网络市场上商家们优先选择的全新内容战略布局,主要通过走精品化路线,从趣味性和专业度两个方面为用户提供优质品牌内容,一方面持续吸引用户关注与停留,另一方面借助深度种草用户,帮助用户做出更科学的购买决策。对品牌商家而言,短视频拓展了新的品牌流量场,提供了从种草到转化,再到用户沉淀的全链路品牌营销。

3. 直播营销

直播作为内容生态圈的核心方式,逐渐在网络品牌推广中扮演起"火车头"的角色。

2020年突发的新冠肺炎疫情加速催热了电商直播,其实,直播的商业价值远不只是带货。尤其是在将直播的内容更加"营销化"的观念引领下,商家更偏向品质化、内容化的直播。在2020年新冠肺炎疫情环境下,全面兴起的泛娱乐营销让人们看到了直播的价值所在。

如果说图文是品牌内容的基础,那么短视频就是将用户视角聚焦到内容的"放大器",而直播则成为最后拔草的转化器。三者相互协同、相互赋能,把内容营销聚合在同一个场景中,重构人、货、场之间关系,带来品牌营销方式的突变。

总之,互联网已经对传统的品牌理论形成了巨大的冲击,一些经典的经济学理论在互联网时代需要做较大的改变,网络品牌相关的理论研究正在加强,更多地要在网络品牌建设的基础上进行新的探索。针对网络技术与经济环境的特点以及对网络消费者的行为分析,我们相信未来网络品牌塑造会有更多的创新理念,会更加重视消费者体验,更加重视网络整合营销,同时对各种网络品牌的传播推广工具,包括企业网站、E-mail、网络广告、虚拟社区、联盟合作、视频直播、公众号、微博、QQ群等加以综合利用、系统思考,从而实现整体效应。

本章小结

1. 狭义的网络品牌主要指企业注册的产品或服务的商标在互联网上——对应注册,是企业的无形资产。广义的网络品牌是指"一个企业、个人或者组织在网络上建立的一切美好产品或者服务在人们心目中树立的形象"。
2. 网络品牌的传播推广工具包括企业网站、E-mail、网络广告、虚拟社区、联盟合作等。
3. 网络品牌实施策略包括做好企业网络品牌定位,加大网络品牌的维护,做好网络品牌策划。
4. 网络品牌的发展趋势:品牌的口碑营销将成为流行模式;网络品牌的整合营销是创新模式;网络品牌的体验营销将是推广模式;网络内容营销是品牌内容的整合以及营销新模式的新探索。

自测题

一、单项选择题

1. 网络品牌有两个方面的含义:一是通过互联网手段建立起来的品牌;二是互联网对线下(   )的影响。
   A. 既有品牌   B. 固有品牌   C. 过时品牌   D. 声誉品牌
2. 网络品牌通过外部(   )形象吸引消费者注意,以完成从消费感知到实际购买的过程。
   A. 可预测、可定位   B. 可感知、可视化   C. 可衡量、可测定   D. 可定量、可定性
3. 网络品牌是网络营销综合效果的体现,是网络营销理念在(   )下的创新呈现。
   A. 安全环境   B. 互动环境   C. 网络环境   D. 视听环境
4. 在网络上排名意义特殊,使用的技术指标是(   )。它是网页的级别技术。
   A. 网页PV值   B. 网页PC值   C. 网页PA值   D. 网页PR值
5. 由于网络品牌是建立用户忠诚的一种手段,因此对于(   )有效的网络营销方法对网络品牌打造同样是有效的。
   A. 供应关系   B. 平台关系   C. 股东关系   D. 顾客关系

6. 网络品牌的客户价值在于为用户提供的信息和服务。有价值的信息和服务才是网络品牌的（　　）。
   A. 基本内容　　　　B. 典型内容　　　　C. 核心内容　　　　D. 经典内容
7. 搜索引擎的网络营销价值不仅体现在（　　）和产品促销等基本层面，还表现在企业的网络品牌价值等方面。
   A. 网页设计　　　　B. 网站推广　　　　C. 网络扩容　　　　D. 网线改造
8. （　　）是指在互联网上开展公开讲座并相互交流信息的、具有共同兴趣和需求的群体集合。
   A. 网络虚拟社区　　B. 虚拟空间　　　　C. 虚拟平台　　　　D. 虚拟插件
9. 目前正在崛起中的以网络为基础的"新经济"，从本质上说就是（　　）。
   A. 注意力经济　　　B. 核心力经济　　　C. 协同力经济　　　D. 互动力经济
10. 网络已经为传播者提供了广泛的、可供选择的渠道。很多网友有意或无意间成为营销的推动者，很多消费者有意或无意间帮助企业和品牌做了营销传播，这就是（　　）。
    A. 网络广告　　　　B. 网络口碑　　　　C. 网络平台　　　　D. 网络形象

二、多项选择题

1. 网络品牌不仅具有传统品牌的功能，还具有十分鲜明的网络特色。网络品牌更加强调消费者的（　　）。
   A. 个性化　　　　　B. 互动性　　　　　C. 体验性
   D. 价值性　　　　　E. 市场性
2. 网络品牌的构成要素包括（　　）。
   A. 网络名片　　　　B. 企业网站　　　　C. 网站的PR值
   D. 企业搜索引擎表现　　　　　　　　　E. 公司的软文、舆情和评价
3. 网络品牌包含的三个层次是（　　）。
   A. 表现形态　　　　B. 信息传递手段　　C. 价值的转化
   D. 虚拟市场的调控　E. 网络价值的形成
4. 网络品牌的特点是（　　）。
   A. 市场效果的综合性　　　　　　　　　B. 网络排名的重要性
   C. 网络价值与客户关系的对接性　　　　D. 信息和服务的长效性
   E. 网络品牌定位的个性化
5. 网络品牌与传统品牌的主要区别是（　　）。
   A. 唯一性　　　　　B. 交互性　　　　　C. 全球性
   D. 时间性　　　　　E. 空间性
6. 网络品牌价值的提升方法是（　　）。
   A. 企业网站　　　　B. E-mail　　　　　C. 网络广告
   D. 虚拟社区　　　　E. 联盟合作
7. 企业网站的构成要素包括（　　）。
   A. 域名　　　　　　B. 搜索引擎　　　　C. 网页
   D. 关键词　　　　　E. 流量
8. 网络品牌推广的主要方式包括（　　）。
   A. "病毒"性营销　　　　　　　　　　　B. 建立网络虚拟社区

C. 形成虚拟的品牌空间　　　　　　D. 设计网上品牌认知模式
　　E. 构建全球网络品牌系统
9. 创造双赢的联盟合作的主要方式有（　　）。
　　A. 策略联盟　　　B. 代理商形式　　　C. 专案合作
　　D. 发布企业新闻　　E. 形成一体化
10. 做好企业网络品牌定位的主要工作包括定位网络品牌的（　　）。
　　A. 目标客群　　　B. 利益　　　　　　C. 价值
　　D. 市场　　　　　E. 渠道

三、简答题

1. 网络品牌的定义是什么？网络品牌在现实表现上有何特点？
2. 什么是搜索引擎优化？搜索引擎优化提升品牌价值表现在哪些基本方面？
3. 网络品牌价值的提升方法是什么？各方法之间的关系是怎样的？
4. 网络品牌实施策略的要点是什么？

案例分析

企业如何利用自媒体做品牌的推广和宣传

　　微信、微博、抖音、小红书等都属于自媒体的范畴，而目前自媒体已经不再局限于百家号、搜狐号、企鹅号和头条号这些相对更明显的自媒体平台了。

　　对于自媒体，大多数的企业并没有很好地认识它，有的可能只是盲目跟风，形成了一些认识上的错误，以至于做出了很多错误的商业行为，其效果是可想而知的。根据即传全媒的服务经验，对当前比较火爆的自媒体平台运营活动做深度梳理，能够帮助更多的企业用户走出误区，正确把握企业自媒体的运营核心。

1. 企业运营自媒体宣传品牌

　　自媒体的产生，可以使用户自主地在线上搭建一个矩阵式的品牌宣传阵地，与之前的品牌宣传模式相比，企业的品牌宣传只能是做一些付费媒体的报道，要么是开新闻发布会，或者记者招待会，要么是投放价格昂贵的户外广告、楼梯广告、电梯广告、地铁广告等，只有这样，才能达到品牌宣传的目的。

　　然而现在，采用这些形式已经没有必要了，企业开通各大自媒体账号，建立相对自主独立的品牌宣传阵地，对企业品牌宣传非常有效。

　　值得注意的是，对于不同的自媒体，其对推广做出的限制略有不同。基于此，企业在做自媒体运营规划的时候要设计好策略，做好相应的规划和设定不同的目标。

　　目前，微信公众号、百家号、企鹅号、搜狐号和头条号，包括微博头条文章及知乎的文章等，均更偏向于品牌的宣传，就即传全媒服务部分客户的经验而言，设计好上述这些平台的发布内容，基本上就可以很好地在各大搜索引擎展现品牌了。

2. 企业运营自媒体推广引流

　　微信公众号相当于一个移动端的站点，微信和微博是两大社交自媒体的阵地，这是因为利用它们不但可以发布文章、图片等，还可以发布长文，可以设置联系方式、二维码，可以利用微信与微博直接聊天，这是可以直接转化的。

微信和微博是企业运营的标配，而在抖音和小红书上可以开通企业的官方号，以此进行相应的内容创作，必须强调的是，利用这类自媒体平台前需要事先了解平台的特征，内容展现的形式，内容的推荐机制，以此来进行相应的内容策划。

每一类型的自媒体运营都是需要投入时间和精力的。自媒体运营需要进行相关的策划和资源匹配，而不能是"三天打鱼，两天晒网"。如果这样就无法获得良好的效果，无法探究运营的内在规律和趋势，最终缺失发展后劲。

3. 企业运营自媒体的内容打造原则

对于所有的线上推广，无论采用何种平台，不管是自媒体还是官网，或者是其他媒体等，都离不开内容，包括文字（内容包括：心情、说说、话题、长文、短文），图片（形式包括：海报、产品展示图、服务展示图、店铺照片），视频（包括：长视频、宣传片、短视频），音频（包括：品牌故事、企业介绍）等。这些内容如何打造才能？

企业利用自媒体构建属于自己的线上营销阵地，在打造内容的时候，一定要明白做自媒体不是单纯地写写文章、发发稿件，这是手段，不是目的。

内容打造的核心原则是什么？即传全媒认为应该遵循这样几点：第一，要以用户为中心，而不是以企业为中心；第二，打造的内容不但要有价值，还要有趣，更要有价值与有趣的结合点；第三，内容要符合不同平台的"调性"，适合不同平台的审核机制。

而从用户的角度出发，打造的内容应该被用户接受。如果企业在做线上内容策划的时候，仅以企业老板的喜好为主，对企业运营进行干预，以自娱自乐、闭门造车的理念来指导运营，那么用户就很难对你的媒体内容感兴趣，更谈不到向其他地方传播和分享。

总之，自媒体并不是新鲜事物，自互联网诞生以来，自媒体始终伴随左右。企业运营好自媒体，会给企业带来巨大收益，关键要看企业如何运作。从范式意义上讲，在数字经济下，一切皆媒体，但是如何用好这些媒体来为商业活动服务，则是一门大学问。

资料来源：https://baijiahao.baidu.com/s?id=1679716095309506534&wfr=spider&for=pc.

问 题： 1. 企业自媒体的范畴如何？企业如何选择不同的自媒体进行品牌展现与推广？
2. 请说出三种以上的自媒体运营特点和优点。企业在自媒体运营中应注意什么问题？
3. 企业运营自媒体的内容打造原则是什么？如何从用户的角度出发打造自媒体内容？

网红品牌即将上市，企业重视 "互联网营销" 正当时

刚刚过去的2020年最吸引人目光的产业依旧是互联网产业。但是如果我们细究一下就会发现，其实，2020年最为火爆的是新消费网红品牌，而且其已经呈现出井喷之势。业内的专家认为，2020年对于中国消费品牌来说，将是开启下一个网络品牌"黄金十年"的开始，可见随着消费品网红品牌的崛起，中国消费市场的红利期已经到来。

随着中国消费市场的复苏，消费者对于消费升级有着更高的期待和需求。在此背景下，细分的网红品牌开始逐渐突出重围，符合现代网络发展趋势的网红品牌开始崛起甚至达到鼎盛，如王饱饱、自嗨锅、三顿半、拉面说等。它们的发展历史不过几年，目前就已经能与很多传统品牌比肩了，且发展势头十分强劲。这些网红品牌不仅深受大众消费者追捧，还受到资本的青睐，直接跃升为网红一线品牌。

1. 头部网红品牌崛起的动因分析

无锡创元传媒根据典型的几个网红品牌的特点，总结出了网红品牌的崛起原因。

(1) 三顿半

提起三顿半很多人再熟悉不过,这是一个突然爆红起来的咖啡品牌。值得注意的是,其经营的咖啡产品是市场上早就被雀巢占领主导地位的速溶咖啡。三顿半成立于 2015 年,精品咖啡品牌是其主打,后来转向速溶咖啡,最终推出了专属于自己的精品咖啡理念。正是有了后续掌舵人的改造,三顿半的速溶系列正式完成了网红品牌的转型。

根据创元传媒的调查数据,除了拥有新颖的设计理念外,三顿半最核心的还是品牌营销模式,尤其是依托于网络的内容营销。特别是其杯子的新颖度超高,虽然实用性不是很强,但是确实成为用户关注的热点,从而助推了品牌营销。

(2) 王饱饱

王饱饱作为一个刚刚崛起的网红品牌,已经吸引了不少年轻女生的高度青睐。创元传媒注意到,其最初是在微博等自媒体平台上做大号的,后来逐渐发现,很多年轻女性喜欢享受美食却又害怕长胖,因此对高颜值、低脂的食品青睐有加。

王饱饱对产品进行了研发,在成功推出产品后,仍然要面对营销难题。创元传媒通过对其运营的账号进行研究后发现,王饱饱在小红书、抖音、微博等平台都有自己专属的账号,便于相关产品的推送和宣传。后来引入年轻偶像欧阳娜娜等明星,这更使得王饱饱名气倍增。

更适合王饱饱这样新兴的网红品牌的就是新媒体平台,因为新媒体平台特殊的流量下沉变化与产品调性超级吻合。但是,有粉丝维护的头部主播还有一定的局限性,转而聚焦到很多个小博主身上,不仅能够将粉丝聚集起来,还能获得不错的顾客黏性,且流量转变效果很好,尤其适合对新品牌进行推广。

(3) 拉面说

方便面一直都是中国市场的一个红海区域,因为快捷方便成了很多国人的第一选择,但是,拉面说却能在方便面市场上开拓出属于自己的一片蓝海。这实在是一个商业奇迹。它之所以能成功,在创元传媒看来,首先是抓住了懒人经济的大市场。

众所周知,中国外卖用户已经增长到 4 亿人,可见商家对于"懒人经济"已经越来越青睐了。人们的懒,从某种角度来看,给了一些网红品牌很好的崛起契机。

拉面说的"运营三部曲"离不开的主要商业行为就是自媒体内容营销。在这个"流量为王"的时代,谁率先掌握了流量,谁就能抢先在网络市场上获得成功。而拉面说在电商、直播、自媒体平台种草的努力从未停止过。

2. 网红品牌短板分析

通过对以上三个典型网红品牌的分析,人们会发现网红品牌崛起依靠的底层逻辑是互联网流量和销量。因为它们更加看重快消品消费升级后的细分市场,并充分利用时下最流行的互联网内容营销方法,迅速成为某个细分领域的胜出者。在传统企业还在思考如何改变的时候,这些网红品牌已经迅速利用互联网玩法占领了网红品牌市场。

自媒体平台和社交等平台的矩阵运营助力,更是成为品牌爆款运营和提高销售效率的助推工具,而这些新消费的网红品牌通过最流行的互联网内容营销方式,玩得风生水起。

(1) 底层逻辑需要夯实,玩法需要多样。虽然借助互联网的模式从众多品牌中突出重围,从商业角度看没有问题,但是品牌不能一直仅依靠"互联网玩法",还需要其他的方式补充助力。只有以过硬的产品和供应链逻辑为基础,再辅以互联网的新玩法,网红品牌才能长盛不衰,而目前许多网红品牌恰恰在这方面略显薄弱。

只有充分将互联网的流量和自身的消费产业链相结合，才能实现稳定持续的销售增长，如果仅靠互联网，则只能赢得了一时，且后续乏力。目前很多网红品牌对自身属性开掘不足，虽然在网络上做足了品牌效应，但是在前行中出现的短板也日益明显。

（2）产品源头把控不足，价格模式亟待更新。很多网红品牌没有自己的产品制造企业，大多是与代工厂合作，由于只赚中间差价，所以产品利润过于单薄，而且对质量也难以实时把控。网络品牌在营销前期单纯追求销量，甚至以价换量，由于没有厚实的利润来支撑，因此很难获得持续增长。而且，网红品牌的爆款的自身商业逻辑简单，很容易被业内复制，所以这个"护城河"模式难以保护辛苦构建的品牌。此外，由于消费者的忠诚度较低，所以一旦性价比更高的品牌产品推出来，消费者就很容易被吸引过去。

资料来源：https://new.qq.com/omn/20210127/20210127A0D77100.html.

问题： 1. 为什么说2020年最为火爆且出名的是新消费网红品牌？三顿半是如何利用互联网特性进行内容营销的？

2. 为什么说新媒体平台更适合王饱饱这样新兴的网红品牌？拉面说如何做足拉面的网红文章？

3. 网红品牌崛起的主要原因是什么？自媒体平台等的矩阵运营助力会对网红品牌产生何种作用？网红品牌的短板主要表现在哪些方面？

附　　录

附录A：品牌自由联想技术模板

1. 应用范围。适用于了解品牌形象或者产品属性中最显著的部分，同时对于测试潜在品牌名称也有帮助。

2. 告诉被访问者一个词语或者其他品牌名称也有帮助。请他们说出或者写出自己马上想到的东西，包括词语、画面、事物等。

当我说_____的时候，你的脑子里马上会想到什么？

当我说_____的时候，请写下第一个出现在你脑海里的事情或者谚语。

然后询问被访问者得到这种联想的原因和意义。

3. 技术评价及注意事项：

（1）这种方法为研究人员提供了消费者心目中的各类产品和品牌的词语或经验，有助于发现品牌形象和产品品质中最受关注的方面，所以，这种方法也是目前十分适用的。

（2）由于这是一种自由联想，所以难以控制被访问者的思路。对于他们脑海里跳出来的信息有时候很难归纳，被访问者的第一反应和第二反应可能互不相干，定性研究人员应该时刻准备捕捉和提炼被访问者想到的信息。

（3）第一反应是最宝贵的研究素材，因为它往往反映出消费者心目中对品牌的直接看法，有时候直觉对消费行为的影响比理性分析更大。

（4）把这种方法用于热身是非常有用的，而且耗时非常短，在具体激发被访问者的反应的时候，另外还有一些小型的激发技术。

（5）被访问者一般能理解这种方法。研究者要格外强调的是第一反应，而不是深思熟虑的结果。

（6）了解被访问者自由联想背后的含义是这一技术的关键。该技术更倾向于直接评价。

实际操作

1. 品牌战略问题分析模板。

（1）针对怎样的特定目标来创建一个品牌？

（2）当前品牌的形象是什么？它如何和今后的长远目标达成一致？

（3）品牌在竞争中的优势和劣势是什么？

（4）目前品牌的市场定位是什么？品牌的市场定位是否与顾客密切相关，并且有别于竞争对手？

（5）如何以时间来评判品牌建设的成就？品牌建设的优势与劣势是什么？

2. 参观工厂或公司办公室（投射技术）。

（1）应用范围。通过联想工厂或公司办公室的场景，了解企业形象对品牌形象的促进或抑制作用。在促进工厂或公司办公室产生形象和个性的同时，要了解消费者和品牌企业之间的关系。

（2）操作方法。请被访问者想象自己去参观制造某个品牌的工厂或总部。按照整个参观的顺序，请被访问者描述这家工厂。

——这家工厂门口是怎样的？第一印象怎样？
——这家工厂的整体环境是怎样的？
——厂区环境怎么样？
——技术和工艺怎么样？
——工作人员的外表、精神面貌如何？
——谁会来接待被访问者？这个接待人员的举止如何？
——厂房内部环境和工作条件怎么样？

（3）注意评价：

1）企业形象对于品牌的总体形象产生强有力的影响。
2）消费者对于工厂的描述往往与实际情况有差异。

附录B：角色扮演与品牌和人体器官的形象转换

1. 应用范围。这项技术主要是帮助研究人员了解品牌功能方面的信息，对产品的表现较直接，能为品牌创新提供依据。

2. 操作方法。请被访问者扮演某个角色，这个角色可能是某个产品的受用形象（比如扮演碗碟来进行家庭清洁），也可能是品牌本身。在日用消费品研究中，我们可以请被访问者分别扮演自己身上的某一个器官（如头发或牙齿）来与某个品牌（如洗发水或牙膏）进行交谈，然后请被访问者想象这些对话。

3. 注意事项。

1）这项技术有一定的适用范围，对年轻人或者儿童的效果较好，对年龄大的被访问者不一定能操作，收效也不会太大。

2）该项技术有时与被访问者的文化水平关系不大，如在农村，青年农民扮演作物，或者被访问者扮演杀虫剂的效果就很好。

3）在实施中，研究者要注意引导，使被访问者能够很好地配合，并能理解。

4）相对于品牌拟人和其他投射技术，这项技术显得费时和难以操作。

实际训练：墓志铭（投射技术）

1. 应用范围。了解品牌形象、品牌个性、品牌在同类产品中的地位，以及消费者和品牌之间的关系，或者对于品牌或产品延伸有一定的帮助。

2. 操作方法。请被访问者想象某个品牌离开这个世界，我们为这个品牌举行葬礼，然后请被访问者回答：

——这个品牌是怎么死的？
——它的墓碑上应该写什么？

——谁为它念悼词？悼词里应该写什么？（生平事迹）
——人们会最怀念这个品牌的什么地方？为什么？
——谁会参加这个葬礼？谁不会参加？谁参加了会不感到悲伤？
——人们在它的葬礼上会说些什么？
——有什么秘密会和这个品牌一起埋入坟墓？
……

有时候我们不需要整套问题，只需要被访问者告诉我们墓志铭方面的内容就可以了。

3. 注意事项。

1）在被访问者诉说葬礼时，尤其是在诉说墓志铭、悼词、生平时不要打断，也不要做任何解释，等他说完之后再追问。

2）可以变动时间顺序，可以让被访问者设想这个品牌不复存在以后会对消费者的生活或者同类产品产生什么影响，什么产品或品牌会取代这个品牌，新的品牌想取代它应该注意什么，这个品牌因为缺少什么而被市场淘汰。

3）可能在实际操作中，被访问者在墓志铭或悼词中的溢美之词颇多，掩盖了正面评价，所以应该适当补充一些信息。

4）这个话题对年龄大的人有忌讳，要注意使用对象的年龄。

类比（投射技术）

1. 应用范围。用于了解多种产品的品牌价值，以及客户品牌和竞争品牌在不同层面上的比较。

2. 操作方法。请被访问者想象，假如把这些品牌产品服务公司比作：

动物、植物（花卉）；

饮料、香烟、水果、蔬菜、其他食品；

季节、风景；

历史人物、小说中的人物；

超市；

足球队；

汽车、家具；

音乐、报纸、杂志；

颜色。

（或者任何消费者感兴趣的事物）

你觉得它们分别是什么样的动物、饮料、超市、足球队？然后，请被访问者说出原因。

3. 技术评价的注意事项。

1）此项技术是通过类比的事物，使品牌的某些特征更加形象化，把品牌之间的差异性和相关性放大，同时了解品牌价值的延伸。

2）选择熟悉的事物作为类比对象。

3）一定要对被访问者做解释。

4）本技术对年龄较大或者学历较低的被访问者不太适用，所以注意选择实施对象。

5）可以在访问一些商业客户或者行政人员时使用。

6）建议与其他技术综合使用。

品牌晚会

1. 应用范围。用于获得关于品牌形象和个性方面的大量信息，同时，与品牌客户近距离沟通，有利于了解客户对品牌的感受。这种方法对竞争性产品多，但是其功能性差异小的市场环境比较适用。

2. 操作方法。出示一个产品品类中的多个品牌（比如飘柔、潘婷、海飞丝、风影、诗芬等），请被访问者想象这些品牌活起来，一起组织一次晚会，那么这个晚会将是什么样子的。

——谁是主办人和主持者？
——这个品牌组织的是什么晚会？
——晚会在哪里举行？
——谁选择音乐？选择什么类型？
——这些品牌分别穿什么衣服？
——谁和谁交谈？谈些什么内容？
——谁是众人瞩目的焦点？
——谁会感到厌烦，希望晚会尽快结束？
——每个品牌的举止怎样？
——晚会中会发生什么事情？
——谁是最后一个离开晚会的？

可以让被访问者选择另一个品牌做主人，比较不同晚会的特点和气氛等方面。

3. 技术评价的注意事项。

1）这种技术通过拟人化的手法，把品牌集中到一个特定的社会场合中，十分有助于了解各种品牌在同类产品中的相对个性和它们之间的关系，从而体现品牌的社会属性。

2）品牌晚会中产生的形象不能单纯从字面意思来理解，还要通过追问或其他激发技术来核实。

3）在被访问者描述品牌晚会的过程中，不要经常打断。

4）可以用变换的版本，比如，让一个品牌组织聚会（不邀请别的品牌），请被访问者想象这个品牌把聚会办成什么样子了。

品牌经理

1. 应用范围。通过品牌经理的形象描述，了解品牌与企业以及品牌与消费者之间的关系，消费者对品牌的接受程度，品牌在信赖感、创新感、权威、信誉等方面的特点。

2. 操作方法。请被访问者想象某品牌经理是个什么样的人：

——年龄、性别、身材；
——衣着、外貌；
——性格；
——生活方式，包括休闲娱乐；
——办公室状况；
——技术水平的高低；
——与其他职员之间的关系。

3. 技术评价的注意事项。

1）需要告诉被访问者，不是简单描述品牌经理的标准轮廓，而是描述他们心目中的品牌经理的理想形象。

2）不要把品牌经理与品牌拟人和使用者形象互相混淆。

3）尽量避免品牌拟人与品牌经理和使用者形象同时出现。

4）在参观工厂或公司时灵活使用，效果会更好。

附录 C：课后选择题答案

第1章

一、单项选择题

1	2	3	4	5	6	7	8	9	10
A	C	B	D	A	C	B	B	C	D

二、多项选择题

1	2	3	4	5	6	7	8	9	10
ABCDE	ABE	ABCDE	ABCD	ABCE	ACDE	ACE	ABC	ADE	ABE

第2章

一、单项选择题

1	2	3	4	5	6	7	8	9	10
A	B	C	D	B	C	D	D	C	B

二、多项选择题

1	2	3	4	5	6	7	8	9	10
ABCDE	ABCD	AB	AB	ABC	ABCD	ABD	ABCDE	ABCDE	ABC

第3章

一、单项选择题

1	2	3	4	5	6	7	8	9	10
A	B	C	D	A	B	C	D	D	B

二、多项选择题

1	2	3	4	5	6	7	8	9	10
AB	ABCD	ABCDE	ABCD	ABCD	ABCD	ABCDE	ABCD	ABCE	ABCDE

第4章

一、单项选择题

1	2	3	4	5	6	7	8	9	10
A	A	B	C	D	A	B	C	D	D

二、多项选择题

1	2	3	4	5	6	7	8	9	10
ABC	ABC	ABCDE	ABCD	ABCDE	ABCD	ABCDE	ABCDE	ABCDE	ABCDE

第5章

一、单项选择题

1	2	3	4	5	6	7	8	9	10
D	C	B	A	A	B	C	D	A	B

二、多项选择题

1	2	3	4	5	6	7	8
ABCD	ABCD	ABCDE	ABC	ABCD	ABCD	ABC	ABCDE

第6章

一、单项选择题

1	2	3	4	5	6	7	8	9	10
A	B	C	D	D	C	B	A	A	B

二、多项选择题

1	2	3	4	5	6	7	8	9	10
ABD	ABCDE	ABC	ABCD	ABCDE	ABCDE	ABCDE	AB	ABC	ABCDE

第7章

一、单项选择题

1	2	3	4	5	6	7	8	9	10
D	C	B	A	D	C	B	A	B	C

二、多项选择题

1	2	3	4	5	6	7	8	9	10
ABC	ABCDE	ABCDE	ABCD	ABCDE	ABC	ABC	ABC	ABCDE	ABCDE

第8章

一、单项选择题

1	2	3	4	5	6	7	8	9	10
A	B	C	D	B	C	D	A	D	C

二、多项选择题

1	2	3	4	5	6	7	8	9	10
ABCDE	ABCD	ABCD	ABCDE	ABC	ABCD	ABCD	ABCDE	ABCDE	ABC

第9章

一、单项选择题

1	2	3	4	5	6	7	8	9	10
D	B	C	A	A	B	C	D	A	B

二、多项选择题

1	2	3	4	5	6	7	8	9	10
ABCD	ABC	ABCD	ABCD	ABCD	ABCD	ABCD	ABC	ABCDE	ABCD

第10章

一、单项选择题

1	2	3	4	5	6	7	8	9	10
D	C	B	A	D	C	C	A	A	C

二、多项选择题

1	2	3	4	5	6	7	8	9	10
ABCDE	ABCD	ABCDE	ABC	ABCDE	ABC	ABCD	ABC	ABC	ABCD

第 11 章

一、单项选择题

1	2	3	4	5	6	7	8	9	10
D	C	B	A	A	B	C	D	A	B

二、多项选择题

1	2	3	4	5	6	7	8	9	10
ABCDE	ABCDE	ABC	ABC	ABC	ABC	ABC	ABCDE	ABC	ABCDE

第 12 章

一、单项选择题

1	2	3	4	5	6	7	8	9	10
A	B	C	D	D	C	B	A	A	B

二、多项选择题

1	2	3	4	5	6	7	8	9	10
ABC	ABCDE	ABC	ABCDE	ABCD	ABCDE	AB	AB	ABCD	ABC

参 考 文 献

[1] 陈勇，陈小平．品牌通鉴［M］．上海：上海人民出版社，2003．
[2] 何建民．创造名牌产品的理论与方法［M］．上海：华东理工大学出版社，2002．
[3] 舒咏平，郑伶俐．品牌传播与管理［M］．北京：首都经济贸易大学出版社，2008．
[4] 郑荣成，汪德宏，姚承刚．品牌知行［M］．广州：中山大学出版社，2005．
[5] 余明阳，刘春章．品牌危机管理［M］．武汉：武汉大学出版社，2008．
[6] 周云．品牌理论与实务［M］．北京：清华大学出版社，2008．
[7] 马永生．品牌经营研究［M］．上海：上海财经大学出版社，2011．
[8] 惠勒，卡茨．品牌地图［M］．刘月影，译．上海：上海人民美术出版社，2013．